当代新闻与传播学系列教材

# 深度报道写作原理

（第二版）

欧阳明 著

武汉大学出版社
WUHAN UNIVERSITY PRESS

**图书在版编目(CIP)数据**

深度报道写作原理/欧阳明著.—2版.—武汉：武汉大学出版社，2006.6(2021.7重印)
当代新闻与传播学系列教材
ISBN 978-7-307-05039-6

Ⅰ.深…　Ⅱ.欧…　Ⅲ.新闻写作—高等学校—教材　Ⅳ.G212.2

中国版本图书馆CIP数据核字(2006)第046556号

责任编辑:王雅红　　责任校对:程小宜　　版式设计:支　笛

出版发行：**武汉大学出版社**　(430072　武昌　珞珈山)
(电子邮箱：cbs22@whu.edu.cn　网址：www.wdp.com.cn)
印刷：武汉邮科印务有限公司
开本:720×1000　1/16　印张:24.875　字数:432千字　插页:1
版次:2004年4月第1版　2006年6月第2版
2021年7月第2版第7次印刷
ISBN 978-7-307-05039-6/G·820　定价:32.00元

# 内容提要

本书实际是国内第一本系统、全面、深入探讨深度报道写作规律与方法的教材。全书分上、中、下三编，分别界定了深度报道写作的涵义、范围、特点，通过大量的成功与不那么成功的新闻报道写作事例，论述了深度报道的基本写作原理、方法与四种深度报道类型的写作规律、方法、要求。本书在下编集中论述记者的类型与记者如何成长、成才。

本书在写作上注重理论联系实际。它立足于新闻传播学的基本原理，既结合当前我国新闻业，尤其是报业的发展、改革实际，又联系作者个人的写作体会、业界人士的写作经验与大量的深度报道作品，视域开阔，统领时空，用宏取精。它既有应用性、实践性，又有理论性、学术性，理论与实践相结合。因此，本书不仅可以作为本科生教材，而且对从事深度报道的记者、通讯员与深度报道的爱好者有强烈的实务指导性，又可供专业理论研究者参考。

本书体例新卓，积作者多年的研究心得，行文中新意迭出，把我国关于深度报道的研究推向了一个新阶段。

本书的第二版结合我国新闻界的最新变化更换了部分材料，内容更为完备，材料更为鲜活、完整与丰富，论述更为充分、透彻，有一定的锋芒，进一步强化了深度报道采写工作的可操作性信息。

# 目　录

## 上　编

上编

# 第一章　导论：新闻背后的新闻

## ——什么是深度报道

## 第一节　什么是深度报道

### 一、深度报道的内涵

#### （一）深度报道与传媒、读者

2003年，让全中国人民最揪心的是什么？恐怕首推非典型性肺炎在华夏大地的肆虐。

2003年，令全世界人民最难忘的是什么？大概是发生在3月份的那场由美、英等国发动的武装入侵伊拉克事件。在这场战争中，伊拉克的萨达姆政权被推翻，成千上万的伊拉克无辜平民罹难。

如是牵动全局、影响百姓生活与生命的新闻事件吸引着无数民众的目光，也成为新闻传媒抢夺受众注意力的新闻战场。但是，传统的实时报道在极短的时间内呈现给广大受众的是一个纷繁复杂乱如团麻的世界，传媒为受众提供的新闻信息连传媒自己都没有时间认真思考、消化，结果无以计数的信息以排山倒海之势一轮接一轮地不停地冲向受众。广大读者如坠雾中，这正应了那句老话：越说越让人糊涂。如是报道没有真正满足受众的获知权、获知欲，如是传媒尚未称职。

新闻传媒需要深度报道，广大读者呼唤深度报道，21世纪的新闻传播活动离不开深度报道！

#### （二）对深度报道内涵的误解

1. 误解之一：深度报道即解释性报道

这种看法颇有市场。姚福申主编的《新时期中国新闻传播述评》认为深度报道就是解释性报道。①类似的见解还有余家宏等主编的《新闻学简明词典》、②彭家发的《新闻文学点·线·面》、③张骏德《深度报道的运用与发展态势》④等。

这种看法不符合实际。所谓的解释性报道，是一种充分利用背景材料来说明新闻事实来龙去脉，揭示新闻事实原因、实质意义或预测新闻事实发展趋势的分析性报道。在新闻五要素中，解释性报道强调的是何因，对何因的解读就构成解释性报道最突出的特点。而所谓深度，指的是触及事物本质的程度。⑤新闻报道的深度显然与何因息息相关，但又不能仅仅限于何因。因此，解释性报道只是深度报道的一种而不是深度报道的全部。

那么，为什么会有那么多的人在深度报道与解释性报道之间划等号呢？这与新闻六要素的特点及其与新闻事实之间的关系密不可分。一般说来，何事是新闻六要素的核心。⑥在与何事的关系上，何人、何时、何地相对单纯，通过一定的采访、调查比较容易被落实、被锚定。而如何、何因则与何事紧密一体，连筋入骨，事关全局，直接牵动着事实的内在结构与运动原理。其中，对何因的解读主观性强，容易见仁见智，生出迷雾。比如，对于非典型性肺炎的病源冠状衣原体病毒的来历，学者们见仁见智。2003 年夏，广东防治非典科技攻关小组、香港大学等发布的科研信息表明，经常接触果子狸、蛇的人其血清抗体呈阳性的多，即容易染上 SARS 病毒。而中国疾病预防中心传染病预防控制所的专家尚德秋、卢金星，广州军区总医院呼吸科主任黄子杰则认为虽然已经从动物标本中获得 SARS 样病毒，但尚未找到动物身上病毒与人类病毒之间的关联性，故不能认为果子狸就是向人类传播 SARS 病毒的元凶。⑦2005 年，中国科学院动物研究所李文东、香港大学袁

① 姚福申主编：《新时期中国新闻传播述评》，复旦大学出版社 2002 年版，第 443 页。

② 余家宏等主编：《新闻学简明词典》，浙江人民出版社 1984 年版，第 172 页。

③ 彭家发：《新闻文学点·线·面》，台北业强出版社 1988 年初版，第 9 页。

④ 见《中国记者》2003 年第 7 期，第 12 页。

⑤ 中国社会科学院语言研究所词典编辑室编：《现代汉语词典》，商务印书馆 1978 年版，第 1015 页。

⑥ 洪天国：《现代新闻写作技巧》，中国新闻出版社 1986 年版，第 5 页。

⑦《北京娱乐信报》2003 年 5 月 29 日。

国勇教授与美国、澳大利亚科学家研究认为，野生蝙蝠可能是非典病毒的宿主。①面对连科学家们在短期内都无法达成一致的如此复杂的新闻事实，记者仅仅报道发生了什么当然就远远不够了，还应该报道事实为什么发生、如何解决问题。新闻报道是绝对真实与相对真实、客观真实与主观真实的有机统一。何人、何时、何地与绝对真实、客观真实关系密切一些，如何，尤其是何因与相对真实、主观真实瓜葛稍多一些。何因是引领新闻报道走向、认知事实深度的首位新闻要素。但是，认知新闻事实深度并不仅仅限于何因，将深度报道与解释性报道混为一谈是片面的。

2. 误解之二：事实无深浅之分，不存在深度报道

具有哲学专业背景的人易持这一主张。某省委机关报的编辑曾当面向我表达了如是观点。美国的詹姆士·波普认为提"深度报道"则意味着有一种"肤浅报道"。②这一看法也是错误的。

的确，事实是一种客观存在，没有真伪、深浅之分，但是，报道者对新闻事实的认识、表达却有真假、深浅之分。美国学者麦尔文·曼切尔认为记者采集、报道事实存在着由浅而深的三个层次：第一层报道只是严格照抄原始记录、发言；第二层报道是尽力对新闻来源及其材料进行核实；第三层报道报道新闻事件为什么发生，意味着什么，结果怎样。③ 2003 年 6 月 24 日，中国人民大学法学院教授郭跃作客央视"经济与法"节目时指出，我国著作权法不保护事实本身，保护的是作者对事实的表达。新闻报道不等于新闻事实本身，而是新闻客体与新闻主体的有机统一，是事实、作者与符号的有机统一。因此，否定在新闻事实发现、认识与表达上存在差异，存在深浅之别，本身就不无肤浅。

3. 误解之三：深度报道是一种文体或报道方式、报道方法

张惠仁《新闻写作学》认为深度报道"是一种以'深'见长的新闻体裁"④。杜骏飞《深度报道写作》认为深度报道是"类文体"。⑤这是文体说。《中国大百科全书·新闻出版卷》认为深度报道是一种报道方法。⑥ 何

---

① 陈勇：《蝙蝠可能是非典病毒野生宿主》，见新华社 2005 年 9 月 29 日电稿。

② 杜骏飞：《深度报道写作》，中国广播电视出版社 2000 年版，第 2 页。

③ ［美］麦尔文·曼切尔：《新闻报道与写作》，中国广播电视出版社 1981 年版，第 120 页。

④ 张惠仁：《新闻写作学》，四川人民出版社 1986 年版，第 238 页。

⑤ 杜骏飞：《深度报道写作》，中国广播电视出版社 2000 年版，第 2 页。

⑥ 中国大百科全书总编辑委员会《新闻出版》编辑委员会等编：《中国大百科全书·新闻出版卷》，中国大百科全书出版社 1990 年版，第 258 页。

光先《再谈深度报道》认为深度报道是一种报道方法。①这是方法或方式说。

将深度报道理解为文体、报道方法、报道方式则失之狭隘。深度报道举一发而动全身，触动到新闻报道的方方面面，既关系到思维，又牵涉到采写，甚至还涉及编辑，这显然不是仅仅用方法、方式就能解决得了的。其实，深度报道就是应运而生的新闻报道，是新闻业发展到一定阶段后而必然涌现的新闻报道业务活动。

（三）深度报道的内涵

1．深度报道的相关提法

现在，存在着关于深度报道其他提法。对于深度报道，英、美叫“大标题后报道”、法国称“大报道”，我国又名之为专题新闻、专题报道、深度新闻。李树忠、高庆林、徐民和《从〈瞭望〉周刊的“重武器”——专题报道》文说：“专题文章大体相当于国外学界所称的‘解释性新闻报道’，国内新闻界不少人称之为分析性新闻或深度报道。”②从电视节目分类看，电视节目可以三分为电视新闻、电视专题与电视艺术。③这里的“专题”被摈弃在新闻之外。从新闻界约定提法的影响力与避免误解来看，还是以提深度报道为上。

2．什么是深度报道

深度报道（In-depth Reporting）是对某新闻事实或新闻现象所进行的集中而专门的报道。具体地讲，指的则是新闻传媒在相对集中的时间和板块中，努力运用广视角、大容量、深层次、多手法的思想视域与报道方式对某新闻事件、新闻现象所进行的专门话题报道或问题研究报道。除了电视之外，深度报道多为报刊所用，既为报纸所不可或缺，又在新闻类期刊中承担栋梁之任。

## 二、深度报道的外延

（一）两种误解

对于深度报道的种类，主要存在着两种误解。

---

① 见《新闻知识》1989年第3期。

② 《瞭望》周刊编辑部等编：《新闻周刊的理论与实践》，新华出版社1991年版，第129、263页。

③ 高鑫等：《电视专题》，中国广播电视出版社1997年版，第1页。

1. 误解之一：标准混乱，界域混杂

郭远发《重视积累运用资料，突出〈瞭望〉周刊特色》一文云：深度报道包括六种形式，即解释性新闻、事件性通讯、新闻分析、新闻综述、新闻故事、特稿等。①杜骏飞《深度报道写作》认为深度报道包括解释性报道、调查性报道、预测性报道、实录性报道、传记性报道。②

这样的看法是不能成立的。新闻分析、新闻综述本身就是一种解释性报道，而新闻故事或新闻小故事即属于事件通讯之列，特稿（Feature）又译为“特写”，为西方社会特有，原本强调新闻报道的趣味性、人情味，有新闻性但新闻性并不突出，内容偏软，20世纪60年代之后出现与深度报道合流的趋向。③至于实录性报道、传记性报道主要活跃在文学、历史的领域，将之列入深度报道显得不伦不类。因此，弄清深度报道的外延，首先得运用同一个标准。

2. 误解之二：深度报道是一种通讯

有人将深度报道看作是“有深度的通讯”④，这同样是错误的。从新闻文体看，报刊上活跃的新闻文体主要有四：消息、通讯、特写、专访。广义的通讯也可以包括特写、专访。而对于深度报道而言，只要有助于报道者由浅入深地把握并报道新闻事实，那么，通讯可以用，特写、专访可以用，消息也可以用。消息、通讯、特写、专访不过是报道者用来达到报道深度的形式与手段。

（二）深度报道的种类

深度报道大致包括解释性报道、调查性报道、典型性报道、预测性报道、精确性报道等。需要说明的是，预测性报道依据过去，立足现在去预测未来，从根本上讲，预测性报道本身就是一种解释性报道。与一般解释性报道所不同的，预测性报道仅仅在于预测未来而不仅是解释现在，故预测性报道可以归入广义的解释性报道。典型性报道是主要流行于我国而未在西方发达国家出现的特有的深度报道现象。而精确性报道力求通过量化的调查方法

① 《瞭望》周刊编辑部等编：《新闻周刊的理论与实践》，新华出版社1991年版，第263页。

② 杜骏飞：《深度报道写作》，中国广播电视出版社2000年版，第6页。

③ ［美］福克斯：《新闻写作——报刊记者指南》，新华出版社1999年版，第160、183页。

④ 转见程世寿《深度报道与新闻思维》，新华出版社1991年版，第8页。

从总体上把握事实真相，这些事实真相并非触目可及，当然也属于深度报道。

## 第二节　深度报道的来龙去脉

### 一、深度报道的历程

从深度报道发生、发展的历程看，应该是“西先中后”，其兴旺发达的程度也是西方高于中国。

（一）深度报道在西方

深度报道始自20世纪30年代，是西方新闻事业发展到一定阶段的必然产物。

纵观西方新闻业发展史，西方新闻报道大致经历了四个时期：史前期、主观报道期、客观报道期与深度报道期。

从意大利威尼斯手抄小报（标志着近代报刊的出现）诞生的16世纪到17、18世纪英法资产阶级革命之前为史前期。此期的新闻报道主要服务于商贸往来，为商人或客户提供经济资讯，没有明确的一以贯之的写作宗旨与写作方法。

史前期之后为近二百年的政党报纸阶段。在西方英、法、美资产阶级革命先后，各种敌对的政治势力发现新闻报道是相当得心应手的政治斗争武器，故将报刊政治化：报道者进行新闻报道不仅政治立场鲜明，而且为了政治宣传不惜移花接木、攻讦谩骂、造谣诽谤。政党报纸阶段之后是70年左右的廉价报纸阶段。资产阶级政权稳固之后认识到报刊还可以作为赚钱的工具，于是黄色新闻、煽情报道大行其道，夸大其词有之，张冠李戴有之，无中生有亦有之。政党报纸、廉价报纸的新闻报道存在一个共同点，即报道的主观化，为了宣传效果或争夺受众眼球而将新闻真实性原则玩于股掌之中。是为西方报业的主观报道期。

从19世纪中叶到20世纪初是西方报业客观报道的发轫与确立时期。这里有三股推动力量：第一，出于对主观报道的不满。1835年《纽约先驱报》首倡客观报道思想①，其创办人贝内特说：“我们将不支持任何政党，

① 刘明华：《西方新闻采访与写作》，中国人民大学出版社1993年版，第43页。

不作任何政治派别的喉舌，不倾向任何选举……”① 第二，为了避免商业运营初期的电报高昂价格与经常发生的机械故障，1848 年纽约有六家报纸组成了联合采访部。为了照顾六方的政治立场，今日美联社的前身——这家联合采访部（后名为港口新闻社）进行新闻报道时注意平衡各方政治意见，强调报道事实而不报道意见。第三，真正将客观报道推向西方新闻业话语权核心的是奥克斯主政的《纽约时报》。奥克斯与普利策均是西方现代新闻事业的奠基人。与普利策不同的是，奥克斯不以受众数量最大化为传媒市场价值与文化价值的诉求，而是以吸聚最具社会影响力的受众为报纸的市场价值与文化价值诉求，不是以量取胜，而是以质取胜，成功地为西方报业树立了高级报纸（即质报）办报的楷模，这其中就包括报道观念。1904 年，奥克斯发表宣言，大力提倡客观报道，主张不偏不倚。1904 年，担任《纽约时报》主编的范安达将客观报道推向一个垄断报道理念与模式的权力高峰。

深度报道是对客观报道的消解。客观报道常被称作“纯新闻”或“裸体新闻”，有明显的局限性。面对复杂的新闻事实，客观报道只见树木，不见森林，经常破绽百出，侵犯新闻真实性原则。这不能不引发新闻变革。首先提出打破“客观报道是走向正确和真实的惟一途径”主张的是美国的《底特律日报》（Detoit Daily）。②不过，由于客观报道在先，并早已根深蒂固，枝繁叶茂，故直到 20 世纪 50 年代客观报道才遭致命一击。1950 年，美国共和党参议员麦卡锡（Joseph Mccarthy）在一次演讲中公然造谣，指称美国国务院至少雇佣了 250 名共产党人，并称自己已经掌握了这些共产党人的名单。在反共浪潮甚嚣尘上的当时，大批的无辜者因此被捕入狱。面对麦卡锡的谎言，美国的传媒打了败仗：不核实，不辨析，反而依据所谓的客观报道理念加以报道，成了助纣为虐的帮凶，蒙骗了广大读者。麦卡锡的谎言破灭之日就是客观报道理念破产与深度报道取而代之之时。越南战争更是暴露了客观报道的缺陷。1960 年，美国内布拉斯加大学（University of Nebraska）的高普鲁（Neale Copple）出版的专著《深度报道》一书，从理论与学术上稳定了深度报道的地位并将深度报道推向社会的精英层。③

① 陈乔：《美国新闻观念的演变》，见《新闻大学》1983 年第 6 期，第 76 页。

② 彭家发：《新闻文学点・线・面》，台北业强出版社 1988 年初版，第 7 页。

③ 新闻编辑人协会编印：《采访与报道》，台北学生书局 1978 年初版，第 47 ~ 55 页。

（二）深度报道在中国

纵观中国新闻史，中国虽然早就存在深度报道，但作为职业自觉，中国内地的深度报道则始自20世纪80年代中期。

截至目前，我国的深度报道可以分为两个发展时期：

1. 发轫期

历史的脚步走到20世纪80年代，中国社会出现了前所未有的新情况。中国所进行的改革开放带来深刻的社会变革，国内外的人流、物流、信息流不断加剧，不断变化的局势向社会主义提出了新挑战，而思想解放则为新闻界释放了中华人民共和国成立以来未有的思想活力，新闻工作者的独立空间越来越大，记者的独立思索开始有了现实条件。正是在这样的时代大潮中，深度报道首先在《中国青年报》、《光明日报》、《经济日报》甚至《人民日报》这样一些中央主流大报中成阵容地出现并持续发展。张建伟的《大学毕业生成才追踪记》①、《命运备忘录》②，马役军的《福强玻璃店的新主人》③，樊云芳的《一个工程师出走的反思》④，庞廷福等的《关广梅现象》⑤，杨飏的《鲁布革冲击》⑥ 等一批深度报道气势磅礴，忧国忧民，表现了中国新闻工作者的社会责任感与历史使命感，揭示社会矛盾，展现改革阵痛，揄扬正义，鞭挞邪恶，问题尖锐，一针见血，深化新闻真实，开拓广大读者的视野，激荡亿万群众的心灵，使人们不得不深入反思。这些深度报道带来了前所未有的社会冲击力，引发了一轮接一轮的社会大讨论，推动了包括新闻界在内的中国社会改革的步伐。20世纪80年代中期的这一批深度报道如长星行空，灿烂恢弘，为1987年赢得了中国新闻界的“深度报道年”。

2. 成长期

1992年，邓小平视察南方的讲话高扬思想解放风帆，中国步入社会主义市场经济，改革开放进入了历史的新阶段。社会变化使中国内地的深度报道再次走向活跃，在跨世纪前后渐次步入稳定的成长期。

---

① 《中国青年报》1985年12月13～25日。

② 《中国青年报》1987年12月2日。

③ 《中国青年报》1986年11月15日。

④ 《光明日报》1986年6月17日。

⑤ 《经济日报》1987年6月13日。

⑥ 《人民日报》1987年8月6日。

在这一时期，深度报道呈现出如下特点：一是报道内容在原有的基础上与时俱进，更加理性化、日常化。如王伟群的《北京最后的粪桶》①、夏欣的《归来吧，妈妈》②、艾丰等人的《资本运营：找到了一把金钥匙》③、余兰生的《140 万双袜子的命运》④、罗盘的《由谁教育富裕起来的人们——武汉汉正街第一代富翁追踪》⑤、曾民等《红豆杉被毁真相》⑥、江雪等人关于陕西省“枪下留人”与“夫妻家中看黄碟”的报道等新一批的深度报道，由政治、经济层面扩大到法治、道德伦理、民族文化、集体意识等方面，“热点新闻”中有冷静，“冰点新闻”中蕴激情，与我国的社会变迁、政经体制改革同呼吸，共命运，更为广泛、深入地激荡着读者的心弦。二是遍地开花，走入各类报纸，不再仅仅限于由上而下的推进，地方传媒开始出现有全国影响的优秀的深度报道。像湖北日报报业集团下属的大众化报纸《楚天金报》就专门设立了与编委办公室、科教新闻部等平行的“深度报道部”，编辑“新闻故事”和“冰点焦点”两个版。作为《被收容者孙志刚之死》的作者之一，陈峰在《南方都市报》的岗位是深度报道记者。⑦ 三是初步形成了一批有影响的深度报道传媒空间。如《南方周末》、《环球时报》、《南风窗》双周刊、《三联生活周刊》、《财经》双周刊、《中国青年报》“冰点”栏目、新华社“新华视点”栏目、《光明日报》“观察”栏目、《湖北日报》“特别关注”栏目、《河北日报》“新闻纵横”栏目等。

## 二、深度报道兴旺发达的原因

### （一）中国社会深刻变革的推拉

深度报道在中国内地的发生、成长与我国的社会发展状况息息相关。报业属于平面传媒，分报纸与期刊两个部分。从 19 世纪中叶《察世俗每月统计传》始，中国的报刊虽然有过文人办报、商人办报，但占据绝对支配地位的则是政党报纸，即政治家办报或政客办报。新中国成立后的前 30 年，

---

① 《中国青年报》1995 年 1 月 6 日。

② 《光明日报》1995 年 11 月 17 日。

③ 《经济日报》1997 年 6 月 9 日。

④ 《长江日报》1997 年 7 月 30 日。

⑤ 《人民日报》2000 年 8 月 1 日。

⑥ 《南方周末》2002 年 12 月 5 日。

⑦ 展江等主编：《中国舆论监督年度报告（2003 ~ 2004）》，社会科学文献出版社 2006 年版，第 15 页。

中国内地实行计划经济，中国报业属于党报，各种报纸基本为机关报一类。1978 年党的十一届三中全会之后，中国的改革开放事业推动中国社会发生巨大变化，社会转型使中国社会出现从未有过的新情况，中国报业开始打破机关报、机关刊一统天下的局面，晚报、都市报、晨报、新型新闻类期刊等面向目标消费者的市场性报刊遍地开花，势不可遏，报人办报着手由传者本位向受众本位移动，由官本位向兼顾官民双方的本位转变，由为党政领导机关工作服务向也为民众的个人生活服务转变，在传媒那里，中国受众的需求得到自新中国成立以来的空前重视。正是中国社会变化与思想解放，为深度报道在中国的出现、成长与壮大创造了必不可少的社会条件。其间的起伏涨落均与中国的政治生态环境密不可分。

这是深度报道在我国兴旺发达的客观条件。

（二）报纸与电视竞争的结果

在广播电视出现之前，报纸在报道速度上没有敌手，是自己跟自己斗。但是，随着广播，尤其是电视问世并普及开来之后，电视、互联网已经成为报纸业生存与发展的强大对头。美联社编辑达瑞尔·克里斯蒂安认为："电视迫使报社的记者和编辑走入电视屏幕后面。我们……应该开阔自己的视野。"①因为制版、印刷、发行等无法或缺的环节，同样的新闻内容，报纸与受众见面要比电视、广播、互联网大约晚 10 个小时，②依现在的科技能力，报纸无法与广播电视拼速度，但就文字报道的详细深入与接受的主动性，报纸的这些长处又为广播、电视、互联网所无法企及。在西方社会，"深度报道成为印刷媒体……新闻的救星"③。2001 年 8 月，美国总统小布什宣布允许有限制地使用胚胎干细胞进行医学研究时对电视观众说："老实说，广播或电视来做这个报道有些困难，因为它要求一定的深度才能把复杂性讲清楚，因此，我建议如果你真的对这个感兴趣，最好明天读一份好报纸来了解详细情况。"④面对传媒多元化带来的挑战与电视、互联网的竞争，报纸生存、发展的成功对策主要有二：一是另辟蹊径，多发电视忽视或来不及报道

---

① ［美］布鲁斯·加里森等：《体育新闻报道》，华夏出版社 2002 年版，第 28 页。

② 金丹霞：《新闻竞争呼唤重振副刊》，见《新闻战线》2001 年第 6 期，第 27 页。

③ ［美］布鲁斯·加里森等：《体育新闻报道》，华夏出版社 2002 年版，第 29 页。

④ 蔡晓滨：《唯其"深刻"，才有分量——报纸深度报道的探索与实践》，见《中国记者》2003 年第 7 期，第 10 页。

的独家新闻、原创新闻；二是着重于解读、深化新闻信息，在信息的深度、广度上做文章，即抓深度报道。而短新闻则摘要化、标题化，厚题薄文。

这是深度报道在包括我国在内的世界范围内兴旺发达的直接原因。

(三) 读者的需要

建立社会主义市场经济体制以来，我国报业生存、发展的经济来源开始以广告收入为主，发行收入为辅。而广告商对广告的投入，则取决于目标消费者的购买力，追求报纸目标受众与广告目标消费者的重叠与一致。因此，报纸的把关人就不能不依据目标读者的需求来取舍新闻报道。目前，人们的生活节奏加快，生存压力加大，文化消费多元化。深度报道的一个作用，是整理新闻事实，便于忙人阅读。从新闻传播活动的全局考虑，传播活动如果脱离信息的深度则不完整。而传媒进行新闻报道必须充分考虑读者对新闻信息的完整性需求。

目前，我国受众获悉当下发生的国内外大事主要是靠电视。不过，电视报道新闻虽然比报纸快捷，但在对新闻事实报道的深入、详细上，声像的电视又有天然的弱点。2001 年 9 月 11 日，面对突如其来的灾难，大部分美国人是在电视机前度过的。但到了 9 月 12 日，连平时不大读报的人也会买一份报纸，《华盛顿邮报》一天卖了 100 多万份。9 月 11 日属于电视，但“9 月 12 日是属于报纸的”。①在深度报道上，报纸有自己得天独厚的优势，它可以扬长避短地满足受众详细、深入地了解新闻事实的要求。

(四) 新闻报道自身发展的需要

新闻报道的关键是新闻的真实性。过去，人们往往以为只要报道了事实就实现了新闻真实，就满足了读者的需求。实际上并不尽然。有的报道单看是真实的，但放在全局之内则容易造成误解，反而不真实。同时，世事复杂，如果仅仅报道事实的一个阶段或一个方面，也会让读者糊涂。目前，我国的新闻报道必须兼顾指导性与服务性，由报道的系统、配套而生发的深度报道可以更好地满足受众的新闻阅读要求。

真正具有强大社会影响力的新闻报道必然要发人深省，催人奋进，自觉并善于推动社会的政治、经济与文化向进步方向变迁。而深度报道追求社会公信力，讲求社会责任，既报道事实，又往往蕴含着思想变迁信息，发一般报道、娱乐性报道所未发，在推动我国社会进步、社会改革与提升我们的民

---

① 蔡晓滨:《唯其“深刻”，才有分量——报纸深度报道的探索与实践》，见《中国记者》2003 年第 7 期，第 10 页。

族素质、个人素质上具备其他报道无以替代的独特作用。在21世纪新的社会环境与传媒获得巨大发展的条件下，深度报道已经成为构建一个社会整个新闻报道品质的核心力量，也是构筑、强化新闻传媒、记者、编辑品质、能力与自身核心竞争力的关键之一。现在，包括我国在内的世界新闻界已经离不开深度报道。

不过，深度报道的出现、发展、壮大并不是要取代非深度报道，而是叠加，使大众传媒的新闻报道更加丰富，信息趋向更加完整，更好地满足受众的信息与认知需求。

## 第三节　深度报道的特点

### 一、内容的深刻性

深度报道内容的深刻性主要表现为话题集中，材料系统，信息准确，资讯丰富，认识全面，思想独到，发人所未发。一般的新闻报道要求新闻有五因素，即五个“W”，而深度报道讲求“七要素”，即五个“W”+H+M（Meaning意味），差别由此产生。既然必须报道新闻事实蕴含的本质规律与意义，深度报道就不是大杂烩，不能仅仅大要式地报道新闻事实了事。深度报道要事件新、信息全、思想深。光明日报社对新闻报道的要求是：报道“不仅要新，而且要深，要有跟踪报道，要有深度分析，要有背景交代，要有发展预测”。因此，深度报道不仅是感性与理性的水乳交融，而且是带有一定研究性的新闻报道，深度报道的“记者兼任读者的读报顾问”。①实际上，报道者没有比较系统、深入的采访、调查、分析、研究，没有一定的学科知识与理论素养，是根本无法驾驭深度报道的。当然，深度报道内容的深刻性，也不是专业研究的深度，而是要深入浅出。

### 二、思考的科学性

思考的科学性指的是报道者要在辩证唯物主义与辩证法的指导下，善于将复杂的新闻事实置于广阔的社会背景上进行整体和多维的透视，即思考问题、权衡利弊要动态而不是静态，要联系而不是孤立，要全面而不是片面，要纵深而不是平面地进行。具体来讲，进行深度报道必须实事求是，既不要

---

① 沈征郎：《实用新闻采编写作》，台湾联经出版公司1992年版，第153页。

人为地将复杂问题简单化，也不能将简单问题复杂化；必须摒弃那种非此即彼、非是即非的二元对立思维方式。进行深度报道要多视角、多层次地立体、整体地思考问题。离开思考的科学性就根本没有报道的深度。

### 三、表现形式的丰富性

为了发人深省、通俗易懂与生动感人，深度报道在表现形式上要多种多样，不拘一格，此即深度报道表现形式的丰富性。

深度报道表现形式的丰富性主要有二：

一是文体以通讯为主，兼有多样，佐之以特写、专访、消息、评论乃至于图片。

二是报道方式既可以单篇，也可以根据需要单元化，采用连续报道、追踪报道、系列报道、组合报道等。

### 四、目标的主流化

传媒首先是公共事业，然后才是赢利行业。目标的主流化，指的是深度报道将服务对象、控制目标、消费目标指向社会主流，即讲求公共利益，着力发挥影响主流文化的社会影响力。所谓“主流文化，是指在一个时期内产生了重要影响，代表中国文化的发展方向，对中国文化建设起了促进作用的文化”①。考量新闻报道的社会影响力不能单看受众的数量，还要看受众的质量与特点。那些把握着社会政治决定权、经济决定权、文化决定权的阶层尽管人数有限，但却拥有决定性的社会影响力。马克思在《1857 年—1858 年经济学手稿》中将人类把握世界的方式四分为科学理论、艺术、宗教与实践精神。②而深度报道正是体现上述人类把握世界方式的实践精神的具体道路。一般新闻的骨干读者不是政治家，不大在意与自己无关的政治、经济与文化问题，而选择深度报道的读者则有所不同。从总体看，深度报道的读者群体关心国家大事与人类命运，社会责任感或者社会责任意识比较突出。从社会影响力看，深度报道的目标受众以有一定文化程度的阶层为主，在中高级报纸或专栏版内更为多见。

---

① 詹福瑞：《中国古代文学研究的边缘化问题》，见《文学评论》2001 年第 6 期，第 148 页。

② 《马克思恩格斯全集》第 21 卷，人民出版社 1979 年版，第 341 页。

# 第二章　新闻鼻：何处觅“蜜”？
## ——深度报道的选题

## 第一节　选题的意义

### 一、选题的重要性

有如下三个新闻线索，报道者应该如何取舍呢？

例一：武汉市江岸区，一对姐妹为了一处父母留下的房产继承问题走上法庭。当工人的姐姐担心身居政府高位的妹妹一家以权谋私、干扰法院公平办案而投诉到报社。最后，法院判决包括房产在内的遗产姐妹平分。

例二：广西钦州大寺镇，有位叫黄秀奇的女子为了保住公职于1978年与已经入狱三年的丈夫周其光离婚。1986年，周其光出狱，黄、周二人在未补办结婚证的情况下共同生活直到2001年。2001年，当黄秀奇到南京看望儿子时，周其光与另一女子结婚，并将1986年以来他与黄的包括住房在内的主要共有财产擅自移至自己的名下。无家可归的黄秀奇以事实婚姻为由愤而状告周其光犯重婚罪。然而，黄的诉讼请求遭法院驳回，理由是我国自2001年起不再承认事实婚姻，合法婚姻必须经由国家指定的婚姻机构办理结婚登记。

例三：2002年8月，陕西延安，一对张姓新婚夫妇在自家开办的诊所内观看黄碟，宝塔分局治安大队接举报后破门而入。在双方发生争执后，治安大队以“涉嫌妨碍公务”为由将张某刑拘，并报区检察院申请逮捕张某。

这三个案件报道后社会反响差别不小。例一没有社会反响，例二有较大的社会反响，例三社会反响颇大，记者江雪还被评为《南方周末》2002年

“公众服务杰出表现”奖获得者。那么，通过记者的后天努力是否可以根除三篇报道之间的反差呢？不然，巧妇难为无米之炊，深度报道的优劣受制于新闻事实本身所蕴含的报道价值的重与轻。因此，能否披沙拣金，从新闻线索中挑拣出潜藏着重大社会意义的报道对象，就是记者的一项基本功。

面对大千世界林林总总的事实，记者、通讯员首先要解决的问题是报道什么，不报道什么，这就是选题问题。

选题对于新闻报道是非常重要的。一方面，在媒体激烈竞争的今天，谁拥有高质量的新闻选题，谁的报道就可能优先获得受众的注意力，谁就会在竞争中处于优势地位，较好地完成本职任务。争夺新闻信息资源已成为新闻报道竞争中的第一战。另一方面，从整个新闻报道的采写工作看，可以说，选题选好了，报道就成功了一半。相反，如果选题的报道含金量不高或根本没有含金量，那么，无论如何挖掘提炼，报道者也炼不出金娃娃来。抓选题就是抓深度报道的先天优势。另外，选题关系着议题的设置与把关。所以，从这个意义上讲，与文学创作不同的是，对新闻报道来说更为重要的不是怎么写，而是写什么。

## 二、什么是深度报道的选题

所谓深度报道的选题，指的是新闻报道对有关报道领域、范围、重点的抉择。2002 年 12 月 1 日，湖北省九届人大常委会第 37 次会议通过了新的《湖北省人口与计划生育条例》。该条例内容丰富，较之过去的地方人口与计划生育条例，最大的变化是放宽再婚夫妇的生育条件、半边户执行城镇生育政策、农村夫妇后天有残疾且丧失劳动能力的可以生第二个孩子、城镇独生子女夫妇可以生二胎、禁止个体医疗机构实施计划生育手术、“独生子女费”与“独生子女证”分别为“社会抚养费”与“独生子女光荣证”所取代等项内容。鉴于该条例在 2003 年 1 月 1 日正式实施，即将对湖北省计划生育工作与城乡人民群众生活产生重大影响，为了帮助武汉市有关党政机关干部与广大人民群众更好地理解、贯彻这一新的规范性文件，地处湖北省武汉市的《长江日报》有必要对 2003 年元旦开始实施的《湖北省人口与计划生育条例》进行深入报道。根据市委机关报的身份与主要读者为武汉市市民的实际情况，《长江日报》在报道时除了全面介绍条例的新变化之外，还重点突出了新条例对武汉市市民们影响最大的新事项，即城镇独生子女夫妇可以生二胎。①该报的选择比较正确。

① 《长江日报》2002 年 12 月 2 日。

## 第二节 影响新闻报道选题的因素

影响新闻报道选题的因素有三个方面，一是新闻报道的客观环境，二是新闻事实的特点，三是新闻报道者的主体状态。

### 一、客观因素：环境与新闻报道的功能

#### （一）当前中国内地报纸的状况

1. 现状特点

（1）所有的报纸都属于党的报纸

目前，我国尚无民营报纸与外资报纸。我国的报纸无论机关报，还是非机关报，都由党和政府投资创办、拥有、管理，都要无条件地接受中国共产党的领导，都有较浓的政治色彩。即便个别有外资入股的理工科类报刊，仍为中方所控股。中国加入世贸组织之后，报刊工作的下游即印刷、发行上已经逐渐放开，但上游即编务上仍看不到有让民间资本或外资进入的可能性。

（2）报纸已粗分为两大类

中国的报纸现在基本上可以分为两大类：高级报纸与大众报纸。

目前，我国高级报纸主要为各级党委的机关报，有的地市级机关报介于高级报纸与大众报纸之间。高级报纸中的机关报在订阅发行上有组织行政资源作保障，指导性强，以服务于国家管理机关的工作为中心，喉舌性的宣传教育功能特别突出。

大众报纸以面向市场为主。它们直接的宣传教育任务相对较少，以为百姓生活服务为主，办报分工使得这类报纸信息量大，服务性、趣味性强，娱乐性明显，但也常常存在着低俗化倾向。大众报纸主要有如下类别：一是都市报；二是晚报；三是部分专业报。

需要指出的是，目前我国的机关报属于主流报纸，但像《南方周末》这样以传播深度报道为主并带有强烈证伪意识的报纸也已初步呈现出主流报纸的力量与作用。不过，与机关报不同的是，《南方周末》的读者诉求是以控制我国文化决定权或未来决定权的阶层为主，并渐次向把握我国经济决定权、政治决定权的阶层扩展，推动着我国主流报纸格局的渐变。可以预见的是，随着中国社会的进步与新闻业改革的深入，以公共利益为本的真正的主流报刊必然在报刊的分化、整合之中逐渐清晰化。

（3）机关报纸重抓导向，大众报纸重抓市场

由于现实利益所在，机关报重抓导向、大众报重抓市场却是我国内地报纸无法回避的不争事实。目前，机关报以抓政治导向为主，而大众报在适当承载向百姓进行宣传教育任务的同时，眼睛更多的是向下抓市场。但必须警惕利欲熏心的扩张对新闻传媒社会良知的排斥、驱逐、伤害与阉割。

(4) 都市性或地区性报纸繁荣发达，全国性、全省性报纸萎缩

近年来，全国报业广告营业额居前10位的一直是东部大城市的地区性报刊，而没有中央级的大报。1998年全国报业广告营业额居前25名的如下：第一，文汇新民联合报业集团；第二，广州日报报业集团；第三，羊城晚报报业集团；第四，北京日报报业集团；第五，《深圳特区报》；第六，解放日报报业集团；第七，《计算机世界》；第八，《今晚报》；第九，《浙江日报》（含《钱江晚报》）；第十，《深圳商报》；第十一，《北京青年报》；第十二，南方日报报业集团；第十三，大众日报报业集团（含《齐鲁晚报》）；第十四，《精品购物指南》；第十五，《沈阳日报》；第十六，《中国计算机报》；第十七，《重庆晚报》；第十八，《长江日报》；第十九，《四川日报》（含《华西都市报》）；第二十，《天津日报》；第二十一，《扬子晚报》；第二十二，《杭州日报》；第二十三，《人民日报》（含海外版）；第二十四，《大连日报》；第二十五，《青岛日报》。①电视看中央，报纸看地方，纵观当前中国报业，大陆报业既有自己的特点与传统的沿袭，又初步呈现出某些与西方报业近似之处。

当下报纸这样的特点直接影响着报道选题。2001年，因为全国各地高考录取分数线差距悬殊，山东省青岛市三位中学生状告国家教育部。显然，此事具有突出的报道价值。但是，对这一新闻事件，作为专事文教卫或教育的报纸《光明日报》、《中国教育报》，却因直接的利害关系反倒避而不谈。《科技日报》虽然对此作了深度报道，但由于本身国家科技部机关报的身份，妥当的做法也只能是采用平衡报道策略。而作为华中地区中心城市机关报的《长江日报》则较少顾虑，站在外省考生的立场旗帜鲜明地予以报道。上述报纸的不同做法，显然是由于它们各自的上级领导、媒介任务、目标读者等不同的社会环境造成的。

2. 形成的原因

(1) 社会进步

伴随社会主义市场经济的崛起，新闻媒体日益强化企业化管理，媒体间

---

① 见《中国记者》2000年第1期，第40页。

的竞争带动了报纸、电视、广播、期刊之间与各类各家报纸之间相互利益的调整，新闻界普遍承认报纸有商品性的一面，舆论监督的作用得到认可和重视，媒体的服务意识空前强化。正是中国社会发生的深刻变化带来了报纸及其新闻报道的巨大变化。

另外，值得注意的是，中国加入世界贸易组织之后，中国社会将会发生更加深刻的社会变革，这不能不对中国的报业及其新闻报道走向生发重大影响。

（2）媒体变化

目前，中国的报社一般不再有上级的拨款。不过，由于中国内地报业经营的垄断性，只要市场定位准确，经营得当，报业还是可以有大的赢利的。现在，报社普遍实行事业单位性质的企业化管理，利益的分割与追求让报社开始密切关注市场，推动报社强化办报的读者定位与市场定位。传播学的个人差异论与社会类别论说明，读者是不一样的，不同的读者群有不同的阅读要求，报纸的大众传播要面向特定的读者群，是小众化的大众化。这就带来中国报纸的两大分野，有的办给社会精英阶层看，权威而价高；有的办给中下层受众看，通俗而低廉。两大分野之下还必须继续分化。

（3）读者变化

党的十一届三中全会以后，中国的读者们开始独立思考，社会主义市场经济的崛起，则使个人的欲望被更充分地调动起来，大多数读者完全按照自己的愿望购阅报纸。那种用行政手段强行订购的报纸其有效读者相当有限，其发行量内潜存的水分不能不影响到广告商对在这类报纸上花钱做广告的热情。依靠公款订阅来维持报社的生存、繁荣是危险的。实际上，目前以公款订阅为主的报纸其发行量每年的下跌率已达到10%。① 中国入世之后，这种下跌趋势更加严重。另外，大多数的读者对以公款订阅为主的报纸信任度不高，这既为面向市场的报纸提供了较广阔的发展空间，又不利于党的宏观舆论调控。

（二）新闻报道功能对选题的制约

新闻报道选题脱离不了一定的社会环境，而社会环境对新闻报道选题的影响则集中体现为新闻报道功能对选题的作用。关于新闻报道的功能，一般

① 曹鹏：《媒介经营：市场的力量最强大》，见《新闻记者》2001年第5期，第14页。

为“四分”，即传播新闻、宣传教育、传播知识、提供娱乐。①随着新闻改革的发展，也有人认为新闻报道功能还包括舆论监督、社会瞭望等。② 伴随改革开放，新闻报道的重要功能——舆论监督的回归既表现了社会进步，又体现了传媒对社会权力的建构。不过，社会瞭望、舆论监督重在价值判断，可以归入宣传教育之内。因此，几种功能间的孰重孰轻则体现着新闻报道的社会环境，折射着不同的办报思想，而不同的办报思想直接左右着新闻报道的选题、采写。

由时代特性、媒体定位等构成的社会环境制约着报纸在新闻报道功能上的不同，并由此直接关系着对有关新闻报道选题的弃留与选取的重点。目前，我国新闻报道必须遵循社会效益第一、经济效益第二的原则，讲求来自上级的指导性与面向受众的服务性的有机统一。但是，由于媒体经济生存环境的不一样，具体到不同的报纸，其新闻报道的功能还是有所不同的。一般说来，中央、省、市机关报必须做好党的耳目喉舌，仍以宣传教育功能为首，重视舆论监督作用，并在宣传价值的基础上强化可读性。晚报、晨报、都市报可读性、服务性强，重视传播信息、提供娱乐、传播知识功能，宣传教育功能相对弱化。专业报更追求传播的小众化，将宣传教育功能寄寓于提供的科学文化知识或娱乐的功能之内。同时，报纸在报道范围、发行地区上的分工也影响着选题。《为了太湖不再倾斜》③报道浙江省湖州市国民生产总值提前7年翻两番，跟自己比进步相当快，但与太湖北岸的苏南苏州、无锡相比，湖州的各项经济指标则存在着极大的差距，而且这种距离有日益拉大的趋势。导致湖州这种落后的原因种种，但最关键的还是人们的小富即安心理，进取心不够强，是湖州人自己的思想观念在作祟。这篇报道后来之所以能对当地党政工作产生不小的影响并获得中国新闻奖，一个重要原因在于《湖州日报》是机关报，宣传教育功能突出。而反映我国高校自学考试生的当下生活、学习状况的报道《走进高校自考族》④ 之所以被《光明日报》选中，自然是因为《光明日报》是面向文教卫的全国性主流报纸。

---

① 张宗厚等：《简明新闻学》，人民日报出版社1983年版，第217页。

② 张莺：《平民化背后的媚俗倾向》，见《新闻记者》2001年第5期，第30页。

③ 《湖州日报》1994年3月27日。

④ 《光明日报》2001年8月27日。

## 二、事实因素：新闻报道选题的标准

除了受报纸功能的外在环境的客观因素影响之外，新闻报道的选题还有自身的标准。关于新闻报道的标准，有人以为只有一个，即新闻价值。①这一看法不全面。选题标准实际上由三大体系构成：一是新闻价值体系，二是宣传价值体系，三是法规价值体系。新闻价值由真实性、新鲜性、公开性三个基本项与重要性、显著性、接近性、趣味性四个次项构成。对于深度报道来说，重要性更为直接，其他基本项也要考虑。比如，湖北省咸宁温泉在省内与周边省份有相当的知名度，但近年咸宁温泉消费者数量的增长却远远落后于省内的应城汤池温泉。那么，咸宁温泉在商业经营上为什么会落后？咸宁温泉业何去何从？但是，对咸宁温泉商业经营落后一事深入报道，显而易见，除了湖北省内与省外湖北籍的读者，湖北省之外的广大读者很少会对这一问题感兴趣。因此，对这一新闻现象进行深度报道一般应由省内传媒处理。② 宣传价值由一致性、针对性、普遍性、典型性、时宜性五项构成。制订选题一定要遵守党的宣传纪律，如“公开批评省部级领导同志必须报中央有关部门批准的规定”。③而法规价值体系是国家管理者意志的折射。通过这三大体系，我们可以比较准确地判断一个新闻事实是否蕴涵着值得报道的含金量。

在选题标准中，这三个体系的分量是不一样的。判断选题是否可取，主要是看新闻价值标准与宣传价值标准，而宣传价值只有符合新闻价值才真正有生命力，因此，新闻价值体系与宣传价值体系是选题标准中的重点，新闻价值体系是选题标准中的核心。

## 三、主观因素：新闻报道的主体力量

影响新闻报道选题的因素除了前述的客观因素（新闻报道功能）、事实因素（三大标准）之外，还有新闻报道的主观因素，即报道者的主体性。

主观因素是选题人的主体因素，主要包括记者的认知范围、新闻敏感与工作态度三个方面。新闻事实是否值得报道，光有选题标准是不够的。新闻

---

① 陈作平：《新闻报道新思路》，中国广播电视出版社 2000 年版，第 29 页。

② 熊艺等：《咸宁温泉怎么了》，见《长江日报》2006 年 1 月 5 日“武汉城市圈”版。

③ 李大同：《冰点故事》，广西师范大学出版社 2005 年版，第 296 页。

报道是由具体的报道者来完成的，因此这就要求记者应具备良好的职业风范、强烈的新闻敏感、广泛的信息来源与过硬的新闻采写技能。但是，具体到个人，每个记者的阅历、思想、性格、知识积淀、生活环境并不一致，对新闻事实的认识水平、敏感程度又往往千差万别，这不能不使报道者在新闻报道选题的态度上出现差异。

记者的社会阅历、理论修养的特点与丰寡直接影响着深度报道的选题。就时代的发展和深度报道的运作而言，较之杂家型记者，一般说来，专家型记者或思想型记者往往更为合适，写来更为得心应手。

新闻敏感是新闻工作者发现、判断有报道价值新闻的能力，是记者通过长期的职业磨练而形成的个人职业素质。新闻敏感主要体现在三个方面：一是选题是否有社会意义，二是选题能否引起广大读者的阅读兴趣，三是在复杂的事实群中，哪一个或哪几个事实是核心事实，最有新闻价值、宣传价值。选题虽然是深度报道的先天因素，但对这一先天因素的发现、选择仍有赖于报道者的主体素质，因此，从根本上讲，决定选题优劣的还是在于报道者本人采写能力的强与弱。

新闻线索能否转换为深度报道的选题，新闻工作者的工作态度也非常重要。有的报道选题很有价值，但采访起来难度大，记者要上山下乡，有的选题面临外来的说情请客甚至于威胁，这些都是对新闻工作者社会责任感的考验。

选题既离不开报道者的主观因素，又离不开事实因素、客观因素。事实因素、客观因素是选题的基础，主观因素是选题的关键，选题是对报道者个人综合素质的考验。

## 第三节　选题类型

### 一、选题类型划分标准

选题的线索来源主要有编辑部的电话接听、通讯员的来电来信来稿、线人报料、记者读报、社会活动、互联网等。如新华社记者朱玉发现“龙胆泻肝丸伤肾”是在一次笔会活动之中①，《南方都市报》记者陈峰获取广州

① 展江等主编：《中国舆论监督年度报告（2003～2004）》，社会科学文献出版社2006年版，第5页。

孙志刚事件的信息是在网站“西祠胡同”内的BBS讨论区“桃花坞”。

标准不同，对选题的划分也不一样。

有的将选题分为正面选题、反面选题、中性选题。正面选题是关于社会光明面的报道选题，如成就报道。正面选题的关键在于报道如何吸引受众阅读。反面选题是关于社会消极面的报道选题，如对贪污受贿案的报道。中外新闻的实际说明，“骂”式报道一般容易聚集读者目光，其处理的关键在于把握好分寸。中性选题是观点、立场中立的报道。处理中性选题的关键是在方方面面中把握好平衡。

有的将选题分为主体选题、反应选题。主体选题是关于原初新闻事实的选题，反应选题是由主体选题派生出来的选题。例如，2001 年，北京大学一位博士生导师学术剽窃美国学者哈维兰《当代人类学》一书；2002 年，清华大学一位学生用硫酸等伤害动物园内的熊，那么最初报道此事来龙去脉的选题为主体选题，随后对现在学术界学风不正原因的报道、清华大学学生伤熊动因的报道一类选题为反应选题。

## 二、事件性新闻选题

按照新闻事实的特点，选题可以分为事件性新闻选题与非事件性新闻选题。

事件性新闻事件性强，往往事件完整，有一定的现场感。如《你是所有志愿军战士的女儿》①、《跨国追踪——王处直墓被盗文物回归纪实》②、《武汉警方破获特大招生诈骗案》③ 与前述关于陕北延安夫妻家中看黄碟一事。较之非事件性新闻选题，事件性新闻选题的轻重一般比较容易辨别。凡是新闻事件本身影响大、关心的人多，其选题的价值往往就重，如将《以色谋权的三湘女厅官》④与 2001 年武汉市一位 67 岁的老人参加高考比较，显然前者重于后者。

同时，对事件性新闻选题要善于通过新闻事实的特点把握选题的轻重，如《假警察骗了女大学生》⑤ 一文报道一位湖北女大学生在长沙火车站，

---

① 《光明日报》2000 年 10 月 18 日。

② 《燕赵都市报》2001 年 4 月 6 日。

③ 《南方周末》2005 年 9 月 29 日。

④ 《长江日报》2001 年 3 月 22 日。

⑤ 《燕赵都市报》2001 年 6 月 10 日。

被一个冒充警察的河北已婚农民欺骗感情的新闻。但是，如果记者仅仅为事件的新奇、曲折所迷惑，挖掘不出女大学生如此轻易上当的深层原因与警世作用，那么，报道就只能是类似西方特稿一类的只有趣味性的新闻，或意在新闻娱乐化的报道。

### 三、非事件性新闻选题

这种选题事件性不强，故事性较弱，一般是对某种新闻现象的报道。非事件性新闻选题主要是看新闻事实的社会影响、潜在的社会意义等，但又要综合考虑新闻事实的个性特点。因此，相比之下，对非事件性新闻选题轻重的判断往往要难于事件性新闻选题。比如，2001 年，我国的北京、广东深圳、河南郑州、浙江等地城市户籍对外来人口有条件地放开，北京市的名医较多地到河北省保定市业余行医。对一般媒体的选题而言，是前者重于后者，但对河北省的媒体，反而变为后者重于前者，《北京名医“走穴”保定》被《燕赵都市报》2001 年 6 月 1 日重点推出也就顺理成章。因此，非事件性新闻对报道者的内在素质无疑提出了更严更高的要求。

非事件性新闻的选题要善于通过抓由头来保证深度报道的新鲜性。由头，即新闻由头，是新闻报道的一种“引子”。在新闻报道中，有时一些新闻事实重大，但由于种种原因延宕而使时间有些久远，如果硬性报道就只好在时间上采取诸如“近来”、“目前”一类犯忌的提法。因此，为了增强事实的新鲜性，报道者可以挑选最近发生的相关事实，来做新闻报道的“引子”，从而使事实能够以“新”换“旧”。如在 2002 年年初报道中国户籍改革现象时，怎样才能保证非事件性新闻的新闻性呢？在这一时候，国家公安部有关负责人针对社会上的种种议论明确申明国家不会因为当下的户籍改革而取消户籍。那么，深度报道就可以由此切入，对我国近期的城市户籍改革进行深入报道。

## 第四节　制定深度报道选题的重要思路

### 一、制约报道选题的两个的基本点

指导性与服务性共同制约着所有的新闻报道，这是新闻报道选题必须面对的两个基本点，不可抗拒。这要求我们必须认真研究社会的上上下下，立足全局，把握利弊，处理好选题的指导性与服务性之间的关系。

新闻报道必须有新闻价值，没有新闻价值实际上是不可能有指导性的。像《“企业就是我们的家”》① 一类宣传品，没有新闻价值，违背了新闻报道的规律，可以报道也可以不报道。反之，新闻报道完全不顾及指导性，不考虑宣传纪律也是难有好结果的。如有的传媒违背新闻纪律，擅自刊发新闻，这本身无异于火中取栗。

要处理好新闻价值标准与宣传价值标准之间的关系，具体问题具体对待。如在广大群众对部分党员干部以权谋私、贪污腐化很有意见与党中央重视党建、坚决反腐倡廉的背景下，河北省廊坊市淘汰本市机关干部每日进省会办公用车的旧例，改为乘坐公务大客车一事，就兼顾党的要求与群众的呼声，融新闻价值与宣传价值于一炉，因此，深度报道《“公务巴士”一路走好》② 这样的选题就不能不成为成功的选题。

## 二、新闻报道选题的重要思路

### （一）报道选题要有开掘余地

深度报道选题远远严于一般报道，选择选题必须为以后报道的思想开掘、报道角度留下足够宽广的天地。2003 年，河北省高考数学阅卷老师发现永年县某考生在数学试题旁画了一幅人头漫画，并附文字说明：“看，这个丑陋的人就是我的数学老师。”于是阅卷老师扣掉该试卷 30 分。那么，我们应该如何看待该考生的行为？如何认识阅卷老师的扣分做法？显而易见，报道者不深入调查，不细致思考，就无法提出自圆其说的道理，而这样的事也容易见仁见智，自然具有报道深度的伸缩空间。

### （二）报道选题要有较大的社会价值

缺乏社会价值的新闻报道，必然缺乏内容深度。要善于在个别中见一般。选题的社会价值越强，新闻报道的内容越具有深度。前述三个司法纠纷，例一的姐妹争夺遗产，早已见怪不怪，属于可以报道也可以不报道之列。例二说明我国新婚姻法颁布带来的一个普遍性的社会问题，具有较大的社会意义，加之新闻事实离奇曲折，报道价值自然颇为突出。而陕北延安夫妻家中看黄碟事件既触及了家中看黄碟是否具有社会危害的传统观念问题，又折射出长期以来存在的警察滥用公权问题，进行报道比较容易引发国家法律、政策的相应调整，对推动我国当下的民主法治建设实际上有着难以估量

① 《湖北日报》2000 年 5 月 20 日。

② 《燕赵都市报》2001 年 5 月 27 日。

的作用，故选题重大。正是由于选题所蕴含的先天社会价值有轻有重，才为报道后取得不同的效果提供了不一样的报道基础。

判断选题的社会价值时，报道者要善于打破常规，可以政治新闻题材经济化、文化化，经济新闻题材政治化、文化化，社会新闻题材法律化、经济化、政治化。2003年发生在广东省广州市的孙志刚事件与发生在河北省徐水县的孙大午事件，分别触动了我国的城市收容制度与我国的银行金融制度，是难得的牵动了大局的个例。如果遵从旧习仅仅视之为社会新闻或经济新闻，那么，记者就难以发现在上述两个新闻题材内所包含的重大社会意义。

### （三）关注三点

这三点即群众关心、领导关注、普遍存在。这是深度报道选题实事求是、为党帮忙不添乱的具体体现。如2001年武汉市的城市建设出现了种草与种树之争。一个时期以来，武汉市在城市建设中学习沿海城市建设经验，推广草坪建设。但是，仅种草却又存在不小的问题。草坪虽然整洁、美观，但不适应武汉夏天高温酷暑的实际，广大市民在骄阳烈日的曝晒之下为寻找树荫奔波得很苦。对于种草，广大群众有意见，素有“植树校长”之称的新任市长适时地提倡种树。这样一来，草树之争所反映出的城市建设的绿化问题就紧紧扣动了事实、群众与领导三方，既尖锐，又皆大欢喜。

### （四）抓独家新闻选题

新闻事实如果被其他媒体反复报道之后，深度报道的发挥余地就比较小了，就必须在已有的基础上开发新的或深的材料。而能否抓取独家新闻，同样是对深度报道的考验。《湖北日报》“特别关注”栏目将选题分为三类，其中的第一类即为独家的重大突发性新闻选题。抓独家新闻选题，是记者的一项基本功。

报社抓独家新闻选题要“让开大路占两厢”。在报道时间上，报纸无法与电视竞争，因此报社一般不必争发重大的时事新闻而应另辟蹊径，此即“让开大路占两厢”。

报纸记者抓独家新闻应取如下两策：

1. 善于见微知著。如某记者在广西南宁听说有的幼儿园男孩子回家之后的第一件事是上厕所，原因是这些孩子不适应幼儿园的厕所男女不分。这引起了记者的注意。通过调查、采访，记者发现幼儿园男女儿童共厕现象十分普遍，老师、家长都认为幼儿园的孩子还小，没有必要分厕，但儿童教育专家不这样看，先进国家也不这样做。这样一来，这位记者就从人们的熟视无睹中发现了比较重要的社会问题，写下了深度报道《幼儿男女共厕是问题吗》①。

2. 善于从日常生活中发现重大新闻。如某记者在路旁发现一则寻人启事，上面的寻人者不是成年人而是一位城市里的中学生，这样的不寻常引起了记者的好奇，于是，北京市广渠门中学“宏志班”的田伟同学进入了记者的视线。通过采访，记者一方面发现田伟的家境贫穷得出乎自己的想象，另一方面又发现田伟具有当下城市独生子女少有的对他人的关心、体贴。物质条件与亲情关爱之间形成的巨大反差使记者从中发掘出了重大的社会价值，于是，《归来吧，妈妈》②从记者的心痛之中淌出。

（五）抓反应选题

这就是说，通过阅览其他新闻媒体的消息，从中选择深度报道的选题，对选题进行二度开发。这既可减少浪费新闻资源，又能以深胜出电视。《湖北日报》“特别关注”栏目将合格的反应选题视为第二类选题。

（六）处理好新鲜性与重要性之间的关系

一般说来，新闻报道选题既要重要，又要新鲜。

如果新闻报道选题新鲜，但不重要，做一般新闻可以，做深度报道则小题大做，不宜采纳。比如，2002 年某报对滇金丝猴的报道，2003 年某报对炒作高考状元的报道，均有大惊小怪之虞。由于一些媒体在过去已经对此现象进行过不少报道，而记者对这两个事实情况又未发现比较重大的变化，故对这两个事实现象进行再度报道的火候尚未成熟。

反之，选题重要但不新鲜也不行。比如，北京市一位猎头中心经理介绍，我国不少国有企业、民营企业留不住人，直接原因是人才待遇低、施展才华难、对引进人才不放心。③这类新闻事实不可谓不重要，但早已被一些媒体反复报道。其实，这一新闻现象当中有部分事实如民营企业对外来人才存有戒心就颇有新意，确定选题时，记者应该挑出这一块事实来“穷追猛打”，单独报道。抓选题的新鲜性要未雨绸缪，在事件刚刚出现苗头时即着手进行，先人若干步。

记者要善于通过抓取新闻事实中的热点、焦点与难点，来处理新鲜性与重要性之间的关系。所谓热点，是当下最新鲜的重要新闻。所谓焦点，是时

① 《光明日报》2001 年 8 月 27 日。
② 《光明日报》1995 年 11 月 17 日。
③ 《人民日报》2003 年 6 月 23 日。

下社会共同关注的新闻。所谓难点，是眼前迫切需要解决而又不易解决的社会问题。在《光明日报》2006年新设的深度报道栏目“观察”中，1月5日的《硕士学位与发表论文“脱钩”激起涟漪》一文可谓恰中这“三点”：我国不少高校长期以来要求硕士研究生学习期间要在学校认可的专业期刊上公开发表论文，否则学校就不授予学生硕士学位。虽然国家从未颁布如此规定，但硕士研究生不发表论文就不授予硕士学位已经成为我国高等教育中由来已久的潜规则。然而，随着我国硕士研究生招生规模的不断扩大①与学制的缩短，加剧了论文发表需求与专业期刊版面数量之间的供需紧张。显然，硕士研究生在学期间人人公开发表论文并非易事。这势必增加学术腐败，引发师生之间、学生之间、师生与校方之间的各种矛盾，成为新的社会不稳定因素。硕士研究生不发表论文就不授予硕士学位这一潜规则所造成的社会负面影响越来越大，为越来越多的高校师生与有识之士所指斥。因此，在2005年至2006年年度第一学期，上海财经大学在全国高校中率先实行硕士学位与发表学术论文“脱钩”一事，就不再仅仅是一个学术问题，而迅速成为社会意义重大、新闻价值突出的新闻热点。上海财经大学率先实行硕士学位与发表学术论文“脱钩”，立刻引起我国高等教育界的高度关注，一跃成为新闻焦点。但是，将硕士学位与发表学术论文“脱钩”，有人叫好，也有人反对，有的高校教师不认同，不少学校领导也反对，一些高校针对上海财经大学的做法还采取行动，强化硕士学位的获取与学术论文的发表之间的“挂钩”力度。显然，这一问题的解决是相当难的，此为新闻难点。新闻热点、焦点与难点与新闻事实的新鲜性、重要性均息息相关。可见，《光明日报》关于《硕士学位与发表论文“脱钩”激起涟漪》一文的选题是成功的。

（七）平凡人的不平凡事

不平凡人的平凡事，用来做一般新闻是可行的，但如果用来做深度新闻则往往分量不够。如果没有新材料，深度报道者还不如将精力用到真正值得报道的新闻事实上去。

相反，一些平凡人的不平凡事反而适合作深度报道的选题。《下辈子，我们还当母子》、《生命的留言》②，一篇报道广州一位中学老师如何激励自己身患绝症的孩子不向病魔屈服而走完短暂而充实的人生，一篇报道上海一个经理身患不治之症后怎样用“死亡日记”来笑对最后的人生时光。病魔

① 2006年，全国硕士研究生报考人数127万，计划录取30万人。

② 新华社上海2000年11月24日电稿，作者张严平、谢金虎。

可以毁灭人的肉体，却无法摧毁这些平凡人的意志。没有官员，没有鲜花，人物是平凡的，但平凡人物面对绝症所迸发出的积极向上的精神却是高尚与珍贵的，足以赢得广大读者的热烈掌声与尊重，让受众经受一次精神洗礼。在对平凡人的不平凡事的选材上，要着重选择那些情节曲折、故事生动、情感真挚、内容健康、开掘余地大的事实，以适合于有足够的探索空间。

（八）注意传播的社会效果

报道选题要歌颂真善美，抨击假恶丑，不要让真善美廉价、矮化。如《将爱心进行到底》① 一文报道湖北咸宁一对无子女的夫妇收养的男孩精神失常，家里家外乱砸乱砍，致使夫妇二人无法正常生活，十分痛苦。有人建议他们将养子送还其亲生父母或民政局，但已经先后下岗的夫妇二人不想将困难推给国家。这样选取事实是有失片面的。这对夫妇收养养子包括个人的打算：收养子，可以缓解夫妇二人人到中年无子的痛苦；养大于生，将相处多年的养子送民政局或亲生父母存在着对感情的伤害。此文本欲煽情赚人眼泪，殊不知如是片面报道落得个好人没有好报，反而让广大读者读了心凉。其传播效果实不可取。

（九）避免与媒体的基本编辑方针相冲突

媒体的基本编辑方针是决定新闻传媒编辑机构特性、目标、任务与风格的准则，体现的是新闻传媒的基本立场、基本观点与基本方法。媒体的任何局部及其工作均应接受媒体基本编辑方针的制约、控制与调遣。

**立体求解大学生“就业难”②**

本报记者曹建文

3月16日至18日，三天时间内北京有大小近10场针对大学毕业生的招聘会，一些毕业生介绍说，毕业前的几个月是就业的冲刺阶段。高校毕业生俨然成为各个招聘会的主角。

不久前，媒体报道的农民工专场招聘会中出现了大中专毕业生身影的消息，让就业难问题再次凸显在世人面前。

最新数据表明，2006年预计全国城镇需要安排就业总量约2 500万人，预计城镇可新增就业人员约1 100万人。高校毕业生依然面临结构

① 《长江日报》2001年7月10日。

② 《光明日报》2006年3月18日“观察”栏。

性就业难题。2006年全国普通高校毕业生达413万人，比上年增加75万人，就业压力进一步加大。

大学生就业难，与增加教育投入、治理教育乱收费等问题一起，成为今年刚刚结束的“两会”上讨论的热点话题之一。是什么造成了大学生就业难？本报记者走访了一些专家学者，力图从就业市场、教育机构、大学毕业生三方立体求解大学生“就业难”。

大学生与用人单位为何都“急”

2006年3月4日下午4时50分，北京某著名大学毕业生就业洽谈会已近尾声，但来自吉林的汪丽萍（化名）依旧站在招聘信息栏前，埋头抄录着招聘信息。这位来自吉林大学法学院的2006届本科毕业生对记者坦言：“这次招聘单位主要招工程技术类人才，我只是想来‘试试运气’。到北京快半个月了，简历投出去30多份，但只有一家单位通知我面试，心里急啊！”

与汪丽萍的“急”相比，深圳一工厂的老板更“急”。因为这个老板花了3 000万元买来机床，但在人才市场上却招不到会开机床的人，无奈只好高薪从别的工厂“挖”来几名机床工人。有关部门统计，仅广东一省，高级技工缺口就超过一百万。

……

这是发表在《光明日报》2006年3月18日“观察”版上一篇深度报道。《光明日报》是面向文教界广大知识分子的综合性的中央级权威大报，而“观察”专栏则以新闻事件为切入点，以关注社会热点为己任，以“逼近第一落点，追踪新闻事件，解读社会现象，服务知识分子”为定位，注重多层面、多角度的深入报道。①但是，《光明日报》与《中国教育报》不一样。《光明日报》不是指导全国甚至也不是指导文教界具体工作的新闻传媒，而是“党和政府联系知识分子的桥梁和纽带”，“精心打造构建社会主义和谐社会历史进程中的知识分子精神家园”，② 报纸的基本读者是广大的教师而不是学生。因此，在报道学校的教育新闻时，《光明日报》应将重点放在教师、成年知识分子或学校管理层的视角上看物取事。然而，《立体求解大学生“就业难”》一文在报道视角上却学生立场足，教师立场淡，对

---

① 《敬告读者》，见《光明日报》2005年12月20日。

② 《敬告读者》，见《光明日报》2005年12月20日。

《光明日报》的基本编辑方针不无偏离，故虽属教育新闻却难以引起《光明日报》基本读者群的关注。

## 第五节 报纸类型与深度报道选题

深度报道在选题上比一般的报道更严格，标准更高。由于报纸类型不同，报道选题也有所不同。

### 一、机关报的选题

（一）机关报选题的“三策”

机关报选题时有上、中、下三种对策。

下策：只考虑报道的可读性，这样的报道很难成功。

中策：注重指导性，但服务性不够。这样的报道虽然省事，有一定的用稿率，但随着祖国大陆报业改革的深入，其生存空间将会越来越小。

上策：将指导性与服务性有机地结合起来，略偏重于指导性，从而既让党满意，让广大读者满意，又体现出机关报的特点。机关报选题要注意不违背党的政策，强化合理地对读者进行服务。

（二）几种做法

上策做来不容易，如下观念、做法可供参考：

1. 选题的事实或事实现象社会影响巨大而深远，有较深的思想开掘空间。

原《经济日报》总编辑艾丰认为：作为国务院的机关报，《经济日报》的记者要站在共和国总理的立场看问题，这就是看事取物的全局观。依此类推，《人民日报》的记者要善于站在中共中央总书记的立场看问题，省委机关报的记者要善于站在省委书记的立场看问题，市委机关报的记者要善于站在市委书记的立场上看问题。一般说来，机关报进行深度报道要多选政治、经济、文化类的选题，少选娱乐性、纯商业经营性的选题。比如，党和国家各级机关出台的新政策、新法规，对有关工作具有指导性、规范性的作用，事关全局，影响深远，故常需要有关的机关报刊广而告之，进行深度报道，从而调节社会管理系统步调统一，促进各个社会层面理解、吸收，落实到具体的行动当中。2006 年 1 月 8 日，国务院发布了《国家突发公共事件总体应急预案》，这是中华人民共和国成立以来，国家发布的第一份应对突发性公共事件的规范性文件，事涉全局，也与每一位中国公民息息相关。对如此重大的国家宏观规范安排，作为党中央、国务院的机关新闻传媒自应分析解读，深入报道，介绍国务院出台《国家突发公共事件总体应急预案》的来龙去脉、社会意义与相关具体问题。实际上，作为国家新闻通讯社的新华社在受命发布《国家突发公共事件总体应急预案》的同时，又采写编发了解释性报道《居安思危，未雨绸缪——解读〈国家突发公共事件总体应急预案〉》①。这本为新华通讯社的分内工作，是应有之举。不过，有的政策、法规，仅作用于某一行业或某一地区，如 2006 年 2 月 1 日开始实施新的《中华人民共和国统计法实施细则》，那么，有关的深度报道任务可由相关的行业性或地方性报刊承担，如国家统计局的机关报《中国信息报》可以对《中华人民共和国统计法实施细则》进行解读报道。

即便面对娱乐性的新闻事实，机关报也要善于从国计民生的立场进行取舍。如 2002 年的足球世界杯十强赛，报道者不能仅仅关注中国队是否出线，而要立足于中国足球发展的高度去处理选题的去留、轻重。

总之，机关报记者进行深度报道的选题要立足党和政府的社会管理层面，选题有“硬度”，软新闻也必须“硬化”。

2. 在服务性的基础上倡导指导性

报道只有重视读者的利益，对读者有趣、有用、有益，报道的指导性才能真正存在；反之，则名存实亡。2000 年，武汉市出现了出租车司机改开正三轮摩托车即俗称“麻木”的现象。此事既关系着武汉市的城市建设、城市形象，又联系着老百姓的衣、食、住、行，报道可能的吸引力来自与人民群众的利益息息相关，来自新闻题材所蕴含的社会意义。只有在真正关心人民群众根本利益的基础上倡导指导性，才能将指导性落到实处。因此，记者必须转变观念，真诚而平等地对待读者，增强报道的服务意识。

3. 强化指导性的权威性

机关报有自己的短长，权威性即是它们的长处之一。机关报要强化“三个权威”：权威的来源、权威的声音与权威的事实。比如，根据当前广大群众关心的一些涉及群众自身利益的社会问题，对于公费医疗改革，养老金改革，教育中的招生、收费等问题，用权威的来源、权威的声音与权威的事实进行报道就是真正的服务到位。一句话，机关报要为读者提供权威的报道，否则，在传媒市场上就容易扬短避长，没有自己的位置。

在获取事实、信息出处、意见的权威性与对决策机构的影响上，作为党

① 新华社 2006 年 1 月 8 日电稿。

和政府“喉舌”的机关报、刊、台得天独厚。机关报必须密切加强与社会权威机关的联系，善于与权威机关沟通并增强这种沟通的主动性。机关报在传播权威机关的信息与意见的同时，还要善于通过自己的社会服务适度地影响权威机关的决策，推动这种决策的良性发展方向，造福国家，造福人民，充分发挥机关报的社会影响力。

4. 咬住新闻事实的“硬件”

上级领导机关对机关报的报道要求较多，有一些内容必须报道，这就是平常所说的机关报的“规定动作”。而咬住新闻事实的“硬件”，是比喻，意指报道者要抓“规定动作”的选题，并抓住新闻事实的特殊性，将“规定动作”报道好。其实，上级机关从全局高度突出要求，本身往往就蕴含着重大的社会价值。比如，1998 年的长江洪水百年不遇。报道好抗洪抢险，既是上级要求，又是报道本身需要。《新华日报》的《托福防洪墙》报道江苏省平时水利建设投入多，有一条 1 500 米坚固的长江大堤，帮助江苏省在洪水面前得以有惊无险、有险无灾。因此，记者要结合上下两头，选准报道，做活报道。

当然，机关报也有“自选动作”，即非上级指定的报道，记者选题的机动空间大一些。但是，即便是“自选动作”，选题也必须具有较好的社会意义。如 2002 年我国高校教师“攻博”成为热潮，新闻事实本身不仅开掘空间大，而且是社会进步与发展的表征，值得报道，《话说高校教师“攻博”热》① 一文发表后还在网上被广泛传阅。

## 二、大众报的选题

大众报有自己的优势与劣势。大众报办报的外在束缚较少，故新闻报道的可读性、服务性强，信息密度高，文笔比较放松，善于从家庭、婚恋、吃穿等民间生活方面对普通老百姓进行道德、伦理教育，传播社会主义精神文明，润物细无声。大众报的弱点是权威性弱，追求发行量时易出现极端，公信性要差一些，社会精英阶层对之存在明显的轻视。需要指出的是，进行深度报道本为机关报之所长，但机关报现有地位使之又在一个时期内为晚报、都市报让出了一些本来属于自己的“势力范围”。

大众报要通俗而不庸俗，要用高尚的精神感染人，避免庸俗，防止恶俗。

---

① 《湖北日报》2002 年 3 月 7 日。

（一）大众报的“三策”

下策：着重考虑报道的指导性。

中策：俗题俗做。只考虑可读性、服务性，打“擦边球”。这种做法也许市场看好，但于社会主义精神文明好处不多，反而常生弊端，容易受到批评。2001年的《强暴在公安局发生以后……》① 等报道比较详细地展示性强暴，存在明显的不良趣味，有亚黄色新闻之嫌。

上策：俗题雅做或雅题俗做，即通俗选题讲品位，高雅选题通俗化。

（二）几种做法

1. 选公共话题，要着眼于读者很想知道而又应该知道的选题

这样的情况比比皆是。近年来，我国一些荣获世界冠军的体育运动员并未经过规范化的入学考试却纷纷成为一些高等院校的硕士研究生、博士研究生，如著名田径运动员刘翔、羽毛球运动员高崚。这些世界冠军从小就从事体育训练，多数文化水平并不高，能否在规定的时间内顺利完成硕士、博士的学业值得怀疑。这样的选题多少有些敏感，但又与社会公平、公正不无关联。因此，这样的选题可以由大众报来承担。相反，与《“公务巴士”一路走好》相比，《点击白岩松》② 一文在记者手中本身并无新材料的情况下硬做，结果就不能不有炒作与追星之嫌，落个通俗、庸俗兼而有之。

2. 适当偏重家庭、个人生活、吃穿住、社会伦理等社会性新闻选题，但切入角度要将服务性与知识性、科学性有机融和

在温饱问题得以解决的今天，教育已经成为广大人民群众关心的焦点之一。因此，在高考录取时期，报道高等教育的新信息本身就具有强烈的新闻价值与宣传价值。作为面向市场的消费型报纸，《燕赵都市报》在政府、学校与考生、家长的利益、需求的一致处选题，刊发《二级学院：高等教育大众化的新模式》③一文，为民纾难，将针对性、服务性落实在知识性、科学性之中，进而将融入指导性，通俗而不庸俗。

3. 将服务性、可读性与指导性有机结合，俗中寓雅，通俗而不庸俗

如《一位民营企业家对家族制的体验》④选题事关财富、富豪，这显然是能够让广大读者眼球一亮的话题。报道通过浙江省方太集团董事长茅理翔

① 《燕赵都市报》2001年6月10日。

② 《燕赵都市报》2001年5月13日。

③ 《燕赵都市报》2001年7月26日。

④ 《燕赵都市报》2001年5月21日。

的成败，讲述了家族制在中国民营企业发展过程中的功与过，实事求是，发人深省，现实针对性强，很有社会意义。

4. 偏重于情节曲折、内容动人的新闻事实，报道那些机关报不便出面而新闻纪律又允许报道的新闻事实。但是，对这一类报道，必须强化思想性，把握好分寸，不能打“擦边球”。

《黄泛中国》①报道的是我国近期的色情服务现象，问题相当敏感，稍有偏差就会出现舆论导向的错误。比较可贵的是，这篇报道紧密依托社会学家、伦理学家、法学家、医学家的科学研究，内容准确，在科学性、知识性、思想性上做文章，较合理地把握了前卫与保守之间的度，值得参考。

当然，在稿源吃紧时，对于那些既无害又无利的选题也不必一味禁止。

## 三、报道选题规划的制定

### （一）制定采写规划大要

在认为某一新闻事实可以作深度报道之后，报道者应该根据本报乃至本版的编辑方针、目标读者先了解相关情况，制定一个采写大要，目的是最后弄清新闻事实的基本情况，摸准新闻事实内可能蕴涵的社会意义与报道价值，以便最终确定是否值得报道，是否有条件报道。

制定采写规划大要还可以为以后进入撰稿阶段的写作大纲提供基础。

### （二）谋划采写范围

1. 了解事实

开列对新闻事实的过程、状况、性质、相关背景等采访可能遇到的困难等项，以及采访调查的目的、步骤、过程、重点等打算。

2. 分析事实成因与对事实的认识

思考报道的社会价值。

思考合适的人选。如有关新闻事实的当事人、知情人，考虑有关党政部门、有关领导干部、有关专家学者的采访范围、比例与可行性，注意采访的地域、行业、专业、级别、单位等的分布层次、比例。考虑受访人选既要全面，有代表性，又要有一定的权威性。

对规模较大的采访，也可以大致估算一下经费开支。

3. 兼顾报纸读者的另一头

高级报纸要考虑报道选题与普通老百姓的关系，大众报纸要考虑报道选

---

① 《燕赵都市报》2000 年 8 月 20 日。

题与指导性的关系，换位思考是为了增强报道的服务性或指导性。

总之，在采访前，报道者对自己写作中可能需要什么事实材料，要做到事先心中有数。

(三) 计划采写程序

1. 先事实

写作者既要采访、弄清新闻事实，又要了解清楚相关的其他事实；要将对有关党政部门与对普通老百姓的采访结合起来，上、下之间互相促进。

2. 后意见

只有新闻事实明确、清楚，专家才好发表意见，提出主张。比如，2000年，某家省级都市报获得北京曹雪芹故居面临城建拆迁线索，该报记者首先采访北京市文物局。在遭到拒绝后，记者转而到故居实地采访。在具有一定的感性材料之后，记者又在发现曹雪芹故居的、中国第一历史档案馆一位姓张的专家处搜集理性而权威的材料，再经张介绍采访了中国红学会会长冯其庸、中国现代文学馆馆长舒乙等人。从这一安排看，采写还算成功，基本完成了任务，但从深度报道的要求看，也还存在不足。

首先，调查采访的顺序应调整。记者应先到曹雪芹故居实地调查，后采访政府权力机关，以便增强对政府机关或社会团体、专家采访的针对性，毕竟接触政府机构、社会团体、专家的难度要高一些。同时，异地批评性报道有自身的难度。由于采访专家、社会团体常常易于采访党政机关，因此，先采访专家、社会团体有时也可以因此便于借力接近党政机关从而进行采访。

其次，具有历史文化价值的建筑物的拆迁问题事关政府多家权力机关，如有可能，记者不妨多头采访一下国家建设部、国家文物局、国家文化部、北京市建委、北京市文化局等。

再次，在获取权威性来源时，如果采访政府机关受阻，记者还可以通过查阅国家的相关法律、政策来进行一定的补救。

最后，记者可以采访一些普通百姓或建筑开发商，从而扩大采访调查的社会范围。

当然，如果报道者对拟报道的新闻选题比较熟悉，甚至以前进行过相关报道，也可以将采写大要与写作提纲合为一起，在采访结束后略作调整。

(四) 具体实例两则

从2003年开始，在国家探索区域发展的大背景下，湖北省省委、省政府开始实施武汉城市圈建设工程。武汉城市圈地处华中地区，在我国的区域建设中具有不可忽视的重要地位，对华中地区与湖北省的经济建设、社会发展有领导、带动的特殊作用。有关报刊有必要根据新变化来报道武汉城市圈的建设工作。

对此，长江日报报业集团下属的武汉市本地大众化报纸《武汉晨报》进行新闻策划，北京国家统计局的《中国信息报》也将武汉城市圈建设纳入自己的报道范围。现将两报的相关报道大纲与部分文字介绍如下：

1.《武汉晨报》2005 年 9 月

(1) 总体报道格局

栏目："要闻纵深"

报道总题目及其报道方式：《提升武汉自信心》系列报道加追踪报道。

第一篇：《多个榜单上武汉排名正在上升》。

第二篇：《外地人眼中，武汉前途不可限量》。

第三篇：《武汉：一座被低估的城市》。

第四篇：《武汉，你本应有更高知名度》。

第五篇：《武汉，前途不可限量，晨报报道引发各界热议》。这一篇为追踪报道。

(2) 单篇报道内部结构

仅以整个报道的开篇作《多个榜单上武汉排名正在上升》为例：

第一部分：阅读提示

第二部分："高级人才指数"最好

第三部分：适合开工厂的城市

第四部分：基础设施越来越重要

第五部分：综合实力名列前茅

第六部分：榜单上的"武汉缺陷"

(3) 编辑的"阅读提示"与记者报道的片段

**阅读提示：**

一个城市的发展，自信心至关重要。前天举行的中部商机国际论坛上，专家们曾谈到武汉的城市自信心问题。凌峻中国总裁周军平说，武汉有一种不自信的城市性格，她曾是中国十分重要的城市，现在逐步滑落到比较不重要的城市，市民担心会滑落到被边缘化的城市。

国务院国资委经济研究中心主任王忠明则指出，中部并没有塌陷，从全国来比，武汉并不落后。

两位专家的观点，初看似截然相反，实则"心心相印"。前者的

“不自信”，体现的是部分市民的忧患意识；后者则心态平和，不妄自菲薄。武汉人自强不息的精神则是相同的。

今起，晨报将推出《提升武汉自信心》系列报道，全方位多角度探讨“武汉城市自信心”问题。

**记者报道的片段：**

无论形形色色的城市排行榜是否权威，作为借鉴和参考，都有助于我们更加清晰地认识这个城市在中国、在世界上的位置。

8月27日，杂志《福布斯》中文版第二次公布“2005中国大陆最佳商业城市”排行榜，武汉的名次由去年的39名跃升至23名。这个榜单的制作人说，武汉的市场前景很好，经济活跃程度在快速提升。

**“高级人才指数”最好**

《福布斯》新闻发言人杨山山在接受媒体采访时表示，今年的评选依据的是2001年到2003年的三年平均值，与去年的标准略微不同，这一次《福布斯》加强了对各个城市的私营企业贡献率和外资经济的考量。

“从数据上看，武汉的市场规模和潜力、私有经济效率有大幅度提升，去年实际利用外资在全国排名第十，个私企业注册资本也有所提高，这反映出武汉的市场前景看好，经济活跃程度在快速提升。”9月1日，该榜单制榜人陈岚接受晨报记者采访时说。

记者从市外经贸局了解到，去年全年，有8家世界500强企业在汉新投资9个项目，8家企业中，日本日通商事（世界第5物流企业）、住友仓库、东芝、美国李尔（全球著名汽车零部件企业）、时代华纳是首次来汉投资。

按照2003年GDP（国内生产总值）超过110亿人民币的标准，《福布斯》选择了206个城市参与排名。评判指标包括劳动力素质、高级人才、经营成本、市场规模等。在这些评判指数中，武汉最好的是高级人才指数，与大家的日常认识一致。

在陈岚看来，武汉是华中区域中心城市之一，高级人才多，交通便利，经营成本在长江中下游的省会城市中处于中等，这些都是武汉的优势。

让这位制榜人感到欣慰的是，今年5月中旬，她专门走访了武汉工商联和省经贸委有关部门，切身感受到武汉发展私营经济的决心。

2.《中国信息报》2005年9月28日

(1) 单篇报道格局

栏目："焦点对话"

报道方式：关于全国主要省市自治区的系列报道

题目：武汉城市圈产业竞争力分析

第一部分：武汉城市圈各地市主要工业优势产业分析

第一小部分：2004年武汉市竞争优势产业分析。

第二小部分：2004年黄石市竞争优势产业分析。

以下是关于武汉城市圈其他城市如黄冈、鄂州、孝感、咸宁、仙桃等的竞争优势产业分析。

第二部分：武汉城市圈在全国的主要工业优势产业分析

第三部分：武汉城市圈产业集群分析

第一小部分：优势工业产业方面

第二小部分：一般工业产业方面

第四部分：加快发展武汉城市圈产业集群的思考

第五部分：背景材料

(2) 报道的开头

2003年以来，湖北省委省政府实施推进武汉城市圈建设的重大战略决策，着力提高湖北经济竞争力。经过近两年的发展，武汉城市圈已成为湖北实施中部崛起的重要突破口。

……

2004年，全市规模以上工业（下同）销售收入为1624.32亿元，黑色金属冶炼及压延加工业占25.01%，交通运输设备制造业占12.89%，化学原料及化学制造业占7.92%。从RCA上看，39个工业行业中，行业最高值为1.795，最低值为0。有10个行业的值在1.2以上，有8个行业的值在0.8~1.2之间，有5个行业的值近似为0。

全市工业行业实现利润115.91亿元，黑色金属冶炼及压延加工业占60.98%，烟草制品业占6.90%，仪器仪表及文化、办公用机械制造业行业占4.83%。前几年表现突出的汽车行业在2004年出现全行业亏损。从盈利指数看，行业指数最高为1.77，最低为-0.77，有23个行业的指数大于1，有5个行业的指数小于或近似等于0。

由于武汉市的特殊位置和作用，全市工业行业在武汉城市圈中的优势明显。显示性比较优势指标和盈利指数分析显示，2004年全市的优势产业为：黑色金属冶炼及压延加工业，烟草制品业，仪器仪表及文化、办公用机械制造业，化学原料及化学制造业，电气机械及器材制造业，印刷业及记录媒介的复制，通讯设备、计算机及其他电子设备制造业等。

……

# 第三章 投向新闻事实的阳光

——深度报道思想

## 第一节 深度报道思想的作用与内涵

### 一、深度报道思想的作用

（一）思想的威力移山填海

面对如下两个深度报道的选题，请判断孰优孰劣：

例一：2003年开春以来，福建省泉州市民营企业缺工严重，直接原因是泉州不能善待外来打工者，如克扣民工酬金、政府包庇当地企业违法违规的做法，致使受害民工投诉无门。

例二：2000年，记者通过3个月的集中采访发现，自20世纪70年代末逐渐崛起的武汉市汉正街的富翁如今却大多沦落到一文不名，甚至于生死不明的地步。直接原因是这些暴发户富裕起来之后吃喝嫖赌，不能与时俱进，经营理念适应不了高速发展的社会。

实际上，这两个选题都具有突出的新闻价值与宣传价值。但是，写成新闻报道之后，双方的传播效果却有天壤之别。前者《泉州“缺工”20万》①发表后社会反响不大；后者《由谁教育富裕起来的人们——武汉汉正街第一代富翁追踪》②则获得年度中国新闻奖。既然先天条件差不多，那么，为什么前文反响平平，后文则光华灼灼呢？主要原因是报道者在思想开掘上有

① 新华社2003年5月19日电稿。

② 《人民日报》2000年8月1日。

明显差距。第一篇经过作者“炼矿”只获得一小部分玉石，而第二篇作者则物尽其用，将金矿中的金子提炼出来。深度报道之深不仅在于报道事实的深入，而且还在于对事物的认识“更上一层楼”。

显而易见，深度报道思想是提升报道品位、加强报道内容深度的极为重要的因素。

（二）深度报道思想的作用

要求每一篇新闻报道都有报道主题既不现实，也容易导致人为地硬扭新闻报道的角度。消息重在传播新闻信息，并不是每篇消息尤其是短讯都有鲜明的主题思想。将“新闻用事实说话”视为新闻报道的基本方法，是新闻政治宣传理念的折射。缺乏鲜明主题的消息，其观念性的东西或宣传思想往往通过报道立场或作用于单篇消息的新闻报道思想来折射。

但是，深度报道则不同。深度报道是比较重要的新闻报道，采写时间相对宽裕，篇幅较长，有条件讲求包括思想见识在内的深度。同时，深度报道还融有报社、栏目在一个时期的新闻报道思想，与单篇的主题构成新闻传播的思想合力。另外，包括次思想观念在内的深度报道的思想影响着报道的选材、结构。

深度报道思想决定着深度报道的品位。

首先，深度报道要避免猎奇而不见思想。所谓猎奇，指的是报道者只注意搜寻奇异的新闻事实，而不重视开掘新闻事实中可能蕴涵的思想意义。如新闻报道《假警察骗了女大学生》、《在读博士制毒黑幕》①，在着重于报道犯罪事实离奇的同时，却缺乏对由此带来的社会警醒意义的关注。

其次，深度报道要追求具有科学性和有新意、有深度的思想。如果报道思想跟不上去，那么，即使报道选题选对了，也挖不全或挖不出选题中所包蕴着的含金量，影响报道的分量，甚至于糟蹋了好的写作材料。《泉州“缺工”20万》、《开封缘何不“开封”》②均选题价值较高，但是，前者在分析福建泉州缺工的原因时失之简单，认为泉州出现缺工是因为泉州企业用工缺乏诚信。可是，为什么泉州企业用工缺乏诚信呢？泉州市政府应该为此承担什么样的责任呢？泉州的民风是否与此相关？其他地方是否存在类似问题呢？这篇报道对此一概阙如，属于想到一点就写一点，这就不能不影响到报道的思想深度，造成新闻资源浪费。而《开封缘何不“开封”》虽然在写作

① 《长江日报》2000年8月31日。

② 《经济日报》1994年3月4日。

方法上存在瑕疵，但由于报道者开掘深入，抓住河南省开封地区当地干部观念落后、保守而导致开封社会发展长期滞后这一要害，故报道振聋发聩，登高一呼，万众响应。报道思想是灵魂，具有化腐朽为神奇的力量，忽视深度报道思想是要吃大亏的。

报道思想是阳光，照到哪里哪里亮。

## 二、深度报道思想

### (一) 深度报道思想

深度报道思想有特定的内涵，指的是一个报道者在一个空间内、一个时期内贯穿于深度报道之中的基本思想。它可以是单篇深度报道的主题，也可以是由一系列新闻报道构成的深度报道群的基本指导思想。深度报道思想应该是蕴含在报道中新闻事实的有机组成部分，不能与报道中的议论等非叙事性话语划等号。

### (二) 深度报道思想与新闻报道思想

新闻工作者在组织一个时期的系列深度报道之前，一般要根据党的方针政策与事实，设计一个时期的系列报道的基本思想，这个基本思想就是新闻报道思想。新闻报道思想，指的是贯穿在一系列新闻报道之内的主要或重要的思想观念、情感。

深度报道思想与新闻报道思想双方有同有异。双方都是报道者在报道中所直接或间接传达的观念，都是蕴含在新闻事实之内的主观认识而不是事实材料本身或用以证明主题的思想材料。但是，双方的范围又不一样。深度报道思想包括三个方面的内容：第一，主题，即一篇报道的基本思想；第二，如为多篇构成，则包括新闻报道思想，即一系列报道的基本思想；第三，其他比较重要的次思想观念。显而易见，新闻报道思想一般仅仅属于深度报道思想的一部分。

# 第二节　当前我国深度报道思想的倾向

中国正在发生一场深刻的社会变革。作为社会公器与变革镜子的传媒与传媒中的深度报道就不能不发生巨大的变化。与过去相比，目前我国深度报道思想既有继承，也有变化。其状况大致如下：

## 一、导向性

目前，深度报道在思想上必须坚持四项基本原则，鲜明地传播马克思主义，传播党的基本路线与当前的方针政策，有所弘扬，有所批判。政治家办报的最突出的特点就是坚持报道的政治导向性。在这一点上，我们必须一如既往。

## 二、知识性

马克思主义是科学的世界观与方法论，它更多的是原则性的要求，不可能对不断发展的大千世界作出全部的结论。因此，深度报道思想的知识性就表现为在马克思主义指导下，汲取进步的人类文明，在具体学科、具体事物、具体问题面前，尊重客观规律，尊重具体的专业学科的理论和科学方法，从而体现了报道思想的专业知识性，即知识性。

## 三、中性化

所谓深度报道思想的中性化，指的是面对复杂的新闻事实，报道没有明确地站在事物矛盾的某一方去拥护什么、反对什么。报道思想中性化是近年来我国新闻报道尤其是深度报道出现的新情况。

深度报道为什么会出现报道思想中性化呢？与一般报道不同的是，深度报道处理的新闻事实往往比较复杂，牵涉着方方面面。面对这些复杂的新闻事实或新闻现象，报道者当时根本没有能力判断其中的是非曲直，但放弃报道又构成失职。那么，为了维护新闻真实性原则，摆脱这种两难局面，深度报道往往只好选择先不下结论，只着重于陈述事实，介绍不同的主张。比如，对于浙江省海盐衬衫厂的厂长步鑫生，当初步鑫生成功时，我们的报道一味肯定，同样不留余地，有的报道还获得了新闻奖；当后来步鑫生失败时，又是这些记者进行口诛笔伐，一味否定，同样不留余地。这样的报道就是片面、不真实的，是随风倒，不负责任。我国新闻界为此交了不菲的学费。历史的经验值得借鉴，深度报道需要中性化。2003 年，在中国肆虐的非典型性肺炎是否由于果子狸将冠状衣原体病毒传染给人类？解决如此复杂、艰难的问题，如果脱离科学家扎实的科学研究就难免演化为闹剧。而扎实的科学研究是需要一定时间的。因此，在此之前，记者不要鲁莽地充当裁判员，应该做的实际上只有一点，即报道事实，静观变化。这样的中性化，更加实事求是，值得肯定，也需要提倡。

回避矛盾是不是报道思想中性化呢？有的报道者不想得罪新闻事实所涉及的有关当事人，不想得罪有关读者群从而影响到报纸的发行量，或是干脆就只想让读者轻松娱乐，于是在新闻报道中追求新闻报道思想的平面化与不疼不痒。深度报道思想中性化的出发点与落脚点是维护新闻真实性原则，追求的是新闻报道的社会责任。而回避矛盾将深度报道思想平面化、低俗化，是伪中性化，不值得提倡。

### 四、一定的道德性

所谓道德，指的是依靠社会舆论与人的内心信念来维持的调整人们相互关系的行为规范的总和。它以善与恶、正义与非正义、诚实与虚伪等道德观念来评价和调节人们的行动。道德与法律是构建社会秩序的一软一硬的“两翼”。

道德与深度报道息息相关。新闻不是法律而是信息，是文化，所以，深度报道必然与道德发生密切联系。而新闻报道、道德与政治之间又相互影响，相互作用。政治运动是道德发展的强大的推动力，政治制度、政治关系制约各种道德体系的社会地位、具体内容。①新闻报道是政治生态的晴雨表。政治对深度报道的作用常常通过道德来进行。因此，不管是否愿意，新闻报道与道德之间都必然相辅相成，记者之间对待道德的区别只有一个，即报道者是否有意识地利用道德进行社会政治建构。

我国主流文化的道德观以马克思主义为主，但又汲取了中国传统文化的精华。“文革”前的《伟大的战士》②、《为了六十一个阶级兄弟》③、《县委书记的榜样——焦裕禄》④等新闻报道倡导共产主义精神，倡导利他思想，倡导大公无私，倡导集体主义，倡导平等观念，但也倡导忠心耿耿，倡导阶级的兄弟情义。新闻报道借助道德润物细无声，既有助于读者的接受，又有助于报纸，尤其是大众报纸落实自己的传播功能，因此，进入20世纪90年代，我国的新闻报道开始自觉进行传统道德资源的整合。

目前，我国深度报道的道德观表现为以下三个特点：

1. 注意汲取中国传统的道德观

---

① 罗国杰等：《伦理学教程》，中国人民大学出版社1985年版，第85页。
② 《解放军报》1962年2月8日。
③ 《中国青年报》1960年2月28日。
④ 《人民日报》1966年2月7日。

改革开放以后，中国社会发生了巨大的变化，百姓生活日益日常化、平民化、非政治化。同时，中国现实生活的巨大变化又给新闻宣传战线提出了新的挑战，即党的新闻宣传与主流文化如何才能够为广大读者所真正接受。江泽民在20世纪90年代中期提出了文化思想建设的四个“以”主张，即“以科学的理论武装人，以正确的舆论引导人，以高尚的精神塑造人，以优秀的作品鼓舞人”。这些都使得新闻报道开始比较明显地有意识地运用中国传统道德文化的合理部分或有生命力的部分，去落实深度报道思想的指导性与作品的感染力。

2. 注意将执政党的道德观与中国传统道德观有机结合

目前使用普遍的传统道德观有忠诚、爱国主义等。同样是典型人物报道，《领导干部的楷模——孔繁森》① 相当重视开掘传统道德资源。在写孔繁森第二次赴藏前时，这篇报道集中写典型人物在孝敬老母与为党为人民服务之间的矛盾与抉择。一方面，党的事业需要孔繁森离家远赴西藏；另一方面，高堂老母又需要他去伺奉。那么，在忠孝之间，孔繁森怎么办呢？作品写道：

> 要走了，孔繁森默默地站在母亲面前，用手轻轻梳理着母亲那稀疏的白发，然后贴在老人的耳朵旁，声音颤抖地说：
>
> “娘，儿子又要出远门了。到很远很远的地方去，要翻好几座山，过好多条河。”
>
> “不去不行吗?”年迈的母亲抚摸着他的头舍不得地问。
>
> “不行啊，娘，咱是党的人。”孔繁森的声音哽咽了。
>
> “那就去吧，公家的事误了不行，多带些衣服，干粮，路上可别喝冷水……”
>
> 想到这，也许是同年迈多病的老母亲的最后一面，孔繁森再也抑制不住内心的感情，“扑通”跪在母亲面前：“自古忠孝不能两全，娘，您要多保重!”说完，流着眼泪给母亲深深磕了一个头。

在忠孝之间，齐鲁汉子孔繁森选择了以忠于党的事业为主。这样的道德观对西方读者作用有限，但由忠孝之间的矛盾所牵扯的亲情却能深深地打动中国读者，让人想起中国历史上岳飞的精忠报国。中国传统道德观的介入显

---

① 新华社1995年4月6日电稿。

然极大地增强了新闻报道的感染力。

3. 开始注意在科学专业报道领域适当地淡化道德观

除了政治立场之外，新时期的深度报道越来越多地坚持专业立场。历史经验证明，深度报道所要传播的新闻事实、社会问题往往比较复杂，仅依从政治需求提炼报道思想，就容易导致报道的简单化、绝对化与人物的漫画化。为了深度报道的真实、科学，传媒开始追求以教育学、法学、伦理学、医学、心理学、社会学等科学理论、科学立场进行报道，不再外加政治立场，或在专业基础上融入政治立场。由此可见，目前道德对深度报道思想既有介入，但又不能不有所节制。这是我国新闻报道的进步。

当然，目前道德对我国新闻报道影响，还存在一定的缺憾。这主要表现为以下两个方面：一是泛道德化并未得到彻底根治。一些体育报道动辄将中国队的胜败与爱国主义挂钩，弱化了体育比赛的健身性质或娱乐成分，甚至无视有关体育比赛的商业目的。有的新闻在报道一些普通百姓的困难时，渲染当事人的痛苦，执著于单纯地吸引受众献物献钱献爱心。二是对中国传统道德与西方道德的良莠甄别不够。一些封建主义的道德观与西方落后的道德观在深度报道中有所流露。比如，有的报道夸耀政治权力，丑化谦逊，有的报道不厌其烦地渲染新闻材料中的性、死亡成分，将读者看客化，践踏生命的尊严，有的报道不去传播劳动致富思想，反而孤立地夸财斗富，美化人身依附，表现出相当浓厚的金钱崇拜观念与奴性思想。

## 五、服务性

服务是为集体（或别人的）利益或某种事业而工作。①而新闻报道的服务性指的则是新闻报道专心为满足读者的具体要求而工作的精神。

在新中国成立后的前30年的新闻报道中，新闻报道强调报道思想的指导性，而不是服务性。随着新闻改革的逐渐深入，现在的新闻报道出现了鲜明的服务性倾向。这集中体现在两个方面：

第一，关涉新闻报道思想的教化性时，报道强化思想教化对读者个人有益的帮助。郭梅尼的《一个普通的灵魂能走多远》②、夏欣的《归来吧，妈妈》③ 重视的是深度报道在思想上对读者个人进行人生启迪。

---

① 《现代汉语词典》，商务印书馆1978年版，第386页。

② 《中国青年报》1984年11月10日。

③ 《光明日报》1995年11月17日。

第二，强调新闻报道的思想对读者个人具体生活的帮助。如当地住宅楼盘走势，高考前后关于招生规模、考试范围、录取程序等情况，医疗改革、养老制度的改革等，对这些事关民生的深度报道，强调的就是报道思想的实用性。

## 第三节　深度报道思想的要求

### 一、正确

正确的深度报道思想既要符合事物的本来面目，符合客观规律，符合科学原理，符合马克思主义，又要符合健康正确的民族道德观念，符合国家的法律规定。《刘九慧：相伴疯姐卅四年》① 一文报道湖北省武汉市的一位女性为了照料自己病残的姐姐而终身未嫁：

为了照顾患有精神病的姐姐，53 岁的刘九慧至今独身。34 年的携手相伴，60 岁的姐姐养得白白胖胖，昔日高挑漂亮的刘九慧却容颜渐老。为了亲情，放弃一生的幸福，刘九慧用爱诠释了“什么叫情同手足”。

走进武昌区西城壕 201 号一楼刘九慧的家，地面略显潮湿，但很干净。不大的房子除了几张床以外，几乎没什么家具。姐姐刘九华横躺在椅子上酣睡，87 岁的母亲卧病在床。刘九慧脸上不见丝毫悲戚，只有笑容：“这些年，一天天走过来，倒不觉得有太多的苦累，都习惯了。”

姐姐刘九华 1965 年下放农村，遇到刺激患上了精神病。当时刘九慧还在读书，照顾姐姐的重担都是父母挑着。

1972 年，刘九慧下放回城。那年她 19 岁，进了一家粮店上班。哥哥成家后搬出去居住，弟妹要上学，父母要上班，且身体多病，照顾姐姐的担子自然落在了刘九慧的肩上。早上服侍姐姐起床，煮好早饭，看着她吃完，把姐姐锁在家里再上班。中午急匆匆赶回家做饭，再哄着姐姐睡个午觉。下班后，风风火火赶到菜场买菜回家做饭。刘九慧每天过着家庭、单位、菜场“三点一线”的生活。好在当时姐姐病情稍轻，

① 李咏、欧新梅、刘金峰：《刘九慧：相伴疯姐卅四年》，见《长江日报》2006 年 4 月 12 日。

还有父母和弟妹们帮忙，刘九慧还不觉太辛苦。

年轻时的刘九慧个头高，人也长得端正。许多热心的同事帮她介绍对象，都被她婉言谢绝了。“要照顾姐姐，没有时间也没有精力谈恋爱。再说我出嫁了，姐姐怎么办?”刘九慧索性决定不再考虑婚嫁之事。

“最难过的是我35岁至45岁的时候。姐姐病情加重，生活完全不能自理。父亲去世，母亲患冠心病三天两头住院，弟妹们相继成家，我只能独力承担重任。那时工作要三班倒，日子过得相当艰难。”回忆那段日子，刘九慧都不知道每天是如何度过的。

45岁那年，刘九慧办了“内退”，一心一意照顾姐姐。姐姐吃饭弄得满地都是，她收拾干净。姐姐常常大小便失禁，常常弄脏衣裤甚至墙壁，刘九慧帮她换过了衣服又要清洗打扫。姐姐经常砸东西，她只能把易碎的物品摆进厨房，把门锁好。晚上姐姐怕单独睡觉，她干脆和姐姐睡一张床，怕姐姐起来摔跤，晚上她家的电灯一直亮着。姐姐动不动就往外跑，她不敢离开半步……尽管这样，她还是常常“有好吃的先端给姐姐”，弟妹们送给她的好衣服也总是给姐姐穿。刘九慧说，为了照顾姐姐，好多年来她都没有逛过大商场，没有看过一场电影。只有周末弟妹们回到老屋来，刘九慧才有稍微的喘息。

妹妹刘九慧长年照料病重的姐姐是感人的，应该肯定。但是，妹妹完全可以在照料姐姐的前提下交友，完成个人的婚姻大事。女人可以独身，当事人也有权利选择通过独身来照料身残的姐姐，但报道不能将照料姐姐作为妹妹独身的正当理由。妹妹不嫁的真正原因恐怕需要记者深入采访、调查。以妹妹牺牲个人的婚姻为代价来落实姊妹亲情，毫无疑义已严重伤害到妹妹的个人核心利益，做法也不近人情，不值得肯定。报道者在报道中对此予以宣扬，显然失当。类似的报道并不算少。《丈夫全身高位截瘫，爱妻救夫与死神拔河13年》① 报道武汉市一位叫爱珠（化名）的女性，13年来独自一人照顾高位截瘫的丈夫，并以“对丈夫与孩子负责”为理由拒绝重新组织家庭。如此宣传女性自我牺牲对当事女性是不公平的，也无法排除报道中存在“一女不事二夫”的封建主义道德观的可能性。

---

① 《楚天金报》2006年3月17日“冰点焦点”版。

## 二、新颖

这是说新闻报道的思想要在正确的基础上别开生面，有创见，不人云亦云。比如，关于假日旅游，有人认为假日旅游可以推动国内消费，扩大内需，为国内寻找了新的经济增长点。这样的认识在刚刚推广长假的 2000 年能够让人耳目一新，但到了 2001 年则变成老调重谈。为什么 2000 年 10 月的假日旅游情况不如同年 5 月的假日旅游？显然，上述解释无法让人信服。相反，有报道认为，中国居民的年经济收入有限，对一年两次假日旅游，很多人是受不了的，所以才会在 2001 年 5 月假日旅游中倾心于去自己所在城市的近郊游。后一篇报道根据新情况，将报道思想发展到了一个新阶段，这样的认识既正确，又新颖。

## 三、深刻

这是说新闻报道的思想要能见他人所未见，与其他报道相比，看问题更多问几个为什么，再深入几步。《幼儿男女共厕是问题吗》①一文报道一些幼儿园男女幼儿共用一个厕所现象。对此，我们应该如何认识呢？这里存在着由浅而深的不同认识：第一种是常见看法，认为小孩子不懂事，男女共厕没问题。这个看法是不正确的。科学研究证明，人从两岁起就有性意识了。现实情况也说明这个看法有缺陷，有的小孩在幼儿园不上厕所，一回家反而急忙入厕。显然，男女幼儿共厕对孩子的身体健康有负面影响。第二种看法认为让小孩从小就男女分开入厕有必要，可以让小孩从小养成好习惯。这个看法比前一看法深入了一步，但未中要害，仍给人以隔靴搔痒之感。第三种看法认为性教育是终身教育，幼儿园男女小孩共厕说明，我国学前性教育落后，而学前性教育落后的主要原因是大人性意识观念滞后。大人观念不改变，小孩子的性教育是做不好的。显然，第三种看法振聋发聩，发人深省，见识非常人所能触及，因此读者读后就不能不受到启发。

## 四、协调

协调指的是由多篇报道组成的深度报道在报道思想上要相互分工，它们之间既有内在联系，又有所区别。如《光明日报》2002 年 3 月的连续报道“新闻聚焦”，其报道思想为“呼唤学术道德，净化学术环境”，但几篇报道

---

① 《光明日报》2001 年 8 月 27 日。

或文章在总体思想的制约下，单篇主题又有所不同："要坚决刹住学术界少数学者的学术歪风"，"学术腐败在于学风浮躁、急功近利，缺乏学术规范与学者缺乏道德自律"，"只有建立学术规范才能根绝学术腐败"。

## 第四节 如何提炼深度报道思想

### 一、新闻事件的三个层面意义

#### （一）认识事物的三个层面

面对变化的世界，人的认识是有层次之分的。在文化史学者看来，世上的一切均可分为自然的与文化的两个方面。而所谓的文化，指的则是人类对于自然的作用、利用与创造。文化史学者因而将文化三分如下：一是物质的变迁；二是制度的变化；三是观念的更迭。

从文化变动看，最容易变化的是物质层面。相形之下，制度的变迁、观念的更迭则要难多了。所谓制度，是在一定历史条件下形成的政治、经济、文化等方面的体系。①所谓机制，泛指一个工作系统的组织或部分之间相互作用的过程和方式。②制度的变化是深层的变化。《关广梅现象》写的是辽宁省本溪市的关广梅如何在1985年租赁该市的副食商店；《鲁布革冲击》报道的是1984年我国如何在西南鲁布革水电站工程之一——引水隧洞公开招标，日本一公司如何中标、实行工程合同制管理，1985年中国工程公司如何在鲁布革水电站工程中的厂房工程也开始试行外国的先进管理方法，改革如何使社会主义优越性更好地发挥。同样的中国人，只是由于机制变了，劳动生产率却发生了翻天覆地的变化。上述报道中所反映的变化就是制度的变化。较之物质的变化，制度的变化显然难多了。不过，制度的变化还不算是最难的。马克思在《政治经济学批判·导言》中早就讲过思想意识变动的滞后性："关于艺术，大家知道，它的一定的繁荣时期决不是同社会的一般发展成比例的。"台湾地区艺人凌峰2000年中秋节曾做客中央电视台，通过自身经历谈到台湾的"大丈夫主义"与大陆"气管炎（妻管严）文化"之间的冲突。他的大陆太太到台湾后要求外出工作，跟他吵架，而到电视台同时做客的一位嫁给大陆男子的台湾年轻女子则相夫教子，不顶撞丈夫。这

① 《现代汉语词典》，商务印书馆1978年版，第1622页。

② 《现代汉语词典》，商务印书馆2002年修订第3版（增补本），第582页。

就是观念上的差异。德国现代物理学家普朗克云：“一个新的科学真理并不是靠使它的对手信服，并使他们接受而获胜的。不如说是它的对手死绝，而不熟悉旧真理的新一代成长起来了。”①普朗克的话说明了观念革新之难与滞后，真可谓“江山易改，本性（观念）难移”。最难的其实还是价值观念的变化。

（二）深度报道思想深浅的三个层面

作为人类认识世界的表现，深度报道在主题的开掘上存在着由浅而深的三个层面：一是写物质变迁；二是写制度变迁；三是写观念上的变迁。

1. 报道物质变迁

如报道长江上又建了几座桥，西部又修了几条铁路。对于深度报道而言，这种报道成分一般只能作为报道的有机组成部分而不是全部。

2. 报道制度变迁

这样的报道有《关广梅现象》、《鲁布革冲击》、《140万双袜子的命运》等。关广梅的成功在于商业企业实行个人承包制。鲁布革水电站不同于以往的是因为引进了竞标与先进的企业管理制度。武汉袜厂所反映的袜子问题，主要不是个人素质问题，而是现有企业的管理体制导致140万双袜子长期被积压库房。

3. 报道观念变化

作为精神文明建设的主战场，深度报道必须重视报道社会精神的变迁。也就是说，报道者要认真分析新闻事实所蕴含的社会意义，发掘并肯定进步的新时代精神，批评与时代精神格格不入的错误的旧观念。夏欣的《归来吧！妈妈》②，报道的是北京市广渠门中学宏志班的一名叫田伟的学生，放学后在全市四处寻找自己疯母的故事。这篇报道是针对中学生有感而发的。作为独生子女的新一代，这些中学生普遍存在一心只想着自己而不懂得关心、考虑他人的精神状态与心理弱点。这样一来，报道就提出了关于新一代中学生精神健康的大问题，社会意义十分重大。该文刊发后社会反响很大，中央电视台等新闻媒体还根据《光明日报》的独家新闻进行了后来的二度三度报道。

当然，深度报道如果能从制度、观念两个层面同时提炼报道主题，那

① 夏基松等：《现代西方哲学流派述评》，上海人民出版社1988年版，第292页。

② 《光明日报》1995年11月17日。

么，就会表现出更为强大的思想威力。比如，《金牌不是名牌》①报道的内容是：辽宁省虽然是国家质量评奖金牌的大户，但该省的工业产品的市场占有率却很低。究其原因，有机制上的，更有观念上的，即“经济机制和思想观念”两点。这就既从观念层也从制度层入手分析了症结，提出了有名的“东北现象”，发人深思。因此，《金牌不是名牌》的深度报道思想就格外有力量，使该文跻身于中国新闻史的名篇之列。

## 二、由分析事物的矛盾入手，抓主要矛盾或矛盾的主要方面

### （一）熟悉事实，熟悉生活，善于观察，勤于思索

思想不能凭空产生，报道者要熟悉事实，熟悉生活，善于观察，勤于思索，“多看看，不要看到一点就写”②，“要艰苦的思考”③。马役军为了写好辛福强，与辛福强交朋友，长期了解达四年之久。罗盘为了报道武汉市汉正街第一批富翁的命运，对他们进行了长达18年的跟踪了解，先后发表了多篇相关报道。写作者要边采访，边思考，通过采访进行思考，通过思考进行采访。

### （二）紧紧抓住事物的矛盾这个“牛鼻子”

产生报道思想的过程，就是我们了解、分析、熟悉事物从而解决事物矛盾的过程。面对纷繁复杂的新闻事实，报道者要多问几个为什么。任何事物都包含矛盾，因而唯有抓住主要矛盾或矛盾的主要方面，我们才有可能抓住问题的要害。

埃德加·斯诺是一位很了不起的记者。在20世纪30年代，年纪轻轻的他从美国来到中国采写《西行漫记》，第一次向西方世界介绍中国共产党人。在这篇长篇报道中，斯诺分析了中国共产党之所以大有希望的根本原因，预测中国共产党人很有可能会控制整个中国。历史证实了斯诺的预言。那么，他一个毛头的外国小伙子凭什么会有如此老辣的见识呢？

原因很多。比如，他不怕艰苦，不惜生命，敢于冒险，深入到中国陕北一线采访，这是当时许多记者不肯做的。比如，他坚持用自己的眼睛观察一切，不肯让他人预设的“先见”干扰自己的独立判断，等等。千条万条，

---

① 《经济参考报》1991年8月24日。

② 鲁迅：《二心集·答北斗杂志问》，见《鲁迅全集》第4卷，人民文学出版社1981年版，第364页。

③ 郭梅尼：《我的记者之路》，北方妇女儿童出版社1987年版，第7页。

但斯诺取得成功最主要的只有一条，即抓住矛盾，在复杂的事实面前抓住主要矛盾或矛盾的主要方面。这个主要矛盾是什么呢？斯诺认为，中国共产党人之所以会站住脚跟，并可能最终取得全中国的胜利，关键在于中国共产党人抓住了土地问题。在当时中国人口中，人数最多的是农民；在中国，要想得天下就必须得到农民的支持。农民靠天吃饭，土地是中国农民生存、发展的生命线，解决中国农民生计的要害是土地问题。这样，在解放区，农民们参军入伍为共产党打仗就是保卫自己的土地。相反，蒋介石则不懂得这一点。蒋介石取代北洋军阀后，中国的苛捐杂税较之过去有增无减，农民生活很苦。有的农民卖头猪，仅纳税就有6道。因此，蒋介石当时统治的旧中国，一个人往往要么赤贫，要么巨富。作为一个外国人，斯诺是了不起的，他当时虽然还不懂得马克思主义，但却自觉不自觉地抓住了中国社会的主要矛盾，从而把握到了中国的要害问题。

通过分析事物的矛盾，抓住主要矛盾或矛盾的主要方面，记者就可以比较准确地抓住事物的要害，提炼出正确而较深刻的报道思想。

（三）两种倾向

提炼、确定新闻报道思想必须实事求是，不要人为拔高或矮化。这其间有两种倾向值得警惕：

一是泛政治化。其要害是拒绝从实际出发，不尊重事实，对什么新闻事实都不具体分析，只满足于拿当下党的某项政治要求去解释事实。其极端者甚至采取鸵鸟政策或戈培尔式的政策：当无法用一种现成的政策合理解释摆在面前的新闻事实时，要么回避，要么强词夺理，断章取义，用现成的政策硬往新闻事实上套，让事实去适应某种以报道者的利益为背景的观点。报道思想泛政治化的结果是有悖新闻真实性原则，极大地破坏了党的新闻报道的公信力，败坏了党的新闻事业的声誉。关于我国民营企业的成就，一些报道每每用党的十一届三中全会以来的好政策来解释。这样看问题固然不错，但类似的解释讲多了，报道思想就很容易肤浅，形成套话，难以新颖、深刻，也容易将政治庸俗化了。相形之下，《一位民营企业家对家族制的体验》①比较实事求是。该报道认为创业初期民营企业白手起家，急需齐心合力，故民营企业难免实行家族制，但是企业做大后必须规范，淡化家族制就不可避免。这样的报道思想既包含着深刻的经济学原理，又与政治思想发生内在联系。只有建立在科学的基础上，报道思想的政治性才是准确而踏实的。

---

①《燕赵都市报》2001年5月21日。

二是媚俗化。其要害是满足于思想的平面化，有时还暗中迎合部分读者不那么健康的心理。比如，一些关于女性被拐卖的报道，如《数百坐台小姐遭拐卖》①、《强暴在公安局发生以后》② 等文，展示罪恶，是非不明，格调不高，有满足读者窥视心理嫌疑，呈现出“亚黄色新闻”的特点。

那么，在具体的写作策略上，我们应该如何应对这一类报道呢？答曰：要着重报道被害者的痛苦。美国学者巴茨的《广告管理》以为：一个成功的“恐惧广告”离不开四个要素：一是所描绘的威胁是十分可能发生的；二是会有严重的后果；三是所提倡的行为可以改变上述威胁，甚至使这种威胁消失；四是所提倡的行为是消费者可以做到的。③因此，报道者在上述题材的新闻报道中，要将重点放在受害者在生理与心理上遭受的伤害上，从而唤起读者的同情、怜悯而不是性的欲望。

## 三、立足于时代精神的高度来提炼、选取深度报道思想

### （一）与时俱进，提炼主题

符合事物本质规律的思想不一定都具有强烈的现实针对性，其新闻价值与宣传价值未必都高。爱国主义要高扬，但爱国主义还要落在实处才行，因此，篇篇体育报道都张扬爱国主义，显然是不切合实际的，新闻报道还必须立足于现实，根据具体的时代精神来提炼、选择新闻报道的思想。

马役军关于辛福强的报道有影响的主要是两篇。一篇是《跃向人生的新高度——记青年个体劳动者辛福强》④。该文的报道思想是：无论做什么，只要我们能够全心全意为人民服务，那么，我们的人生都是闪光的。另一篇是《福强玻璃店里的新主人》⑤。该文报道思想是：肯定勤劳致富与商品经济，同时认为个人的合理利益与人们之间的互惠互利必须得到尊重。那么，《福强玻璃店里的新主人》是不是在否定记者肯定过的全心全意为人民服务的思想呢？不是的。两篇报道与时俱进，都是立足于时代精神来提炼、选择报道主题的。在1985年初，党中央关注精神文明建设，大力提倡弘扬共产主义思想。《跃向人生的新高度》正是基于这样的时代精神来提炼新闻报道

① 《长江日报》2000年9月6日。
② 《燕赵都市报》2001年5月13日。
③ 参见中国人民大学报刊复印资料《新闻与传播》2001年第6期，第71页。
④ 《中国青年报》1985年6月5日。
⑤ 《中国青年报》1986年11月15日。

主题的。而在1986年下半年，改革开放走向深入，党中央对一些问题的看法已随着时代的步伐有所深化。社会也在讨论，我们应该怎样认识全心全意为人民服务。马役军认为，中国现阶段的生产力水平还不高，各地发展水平不一样，人们的思想境界不一致，因此，社会主义的精神文明建设要有层次，不能一刀切。对共产党员，应用共产主义的思想要求他们，要求他们毫不利己，专门利人。对普通公民，要反对损人利己，应要求他们勤劳致富，各尽所能，按劳分配，利己又利人。如果认为只有全心全意为人民服务的思想正确，而勤劳致富、维持个人合理利益的思想错误，那么，这样的认识就脱离了实际，是不妥当的。因此，提倡勤劳致富，维护个人的合理权利，与全心全意为人民服务的思想并不矛盾。“春江水暖鸭先知”，马役军立足于时代的背景，把握时代精神的走向，先知先觉，显示出马役军过人的识见。《福强玻璃店里的新主人》正是立足于这样的时代精神来提炼报道思想的。

所以，记者不能跟在时代潮流的屁股后面转，而要站在时代潮流的前面，分析研究有关的社会形势。这样，记者才容易捕捉到新鲜的报道主题，使报道有较强的思想性、针对性、战斗性。

（二）学习，实践，体验，把握时代脉搏，树立正确的世界观

记者怎样才能把握时代脉搏呢？答曰：学习，实践，做生活的有心人，善于体会人生的有关道理。人们往往认为作家积累生活靠体验，记者积累生活靠采访。其实，这只说对了一半。一个优秀的记者，不仅善于采访，而且也善于体验生活，根据新闻事实的实际特点让自己对生活的体验与新闻事实发生冲撞，生发出智慧的火花。比如，郭梅尼的《一个普通的灵魂能走多远》①，报道一位生长在上海的女性，如何从一个里弄工厂的小工刻苦自学从而出国留学，并在其年轻生命的最后一刻获得硕士学位的人生过程。报道的主题是：只要勇于探索、奋斗，一个普通的灵魂也能走得很远，一个普通的生命也能闪烁出灿烂的人生火花。那么，这样的认识是作者一时心血来潮吗？不能这样理解。养兵千日用兵一时，这样的思想实际来自作者的厚积薄发，是记者长期生活的感悟。郭梅尼，女，1935年生，湖北省孝感人，《中国青年报》记者，中国现代作家丽尼的女儿。她从未上过大学，在她近50年的记者生涯中，没有学历的她遇到过很多困难，受到过许多歧视，遭到过不少白眼。但是，她并没有垮下来，反而取得了让不少高学历的记者望尘莫及的成绩。她的成功靠的是什么？靠的是奋斗，刻苦，不屈不挠！她有与

① 《中国青年报》1984年11月10日。

《一个普通的灵魂能走多远》中的新闻人物袁和一样的精神。你还能说郭梅尼写的仅仅是袁和吗？在袁和的身上，我们是不是也能看到作者本人的影子呢？郭梅尼说："记者要写好人生这个主题，首先要求记者自己对人生有深刻的认识和理解。"①所以，记者的有心，还表现在记者善于体验生活上。

记者要树立正确的世界观、价值观，要反对权力崇拜、金钱崇拜。这是记者能够通过人生体验获取正确、积极而不是阴暗、消极结论的思想基础。

## 四、增强深度报道的理性精神

### （一）深度报道离不开理性精神

在提炼深度报道思想中，抓事物矛盾与立足于时代精神有用但也有限。抓事物的主要矛盾或矛盾的主要方面有时会出现窘迫。比如，《体育报》记者鲁光写中国女排三连冠，以为国争光为主题。但是，有的体育队或代表团会说，我也想为祖国争光，在我的心中祖国的荣誉高于一切，但却拿不了世界冠军。显而易见，抓事物的主要矛盾或矛盾的主要方面不能简单化，一刀切。立足于时代精神提炼主题，处理不当也会带来不少问题，况且时代精神不可能永远没有时代的局限性。比如，曾经担任新华社记者的徐迟在《哥德巴赫猜想》中报道我国著名数学家陈景润的勇攀世界科学高峰时，将主题定为只要肯攀登，就一定会成功，为的是紧跟当时提出的社会目标，并反驳那些对此目标持怀疑态度的人们。今日反思，徐迟的主题则不无问题：20世纪70年代后期提出的我国在20世纪末实现"四化"的目标有急躁之嫌，同时，这种"四化"不包括人的现代化，不是真正的现代化。徐迟为这样的时代精神打气，今天看来多少有些欠缺周全，它存在时代的局限性。

时代需要理性。从当前的时代任务看，启蒙的任务正逐渐让位于落实。中国目前最难的事往往不是知，而是行。深度报道既要有时代精神，又要有理性精神。理性精神是时代精神的基础。比如，同为报道残疾人犯罪，《无声世界的惊人内幕》②与《唐山命案警示世人》③两文在思想上相差悬殊。《无声世界的惊人内幕》不仅思想平庸，而且还包含错误的思想倾向，如"'老板'在其团伙内享受'至高无上'的权力，除有固定的姘妇以外，他

---

① 郭梅尼：《写人生——〈一个普通的灵魂能走多远〉采写札记》，见董广安等编《中国高级记者成名作透视·通讯卷》下册，河南人民出版社2004年版，第659页。

② 《武汉晚报》2000年4月20日。

③ 《工人日报》2000年4月5日。

对其团伙的女哑巴可以随意占有，女哑巴不得反抗……昨日下午，记者在哑语翻译的协助下，采访了女哑巴徐某。她是从安徽嫁到河南周口的，因丈夫总是打她，所以她丢下4岁的女儿跟别人出来打工‘卖画’，谁知过上了这种生活。她恨这种日子，她要回安徽老家去。记者见她伤感地直摇头，哑语老师翻译说：她说要放弃武汉，很伤心，回去算了”。这篇报道对哑巴犯罪集团头子的欺男霸女缺乏否定，对残疾人的犯罪又不无同情成分。法律面前，人人平等，残疾人也不例外，并不能因为犯罪分子是残疾人，国家法律就要有所变化。上述报道的有关表述显然存在缺陷，也是对人道主义的误解。相反，《唐山命案警示世人》则多方面地探讨了残疾人犯罪的深刻原因：

> 3月14日，两起杀害出租车司机的恶性案件被河北唐山市路南公安分局破获。
>
> ……
>
> 3月10日，黑龙江齐齐哈尔市聋哑人曲海峰（男，19岁）、黄伟(男，18岁）与内蒙古扎兰屯市聋哑人康建生（男，26岁）结伴来到唐山，住在半年前仅见过一面的当地哑女揣某家。由于揣某嫌他们没有钱，还吃住在她家，3人便萌发了抢出租车的恶念。12日晚，曲、黄、康3人酒后怀揣尖刀打了一辆出租车。当车行至南湖公园西南角时，他们用尖刀、石块等凶器将司机杀害。
>
> 作案后，3人把出租车中的100多元钱拿走，随后，将司机上身剥光，将外衣挂在树杈上。发动出租车，往树上撞，并用石块砸碎汽车后灯，把司机的BB机等物品放火烧毁。犯罪嫌疑人曲海峰还觉得不过瘾，又跳上汽车前盖，模仿武打动作，飞起—脚，将挡风玻璃踢碎，……
>
> 13日凌晨1时许，曲海峰醒来，喊另两人再出去作案，康建生因酒醉未醒，曲海峰、黄伟就从揣某家拿上菜刀上了街。闲逛时，又拦住一辆出租车。当车在他们的指点下行驶至市郊女织寨乡郑各庄黑暗处时，曲、黄二人对司机再下毒手，并抢走一部呼机。在已知司机死亡的情况下，他们又用刀将司机的头部一直砍瘪。
>
> 之后，曲、黄不停地发动汽车，不断地喊叫。有路人发现汽车已开始冒烟，便上前提醒他们，他们不予理睬，直到汽车起火，才离开现场。

一夜两起命案，震惊唐山。市公安局局长李元江、副局长张铁力、刘仕宝坐镇指挥，路南分局局长张学宁上阵督战，终将3人抓获。

犯罪嫌疑人供认，3人自幼聋哑，曲海峰、康建生均为单亲；黄伟从未上过学，康建生学历最高，“上过5年学”。3人一直没有职业。他们在北京、天津、上海、广州、无锡等地都曾作过案，并有命案在身。

近年来，一些弱势群体，诸如身体有残疾者、青少年等类型犯罪行为呈上升趋势，而发生在唐山的这起案件，更引起了专家的关注。

中国政法大学社会与青少年犯罪研究所所长皮艺军认为，从作案动机看，他们是为了劫财，但其中暴露出的社会问题应引起重视。

他说，弱势群体在成长过程中，最需要而恰好也最容易被忽略的一点，就是对他们的教育、关注和约束，这需要家庭、学校、社会三方面的共同努力。唐山命案中的这3人，几乎没上过学，没有工作，长期流浪，也就是说，他们长期处于失控状态，家庭、社会方方面面没有很好地对他们尽到责任。

皮艺军认为，这类人的攻击行为，实质是对自身挫折的一种反应，是受挫折后情绪上的宣泄。这起案件中聋哑青年杀人后所表现出的兴奋、激动情绪，则显然表现出一种反社会性，即对社会的仇视。目前社会讲求竞争、讲求优胜劣汰，相比较而言，弱势群体的竞争能力就要差得多，带来经济能力上、社会地位上的反差，并进而影响他们的心理状态，带来反社会的严重后果。

为此，这位专家特别指出，对犯罪行为，社会当然不能纵容迁就，但发生在唐山的这起恶性案件也警示人们，关注弱势群体，尽可能给他们以平等的发展机会，才是维护社会稳定、预防犯罪的根本。

一方面，该文报道了这些残疾人犯罪的主观原因：无知、愚昧与对正常社会的仇恨；另一方面，报道又分析了残疾人犯罪的客观原因：政府对残疾人的生活、个人发展重视得不够，人力、物力投入不足，残疾人的犯罪正是社会对自己工作失误所付出的代价。如果将残疾人对社会的破坏折算为财产、金钱，并由政府将这些财产、金钱用于残疾人的教育、就业，那么，就可以极大地减轻残疾人对社会的仇视与破坏。两害相衡取其轻，政府、社会必须关心残疾人，这样对社会、对残疾人、对他人都有利。只有这样，才能够根治残疾人犯罪率上升的社会问题。这篇报道的思想既新颖，又很有深度，发人深省。从思想的准确、深刻、冷静、科学来衡量，该文较之《哥德巴赫猜想》、《唐山命案警示世人》等对社会则更有建设性。胡舒立认为：面对受访对象，记者应该保持冷静。如果很轻易地被打动的话，那就不是一个好记者。①实际上，缺乏理性精神，一个记者难以成为时代的优秀观察者、记录者。

新闻事实的复杂、时代精神的新锐决定着深度报道需要理性精神。理性精神是维护深度报道新闻真实性原则的重要保证。

（二）理性精神何处来

1. 争取一专

这就是说，报道者要系统地学习某一或某几个领域的理论知识，争取对该专业有一定的发言权。所谓理性，是指运用概念、判断、推理等的思维活动或是这种思维形式。② 黑格尔认为理性是认识的高级阶段，只有理性才能揭示事物的本质。这说明，理性不可能是先天就有的，获取这种能力、精神，必须经过学习、锻炼。

新闻工作者需要理性。记者、编辑在长期的新闻生涯中，不仅广泛接触社会，而且长期跑某条线，对某一或某几个领域有较多的接触。而深度报道要求记者不仅多能，还须一专，要系统而扎实地学习有关学科的理论知识。比如，记者应该怎样看待经济领域内的贪污腐败案件？有记者认为贪污腐败是因为这些当权者寡廉鲜耻，道德败坏。这样的分析虽然正确，但未必完整，更谈不上深刻。中国正处在经济转型期，贪污腐败的频频发生显然还需要我们进一步完善社会改革的设计。那么，立足于经济学的立场看贪污腐败案件，记者则会发现：有的贪污腐败是当事者被拉下水，为“供方主导型贪污腐败”；有的是有计划有预谋的索贿，为“需方主导型贪污腐败”。适当调整看事取物的专业视角，常常会推动报道出新与走入深刻。离开了专业，所谓的理性就很容易空心化。采写功夫又在采写之外。

2. 要善于运用专家的脑子

记者理论知识再多，也满足不了实际工作的需要。这实际是由记者的职业所决定的。记者什么都要报道，什么都要学，但一个人的精力又是有限的，因此记者的“深”不可能是全方位的。对记者的这个难解的矛盾，恩格斯曾有过很好的评论：“新闻事业，特别是对于我们这些天性不那么灵活

---

① 转引自凌非编著《中国媒体记者调查》，光明日报出版社2004年版，第162页。

② 《现代汉语词典》，商务印书馆1978年版，第302页。

的德国人来说，是一个非常有益的学校，通过这个工作，你会在各方面变得更加机智，会更好地了解和估计自己的力量，更主要的是会习惯于在一定期限内做一定的工作。但是，从另一方面看，新闻事业使人浮光掠影，因为时间不足，就会习惯于匆忙地解决那些自己都知道还没有完全掌握的问题。"①

那么，我们应该怎样去解决新闻工作者的这一先天矛盾呢？解决的方法归纳起来只有一句话，即向专家求助，善于利用专家的智慧。具体来说，第一，找到合适的专家：有足够的学识，并乐于助人。第二，善于倾听专家的意见。第三，善于捕捉专家谈话中的要害。第四，注意报道相关专家的意见，避免喧宾夺主。第五，善于将专家的意见组织起来并传播出去。在内在能力与工作要求之间的不平衡上，记者与主持人相同。主持人的任务是组织来宾，请专家谈话，调动专家的谈兴，控制专家谈话的方向与节奏。主持人不能代替专家，否则主持人失职。主持人如果企图喧宾夺主，包办一切，应付一两场或许马马虎虎，但长此以往则不可能不漏洞百出，除非主持人是神仙。其实，当年斯诺写《西行漫记》时对土地问题之于中国革命重要性的认识，毛泽东与他的彻夜长谈对他是有启迪之功的。因此，惟有善于利用专家的智慧，才能解决新闻工作者自身所无法解决的矛盾。

## 五、避免绝对化，注意多面性

### （一）"圆照"与避免绝对化

青年人写深度报道，由于学识、思想、经验的限制，常常会感到驾驭起来力不从心。这种力不从心，也往往在报道思想中体现出来，即分析问题时易走极端，只从一个方面去看问题，而不是多几个角度打量问题，周到思考。比如，有一个实习生采风中国西部，发现陕西宝鸡建设铁路时，当地的农民为了多索要赔偿而阻挠铁路建设队伍施工，致使工程停工两年。这个实习生写了报道，认为这是西部落后的特有表现。这个认识是错误的。实际上，为了索赔而阻挠铁路或公路开工，不仅西部有，中部有，我国东部也存在。况且陕西农民的做法也未必完全无理。实习生孤陋寡闻，又不去中部、东部全面了解情况，贸然下笔，结果落个以偏概全。一千多年前，刘勰《文心雕龙·知音》篇云："凡操千曲而后晓声，观千剑而后识器，故圆照之象，务先博观。"这里的所谓"圆照"，即围绕事物转着圈地观察，也就是说要多角度观察，而不要只站在一个地方看问题。可惜不少报道者不懂得

① 《马克思恩格斯论新闻》，新华出版社1985年版，第498页。

这个认识问题的道理。

（二）多面理与避免绝对化

提炼深度报道思想要注意讲多面理。讲多面理是有来历的。第二次世界大战期间，美国因为对敌宣传需要，开展了一项关于传播效果的研究，该研究由美国心理学家霍夫兰（Carl Hovland）主持。研究者将入伍的新兵分成两组，分别让他们看电影。放映的7部纪录片意在使新兵们相信：他们为之而战的事业是正义的，他们的任务是艰巨的，盟国是有能力取得最后胜利的。研究结果证明：对没有什么知识的人来讲，讲一面理的效果好；对有知识的人来讲，则讲两面理的效果好。所谓"一面理"，即只讲对自己有利的道理，不讲对自己不利的道理。而所谓的"两面理"，则既讲对自己有利的道理或事实，也讲对自己不利的道理或事实。

中国早已结束了十年动乱，改革开放也进行了二十多年，社会主义市场经济正蓬勃兴起，中国已经加入世贸组织，中国与世界之间的联系十分密切。在这样的国情面前，我们的深度报道在报道思想上必须讲两面理甚至多面理。俗话说得好，不怕不识货，就怕货比货，只有在多面理的基础上去讲自己的主张，自己的主张才好为读者理解与接受。有的报道只讲一面理，这不能不让早已洞若观火的广大读者厌恶、唾弃。

（三）二元对立思维与避免绝对化

避免绝对化，要求进行深度报道的人不仅要多方面地看同一个问题，讲出几个方面的道理，而且还要放弃二元对立的思维方式。所谓二元对立思维，即非此即彼的思想惯性，将事物的矛盾绝对化，看不到事物的同一性，看不到事物之间在分明的同时还存在着过渡性与其他的可能性。我们思考问题只有放弃简单化，我们的认识才有可能避免片面性与绝对化，思想才容易有深度。比如，近年辽宁省沈阳市实行公路交通的"撞了白撞"制，即行人如不遵守交通规则，不走人行横道，那么被过往的汽车撞死，汽车司机不负法律责任，既不偿命，也不赔钱。有的记者既看不到沈阳市这一做法合理的一面，也看不到其负面影响。沈阳市这一做法的合理性为：有利于依法治市，有利于提高交通通行效益，有利于法制思想的稳固。这一做法的负面影响为：人的生命毕竟是最珍贵的，若按照沈阳市的规定，汽车司机在本来可以采取措施避免撞人时，则完全可以不采取任何措施撞人；被撞者享有的人道主义关怀的权利有可能受到了侵犯；对行人不遵守交通规则的惩罚，绝对不能以违规者的生命作为惩罚代价。因此，只有将正面、反面的可能性都考虑之后，报道的思想才容易周到，有分寸，才会减少负面影响。

## 六、留心报纸特点，注意读者个性

### (一) 留心报纸特点

提炼、确立深度报道思想还必须考虑到媒体的特点。由于对媒体特点留心不足，致使有的深度报道刊发困难。比如，一位报道者通过新闻热线并深入采访获知：湖南省某市公交总公司第一分公司原党委书记贪污公款，东窗事发后被法院判处有期徒刑三年缓期三年执行。这样，该原书记不仅保住了公职，而且每月工资还照发不误。无独有偶，该公司的一名中层干部因为贪污被判处10个月的徒刑，也未被公司除名。相反，分公司的一位公交司机，仅仅因为私自扣留收票箱口的一元票款而被开除公职。该公司规定，司机贪污1元以上票款者被查出后则开除。正是按照分公司的规定，这位司机被公司除名。然而，由于公司规定只针对司机而不包括公司干部，这样一来，书记不被开除与司机被开除均不违背公司规定或曰都符合公司规定。但是，公司的规定却与国家法律相抵触，国家的法律并未赋予企业有职工私拿公有的一元钱而开除该职工的权力。于是，上述事实就暴露了“国法”与公司的“家法”之间的冲突，提出了到底“国法”大还是“家法”大的问题，深层的思考还关涉到企业如何落实企业工人主人翁的地位的问题，让人深思：企业到底应由个别领导说了算，还是应由代表全体职工利益的有关机构说了算？职代会该不该有相关的权力？这篇报道触及到了尖锐的社会矛盾，材料好，观点也不错。但是，由于报道的问题相当尖锐、敏感而难以在本省刊发。最后，这篇新闻报道外投到国务院侨办主办的《华声报》，却只发了个简讯，让人不无惋惜。其实，《工人日报》代表工人阶级的利益，敢于为普通职工说话。该报还设有专事维护职工与工会组织合法权益的“维权周刊”。《法制日报》关心国家法制建设，讲求司法精神的权威性。像上述这样的报道，不妨投给《工人日报》、《法制日报》一试。深度报道思想如不考虑报纸的特点，那么，就会影响报道的刊发。

### (二) 注意目标读者的个性

提炼、确立新闻报道的思想还必须考虑报刊所锁定的受众特点。比如，《中国青年报》的读者以全国的青年为主，读者思想活跃；《人民日报》的目标读者为各级党政领导干部、公务员，读者的政策、理论水平较高；《长江日报》的读者以武汉市的干部与市民为主。如果深度报道思想不考虑读者的个性与需要，报道的有效读者就会大大减少。忽视读者，深度报的道思想就难以被读者真正接受。

## 七、人性之处见深度

除了上述各个要点，提炼、选择深度报道思想还不妨从人性深处入手。人性是人们面对生活、困难、各种关系等折射出的共有的主体取向。但是，与追问客观世界不同的是，在人性的分与合中，记者所挖掘的是主体世界。主体世界同样是宽广、深邃的。挖掘主体世界可以体察善恶美丑，表现社会的进步与对真善美的坚守，思想情感的冲击力同样具备内容深度。地处我国改革开放前沿的《广州日报》相当注重人气。黄卓坚《下辈子，我们还当母子》①、黎宇宇等《八个男人换回来的一个生命》② 从母子情、人道主义的思想立场开掘生命的态度、高尚的情操，情理交融，动人而发人深思。

### 下辈子，我们还当母子

——一位痛失儿子的母亲自述

记者的话：昨天，在广州市建设六马路小学，该校英语高级教师、广州市优秀教师许美云对记者讲述了一个关于她和她的儿子的真实故事。这是记者多年来最动感情的一次采访。许老师的叙述是记者流着眼泪记录下来的。记者觉得有一份责任将它告诉所有读者，告诉普天下身为父母的人们。记者相信，对于这样一个充满人间真情的故事，人们一定会想得很多，很多……

在今年年初七，当春天到来的时候，我的儿子张云峰却安详地离开了这个世界。他和病魔拼搏了十几年，总算迈进了16岁花季的门槛，而我这个当母亲的感到安慰的是，儿子虽然身患绝症，心理却是健康的。

儿子两岁的时候患了“何杰金氏症”，这是一种恶性淋巴瘤，病魔真是来势汹汹，基本上是两年大发作一次，每次都得上医院做半年的化疗。因此，骑车送儿子上医院，成了我时常的“功课”，儿子也仿佛就是在自行车的后座上悄悄长大的。

儿子生性活泼，爱说爱动，但当他懂得将自己与别人相比的时候，阴影就不期而至了：“妈妈，为什么我那么瘦弱啊？为什么我总是感到

---

① 《广州日报》1996年4月8日。

② 《广州日报》1999年12月1日。

辛苦呢？为什么……”

我说，因为你是个有病的孩子，我们还不能选择不生病。但可以选择不示弱，只要努力，你照样可以生活得很快乐。有个叫张海迪的阿姨，虽然高位截瘫了，但还做了许多了不起的事情，你能蹦能跳，条件比海迪阿姨好多了，儿子，我们不能“执输”（失败）啊！

话虽然这么说，但生病的孩子很容易产生自卑自弃的心理，我和丈夫在这方面格外留神。有一次，学校组织学生去游泳，老师担心儿子的身体吃不消，没让他下水，儿子未免有点沮丧。回家之后一个劲儿地问我：“妈妈，游泳是不是要很勇敢啊？在水中是什么滋味呢？”望着儿子那充满渴求的眼神，我和丈夫一商量，决定带儿子闯一闯：全家游泳去。那天，套了个救生圈的儿子在水中手舞足蹈，笑哈哈地激起了串串水花，高兴极了。那一刹那，我也觉得自己俨然是世界上最幸福的妈妈。

从此之后，我们鼓励儿子尽量多参加集体活动，上初一的时候，他甚至随同学们去远足登山，回来见人就说：“我登上西樵山啦！”这些有益的活动对培养儿子坚强的意志很有帮助。

儿子虽然身陷沉疴，但我们希望他不要做个特殊的学生，即使是化疗，也尽量安排在星期六下午，星期日休息一天，星期一照常上学，在升旗仪式上，儿子和同学们一样，庄严地敬队礼，谁也不知道，就在前一天，由于化疗的副作用，他还在家中呕得天翻地覆，连黄胆水也吐出来了。

为了治病，儿子落下了很多功课，成绩自然不会是拔尖的，为了给儿子鼓劲，我们刻意去发现他的闪光点，加以肯定。我衷心感谢儿子的各位老师，他们给了孩子许多自信和勇气，但凡他在学业上有一点点的进步，老师都给他颁发“学习进步奖”。有一次，儿子兴奋地告诉我：“老师讲，张云峰，你真了不起。”原来老师在讲授《三国演义》节选时，儿子把一个典故完整地叙述出来了，老师马上就表扬他。又有一次，儿子贴在我的耳旁悄悄说：“学校排名次，我不是最后，我后面还有100人呐！”

儿子特别喜欢小动物，他的理想是当一名生物老师，而第一个目标是考上21中。为此，他尽了自己所能刻苦学习。记得小学毕业考试的时候，他正发高烧，达39.7°C，我们劝他算了，但他坚持要考，硬是挺了过来。儿子上了21中，高兴得不得了，他体验到了成功的喜悦。

现在的家长大都对孩子呵护备至，但有的孩子却根本不珍惜长辈的爱，他们缺乏一种爱的体验，很难指望他们会回敬父母，而一个连父母都不爱的人，又怎么可能真正去爱周围的人，爱自己的祖国？

我认为爱的教育是培养孩子健康心理素质不可或缺的一环。倒不一定讲什么大道理，可以从身边最朴素的事情做起。记得儿子读小学的时候，有次对我说："老师真锡（疼爱）我，又怕风吹我，又怕太阳晒我，又怕同学碰倒我，老是给我调换座位。"我就不失时机地给他讲"受人滴水之恩当涌泉相报"的故事。儿子很幸运，遇到了很多爱护他的老师和关心他的同学，感激之情经常溢满孩子的心田。

去年，新闻单位报道了儿子与病魔斗争的事，社会上关心他的人更多了，气功师、治癌专家纷纷找上门来，区长也登门慰问。去年 11 月 22 日，是儿子 15 岁的生日，也是他最后一个生日，市妇联在儿童活动中心为他举行了盛大的生日会，100 位小天使载歌载舞祝福云峰，儿子感动极了，回到家还自言自语：这么多人喜欢我，我一定治好病，好好报答他们。

至于对我和他的爸爸，儿子已经作了很好的报答。我们一旦有个头痛脑热的，儿子必定端水递药，嘘寒问暖，一如我们对他那样。平时我在家做饭，儿子总喜欢搬张椅子坐在厨房门口，给我讲他从书上看来的笑话。

儿子那么乐观，那么热爱生活，但病魔却不放过他，一口一口在吞噬着他的生命。去年冬天，他终于躺倒了。在病榻上，他央求爸爸："你背我回学校，我就看那么一眼……"

我对我的学生们说，小云峰多喜欢学校，多想读书啊！但永远也不可能了，你们千万不要身在福中不知福啊！孩子们都哭了，想必是听懂了我的话。

在今年新春那个春寒料峭的清晨，是我们最痛苦最难忘的日子。由于肿瘤转移到脾脏引起破裂，儿子非常痛苦。我一边轻柔地抚摸着他，一边掏出了我们最后的心里话："孩子，爸爸妈妈要感谢你，感谢你那么懂事，感谢你给我们带来了永远回味无穷的欢乐，也感谢你让我们尽可能地完美——为了做你的榜样，我们从不敢怠惰，不敢游戏人生，谢谢你，亲爱的好儿子！"

我分明看见一颗晶莹的泪珠从儿子的眼中滚了出来……儿子安详地走完了他短暂的、但没有虚度的一生。我默默地对小云峰说，下辈子，我们还当母子！

这篇报道写了美的毁灭，是悲剧。这篇报道讴歌永不向困难屈服的毅力，赞美爱的真挚与爱的交流，净化心灵，催人向善。虽然标点符号上有瑕疵，但内容的伟岸使该文成为十分难得的足以流传开去的新闻佳作。

《广州日报》在执著中绽开着别样的美丽。《广州日报》的做法值得借鉴。

# 第四章　积木的搭法千姿百态

## ——深度报道方式

## 第一节　深度报道方式的内涵、地位与作用

### 一、深度报道方式的内涵

#### （一）不一样的新闻事实需要不一样的报道方式

2001 年 4 月，四川省的一位艾滋病晚期患者终于接受当地一家媒体的采访。在确立了稀有选题与终极关爱的立场之后，报社应该采用怎样的方式报道呢？

2003 年 5 月，举国上下一致抗击非典型性肺炎，国务院出台了《突发性公共卫生事件应急条例》。国家为什么要出台这一条例，为什么要在是时出台，等等，条例急需解读，记者采访了国务院法制办主任曹康泰。那么，报社是否可以采用与报道艾滋病晚期病人的方式进行报道呢？

不能一概而论。由于艾滋病晚期病人病情日趋严重，四川的报纸进行跟踪报道直至病人去世，历时 250 天，集中报道 10 次，发稿 2.5 万字，使用照片 20 张。而首都的记者采访国务院法制办主任时，国务院条例已经颁布，剩下的是如何落实好条例的问题，因此适宜采用空间组合的报道方式，而不适合采用跟踪报道的方式。

这就是报道方式的运用。深度报道要选择恰当的报道方式。

#### （二）什么是报道方式

何为方式？方式是“说话做事所采取的方法和形式”①。而方法是解决

① 《现代汉语词典》，商务印书馆 1978 年版，第 302 页。

思想、说话、行动等问题的门路、程序，形式是事物的形状、结构，是外观。那么，何为深度报道方式？它指的是新闻工作者进行深度报道时所采用的构成方法与形式。面对要处理的新闻事件、新闻现象，报道者应当如何去组织报道，是采用一篇还是采用多篇，如果为多篇报道，几篇报道之间应当如何配合等等，这些都属于深度报道方式处理的对象。比如，1986 年，中国队在汉城亚运会的最后一天凭借男子 4×100 米接力赛战胜韩国，勇夺金牌第一。不过，男子 4×100 米接力决赛后，亚运会还进行了最后一个比赛项目——男子足球的决赛。韩国队虽然夺冠，但韩国金牌总数仍比中国少一枚。这样，这天比较重要的赛事多，如只发一篇综述或只报道其中一场比赛则报道就显得简单、泛泛，满足不了广大读者的阅读要求。我国有家报纸对这天的赛事进行了有组织的多篇报道，如关于闭幕式的报道，关于中国代表队获团体金牌第一的报道，关于中国代表团官员对本届运动会的感想，关于男子 4×100 米接力决赛的报道，等等。那么，将这些需要报道的内容组织起来的工作方式就是深度报道方式。报道方式是关于深度报道的宏观形式，处理的是篇章的结构组合问题。

有的深度报道只有一篇。那么，这一篇报道的写作方式与新闻报道方式是不是一回事呢？还不能这样讲。深度报道方式比个别报道的写作方式广泛。报道方式不仅与记者有关，还与编辑相连，不仅关系到写，而且涉及到编。只把新闻采写回来，还不能说新闻报道任务已经完成。只有当报道通过新闻传媒传向大众，报道的传者才算基本完成任务。深度报道方式与编辑部的工作是息息相关的。比如，深度报道《大学生买手机面面观》①，通讯员只完成了核心的文字报道。为了报道的开阔、生动，编辑另外组织记者补充了背景材料《大学生通信工具史考》与照片。前述汉城亚运会最后一天的赛事，一家报社采用一篇综述式报道方式，采用由多篇构成的组合式报道，也属于报道方式。不过，在这一组合式报道中，刘蔚的《汉城决战的最后四十秒》② 一文，采用的是将记者与运动员两条线索交替并进的写法。而这是写作方式，不是报道方式。

## 二、深度报道方式的地位

深度报道方式对应的是新闻报道内容。双方的关系是内容决定方式，方

---

① 《楚天金报》2002 年 9 月 9 日。

② 《体育报》1986 年 10 月 11 日。

式反作用于内容。新闻报道方式虽然处于矛盾的非主要方面，但是，忽略方式则必然削弱报道内容的表达。比如，2001 年亚洲足球十强赛，有一家报纸报道了两三篇，基本上是报道十强赛的过程、结果；另一家地方性报纸则采取跟踪报道的方式，每天都用半个版面进行专门报道，报道中，既有快讯、动态消息，又有解释性报道，叙述与分析兼而有之。在对新闻事件报道的充分与深度上，第二家报纸远远超过前者，能吸引住大批热爱足球或以体育为业余生活娱乐的都市居民。因此，报道方式运用得是否得当，直接关系着报道者报道内容传达的优劣，关系着深度报道的质量，关系着报纸读者的数量与质量。

### 三、深度报道方式的作用

#### （一）落实深度报道的内容

报道方式是对深度报道的精加工。新闻报道思想、报道主题与新闻事实只有不脱离报道方式才能得到体现或较好的体现。如上所说，报道方式运用得是否得当，直接关系着报道者报道内容传达的优劣，关系着新闻报道的质量。

#### （二）吸引读者阅读

“议题设置说”（Agenda-setting）认为，媒体报道时突出某些问题或忽视某些问题，常会使受众关心或忽略媒体所强调或轻视问题。有专家认为，读者的这种被左右，不仅在于媒体强调了哪些问题，而且还在于这些被关注的议题是如何被表达的。①报道方式关系着报道能否吸引读者。

#### （三）落实编辑部的报道要求

无论是记者、通讯员采写的稿件，还是经由传媒编辑部选题决策确定之后交付作者的报道选题，编辑部都在新闻传播过程中处于关键的“把门人”位置，具有从媒体、社会、政府管理的高度与广阔视域调配传媒报道有无、轻重的权力。但是，如果脱离报道方式，编辑部再好的报道设想也只会大打折扣，甚至于高高在上，落地无处。

## 第二节　深度报道方式的现状与类型

### 一、深度报道方式的现状

深度报道的现状是与过去相比较而言的。所谓过去，是指我国社会主义

---

① ［美］沃纳·赛佛林等：《传播理论》，华夏出版社 2000 年版，第 265 页。

计划经济时期，大致从20世纪50年代至80年代初这段时期。社会主义市场经济的兴起，对深度报道方式产生了潜在而巨大的影响。80年代中后期、90年代初期是深度报道方式出现重大变化的过渡时期。与过去相比，深度报道方式的现状如下：

(一) 过去是自发多，自觉少，现在则相反

《人民日报》副总编辑梁衡1984年在《光明日报》当记者时曾经对山西省曲沃县办教育的新事进行过典型经验报道。如果按照常规的办法，梁衡写一篇报道即可交差。但是，千人一面，报道的效果不会好，梁衡不愿意走老路。他有意识地改革旧的新闻报道方式，进行新尝试。在3月29日的报道中，梁衡的整个报道由5个短篇组成，具体为：

1. 《曲沃县去年集资200多万元兴办教育》：梁衡视此篇为整组报道的"导语"。

2. 《穷队要翻身，赶快培养人》：报道某穷队如何办教育。

3. 《富队不育人，到了还是穷》：报道某富队如何办教育。

4. 《曲沃县兴学育人新民谣》："'一不等，二不靠，自力更生建学校'；'针要扎在病根上，钢要用在刀刃上，钱要花在教育上'；'改善办学条件老大难，老大（领导）出面就不难'……"

5. 《曲沃县靳庄大队建校纪念碑碑文》："教育乃实现四化之基础，学校乃培养人才之基地，青少年乃中华崛起之希望。'增加智力投资，改善办学条件'乃高瞻远瞩之壮举，远见卓识之大计。我靳庄大队党支部与各村居民深明道理，广晓其义，响应中共曲沃县委'全党动员，大办教育'之号召，队穷排除万重难，心齐酿造千条计，集资筹料，遣匠施工，百日内学校危房残垣全无，三月中班班教室桌凳皆有，学校面貌焕然一新，师生精神为之振奋。其间好人好事层出不穷，高风比比皆是。今撰文树碑以昭示后辈，流芳后世。"

梁衡变一篇报道为一组报道，化整为零，形长实短。如此搭配，各部分之间相得益彰，使整个报道丰富多彩，摇曳多姿，可读性增强，有利于调动读者的阅读兴趣。

媒体间、新闻单位间的竞争使得新闻工作者立足实际，开动脑筋在深度报道方式上进行创新探索。

(二) 过去是单篇多，组合少，现在则相反

与过去相比，当下新闻报道很少采用字数多的大块头单篇。中国新闻奖规定获奖作品的字数为：消息为1 000字以内，言论为2 000字以内，通讯

为3 000字以内。在媒介多元化的今天，读者生活节奏加快，时间也成为稀缺资源，因此，要想吸引读者，就必须单篇字数少，多篇花样多。深度报道分量重，虽然可以用半个版甚至整版发单篇，如《中国青年报》的“冰点”栏目，但一般情况下还是化整为零，采用多篇为上。在多篇中，一般单篇篇幅要短，各篇相互补充，并以其中的一篇为中心。这种报道方式上的变化不妨以典型人物报道为例。在20世纪60~70年代，乃至于80年代初，典型人物报道一般采取万字左右的长篇人物通讯，一次播发，至多配照片与一篇言论，如《毛主席的好战士——雷锋》①、《县委书记的榜样——焦裕禄》②、《生命的支柱——张海迪之歌》③、《为中华崛起而献身的光辉榜样——记中年光学专家蒋筑英》④。进入20世纪90年代中期，典型人物报道的报道方式开始明显多样化。一些报道配有“链接”部分，将相关背景独立成文，从而构成多文组合。有的报社还采取有拆有合的连续小故事为报道方式，如关于吴天祥、邱娥国（见报时间为1996年5月、1997年1月）等典型人物的报道。

（三）过去是文字多，现在则图文并茂

现在读者读报时间较之过去少多了，为了增强报道的视觉冲击力，我国的报刊也进入了一个被人称之为读图的时代。使用图片、统计数字表格，读者读来省力，同时针对一闪而过的电视画面，报纸则可细看，可保存。因此，报道者在报道之初就必须重视收集、积累有关图片，讲求文字稿与图片、表格之间的有机搭配。

## 二、深度报道方式的类型

### （一）深入型

#### 1. 解释式

解释式不单在内容上重在解释，而且在报道形式上往往采用问题套问题的方式，一篇报道或一组报道由几个问题构成。在报道中，报道者讲求围绕原因展开报道，以分析原因为报道线索，逐次分析报道事实的一系列内在原

① 《人民日报》1963年2月7日。
② 《人民日报》1966年2月7日。
③ 《中国青年报》1983年3月1日。
④ 《光明日报》1982年10月10日。

因。李永全的《美国强扣俄国油轮的背后》① 一文，重要的不是报道美国扣压俄罗斯的油轮，而是着重分析美军为什么强扣俄国油轮，解释美军行为背后的深层因素，告诉读者美国强扣俄国油轮是国际斗争，既是美俄斗争的一次折射，又是俄罗斯国力衰落的一种表征。在报道方式上，这篇报道根据事件为什么发生、原因背后是否还有原因、事件有什么影响这样的思路来组织深度报道。再如，2000 年 10 月 3 日唐飞辞去台湾“行政院”院长一职，深度报道也是按照一定的逻辑关系顺序组织报道：第一，表面是因为“核四风暴”；第二，深层为民进党与国民党的斗争，民进党大选胜利后不想让国民党分权，自己成功后该论功行赏了。

2. 调查式

着重以调查过程为线索，通过展示调查过程报道记者深入到事物内部所调查到的事实真相。如《武汉火锅里有多少罂粟壳》②，全文就是按照记者发现火锅用料中有罂粟壳而展开的调查过程来进行报道的：首先，记者到武汉某餐馆用餐，发现火锅内有椭圆形的果子，问老板，老板说是炒果。其次，记者再到另一家餐馆，发现同样现象，漫不经心之中追问服务员餐馆的进货渠道。再次，饭店老板发现记者不是一般客人而从里间走出，要交朋友，请记者不再追问。记者说：不追问可以，但要告诉炒果究竟是什么。最后，记者获悉，炒果即鸦片壳。

3. 精确式

一些人认为，记者用少数甚至于一两个事实材料说明问题，或者用自己的见闻、经验来说明问题，很容易以偏概全，只有用数字，用数量化的方法来研究问题，进行新闻报道才可信，才有科学性，才有深度。所以，所谓精确式的报道方式指的是大量使用有关调查数字进行的深度报道。

（二）快速型

快速型表现为时间方面。在时间方面，深度报道方式变一次为多次，变一篇为多篇。换句话说，深度报道在报道方式化整为零，变总结式为进行式，变多事一报为一事一报再一事多报。这样的报道方式大大地提高了报道的速度。作为报道方式，快速报道有如下的常见做法：

1. 连续式

---

① 《光明日报》2000 年 2 月 15 日。

② 《光明日报》1996 年 1 月 5 日。

"连续报道！连续报道！直至问题真正被弄清。"①普利策的话说明，为了获取报道深度，有必要就新闻事实或一个报道话题进行连续数日的报道，此即连续式。连续式往往日日有报，也有时在天数上略有间隔，如2000年8~9月，宁夏有一对曹氏兄弟，二人虽然高考分数高并收到大学入学通知书，但因家境贫穷求学困难。《光明日报》总编辑袁志发从一次会议上了解此事后，经与国家教育部、报社记者部等研究，就此事推出的《伸出援助之手》采用的就是连续报道方式，并成为《光明日报》推出的第一个教育特别报道。② 具体做法为：

a. 先报道曹氏兄弟事；

b. 再报道有关部门对曹氏兄弟的经济帮助；

c. 随后报道其他省市如何帮扶困难学生；

d. 报道我国各地高校贫困学生即时入学情况；

e. 报道全国有关高校贫困生贷款情况。

连续式要善于营造悬念。第一篇报道不一定要就新闻事实亮明报道者的立场。这样，在随后的每篇报道中，可以留有适当的悬念。

连续式还可以借鉴文学艺术的某些样式。常见的借鉴有：

(1) 章回小说式

章回小说是中国古代小说的经典形式。深度报道借鉴我国古代章回体小说的形式，按照新闻事实的内部阶段或节奏分为若干部分依次报道，各章节部分多在紧要处戛然而止，注意留有悬念，如《光明日报》2000年2月间对世兵赛的报道。第一回：追根溯源，介绍赛前情况；第二回：报道开幕式；第三回：报道中国男女队首战西班牙，中国台北队大胜而归；第四回：中国男女队小组内各赛两场，均凯歌高奏；第五回：小组最后一战……该报道的第一回如下：

**万里南海起烽火　百路诸侯问功名**

（本报记者 蔡 闯）

话说吉隆坡乃马来西亚首都，地近南海，气候湿热。乍逢新春，时

---

① 普利策语，见埃默里父子《美国新闻史》，新华出版社1982年版，第297页。

② 汪大勇：《抓特别报道，创精品名牌》，见《新闻战线》2002年第7期，第42页。

值元宵节，第45届世乒赛即将于此开战。一时间，乒坛名将尽聚于此，要在新千年重排座次，再树威名。

本届世乒赛已在去年打完一半，五个单项盟主已定，皆是中国选手。男单冠军刘国梁，女单状元王楠，男双刘国梁、孔令辉折桂，女双王楠、李菊占先，混双杀出一对新人，正是马琳、张莹莹。因此，此番大马论剑，不再比单打独斗的功夫，却要在团体赛上见个高低。中国队总教练蔡振华笑道："相对而言，团体赛的难度比单项要小一些。"

不说蔡振华雄心正盛，那一班洋将也各自不服。瑞典名将瓦尔德内尔、佩尔森，德国刀斧手普里莫拉茨，法国盖亭、艾洛瓦等早磨刀霍霍，要在大马会一会新老结合的中国乒团。那佩尔森在去年世界杯上赢了中国快枪手刘国梁，竟放出话来："我们已经找到了对付中国队的方法。"此话一出，激得中国将士心头火起，蔡振华率全队赴河北正定闭门苦练，连春节也没歇着，只待吉隆坡再决高下。

再说女子方面，欲显身手者也不少。韩国、朝鲜两个对手也就罢了，那一群闯荡海外的中国旧将状态甚佳，也不可小视。现籍德国的施婕曾打败过当时中国女队名将乔红，何千红更在去年战胜过众多中国主力，连中国队当家花旦王楠也被何千红挡在中国公开赛决赛之外。还有一个中国台北的陈静，在国际乒联职业巡回赛总决赛上连克王楠、李菊，夺得世单花冠，蔡振华说："这事要是出在奥运会或世乒赛上，麻烦可就大了。"

2月17日，中国乒团晚9点抵吉隆坡，第2天一早到赛场，却发现主要对手皆已到齐，强队中，中国选手是来得最晚的。瑞典的老瓦与队友卡尔松正对拉弧圈球，佩尔森也与哈坎松练得汗透衣衫。有人说，团体赛本来可报5人，瑞典队却只来了4员战将，别看他们少一员，却真是精兵强将，以一当十，堪称中国男队第一劲敌。

施婕练球时，还抽空与中国记者聊上两句："我们周一就来了，时差也倒过来了，状态还可以。"她的队友何千红却是一脸杀气，别人问什么，她只回答三个字："不知道。"只是她脸上热得通红，手脚却不闲着，连削带扣，竟如上了赛场一样，与她对练的也是个中国人，原来是前国手朱小勇。

大战之前，各路消息不断传来，曾打败过邓亚萍的日本人小山智丽不来了，据说是身体不适，德国的另一名削球手田静也不出战，大概德国人想锻炼一下他们自己的本土球员。当然，比赛还未开始，虚实却只是一句空话罢了，热闹一下是例行公事的烟幕，不可尽信。

目前已有93支男队、73支女队，近100个国家和地区的选手报名参赛，有实力夺冠的队伍不下十支。

近来吉隆坡时阴时晴，间或有雨。中国队于各种变幻中能否中流击水，南海伏波，且看下回分解。

（本报吉隆坡2月18日电）

利用章回小说体作为报道方式亲切新颖，轻松戏谑。章回体小说本身往往故事性强，情节波澜起伏，动作性突出，因此，采取这种报道方式必须注意选择报道题材，只有那些新闻事实相对完整、轻松、阶段性又比较分明的新闻事实才比较适合采用章回体小说式的报道方式。重大的时政新闻不适合采用章回小说式。

（2）连续剧式

连续剧式与章回体小说式接近，但不同的则是连续剧式着重于向戏剧借鉴，报道方式上突出新闻事件的场景、人物之间的对话。《中国体育报》2004年8月对雅典奥运会羽毛球比赛的报道就采取了戏剧的报道方式，如19日的《今日热点剧目：冤家路窄　张宁张海丽争女单桂冠》：

表演时间：19日19点（北京时间）

登场人物：张宁、张海丽

主角：张宁

导演：李永波

剧情：不是冤家不聚头，对于打完这届奥运会就将退役的张宁来说，她做梦也没有想到自己会再度碰上老冤家张海丽。

张宁与张海丽之间的恩恩怨怨，源于1994年尤伯杯的时候。当时两人都初出茅庐，19岁的张宁败在了16岁的张海丽的拍下，导致中国队丢掉了尤伯杯。那一战之后，张海丽从此扬名世界，而张宁背负了很大的心理阴影，逐渐沉寂下来。直到2003年的世锦赛，两人再次在半决赛中相遇，而这一次，张宁抓住机会战胜了张海丽，其中有一局还以11比0剃了张海丽一个“光头”。在前不久结束的尤伯杯上，尽管张宁很期待与张海丽再度交手，张海丽却因为种种原因没有参加比赛。

今年29岁的张宁是最后一次参加奥运会，如果能够拿到女单的冠军无疑将为她的羽毛球生涯画下一个完美的句号，而她在决赛中竟然再度“遭遇”张海丽，令人不得不感叹命运的巧妙安排。两人10年来的相持都化为这最后一战，张宁将如何了结这段恩怨呢？

(3) 小故事式

即化整为零，用一个又一个的新闻小故事去连续报道新闻事实，如夏斐等的《吴天祥的故事》。该新闻小故事之三《“我收你一分钱，就证明我不值一分钱”》① 如下：

武昌区有位太婆叫陈君莲，80多岁了，有一个儿子也50多岁了，身残，一直没有职业。一家人生活困难可想而知。为了帮儿子找个饭碗，陈老太不知跑了多少年，求了多少人。听别人说区里有个吴天祥，挺愿意帮助老百姓，就拄着拐棍来找吴天祥。

吴天祥听了老太的诉说，二话不说就开始打电话。安排一个残疾人光打电话是不行的，吴天祥也不知奔波了多少次，终于帮助他们办成了一个副食摊点。陈老太的心病没了，家里的经济状况也大为好转。

为了感谢吴天祥，陈老太买了一件400多元的短大衣，想送给吴天祥，又怕吴天祥不收，就悄悄地放在他办公室里。

吴天祥开始以为短大衣是哪位干部或者来访者丢的，问遍区里的干部，没有人丢大衣，后来他准备贴“招领启事”时，才听说是陈老太送的。

怎么办呢？直接退回去，陈老太不会收，而且她家也没有人能穿，因为陈老太是按吴天祥的身材买的。吴天祥决定退货还钱。

退到哪里去呢？吴天祥不知陈老太在哪儿买的，又不好去问陈老太，就到区委机关附近的一些商厦逛，看哪家商场、商行卖这种衣服。找了几天，才访出是从区委附近的司门口九通商厦买的。售货员记得陈老太的模样，也承认是这里买的，但是，她说：“没有质量问题，肯定不能退。”

吴天祥犯愁了！但是不把钱退到陈老太手里，吴天祥就是睡不着觉。他找到区里的干部说情，终于开“后门”把衣服退了。

吴天祥喜滋滋地拿着410元钱来到陈君莲家，陈老太就是不收钱。最后，吴天祥严肃地说：“我收您一分钱，就证明我不值一分钱。”陈

① 《光明日报》1996年5月20日。

老太这才把钱收下。

2．追踪式

乍一看，追踪式报道与连续式报道似乎没有什么区别，都是在时间的轴线上依次展开的对某一个问题或事件的连续报道。但仔细分辨，双方还是有所不同的。连续式报道有计划，在报道的开头就计划好了整个报道规划，安排好了后面的报道打算甚至于后面的报道稿件。而追踪式报道则不是这样。它要见机行事，追踪并不一定报道，只有出现了值得报道的新闻时才随即报道，所以，追踪式报道一般也不必加"编者按"来预告今后的报道情况，即便预先介绍本报将进行跟踪报道，记者也往往无法确定未来报道的确切时间。例如，《中国青年报》对山东省肥城县一少年杀人案的追踪报道。该少年被社会黑势力逼交"保护费"，于是去偷窃，但在偷窃时因被一老太太发现并杀死老人。该追踪报道如下：

（1）2000年8月31日报道少年杀人事，并在报道中预告"本报将继续关注此事"。

（2）2000年9月4日在采访调查基本清楚后，报道少年杀人的深层的社会原因，并通过注明上一篇报道的刊发日期来表明本文的追踪式报道的特点。

3．现场式

现场式报道是对具有新闻报道价值的现场进行具体而形象化的报道，追求"身临其境"的感受。如《中国青年报》报道我国著名评剧演员、喜剧演员赵丽蓉去世，其中的《赵丽蓉走后》①的现场感很突出：

> 听到赵丽蓉去世的消息，牛群吃了一惊，随即带着妻子驱车赶往赵丽蓉在北京温泉的家。
>
> 赵丽蓉的大儿子盛富春迎了出来，牛群叫了声"大哥"，随即声音哽咽，两人紧紧抱在一起。"咱妈去了，去得很安详，子孙都在跟前。"盛富春像是对自己的亲兄弟那样跟牛群说。
>
> 赵丽蓉老人有许多干儿子，他们都亲亲热热地叫她"妈"。老人生前，常开玩笑说："这么多儿，叫妈的多，疼妈的少。""其实儿子们都疼妈……"盛富春有些说不下去。

---

①《中国青年报》2000年7月21日。

一进老人的寝室，牛群扑通一下跪倒在老人的遗像前，行儿子之礼，给“妈”磕头，妻子随即也跪倒磕头。就在几天前，他们还将多方奔走买到的治癌的特效药带给老人，没想到短短几天，他们看到的就只是老人笑容如旧的照片。

巩汉林静静地坐在小院里，眼圈发红。得知老人去世的那天，他正在外地拍戏，当天下午就赶了回来，守着“妈”整整一夜。这两天，他都忙着安排“妈”的后事，接待来家里探望的人。许多得知消息的同仁朋友找不着老人生前所住的小院，纷纷打电话给巩汉林。他是赵丽蓉老人台上的搭档，更是生活中的好“儿子”。去年，当赵丽蓉被确诊为癌症时，她的孩子们就打电话告诉了他。大吃一惊的巩汉林一面尽己所能照顾老人，一面向老人隐瞒病情。“为了瞒住老太太，我们把她吃的药的标签都撕了，骗她说是治肺气肿的药。”巩汉林说，当时，他们正在准备春节联欢会的演出，每天，他都帮着老太太将药冲好，看着她喝下去。

巩汉林沉浸在对往事的回忆里：“老太太后来知道自己得了癌症，很平静。她跟孩子们说，‘不就是那病吗，你们告诉我不就得了！’”赵丽蓉住院治疗后，不停地打电话找巩汉林。“当时我正在外地演出，电话接通了，老太太就跟我说：‘汉林，你在哪儿，妈想见你。’见了我后，她拉着我的手跟我讲‘妈得了那种病’，她还以为我不知道呢。”巩汉林说，那时老太太急着想见我们，是担心迟了就见不着了。“她拉着我的手，跟我说，‘咱娘俩好好说说话儿’。”

赵丽蓉的长孙盛成说：“奶奶生活很简朴，对生活没有什么奢求。在台上热热闹闹的，在生活里挺喜欢静的。以前我们住的屋子里，都没有装电话。”

“潸然泪下，只有道一声：赵妈妈，您走好！似听见您在天堂里的笑声，上帝也爱您！”从7月18日4时起至20日下午4时，新浪网上，人们深切怀念赵丽蓉的留言已有86页，近2000条留言在追忆在诉说众多人心中那个质朴、含笑的赵妈。同时，只要你键入“赵丽蓉”3个字查寻，便会有240多个相关网页及数十篇相关新闻报道出现。

在最先报道赵丽蓉去世的昆朋网上，姜昆特意为赵丽蓉设立了个人主页，他写下这样的留言：“赵老师，您留给了我们那么多的欢乐，您应该欣慰地离去，因为这些欢乐会永远伴随着我们。”

一连数行的“痛哉”，一连数个的感叹号，一段段不同声音的诉说，表达着不同人相同的怀念：“人们心里还在念叨着她的平凡，可是她已经不平凡了。她留给大家的是欢声和笑语，是坚强和不屈，是一种平凡而伟大的人格和信念！”

该文重点不是报道子女对赵丽蓉的母子情，而是写人间的真诚，写这种真诚所体现出的美好艺德。在报道时，记者将现场材料与背景材料相穿插，捕捉牛群与赵丽蓉的大儿子相见，写巩汉林对赵丽蓉的追忆，如赵丽蓉知道自己得了绝症后与巩汉林的对话。记者将相见与追忆都写得有场面感，比较细致，并通过形象化的场面表达了自己对真诚人生的敬仰。

现场式有三点需要指出：第一，报道者要到现场，以免失实。用事后“触景生情”的采访方法写现场是有危险的。如果事实可以反复出现，那么，报道者也可以采用体验的方法收集报道材料。第二，对于现场不宜描写过细。只看过一次的事实发生现场，报道者除非摄像，否则能记住的往往是现场事实的大体形貌。如果报道处处精细，再不注意核实，报道内容就容易失实。第三，少写人物的心理活动。人物心理活动的材料特别难收集，写心理活动很容易出现没依据的凭空想象。深度报道篇幅较长，容易腾出写人的笔墨。因此，倘若报道涉及人物的心理活动，作者应当格外小心。

（三）客观型

新闻报道总是由人来报道的，报道立场本身是没有绝对的客观而言的。但是，深度报道方式则不然，它是可以有主观、客观之分的。那么，所谓的客观报道方式，指的是在新闻报道中报道者不直接呈现报道者立场的方法。作为报道方式，客观报道有如下的常见做法：

1．报道事实式

报道者着重于报道事实材料，但是报道者的主观取向仍然是集中而鲜明的。报道者的立场主要是通过对材料的不同选弃、使用而间接地传达的。如《“能把资金投到这里吗”——随一位外商在河北某地洽谈项目手记》① 重点报道了三件事：

第一，宾馆电话簿上标明打往芬兰的电话每分钟29.50元，而宾馆实际上却按每分钟57.75元收费。外宾询问，宾馆只解释说宾馆另收50%的服务费。

第二，谈判桌上中方厂长旁若无人地长时间打电话。

① 新华社1996年4月4日电稿。

第三，讲吃讲喝，吃饭重于谈判。

报道者对此虽然没有直接表态，但通过所选择的以上事实则间接而鲜明地表达了报道者的立场、态度，即河北省某地对外合作的软环境如人的素质、管理水平、办事效率等较差，在对外开放活动中必须改革落后的观念、习惯。

2. 人物自述式

新闻报道如果让报道者的“我”（记者）去报道被报道者的“我”（新闻人物），那么，新闻报道就可以给人以客观的感受。

人物自述式有如下不同的类型：

（1）独语式

新闻人物直接叙述新闻事实。如王根礼的《买缸记》① 由人物自述新闻事实：

> 今年秋季大丰收，我家粮食打得多，急需买几口缸盛粮食。但是，爸爸连去窑厂三次，都没有买到，10月26日，天未亮，爸爸就把我叫起来，交给30元钱吩咐说：“快去窑厂等着，今天出窑，晚了又抢不到手了。”
>
> 当我来到窑厂门口，发现已经来了很多人。其中，有一男一女正大声嚷嚷。仔细一看，那女的是近门的三婶。她嚷道：“我那四千多斤稻谷，七百多斤芝麻，九百多斤黄豆都在地上堆着哩，缸买少了能中?!”
>
> 那男的，我不认识。只听他嗡声嗡气地说：“老嫂子，一窑一次只装百十个缸，你一人就抢了十仨，我搬俩你就不同意，能看着俺空手回家?”
>
> 三婶不让人地说：“为买这缸，我已经跑两趟空腿了！这回要不是起了个大五更，又找了个帮忙的，恐怕还抢不到手咧！再说我买十仨也还是不够哩。大妮还托我买四个，二妮叫买五个，未过门的媳妇还要四个。”三婶将手里一大叠票子，抖得“哗哗”响。那男的见三婶执意不匀给他，便一副笑脸地商量说：“好嫂子，我家地里光芝麻就见了一千七百多斤，原来的缸啦、篓啦、穴子啦早满了，确实没地方装。您行行好，还是匀给俺俩吧！”说罢，眼巴巴地瞅着三婶。
>
> 三婶见那男的说得挺实在，想了想，说“你把钱留在我这，下次出窑，嫂子再起个五更给你抢俩，行不行?”

① 《河南日报》1981年12月31日。

“好！好！那太麻烦您了。”说着，那男的恋恋不舍地离开了窑厂。

这时天已放亮，三婶从人群中把窑厂的会计心强拉到跟前，说：娃子，缸，我还得买！你大姑、二姑、弟妹，还有刚才跟我吵架的那位，一共还得十五个。下次出窑，你说啥也要给老婶子抢到手。”她一边说，一边往心强口袋里放钱，“给，先给你十个缸的钱！”

窑厂门口很快平静了。我知道这第四趟又是白跑了，可我一点怨言也没有。因为我看到了农村大好形势，看到了更加美好的明天！

(2) 当面对谈式

当面对谈式是由报道中的新闻人物或有关人物向采访者对谈、倾诉，如黎宇宇、周方、李波的《八个男人换回来的一个生命——大舜号惟一女性幸存者董颖的自述》①：

在危难之际，男人依靠自己的体力与死神搏斗；女人要靠自己的冷静，更需要男人们的帮助。昨日，在烟台市牟平区一家医院里，大舜号幸存者中惟一的女性董颖，无限深情地向记者描述了数日前几个素昧平生的男人们用自己的生命把她从死亡线上救回来的经历。

**两粒晕船药片使我保持清醒**

我叫董颖，是黑龙江省齐齐哈尔市人，今年26岁。“大舜号”出事前，在青岛市帮人卖服装。24日那天，我和姐妹解芳想到大连玩，本来买了中午的快船票，但因风大取消了，于是临时改乘“大舜号”。

大约下午4时半，警铃第一次拉响后，我们穿上了救生衣。我在甲板上一直呆到7时半，尽管穿了棉袄、棉裤，我冻得连站都站不住了，所以又回到了客舱过道。过道里面已经挤满人了，由于船摇晃得很厉害，许多人都被撞得头破血流，80%的人在呕吐，地上一片狼藉，臭气熏天。9时左右，我也开始晕船，想吐，旁边坐着一位带着女儿的中年妇女递给我两片晕船药，吃完以后，我才慢慢清醒过来……

(3) 日记式

日记式的方式在中国源远流长。民国时期，著名记者黄远生采用过

① 《广州日报》1999年12月1日。

《新闻日记》来报道时局的变化。新中国成立后，20世纪60年代报道雷锋事迹时，也使用过日记式，传播效果相当好。

日记式有两种情况：一是记者采用日记的方式报道新闻事实。如刘天时的《四个乡村教师的现实》①，通过记者日记的形式报道了山西省静乐县四位性别、年龄不同的乡村教师的生存状态。二是通过新闻人物等被报道者的日记来报道有关的新闻事实。如李振海等的《庄户日记》② 报道河北省高碑店市科技人员吃住在农家帮助当地农民发展农村经济的事实。日记可以叙述，可以描写，可以说明，也可以议论、抒情，因此，两相比较，记者日记式主观色彩浓，只有新闻人物的日记式才能够给读者以客观报道的印象。

日记式的报道方式展示的是报道者或新闻人物在现实生活中的真实感受、所见所闻，增强了报道的见证功能，写作上灵活方便，叙述、描写、说明、议论穿插自如、自然。文学创作一直比较注意借用日记式方法以假乱真。可惜的是，新闻界反倒冷落本属自家领域内的武器，这应当引起注意。

（4）书信式

直接展示有关人员的书信，对错分明的，则通过书信间接地表达记者的立场；对错难辨的，则让读者自己判断其间的是是非非。如《我心中的保护神被他玷污》③报道一场纠纷：湖北省司法厅某田姓干部诉说自己乘坐某路公共汽车时被车门挂破衣服而提出赔偿，售票员提出修补衣服，在虎泉站双方下车后，田姓干部遭到两个青年男子毒打。田后到珞南街派出所报案，发现一打人凶手与墙上挂的一位李姓警察为同一个人。但武汉市公安局认为李姓警察未打人，是遭诬陷。那么，在一时难以弄清事实真相的前提下，媒体惟一正确的选择是刊发双方的记述，并通过刊发双方记述来廓清事实真相。为此，《楚天都市报》如实刊发了田姓干部写给报社的信件、省司法厅致报社函等。

省司法厅干部田红星悲愤投诉：

**“我心中的保护神被他玷污！”**

编辑同志：

我是省司法厅法律事务中心干部。现向贵报投诉一事。

---

① 《南方周末》1999年8月28日。

② 《河北日报》1999年5月28日。

③ 《楚天都市报》1999年12月4日。

11月29日中午，我由八一路乘××路公汽回家。在我人还未完全上车时，车门突然关上，将我上、下衣服挂破。我对售票员提出赔偿，售票员同意。车行至虎泉站附近，售票员将乘客全赶下车，说带我去补衣服。洗衣店缝补的师傅不在，我正要离开时，该乘务员在马路对面电话亭喊道，××路领导马上就到，要我不要急着走，等着解决问题。大约过了5分钟，我毫无戒备，不知从哪冲上来两个青年男子向我突然袭击，一砖头拍在我的后脑将我击倒在地，然后用穿着皮鞋的脚猛踢我的头部，用砖块、石头在我身上乱砸。这期间我脱身逃到一公用电话亭报警，被这两人追上强行抢走话筒，凭职业训练，我开始识记其中一人的面部特征。这个人对我吼道："么样，你还对老子的模子？老子打死你！"对我又是一阵暴打，我被打昏在地。

我从昏迷中醒来，血流满面，爬上一辆公汽，来到洪山公安分局门前的110岗亭报警。一位姓李的干警接待后，让我先到医院处理然后再到珞南街派出所报案。在街派出所作完笔录时，我忽然发现打我的凶手之一在我眼前一晃，我装着吐口中的血水到门口一看，此人是该所刑侦队的二级警司李某。

担心再次遭受不幸，我没有当场指认，并回头涂掉了留在派出所的电话，写了一个化名。我刚回到家，家人说恐吓电话打到了家里，威胁说有人要找到我家里来。为什么我留在派出所并被涂掉的电话号码这么快就被凶手知道了？"人民公安"这一神圣的名字——我心中的保护神被他玷污！

党纪国法不容践踏。为此，我请求执法监督部门伸张正义，惩办凶手，维护法律的尊严，维护公安队伍的纯洁性。

省司法厅干部田红星

（本书作者说明：该新闻报道配有田红星被殴后面带伤痕的照片）

"害群之马"损害队伍形象

**省司法厅提出初步看法**

本报讯（记者张欧亚、傅文仁）继田红星投诉后，省司法厅又在昨日致函本报（见影印件），就该厅干部无端遭殴打一事提出看法。

据介绍，35岁的田红星，是中国政法大学（双学位）学士。

省司法厅的来函说：公安干警是人民群众的保护神，个别干警不仅不保护群众的安全，反而殴打无辜，并在事后打去恐吓电话，性质是极其恶劣的；公安队伍是纯洁的，竟出现了像李某这样的害群之马，损害了公安人员的形象，应该引起领导高度重视。省司法厅希望新闻单位深入报道、揭露，充分发挥舆论监督的作用。

（本书作者说明：报道配有湖北省司法厅的来信影印件的照片一幅）

书信是当事人思想的记载。以后即便写信人的讲述与事实之间有出入惹出官司，那么，报社只对写信人写信确有其事负责而不对书信内容真伪负责，从而避免官司。报社、记者的不介入既是一种立场，也是一种自我保护的方式。

3. 对话式

亦可称平衡式，着重于报道有关当事人员的叙述、议论。对其中对错分明的，通过对话间接地表达记者的立场；对错难辨的，则让读者通过报道中的对话自己判断。

对话式形式上客观，但又可以传递报道者的主观取舍。阿曼波尔认为："客观性意味着给涉及各个方面的陈词机会，但并不意味着平等地对待他们。"① 曾宪斌的《"蛇口风波"答问录》② 一文正是这样。该文报道来自北京的思想政治工作者李燕杰等人与深圳方面就思想教育问题所发生的一次深刻的分歧。

### "蛇口风波"答问录（节选）

编者按：这是发生在半年多前的一场小小的争论，后来几家报纸作过报道。本报今天向读者介绍事情的经过及有关各方的意见，并且愿意继续为更多的同志参加议论提供一点版面，共同探索新时期青年思想政治工作问题。

今年1月13日，深圳蛇口举行了一场"青年教育专家与蛇口青年

---

① ［美］转引自罗恩·史密斯《新闻道德评价》，新华出版社2001年版，第69页。

② 《人民日报》1988年8月6日。

座谈会”，出席座谈的有中国青年思想教育研究中心研究员李燕杰、曲啸、彭清一三位同志和蛇口近70名青年。对这个座谈会，新闻媒介曾广为介绍，至今余波犹存。尽管对这次对话褒贬不一，有一点却是共识：它的意义已经超出了风波的本身。

笔者于7月上旬和中旬，分别在北京和深圳，采访了李燕杰、曲啸、彭清一、袁庚等各方有关人士，就读者关心的问题请他们各抒己见。为使读者得到客观、公正的事实，笔者将采访的答问实录分几个问题报道如下，其中的是非曲直，读者自会判断。

## 这次座谈会是“突然发难”吗？

问：不少报刊在报道这次座谈会时，说三位报告员“认为这次座谈会上有的青年‘突然发难’，把座谈会开成辩论会”，并且“把会议引向邪路”，实际情况如何？

李燕杰：说这次座谈会有点“突然袭击”，我想不过分。当时蛇口区请我们参观浮法玻璃厂，根本没有提要开什么座谈会。据说这会是蛇口区团委主持的，可是当天陪同我们参观的市团委书记也一点不知此事。直到吃了晚饭，说是请我们去坐坐，却看见“青年教育专家与蛇口青年座谈会”的海报。我想这至少是不礼貌的行为。我们几个为了不让青年人坐蜡，就进去了。

荆跃（招商局蛇口培训中心副主任）：在座谈会前两天，我曾向李燕杰老师提出过，到蛇口后与青年们见见面，他没有表示反对。

谢鸿（蛇口区团委副书记）：当时我们团委是受培训中心的委托组织这次座谈会的。至于几位老师会前知不知道，我想并不重要。既然是青年教育专家，来到蛇口，和青年见见面，谈一谈，不是很正常的事么？至于说有意准备好要为难几位老师，这是绝没有的事情，有两点可以证明：一是参加座谈的青年，包括发言的几位青年，都是自发而来的；二是我们连录音也没有准备，就是为了让气氛随便些。

曲啸：开始是谢鸿主持会议，请李燕杰和我谈了来到深圳和蛇口之后的感想。我和其他几位来深圳、蛇口时间都很短，感受最大、最深的是巨大的变化。深圳由几年前只有2万人的边陲小镇崛起为几十万人口的现代化城市，1980年工业产值是6 000万，而现在是57亿6千万。这证明了党的特区政策的正确，反映了特区劳动者的功绩。我和燕杰同志为特区建设者感到自豪，特别是为特区的青年人感到骄傲。就这样，燕杰谈了“美的风光，美的心，美的山河，美的人”，我赞美了特区青年不是断了线的风筝，而是腾飞的银鹰。我现在也不明白，这样说有什么不好，怎么就叫空洞？

彭清一：曲啸老师发言后，坐在门口的一个青年说：“希望三位老师能和我们一起讨论一些实质性的问题，不要讲些空洞的说教。你说来深圳的人有建设者、创业者，也有淘金者，请你们解释清楚什么叫淘金者？”开始气氛还算平稳，后来我们的发言经常被打断，我看很不正常。

谢鸿：其实类似这样争论起来的座谈会在蛇口是司空见惯的，比这更激烈的也有，就在这次座谈会后不久，温元凯来到这里搞了一次对话，那辩论的程度比这次要厉害得多，可大家都习以为常。这里的青年思想活跃，敢想敢说，并不是要跟哪一位过不去。而三位老师的观念有些与蛇口人实在想不到一块，多提了几个问题是毫不奇怪的，没想到几位老师把问题看得那么严重。事后大家都议论说，这几位老师可能是在内地总是听到掌声、欢呼声，不习惯这种讨论问题的方式。

……

报道将李燕杰等人与深圳方面的不同看法按照对话原话放到同篇报道之内，这就给读者以客观的阅读感受。但报道发表后，前者有意见，认为报道不客观。1989年政治风波之后，此文受到批评。这说明，报道方式可以客观，但方式决不等于立场。

当双方陈述有出入甚至截然相反时，一定要给予双方同时陈述的平等机会，这在报道者一时还无法辨清事实真相的条件下格外重要。西方新闻界将平衡视为新闻工作专业主义的几大原则。美国“自由论坛”主席欧沃白（Charles L. Overby）以为新闻报道的“公平”（Fairness）来自“A + B + C + D + E = F”。其中，A 是 Accuracy（准确），B 是 Balance（平衡），C 是 Completeness（完整），D 是 Detachment（独立），E 是 Ethics（道德），F 是 Fairness（公平）。①前述《楚天都市报》在报道湖北省司法厅干部田红星与武汉市公共汽车司售人员黄某发生肢体冲突时，为什么在如实刊发省司法厅

① 转引自［美］海曼·韦斯廷《最佳方案：公平报道的美国经验》，汕头大学出版社2003年版，第10页。

干部田红星、省司法厅致报社信件后，会依然引起武汉市公安局及其洪山公安分局珞南街派出所民警李某的不满并进而引发了一场民警李某状告《楚天都市报》的司法纠纷呢？除了湖北省司法厅干部田红星的投诉有误之外，也与报社的报道方式不当息息相关。在《楚天都市报》就田红星与武汉市公共汽车司售人员黄某之间发生厮打一事进行连续报道之后，湖北省公安厅与武汉市公安局警务督察部门组成了联合调查班子。调查结果显示：田红星遭殴时，民警李某值夜班后正在单位寝室睡觉，不可能出现在殴斗现场；打人者是与田红星发生冲突的售票员黄某的丈夫。① 实际上，《楚天都市报》刊发省司法厅一方的来函没有错，错在刊发省司法厅来函的同时，没有能够及时刊发另一方当事人民警李某的陈述，并在武汉市公安局提出报社在市公安局调查清楚后再报道要求的翌日依然报道省司法厅厅长要求处理民警李某的表态，这就有失客观报道的平衡原则。

4. 组合式

组合式即深度报道不是一篇报道，而是由多篇有机组成。组合式的组合部分，除了新闻报道之外，还常常搭配有评论、背景文字、专家点评、读者讨论文字、相关法规政策、照片、表格等。组合式有如下三种做法：

（1）正面配合

几个组成部分均从积极方面表现报道内容与报道主题。如对1997年中国大陆大学论文科研成就情况的报道②共由三大块组成：

第一，《南京大学为何多》：介绍最佳集体，为南京大学；

第二，《前沿创新严谨》：介绍最佳个人，为山东大学一位教师；

第三，《高校论文排座次》：介绍面上情况。

整组报道以第三大块为核心，以第一、第二大块为两翼来展开。

（2）正反配合

指整组报道的几个组成部分从两个对立的方面展开报道。如梁衡报道山西省曲沃县集资办教育事采用的报道方式就包含正反配合的组合式。报道中的《穷队要翻身，赶快培养人》与《富队不育人，到了还是穷》，一贫一富，是正反对比，但对比中又突出了共同点，即无论贫富，都集资办教育，

---

① 晓亮等：《武汉“田红星事件”水落石出》，见《检察日报》2001年3月27日。

② 《中国教育报》1998年11月13日。

该县集资办教育好。

(3) 多家意见

这种报道方式既报道多方的情况、意见，也比较尊重多方的情况、看法。如在全国人大常委会法制工作委员会印发了婚姻法修正案的征求意见稿后，崔丽推出了《修改婚姻法热门话题再聚焦》①，报道京、港等地的《婚姻法》专家建议稿起草人、法学教授、社会学教授、律师、杂志社社长就婚姻法修改中的若干问题进行的争议。不过，对这些有争议的问题，专家之间有的是针锋相对，有的是互有差异。

那么，记者应该如何进行报道呢？这要看是非曲直是否已经解决。如果对错一目了然，记者就要立场明确。如果是非尚未争论清楚而又必须报道，记者应该怎么办呢？对此，有人认为记者比法官管用，记者要拿主张。但这样处理报道是危险的：容易出现错误，给媒体造成被动。国家并未赋予媒体、记者以法官的裁决权力，记者强行充当法官进行裁判，就很容易遭遇不应有的麻烦。所以，媒体和记者不要将自己当作法官，当成裁判，而应该采用多家意见的报道方式，尊重客观事实，尊重多方面的意见，保持平衡，对自己不认可的意见也报道。只有这样，才有益于探索真理，符合传播的两面理，有益于受众的接受，也可以避免自己陷于被动之中。

多家意见的报道方式有两种情况：

第一，既报道多家意见，也报道自己的立场。但是，报道者在介绍自己认同的立场时并不将另一种意见妖魔鬼怪化。

第二，只报道多家情况、意见。有些事情比较复杂，其中的是是非非、何是何非报道时还难以下判断，形成公论。但是，这样的事实又有新闻报道价值，那么，报道者就只进行事实判断，而将价值判断先放到一边。《仿膳饭庄该不该迁出北海》② 就是这样的报道：

> 北海是1961年国务院公布的第一批全国重点文物保护单位。它历史悠久：从盛唐兴建海子园算起，已有1300年；从金世宗在琼华岛建大宁宫算起，也有811年。忽必烈进北京时就在大宁宫办理政务。明清两朝北海成为皇家御园。
>
> 北海琼华岛周山文物密布，古木参天。漪澜堂建筑群坐落在北坡山

---

① 《中国青年报》2000年9月4日。

② 《光明日报》2001年12月27日。

脚下，是清朝乾隆皇帝仿照镇江金山江天寺而建。除观景之外，乾隆皇帝在这里读书、写字、赋诗，与学士切磋、观戏。历史上这里是皇上与后妃观看冰嬉和观赏河灯的地方。

1959年仿膳饭庄迁至琼华岛，目前占用自倚晴楼城关至分凉阁城关的全部延楼与回廊，建筑面积1 469.69平方米；占用漪澜堂、道宁斋、晴兰花韵三个院落及抱冲室、大戏台等全部建筑1 206.37平方米；自盖建筑12间，面积320.4平方米。历史地理学家侯仁之先生说：北海是北京的发祥地，没有北海就没有现在的北京城。古建筑专家罗哲文先生认为，从北京发展的历史看，北海在北京历史上有着独特的地位。从历史价值来说，它远远超过了颐和园。在世界上历史如此悠久，保存又如此完好的皇家园林独一无二。所以北海早已被列入到申请世界文化遗产的候选名单，北海评不上人类文化遗产太可惜了。

文物保护是一个社会普遍关注的话题。对同一问题，见仁见智也是非常正常的。本报今天介绍政协委员对仿膳饭庄搬迁的不同见解，意在引起人们对文物保护工作的进一步重视、支持和思考，以便纠正错误观念，澄清模糊认识，推动问题积极稳妥地解决。

国家重点文物保护单位北海是中国现存历史最悠久、保存最完整的大型皇家园林之一。继颐和园和天坛申报世界文化遗产成功之后，北海成为北京最有资格申报世界文化遗产的单位。因此，自1999年周舜武等十位北京市政协委员联名提交将仿膳饭庄迁出北海的提案以后，社会各界对仿膳饭庄的搬迁备加关注。但政协委员之间的意见并不一致，甚至截然相反、针锋相对。

主张仿膳饭庄迁出北海的理由是：

主张必须搬迁的委员认为，仿膳饭庄已经对古建筑群和周边环境造成破坏：为了经营需要，仿膳饭庄将煤气管道和大量现代用电设备引入古建筑，埋下极大的火灾隐患。琼华岛四面环水，在此经营餐饮，污水、泔水对附近水体造成污染。长期排放烟气已使21株古树相继死亡，现在周围仅有5株古树幸存；珍贵的铜仙人承露和太湖石被熏得污黑。为了经营需要，擅自改动了古建筑的建筑格局和彩画风格；拆除转移部分艮岳太湖石；自盖违章建筑12间。被当做仓库的延楼年久失修，西侧游廊立柱倾斜，亟待抢修。铁栅栏围阻，各种管线骑墙跨路，既与皇家园林景观极不和谐，又妨碍游览观瞻。

北海要申报世界文化遗产，就要按照联合国教科文组织有关条文规定，拆除那些与文化遗产不协调、甚至危及文化遗产安全的建筑与附加物，保存并恢复历史原貌。所以，仿膳饭庄必须限期迁出北海。

九三学社北京市委文化委员会还组织六位从事文物、文化工作的同志对仿膳饭庄占用古建筑情况进行了历时9个月的调研。他们查阅了大量历史文献和资料，多次约请有关专家座谈，多次走访北京市文物局、园林局、消防局和国家文物局，拍摄了一批照片和录像片，写出一份长达七八千字的调研报告。报告以详实的材料支持仿膳饭庄必须迁出的观点。报告后面还附有仿膳饭庄占用古建筑和自建房屋明细表，用电、用气、用火情况表。

反对仿膳饭庄迁出北海的理由是：

仿膳饭庄历史悠久，1959年以后，许多国家领导人多次光顾仿膳饭庄，几十位国家元首和政府首脑先后慕名而来。仿膳以其浓郁的民族历史文化内涵成为一个文化亮点。因此仿膳饭庄本身就是一份应该受到保护的文化遗产。如果仿膳饭庄与特定的皇家园林环境分离，就会丧失特色。这样做相当于砍去北海的一个重要标志物。

从饮食文化角度讲，仿膳饭庄是“满汉全席”的发源地。自从仿膳饭庄在皇家御膳谱基础上挖掘出“满汉全席”之后，“满汉全席”便渐渐成为八大菜系之外的一个独立的北方大菜系。它的一个重要特点便是和皇家园林环境直接联系，每道菜都有历史，都有典故，都有深厚的人文地理气氛。许多游客来北海是冲着仿膳和北海这两个目标而来。仿膳饭庄陆续投入近千万元对古建筑进行维修保护，铺设了独立的天然气管道、下水道。漪澜堂、道宁斋由里到外金碧辉煌、美丽非凡。颐和园里有听鹂馆餐厅存在，但并未妨碍颐和园被评定为世界文化遗产。所以，仿膳饭庄留在北海公园内不仅和评定世界文化遗产不相矛盾，而且会使文物保护、发展旅游、开拓饮食文化及创造经济效益相得益彰。

两种意见争执不下。仿膳饭庄的去留等待有关领导部门依据法规和实际情况作出最后决断。

仿膳饭庄何去何从？这一问题显然相当复杂。在专家争论不休的情况下，媒体最明智的办法只能是不偏不倚，向广大读者同时呈现两种意见与各自的理由。在前述修改婚姻法的争论中，就如何看待同性恋问题，专家之间也同样出现了针锋相对的意见。那么，同性恋者可否成婚？婚姻法修改时是否加入相应的条文？显然在新闻发生的当下是难以遽下断语的，其间的利弊还要随社会发展来渐次判断。与其现在评出是非功过而为今后留下话柄，倒不如先观察更为妥当。因此，《中国青年报》2000年9月4日在以子题《同性恋者的婚姻》报道时，就仅仅报道事实、意见的方方面面。这样做，报道者显然更接近科学的态度，也能使报道者和报社处于主动的地位。

## 第三节　如何运用深度报道方式

### 一、服从于新闻报道的意图

报道方式的运用要根据新闻报道内容的表达需要来进行。单纯说深度报道方式哪一种好哪一种不好，是没有意义的。深度报道方式运用得好或不好的关键，在于运用是否恰当。而是否恰当，就不能不考虑新闻报道的意图。1991年《中华工商时报》对河南省郑州商战的报道很能说明这个道理。这一年年初，《中华工商时报》国内部的记者曾白凌向本报副总编介绍：在河南三门峡市参加一个新闻发布会时遇见光明日报社记者谷文雨，谷说目前郑州市有六个大商场正在进行商战。于是这位副总编指示曾白凌速赴郑州采写商战一稿。一周后，曾交了一篇4千字的报道。报社总编看后，认为郑州商战折射出来的社会意义重大，要进行深度报道，认为报道思想应为：企业必须面向市场；市场必须有竞争；竞争必须有规则。因此，报社决定对郑州商战在报道方式上要化空间为时间，从1991年1月30日至5月4日对郑州商战进行连续报道：

第一篇：1月30日，《六商场逐鹿郑州》，报道郑州商战概况，介绍商战的来龙去脉，报道六大商场的档案资料。

第二篇：《六商场首脑中州论剑》，报道郑州市六大市场负责人对郑州市商战的看法，并配以评论《有竞争比没有竞争好》。

第三篇：《怎样看待亚细亚现象》，报道读者们对郑州市商战的认识。

第四篇：《国营企业不能被捆绑着走向市场》，呼唤平等的商业竞争条件，要求政府对大中型国营商业企业放权。

第五篇：《郑州中小企业在夹缝中求生存》。郑州市当时只有100多万人口，城市的购买力有限，郑州商战在六大商场销售额上升的同时，郑州中小商业企业却受到不小的影响，销售下滑严重，故报道呼吁在发展经济的同时要协调方方面面，注意社会稳定。

相反，有的报道不顾报道内容的特点单纯追求报道的吸引力，一味在报道方式上出花样。这显然是错误的。2003年，美国对伊拉克发动战争，我国的一些传媒在报道中掺入了戏剧成分，将战争戏剧化，让受众看客化，这就不免残忍，对那些无端的战争受害者不无轻薄。类似的片面追求报道方式的出新，近年有加剧之势。如《小叔子刺死嫂子情夫，上演现代版武松怒杀西门庆》（通讯员龚达、邢壹，记者宗一多）①。

一出现代版的"武松怒杀西门庆"在南京秦淮区上演——嫂子奸情败露，怒不可遏的小叔子持刀将"西门庆"刺死。昨天，南京市中级人民法院以故意伤害罪判处这位"武松"无期徒刑，剥夺政治权利终身；其哥哥作为从犯被判处有期徒刑7年。

**案中人物**

"武松"——被告人张建国，别名：张建闯，绰号：小闯子、张三，南京某包装制品公司工人，暂住公司集体宿舍。

"武大郎"——被告人张建虎，南京某包装制品公司工人，暂住公司集体宿舍。

"潘金莲"——张倩（化名），张建虎之妻，35岁，与丈夫同住集体宿舍。

"西门庆"——陈国（化名），南京某包装制品公司维修工。

**镜头一：露馅**

时间：2004年12月29日晚23:30

地点：某包装制品公司车间

讲述人：张建虎

那天晚上很冷，我和弟弟还有两个同事一起上夜班。23点30分左右，公司铲车坏了，弟弟就跑到集体宿舍去喊维修工陈国，不久，弟弟就赶了回来，偷偷在我耳边说："陈国不在家！"

我一听就感觉不妙，大约在2004年初，我就发现陈国和我老婆关系不正常，他们俩经常在一起打牌，还打情骂俏。深更半夜又这么冷，陈国会到什么地方去？说不定……

我马上拉起弟弟的手："走！"

**镜头二：捉奸**

时间：2004年12月29日晚23:40

地点：张建虎宿舍

---

① 《现代快报》2005年6月21日。

讲述人：张倩

陈国和我是相好，这种关系已经有一年多了。那天晚上，我丈夫上夜班，陈国到我家里后把我喊醒，之后我们发生了关系。

……

**镜头三：杀人**

时间：2004年12月30日凌晨1点

地点：某包装制品公司门口

讲述人：张建国

……

**镜头四：审判**

时间：2005年6月20日上午10点

地点：南京市中级人民法院

讲述人：法官

……

本是人命关天的大事，却被记者经由对我国古代小说故事的戏拟以戏剧化的报道方式加以调侃、轻薄与玩弄。这是对生命的亵渎，是玩新闻，很不严肃！报道者因此被受众斥为“不良记者”① 一点也不冤枉。这种“玩新闻”的新形式值得警惕。

## 二、根据新闻报道事实的特点来选用一定的深度报道方式

新闻报道事实大致可分为两类：一是新闻现象；二是新闻事件。前者静，后者动。那么，从选用深度报道方式看，前者选用组合式报道、精确式报道往往更为贴切，而后者选用连续式报道、追踪式报道常常更为吻合。细而观之，国际报道更宜于用分析式报道、客观式报道，节庆报道更适合用组合式报道。反之，章回小说体式比较适合体育报道，多家意见式比较适合比较复杂的事实讨论，客观式比较适合批评性报道。比如，有一个实习生采用单篇新闻报道某省近来的体育彩票，没有引起什么社会反应。其实，报道者可以在报道方式上予以变化，采取组合式：1. 彩票负责机关领导自述；2. 不同阶层彩民的意见；3. 非彩民的意见；4. 专家的意见。深度报道是媒体的重要报道，报社应该给予较高的报道地位。如果采用组合式，那么，某省

① http：//news.163.com，2005年6月。

体育彩票一事就会被传媒授予较高的地位，增强报道的可读性，就易引起读者较多的关注。

判断新闻事实的特点还要考虑事实分量的轻重。某晚报的一个实习生计划报道某市动物园的动物如何度夏，原来打算采用连续报道方式，一天报道一馆。但这样的报道方式并不适合于报道动物园动物如何度夏，因为动物园里的动物如何度夏一事的新闻价值终究不大。对于此事，不妨用组合式：可以报道动物园动物度夏的总体新旧情况，可以重点报道大熊猫、北极熊等少数动物度夏情况，还可以摘要介绍国外动物园动物度夏的背景材料，可以配评论，配上一定的图片、表格。采取这样的报道方式，报道者的报道意图、读者的阅读兴趣就能得到较好的落实与满足。

### 三、善于变化，丰富多彩，努力创新

#### （一）善于变化

深度报道的报道方式要善于变化。

1. 报道者要有变化的愿望

如果报道方式总是一个样子，既不利于新闻报道思想的表达，也不利于读者阅读。比如，2002年年初，《青岛早报》来了一位叫秀秀的姑娘。她20多岁，5岁时被拐卖到福建，成人后到青岛打工。随着年龄的增长，秀秀渴望找到自己的亲生父母，于是向《青岛早报》求救。为此，报社的记者陪同秀秀三下江南，行程数万里，从抓获的人贩子那里一处处查找秀秀被拐卖的地点与丢失孩子的家庭。在经历了一次次希望、等待、认亲、失望、痛哭、悲伤之后，秀秀终于在2003年3月在湖南省找到了自己的亲生父母。这是一场人间的悲喜剧，报社经过思考采用跟踪的报道方式，报道后来收到了良好的传播效果。①

2. 要根据新闻事实的特点进行变化

2002年，《厦门日报》从热线电话中获悉：一位叫汪月英的女士，她的哥哥为了独霸父母去世后留下的房产，竟在居委会开了一张妹妹汪月英已经死亡的证明，然后到区公证所办理公证，将父母遗留的房产据为已有。那么，《厦门日报》是否应采取与《青岛早报》相同的报道方式呢？由于上述事实已经发生，所以《厦门日报》采用的是新闻小故事连载报道《活人的

---

① 蔡晓滨《唯其“深刻”，才有分量》，见《中国记者》2003年第7期，第11页。

“死亡”公证》。报道采用倒叙法，先报道已被公证死亡的妹妹却依然健在，原因在于哥哥企图独霸房产，用以形成整组报道的悬念，然后再一天一则故事，分别采访、报道居委会、房管所、房管局、公证处，层层剥笋，追根溯源，之后请律师点评，最后请市司法局表态做结。①

（二）丰富多彩

深度报道的报道方式要丰富多彩。美是多样的，只要恰当，就可行。比如，关于新中国成立50周年的成就报道，某省报采取宏观与微观相结合的方式：第一，我省钢铁工业50年；第二，本省某村选举村委会主任的特写。而某市报采取“三眼”的方式进行报道：武汉人眼中的武汉；外地人眼中的武汉；外国人眼中的武汉。上述做法各有千秋。

（三）努力创新

深度报道的报道方式还要努力创新。墨守成规，没有出息，一个人如此，一个民族也如此。创新为报道方式提供无限的可能。新闻工作者要有信心，要勇于探索。

1. 如何创新

首先，报道方式创新是思想创新。没有思想的求新，就不会有报道方式的出新。比如，节庆报道年年都要进行，长此以往就形成了节庆报道的套路，一般为一两篇报道，或分或总，再加两幅照片，举例子，掏数字，介绍成绩。这样的报道观众不买账，不爱读。《经济日报》1990年对节庆报道进行了改革。当时的中宣部副部长徐惟成认为：成就报道只有与人民群众的日常生活、切身利益结合起来，才容易亲切。《经济日报》从日常生活的内容出发，变组合报道为连续报道，先推出《吃的变迁》、《穿的变迁》、《住的变迁》、《用的变迁》、《行的变迁》5篇，后推出《变迁的背后》5篇，把人民群众生活上的种种变化与国家重点工程建设联系起来。这一深度报道收到了较好的传播效果。②

其次，报道方式创新要多要素，巧组合。如《人体摄影涉嫌商业炒作》③ 报道2001年8月30日在武汉市南京路一照相器材市场举行了一场以裸体女模特为拍摄素材的摄影创作比赛。该报道共有五个组成部分：第一，

① 颜智强：《深度报道的选题与策划》，见《中国记者》2003年第7期，第15页。

② 郑兴东主编：《好新闻后面》，新华出版社1993年版，第215页。

③ 《京华时报》2001年9月1日。

事实简介；第二，模特话语；第三，人体摄影策划者自述；第四，类似事实；第五，人体摄影照片。显而易见，报道的组成部分越多，思路越机巧，则报道方式的花样就越多，变化的空间与可能性就越大。

2. 方式创新与方式新用

新闻报道方式上的创新表现在两个方面：一是报道方式本身的创新；一是报道方式的新用。前者如梁衡报道山西省曲沃县办教育事。后者如光明日报社用连续式的新闻小故事报道吴天祥的先进事迹。连续式的新闻小故事早已有之，但用它来报道典型人物则是第一次，这就是方式新用。

创新，是没有尽头的。报道者只有勤奋实践，开动脑筋，勇于探索，才能够寻找出新的报道方式或报道方式新用。

## 四、服务读者，注意简洁

深度报道方式在善于变化、努力创新的同时，又要考虑读者实际，简洁报道。现在，读者的阅读时间少，阅读时往往不那么从容，报道方式过于复杂不利于读者阅读，因此，报道者要有化繁为简、举重若轻的能力。如2001年7月，湖北省武穴市人民政府办公室行文所属各地各部门，要求每人购买当地生产的啤酒6箱。《武穴市政府发动“爱心大购买”》①报道的新闻事实虽然比较重大，但报道方式却简洁明快，由两个部分构成了一个单元报道：事实 + 照片 + 意见 = 组合报道。报道方式之所以要简洁，目的只有一个，为了方便读者，为了内容表达。

① 《中国青年报》2001年7月18日。

# 第五章　记者也要做精益求精的"木匠"

## ——深度报道叙事

## 第一节　写作的类型

### 一、叙事：打磨深度报道的细部

以下是两篇关于法律题材的新闻报道，那么，相同题材不同的开篇有无优劣之分呢？请先看报道：

例一：

2002年4月29日上午，延安郊外某刑场，对一名死刑犯执行枪决前4分钟，传来最高人民法院暂缓执行的命令。这惊心动魄的一幕，蕴含着一位正直仗义的西安律师不懈的努力和对法律的忠诚……

**认为案件疑点颇多 决意为死刑犯辩护**

今年元旦前一天，西安一家律师事务所的朱占平律师刚要离开办公室时，突然来了两个人。一名身穿破烂棉衣的陕北老农在一名男青年的陪伴下，请求朱律师为他一审已被判死刑的儿子担任辩护人。

"朱律师，无论如何你要救救我的孩子！"也是从陕北高原上走出来的朱占平律师接过了老汉递过来的材料，听着老人断断续续的讲述，他明白了事情的来龙去脉。

老汉的儿子叫董伟，现年26岁，2001年12月11日被延安市中级人民法院以故意杀人罪一审判处死刑。

法院一审审理查明的情况是：2001 年 5 月 2 日零时许，董伟与多人酒后来到延安电影院通宵舞厅，因琐事与坐在电影院门口的宋阳发生争吵并相互厮打，被在场人劝开后，董宋二人又在舞厅旁边的灯具门市部外继续撕拉，董伟用人行道上的地砖向宋的头部连续打击致宋倒地后，董逃离现场，宋阳被他人送往医院抢救无效死亡。经法医鉴定，宋阳因钝器打击头部造成闭合性颅脑损伤，导致呼吸心跳中枢衰竭而死亡。根据认定的这些情况，法院认为董伟目无国法，置他人死活不顾，因琐事竟用地砖猛击宋阳头部，致其死亡，手段残忍，后果严重，以故意杀人罪判处董伟死刑，剥夺政治权利终身。

——江雪等：《枪下留人赶在行刑前 4 分钟》

**例二：**

2001 年 4 月 20 日，江西省上饶市沙溪镇向阳小学三年级学生祝学树突然死亡。得知爱子死于教室，他的父母踏上了漫漫的告状之路。今年 3 月 22 日，在痛苦与悲伤中等待了 11 个月之后，他们终于盼来了判决书。然而面对迟来的一审判决，祝学树的父亲的祝琴德却表示：我要上诉。

**无辜少年惨死教室**

2001 年 4 月 20 日上午 7 时 30 分，祝学树像平时一样，来到学校背课文。一会儿，座位后的女同学何丽群发现他的抽屉里有一包“水蜜桃”冰袋，便问他怎么不喝，背书之后已口干舌燥的祝学树，看到冰袋惊喜不已，连想也没想，拿起来就往口里送。

喝下冰袋不久，祝学树突然抽搐不止，倒在地上缩成一团，同学们被突如其来的一幕惊呆了。过了片刻，同学们如梦方醒，有人跑去报告老师，老师赶来看了看说是癫痫病发作，让他静一静，就没事的。就这样，祝学树躺在地上约半个小时后，仍不断口吐白沫。老师这时才意识到事情的严重性，赶忙叫来了学校附近的乡村医生。医生见此情形，让老师赶快要救护车来抢救，可是当救护车赶到医院后，祝学树瞳孔已放大。上午 9 时零 6 分，这个 11 岁的孩子离开了这个世界。

4月20日晚，祝学树的父亲祝琴德和他的母亲桑金仙在得知噩讯后，连夜从浙江赶回家。经家长强烈地要求，法医对祝学树的尸体进行了解剖，结果发现死者体内有“强滴鼠药”，其成分和剩残冰袋内的鼠药成分一致。由此，一场投毒命案渐渐地浮现了出来。

——毛江凡：《11岁少年命丧教室》

从开篇看，两篇报道有一个共同特点：直切要害，简洁明快，悬念带路，吸引读者。如果孤立看，两个开篇都还不错，但深入分析，则有优有劣。《11岁少年命丧教室》一文从当事人对法院审判不满写起，这自然暗含了当事人认为法院的审判不公的意思。然而，纵观整个新闻事件，法院已对16岁的投毒少年进行了司法惩罚，并判决学校、镇政府与投毒少年的父母进行民事赔偿，这说明判决与如何以法治国之间没有冲突。当然，受害人父母认为惩罚轻，可以上诉，但记者不能因此并在未充分掌握事实的情况下就断定法院未依法断案。相反，从案情看，案件始自案发地向阳小学门口两家小卖部之间的商业竞争。由于江西省教委行文规定不允许在校内开店，结果位于学校后门的徐家生意一落千丈，而对手祝家的生意却日益红火。沙溪中学学生徐某为了让祝家生意不好下手投毒。显然，问题的严重性不在于中学生投毒是否犯法，而是这个学生为何如此自私，如此无知，如此缺乏起码的是非观。那么，如果不从思想道德入手思考问题，此文的报道思想就必然缺乏冲击力。因此，这篇报道的切入点不准。有人可能会说：如是开篇，是寻找新闻由头，以新带旧。但是，以受害人父母上诉为新闻由头就转移了视线，遗漏了事件的要害。其实，报道者进行该事报道时正值“两会”会议期间，多位全国人大代表建议尽快制定《校园安全法》。这说明，此文对新闻由头的选择余地是宽阔的，记者应该围绕报道主题来选择新闻由头。

相形之下，《枪下留人赶在行刑前4分钟》反映了我国司法制度建设问题，即死刑核准是否存在重大遗漏。这样的开篇与整个报道的主题、目的是一致的，故处置恰当。

以上写作实际说明，选题、思想与写作技法相互依托，不可或缺。戏剧总比非戏剧吸引人，作者将深度报道写深的同时，还要将报道写活。如果说报道方式处理的是宏观的报道形式，属于深度报道形式中的“句法”，那么，报道叙事打理的就是深度报道的微观报道形式，属于深度报道的“词法”，意在帮助深度报道少一份遗憾，多一份满意。老到的叙事技术需要记者日积月累、厚积薄发，在随物赋形中精雕细镂。

## 二、写作二分

纵观所有的写作活动，均可二分，如果套用法国结构主义学者的说法，就是写作有及物与不及物之分。所谓及物写作，指的是写作活动有明确的现实生活对象。所谓不及物写作，指的是写作活动的目的就是自身，没有自身之外的写作的现实目的。这实际上讲的是，写作活动的功利性与审美性。

### （一）审美性写作

从主观上看，审美性写作是不及物的写作。这就是说，审美性写作不是为了当官、发财，不是为了获取写作之外的什么个人好处。德国美学家康德在《判断力批判》中说："判断某一对象是美或不美，我们不是把（它的）表象凭借悟性连系于客体以求的知识"，① "一个关于美的判断，只要夹杂着极少的利害感在里面，就会有偏爱而不是纯粹的欣赏判断了"，② 美是"合目的性而无目的"③ 的。

审美性写作也是这样。文艺创作从本质上讲是非功利的写作。比如写一首诗，创作一篇小说，在非工业化的时代，实际上只是为了个人感情宣泄的需要，弗洛伊德谓之以"白日梦"。今天，对于大多数的文学写作者来讲，依靠文学创作一般既升不了官，也发不了财。在共和国成立后的前30多年，一个人凭一首诗、一篇小说来升官发财是文学创作的非正常状态，是文学政治化的集中表现，早已时日不再。

### （二）功利性写作

功利性写作追求的是写作之外的东西，写作本身不过是个工具而已。正如钱钟书所云，功利性写作是到岸舍筏，得鱼忘筌。④

功利性写作有良性与恶性之分。那些有益于人类、民族与社会，有利于社会进步的写作功利，就是良性的功利。比如公文写作为的是上令下达，下情上传。反之，以一己之私利去损害他人利益、社会公利的写作，就是恶性的功利性写作，而利己而害人的功利性则必须否定。

---

① ［德］康德：《判断力批判》，商务印书馆1964年版，第39页。

② ［德］康德：《判断力批判》，商务印书馆1964年版，第41页。

③ ［德］康德：《判断力批判》，商务印书馆1964年版，第219页。

④ 钱钟书：《管锥篇》第1册，中华书局1979年版，第12页。

## 三、新闻写作的类型

新闻写作属于功利性写作。传播信息是现实的功利，而不是为了情感上的愉悦，宣传教育、传播知识更有明显的现实的社会功利。当然，一些新闻报道也有娱乐性，不过，这种娱乐性也同样另有目的：或是为了宣传教育，或是为了扩大读者数量从而提升报纸的广告额，骨子里仍是功利性的。

在深度报道中，报道的形式部分是手段，是配角。这就是说，深度报道的形式是为内容服务的，不能成为独立价值的本体。因此，进行深度报道，必须着重在内容上下工夫。不过，即便是形式、手段，也仍然为深度报道所不可或缺。作为"术"，深度报道的形式对报道内容表达的优劣、高低有着极其重要的影响，不可忽视。樊云芳说："新闻作品作为时代的镜子……应是千姿百态……我还是努力去寻求和表现自己新闻作品的个性……只属于我的独特的感受、独特的文采、独特的构思、独特的新意。"①不过，业界对深度报道形式的探讨是有限的，但这又为深度报道在形式上的探索留下了不少的空间。实际上，一些新闻报道名篇之所以能在新闻报道发展史上留下了声站住了脚，其主要原因是得益于形式上的探索，福庚的《追老姚》、王根礼的《买缸记》、刘衡的《妈妈教我放鸭子》、李蕴藻的《王老师的小屋》、刘蔚的《汉城决战的最后四十秒》、郭萍等的《北京有个李素丽》之所以常让人念念不忘，重要原因就是这些报道在形式上的出新。因此，深度报道写作者在报道形式上也要努力创新，不能怠慢。

一般说来，形式上具有探索性的作品对后来者是具有示范作用的。如《追站长》：

5月14日，我们专程到枣阳市梁集棉花站找站长田玉勤了解有关情况。刚进大门，职工段仁兵告诉我们：田站长一大早就下乡到后湖村去了。

"跟踪追击"。我们借了两辆自行车，迎着徐徐的轻风，向后湖村驶去。到了后湖村，村里的同志说："田站长到2组村民李德忠的棉田帮他移栽油菜茬棉花去了。"我们又赶到李德忠棉田时，不见田站长。老李说："他在这里说我棉花栽稀了，每亩要栽4 000株，帮我栽呀，补呀，刚走。这是他给我的种棉技术资料，要我向大家宣传。"

---

① 樊云芳：《我就是我》，长江文艺出版社1987年版，第1页。

我们赶到宋湾村已是汗涔涔了。村头，不少农民围成一个团。走近一看，原来是田站长正在帮村民宋安发做麦后棉方块育苗。他一边做一边向身旁的农民示范说："方块育苗下籽前一定要用药拌种，做到湿土方格、湿籽、湿土盖，出苗后5至7天还要搬到方格蹲苗。"田站长看到我们，忙挤出人群，双手搓了搓沾满的泥土，对我们说："我下来看看，准备跑三个村，还没有完成任务哪。"

"丁零零"，他和我们又一起骑着自行车向耿垸村驶去。

其实，这篇《追站长》有20世纪50年代福庚《追老姚》一文写法的影子。

## 第二节　深度报道事实的特点

除了真实、新鲜、比较细致之外，深度报道的事实还具有如下特点：

### 一、所报道的事实既有事件，又有看法

与一般的记叙文或新闻相比，深度报道所要报道的事实既有事件，又有看法。事实是社会中人们的活动。其中，事件是社会中人们的不那么平常的变化。事件的变化有时间，有地点，有施事者，有受事者，有过程，有结果。比如，《汉城决战的最后四十秒》、《领导干部的楷模——孔繁森》报道的都是当时发生的新鲜而真实的事情，后者发生的地点为西藏、山东，时间是20世纪90年代中期，主要施事人是孔繁森，过程是孔繁森如何服从党的事业需要入藏为当地经济发展与人民生活水平提升而努力奋斗，结果是孔繁森因公殉职。这些事件，作者、读者均可以通过采访或阅读历历在目。因此，事件是事实，不难理解。

相反，事实也包括看法，这个道理则不那么好理解。所谓看法，是人们对客观事物所抱的见解、意见。在一般人看来，看法跟主题差不多。其实，这只看到事物的外表。看法与主题都是意见、见解，但是，主题是文章的中心思想、中心论点，并不是所有的思想、见解都是文章的主题。比如，《历史的昭示与未来的抉择》①报道的是大陆海峡两岸协会主席汪道涵文章的新

① 《长江日报》2001年4月28日。

主张。而《黄泛中国》①一文所报道的新闻事实共有两类：一类是事件，如文中介绍的警官开办娱乐场、房地产商腐蚀市长的具体真实故事；另一类是见解、意见，如“观点交锋”。对于几位专家的意见，新闻报道仅仅是介绍，告诉读者社会对有关事实出现了什么样的主张，一般没有任务去论证这些看法谁对谁错，如何对错。在新闻报道中，作为事实的看法虽然也是见解，但却是作为客观事实而由报道者报道给受众的。换句话说，这些见解、意见是事实化的见解、意见。当然，在报道他人的看法时，报道者要认真、仔细核实，尤其是涉及党政公文，要尽量使用原文。

深度报道报道的意见属于事实，那么，这种报道是否属于说明呢？不属于。有关学者认为，“说明是对事物的发生、发展、结果、特征、性质、状态、功能等进行解释、介绍的一种表达方式”，“具有知识性和科学性”，“解说性和条理性”等特点，②而深度报道所介绍的有关意见、见解可能是正确的，也可能是不正确的。因此，深度报道对于意见、见解的介绍属于叙事而不是说明。

## 二、所报道的事实常常不完整

深度报道事实比较深入、详细，但从报道材料的获取来看，新闻事实的形态相当复杂。它有时完整，如《汉城决战的最后四十秒》报道一场体育比赛有始有终有过程；有时基本完整，如余兰生《140 万双袜子的命运》③报道武汉袜厂从 1987 年到发稿前工厂仓库袜子积压由少而多，直至 140 万双的过程，当然，到发稿时问题仍未获解决，没解决也是种结果，故该报道的单个事实材料基本完整；有时整体事实由众多孤立的材料汇聚而成，不那么完整，如《他们缘何到校外租房住》④，介绍小 A 同学，仅介绍了他租的房子不足 10 平方米，没吊扇，他本人是为求清净，这是单个材料。还有小 B、小 C 等，有的为了考研，有的为校外兼职打工经商方便，有的希望有个独立空间，这一个个单个材料汇集成整篇，形成学生校外租房多样化的事实状貌。其实学生在校外租房，原因不止以上三点，比如男女同居等，报道又只以武汉高校为例。这样，深度报道的事实材料往往不像事件通讯那样事实

---

① 《燕赵都市报》2000 年 8 月 20 日。

② 路德庆主编：《写作教程》，华东师范大学出版社 1984 年版，第 327～331 页。

③ 《长江日报》1997 年 7 月 30 日。

④ 《光明日报》2001 年 8 月 10 日。

完整、连贯。

## 第三节　深度报道的作者与叙事人

### 一、作者与叙事人之间的关系

所谓作者，是文章的创造人；所谓叙事人，是文章故事的讲述者。议论文、说明文有议论人、说明人而没有叙事人。从所有文章来看，作者与叙事人之间的关系存在于两种情况中：一在虚构性的文本中；一在非虚构性的文本中。

在虚构性的文本写作中，叙事人是非现实性的，只有纸头上的生命，①故不能等同于作者。

在非虚构性的文本写作中，叙事人均是现实性的。其叙事人与作者之间的关系有两种情况：一种是叙事人等同于作者，如《县委书记的榜样——焦裕禄》的作者与叙事人是同一个人，都是穆青，《史记》的作者与叙事人均是太史公司马迁。二是叙事人不是作者，而是等于现实生活中实有的某个人物，比如，《会计伢嫌我的油壶小》②：

> 六月开了门，乡里喜盈门。我们卖了菜籽油，平均每人还分九斤二两口油。分油那天，我兴冲冲提着壶赶去。只听会计伢蔡后建在那里左右开弓，嫌李二婶壶小了，怪张大妈不抱个大坛子来，还说我的油壶是拿来“做得玩”的。我心想，你这伢是“洋人的房子——光是门”，就说：“你这伢，我去年拿这个壶来，是哪个笑话我‘心大壶也大’的?”会计伢忙赔笑说：“二婆，您老人家把老花眼镜戴上看看！去年吃的是‘大锅饭’，收的那点油还不够‘锅’吃；今年‘分灶吃饭’，干活劲大了，收的油多了，壶就小了呗。”我这才想转来：是哩！今年分组作业、联产计酬的办法就是好，以后再不吃“大锅饭”的苦头了。
>
> 湖北省云梦县义堂公社建合3队 王二婆讲，吴学标记

---

① ［法］罗朗·巴特：《叙事作品结构分析导论》，见张寅德选编《叙述学研究》，中国社会科学出版社1989年版，第29页。

② 《湖北日报》1980年7月4日。

这篇报道的叙事人是兴冲冲去村里分油的老太太王二婆，文字的形成者是吴学标，故该报道署名为“王二婆讲，吴学标记”。在新闻报道中，作者与叙事人之间的关系不是如小说那样属于控制与被控制的关系，而是相互控制的关系。吴学标不能无中生有，张冠李戴，但却可以根据具体情况留此弃彼，可以有选择地传播。而王二婆离开了吴学标，就难以让广大读者知道发生在她身上的一段真实故事。更具挑战性的是报道《继母，我亲亲的娘》①。此文报道的是当年湖北省高考文科第七名李铭与她继母之间的动人故事：

> 1999年9月，湖北省文科高考第七名、襄樊市文科高考状元李铭到武汉大学法学院报到。李铭来自一个特殊的家庭。这位腼腆的“女文科状元”讲述了一个关于后妈的故事，一字一泪——
>
> 1988年5月，那年我刚9岁，家里遭受了一连串的“天灾人祸”。
>
> 第一个遭难的是我叔叔；他因患胃癌医治无效去世了。9月，奶奶又患了肝癌。三个月后，奶奶也去世了。不久，妈妈陈运芝因患肾盂肾炎又住进了医院。一个月后，父亲李祖成的肝部隐隐作痛，到医院一查，竟又查出了个“肝癌”。
>
> 还在医院治疗的母亲顾不上自己的病，陪父亲到武汉检查，结果是肝囊肿。那时父亲刚刚调任庙滩粮管所主任，在赶往襄樊办事的途中又遇到了车祸。父亲被撞成了二级脑外伤，腰椎骨骨折，住院治疗了两个多月后，病虽好了，却留下了后遗症。
>
> 叔叔去世后三年，婶婶无奈之下留下了他们惟一的女儿改嫁了。母亲毫不犹豫地收养了比我大两岁的姐姐，我便叫她为二姐。我们的家从此负担更加沉重。
>
> 1995年11月，母亲因为劳累过度，肾炎转化成尿毒症，外加上肾性高血压。1996年8月9日，母亲撒手西去了，从此，我们的家便风雨飘摇，如同散沙。
>
> 母亲去世时，我正在谷城县一中参加暑期补习。当我得知噩耗，心急火燎地赶回家，母亲的遗体已经殓棺了，我没能见到母亲最后一面，心痛欲裂。
>
> 没有母亲的日子我们过得好累好累，原来充满欢声笑语的家，一下

---

① 《光明日报》1999年12月21日。

子变得沉寂起来。父亲平时就很严肃，很少与我们交流，妈妈去世后，他更加沉默寡言了。家里少了母亲的温柔，就好像没有了春天的阳光，我突然了解了母亲对于一个家庭的重要。我有什么委屈和想法只好对哥哥姐姐讲。好在我已上了高中，吃住都在学校，这个家，我渐渐有了一种疏远的感觉。

一天，父亲跟我们说他要结婚了，对象是本单位的李仲全阿姨。李阿姨我们早就认识。她丈夫 1992 年病逝，当时她儿子才两岁，她一个人带着儿子顽强地生活，人品极好，我们对她印象很好。但她一下子要成为我们的继母我们却无法接受。

1997 年元旦，李阿姨领着她 7 岁的儿子嫁给了我的父亲，名正言顺地当起了我的后妈。

我住在学校不常回家，回家了也不跟李阿姨说话，我用冷淡来表达我的不满。但一段日子过后我发现，李阿姨很贤慧，也很通情达理，对父亲体贴入微，所有家务事都不让我们插手。吃完饭，她独自到厨房收拾碗筷，让我们兄妹几个陪父亲，说是我们难得聚在一起。在李阿姨的身上，我多少又看到了母亲的影子。而父亲是越来越愉快了，精神也振作了。为父亲着想，我甚至想就这样接受李阿姨算了，但我仍然无法开口叫她，我心中妈妈的地位是坚不可摧的。

1997 年腊月三十，父亲和李阿姨让我们兄妹回家团聚。那是一次尴尬的团圆，我们不知如何称呼眼前这个后妈。改口不习惯，叫阿姨也不妥当，只能用一些模糊不清的语言来替代，真是别扭极了。

中午吃过团年饭后，大哥大嫂执意走了。李阿姨仍然面带着微笑地忙着。她体贴地照顾着父亲，亲切地招呼着我们兄妹，并边看电视边和我们姐妹几个聊天。一时间我仿佛又看到了妈妈从前在家里温柔的身影……

此文的作者栏署名为张天儒，另设置一个主持人栏，署名为“孟昕”。但此文的第一段显然是孟昕所写。该段文字因为与后面李铭的自述已经连为一体，故既不能称“编者按”，也不适合叫“主持人语”。另外，这篇报道还对新闻报道的著作权提出了挑战。

新闻报道属于非虚构性的文本写作，作者与叙事人之间的关系有自己的特点。

## 二、叙事人的两种“我”

在任何一篇文章之内，表达着关于世界的观察、认识的言说者，说到底只能是“我”之所为，而不可能由“他”或“你”去观察、言说。“他”或“你”只不过是被叙述者、被言说者或叙述者、言说者的接受对象——听众、观众、读者。

在新闻报道之中，作为叙事人的“我”共有两大类：一类是作者本人；一类是有关新闻事实的当事人或旁观者。对于前一类“我”，即作者本人，因为集作者与讲述者于一身，故亦可称之为直接叙事人。对于后一类“我”，即新闻事实的当事人或旁观者则可称为间接叙事人，这是因为被报道的主要对象是报道者（即作者）之外的其他人物与发生在这些人物身上的事实，当事人或旁观者的叙述还必须受到记者或编辑的控制。在间接叙事人那里，叙事人是作者或编辑放在新闻文本中的风筝般的“喉舌”，而那根控制当事人或旁观者“喉舌”的线则远远地掌握在新闻报道的作者或编辑手中。

先看直接叙事人。穆青等人的《县委书记的榜样——焦裕禄》、郭梅尼等人的《生命的支柱》、李克林的《今日大寨》①、马役军的《福强玻璃店里的新主人》与美国记者罗森塔尔的《奥斯威辛没有新闻可写》诸文的叙事人都是记者本人。

1962年冬天，正是豫东兰考县遭受内涝、风沙、盐碱三害最严重的时刻。这一年，春天风沙打毁了20万亩麦子，秋天淹坏了30多万亩庄稼，盐碱地上有10万亩禾苗碱死，全县的粮食产量下降到了历史的最低水平。

就是在这样的关口，党派焦裕禄来到了兰考。

展现在焦裕禄面前的兰考大地，是一幅多么严重的灾荒的景象呵！横贯全境的两条黄河故道，是一眼看不到边的黄沙；片片内涝的洼窝里，结着青色的冰凌；白茫茫的盐碱地上，枯草在寒风中抖动。

困难，重重的困难，像一副沉重的担子，压在这位新到任的县委书记的双肩。但是，焦裕禄是带着《毛泽东选集》来的，是怀着改变兰考灾区面貌的坚定决心来的。在这个贫农出身的共产党员看来，这里有

① 《人民日报》1985年10月5日。

36万勤劳的人民，有烈士们流血牺牲解放出来的90多万亩土地。只要加强党的领导，一时就有天大的艰难，也一定能杀出条路来。第二天，当大家知道焦裕禄是新来的县委书记时，他已经下乡去了。

……

——穆青等《县委书记的榜样——焦裕禄》

在直接叙事人里，作者的"我"与叙事人的"我"合二而一，叙述的是"我"采访、接触到的事关他人的新闻事实。直接叙事人"我"一般为记者、通讯员。

再看间接叙事人。《会计伢嫌我的油壶小》、王根泉《买缸记》①、黄卓坚《下辈子，我们还当母子——一位痛失儿子的母亲自述》②的叙事人都是新闻事件的当事人与旁观见证人。在这些间接叙事人当中，作者与新闻事实的叙事人都是分开的，如《买缸记》的作者是王根泉，叙事者是小孩子"我"。

新闻报道还存在着直接叙事人与间接叙事人的混合体。混合体的特点是：叙述人写自己的经历，不是转述他人的经历，但叙述人又往往不是职业新闻工作者。其典型代表是万福来的《黄继光献身的一刻》。③

19日晚十点钟，我们紧跟着强大的反击炮火，一口气收复了"五九七·九"高地右侧的六、五、四号三个阵地。眼看这条起伏的山腿就要被我们全部占领的时候，敌人主峰周围和零号阵地上残存的火力点突然复活了，上下交织成一片火网，向我们恶毒地飞盖过来，把我们压在主峰下面零号阵地的山脊上。这时我们的炮火已按时延伸射击了，前进的障碍必须我们自己来扫除。突击部队停下来，利用坑道和敌人的尸体隐蔽自己。这时阵地上升起照明弹，照耀得如同白昼一样。从这里我清楚地看到，距离我们五十公尺远的零号阵地前沿是两个并排的火力点，掩护着后面几公尺远一个囤兵的大炸弹坑；再后边30公尺的地方还有一个大地堡，这些火力点把山头变成了一个不易接近的顽固的碉堡……

① 《河南日报》1981年12月31日。

② 《广州日报》1996年4月8日。

③ 冯健等主编：《通讯名作100篇》，新华出版社2000年版。

——万福来：《黄继光献身的一刻》（片段）

这是一篇特殊的报道。作者、叙事人万福来在上甘岭战役中，任特级战斗英雄黄继光生前所在连的连长。万福来是以当事人、见证人的身份来写这篇报道的。与直接叙事人记者叙述他人事实不同的是，混合体叙述的则是自己的事实或自己与他人之间的事实。与间接叙事人不同的是，混合体的叙事人同时又是新闻报道的作者，不是伪作者，背后并无操纵自己的真正作者（而《买缸记》叙事人“我”背后存在记者“王根泉”）。因此，《黄继光献身的一刻》的叙事人“我”兼有直接叙事人与间接叙事人的双重特点。

体验式报道多采用叙事人的混合体。所谓体验式报道，指的是报道者本人以某一个社会角色为新闻事实的当事人，深入到新闻事件之内去接触、采访、收集新闻事实材料并对之予以报道的新闻报道活动。体验式报道可以隐身采访，也可以公开采访。

进行体验式报道，有三点注意事项：第一，在体验式报道中，报道者既报道事实，又报道自己在新闻事实中的活动与感受。第二，所报道的新闻事实往往是可以重复出现的。这就是说，记者往往发现一种新闻现象后再进行体验式报道。一般情况下，一次性出现的新闻事实事先难以预料，故不易体验。第三，报道人不可体验违法事。1998 年 8 月 20 日，为了检验上海警方快速反应的工作效率，广州《羊城晚报》记者在上海以外地在沪旅客被抢去一条项链为由拨打“110”电话号码向上海警方报警。在报案后的 2 分 10 秒，上海警方的四辆警车赶到《羊城晚报》记者指称的所谓案发现场。该报在 8 月 25 日刊发了所谓的体验式报道。① 但是，记者的这种做法未经对方允许，已经违反了《治安管理处罚条例》，干扰了上海警方的正常工作，是不可取的。

在写作上，体验式报道可以由非体验人报道，也可以由体验人本人报道。《记者卧底追查包身工》② 报道一记者通过被招为民工去体验、了解河南省郑州市西南郊贾咀窑非法拘禁、虐待民工的事实，但该报道采写分离，体验人与写作者不是同一个人，故未采用混合体。而苏会志、王进业的《菜价追踪》③则采写合一，对从山东到北京的蔬菜销售情况由记者本人体

---

① 顾理平：《隐性采访论》，新华出版社 2004 年版，第 133 页。

② 《燕赵都市报》2001 年 4 月 5 日。

③ 新华社 1994 年 4 月 12 日电稿。

验并执笔写作。在《菜价追踪》中，文内的“记者”为两个人，其自我人称应为“我俩”、“我们”。一般说来，由体验人写的体验式报道更具备说服力。

叙事人的混合体近于西方的“个人经历报道”。著名的“个人经历报道”有美联社记者劳伦斯·埃德蒙德·艾伦的《死里逃生》。当艾伦进行采访时，恰遇“条纹号”巡洋舰遭袭击并被击沉，艾伦落水后逃生。艾伦因此就把个人对新闻事件的亲自参与写成新闻报道。此事如果由其他记者写，叙事人就变为直接叙事人。不过，中国大陆长期以来曾认为个人经历的新闻事实不是新闻。抗美援朝战争期间，有一位老记者在朝鲜前线采访时恰遇敌人进攻。当我军连长被炮弹炸死时，该记者挺身而出指挥全连打退了敌人的进攻。新华社记者黎信曾问该记者为什么不将此事写成新闻报道，该记者回答：个人经历不是新闻。写新闻报道只能写其他人，这是对新闻报道的误解。个人经历报道的叙事人是混合体，叙事人既是记者（直接），又报道发生在自己身上的事（间接）。近年来，我国的个人经历报道渐多。如李捷的《三甲医院就诊记》① 夹叙夹议，写法灵活轻便：

> 今年9月22日晚上，我觉得右腿小腿肚子硬得像铁块，挨地就疼，我以为是转筋了。但睡了一夜并不见好。9月23日早晨上班后，右腿疼得更厉害。我用毛巾热敷，但并不能解决问题。让同事帮助按摩了一阵，也不能缓解。
>
> 午饭后，一点半，我去了附近的一家按摩院，以为按摩可以治好。
>
> 医生并不给我按摩，而是先检查。他查看了我的两条腿，一会儿让我仰卧高抬腿，一会儿又让我俯卧，检查我的腰脊。医生还把我的脚趾头掰开，检查我是否有脚气。过后我听到他打电话找主任说，他没见过这样的症状，左腿软硬正常，右小腿腿肚子硬得像铁块儿。
>
> 主任来检查。他让我屈膝，伸腿，让我俯卧检查脊椎，也掰开我的脚趾检查脚气。最后他说：“你这是静脉曲张，看你的袜子把腿都勒成什么了！静脉曲张已经造成了血栓。”
>
> 他严肃地嘱咐我说：“你应该立即做CT检查静脉。我们医院没有这类设备。你赶快去大医院。你这病，轻则输液，重则手术。别耽误。”我觉得这里的医生和这家医院倒是很负责的。

---

① 《中国青年报》2003年11月19日“冰点”版。

下午3点多，我给一个当医生的亲戚去电话请教，他说应该挂城东一大医院的血管外科。

这是一家三级甲等医院。生活在北京等大城市的人们都知道，“三级甲等”意味着有最好的医疗设备、最好的医生和诊疗水准。在一天的时间里，我“转战”了三家三甲医院，算是领教了什么是“最好”。

## “不安网子，溶栓和手术都免谈”

9月24日，我夜里醒来就觉得右腿疼，5点就起床了。7点半我爱人陪我打车去北京城东这家三级甲等医院，挂好了血管外科的号。

在候诊室，我们坐了好一阵，一个男医生终于来了。他只听我叙述，根本没给我检查，连我的腿都没看一眼，就开了一张做超声波检查的单子说：“先去检查。”

我们交费后到超声检查的地方，被护士告知，做下肢超声波检查必须等下午。疏通了好久，终于破例给我做了超声波检查。我们再返回男医生那里，他看了检查报告说：“应该化血栓或做手术，但都必须先安个网子，免得血栓移动到肺部造成肺栓塞，肺栓塞有生命危险。”

他又说：“安网子要1万元。如果不安网子，就免谈化血栓和手术。化血栓或手术都必须住院，因为要严密观察，可我们科现在没有病床。”我问他：“那怎么办?”

他说：“如果要输液化血栓，超过48小时就化不开了。你现在已经超过24小时了，去别的医院看看吧。”我一个当医生的亲戚，建议我去另外一家有血管外科的三级甲等医院看看有没有病床。

我们冒雨打车到了第二家三级甲等医院，此时是上午10点半。而这家医院的血管外科要下午才有门诊，中午12点半开始挂号。听那些排队挂号的人说，挂血管外科专家号的人，是半夜4点来排队的，就住在医院附近的小旅馆。队伍里正在为是否有人插队发生争执。挂专家号的队伍已经很长很长了，我们是没希望挂上的。终于在1点多钟，挂上了血管外科的普通号。

在血管外科诊室门外等候了一个多小时，一个男医生给我检查。他只听了我的自述，让我撩开裤筒，看了一下我的右腿，再看了看第一家医院的超声波检查报告。他说：“必须住院，无论是化血栓还是做手术，都必须安个网子，以免血栓跑到肺部造成肺栓塞。这网子是进口的，要两万元。”

这网子，比刚才那家医院贵出了1倍！

他又说，他们医院现在也没有病床，不能住院。他建议去另外一家有血管外科的医院，挂急诊看。

我又被“建议”走了！明知面前的病人应当“急诊”，为什么还要推走?!

1992年夏天，我曾在布鲁塞尔突发脑溢血。那天清晨6点，我突感眼睛疼得似乎要掉出来，还有剧烈的头疼。我以为是连续工作，眼睛过度疲劳的缘故，就给一位当地的朋友打电话，询问离我们住所最近的医院，想去眼科挂号看病。当地的这位朋友说，不用亲自去挂号，只要打电话就可以挂号，并给了我电话号码。于是，我打电话给医院眼科挂了号。

朋友开车来家接我，把我送到附近那家医院。我爱人用轮椅推着我到了眼科急诊。一位中年女医生仔细检查后说：“你不是眼科的病，必须迅速转到神经科。”但并不需要我们再挂号，女医生一个电话打过去，让我们直接到隔壁的神经科。一位男医生仔细为我做了检查，当即说：“必须留下住院，检查确诊，准备动手术。”当时医院已经没有空床，医生立即就临时在一间普通病房里加了一张床。

可是在北京不行，挂号要早早去排队！有的医院是有电话预约挂号办法，可必须事先购买它的挂号卡才行，人们不可能把各医院的卡都事先买来存着。而即使挂上号，看了病，住院吗？像这两个医院的医生都说应该住院，却都说没病床不收，使我不得不从北京东头第一家医院跑到北京北头第二家医院，现在再跑到北京西头去第三家医院。难道他们都不能临时加一张病床吗？

终于冒雨再打车到了北京西头第三家三级甲等医院，已经是下午3点多了。我爱人给我挂了血管外科急诊号。一个男医生检查了我的右腿，还测量了我右腿与左腿的粗细，在我两条腿上用笔写下了测量的数字。左腿腿肚子周长43厘米，右腿腿肚子周长47厘米。他说：“这些数字别擦掉。”

他又看了第一家医院的超声波报告。最后，他提出三种治疗方案：“一是保守疗法，输液，吃药，不能去除血栓，以后不能做重体力劳动，穿上一种特制的弹力袜，别让静脉曲张发展；二是化血栓，可以让腿消肿，恢复正常；三是手术取掉血栓，彻底根治。后两种，都要上个网子，网子是进口的，要3万元，手术还要再加3万元。”

还是同样的网子，在这里变成了3万元！

这位男医生说：“你们先去把钱准备好了，再说化栓或手术。”家中没有那么多钱，我们只好先选择保守治疗。

我不由得又想起我在布鲁塞尔脑溢血的情况。当时收我住院的那家医院，住院的手续十分简单：只把我的身份证复印了留下就行了。至于检查、治疗和住院费都不需要当时交钱。他们并没说：“你们先去把钱准备好了，再说手术。”可在北京，我只能听医生的。上午在第一家医院，给我诊断的那医生也说了类似的话。他说：“不安网子，溶栓和手术都免谈。”

说来说去其实是一句话：想住院、手术、治病，没钱免谈。

……

个人经历报道从报道者自身寻找事实依据，这不仅需要记者保存好事实材料，而且要求记者有职业操守，拒绝使用模棱两可、吃不准的事实材料。

经历者和体验人进行写作、叙述的体验式报道一般采用的就是叙事人的混合体。

## 三、叙事人“我”言说的标准

选用什么样的“我”做叙事人是有标准的。由于标准不同，又形成了新闻报道的不同类型的叙事人。

### （一）隐身叙事人与新闻事实的特点

新闻事实有自己特定的时空，有的复杂，有的简单，作者要根据新闻事实的特点来选择不同的叙事人。

从记者采写到的新闻事实看，穆青等人采写的《县委书记的榜样——焦裕禄》①一文，它的新闻事实有两个特点：一是事实比较零散，记者到手的事实是焦裕禄一生中的一个个人生片段，不能连成完整无缺的一片。二是过去时，记者采访到的材料多为第二手材料。由于焦裕禄已去世，记者既无法直接采访被报道者，与焦裕禄同吃同住同劳动，又无法找他核实事实。根据事实的如上特点，该报道采取的是隐身叙事人，即叙事人隐身在文字后面报道新闻事实，叙事人没有在报道中以“我”来自称暗存的记者“我”。用

① 《人民日报》1966年2月7日。

隐身叙事人便于叙事人串连焦裕禄的一个个互不相连的事实片断，容易产生客观的阅读效果。

（二）旁观叙事人与见证作用

由于记者获取报道材料的条件不一样，因此，记者与获取材料条件之间的不同关系，也是选取叙事人类型的重要参数。

比如，梁栋的《“能把资金投到这里来吗？”——随一位外商在河北某地洽谈项目手记》①，记者梁栋由于工作条件的允许，得以亲眼观察到大量的新闻事实。由于亲历，记者本人就是事实的见证人，因而这篇报道，就没有采取外视角的隐身叙事人。该报道的片段如下：

**谈判桌上的尴尬**

我们所去的几家企业不能说对项目没兴趣。他们早早就到宾馆将外商接到了企业，在交谈中也一再表示出合作愿望。然而，在谈判过程中他们却忽略了一些起码的礼貌，给外商带来了不快。有一次，正与一家企业的几位领导洽谈，厂长的手机响了，他便在桌上大声打起了电话，大家怕影响他通话，只好停下来等他。一开始都以为他会很快结束，他却不慌不忙慢条斯理地足足打了20分钟，大家也足足等了20分钟。我们想也许厂长处理的这件事比较重要，用的时间长一点，也就没说什么。出乎意料的是，之后厂长的手机不断地响，他便不断通电话，在他没发言时也是一样，大家只能停下来等着。最后一次，大家你看我我看你又等了近15分钟，厂长仍没有停下来的意思。外商实在忍不住了，便问记者：“能不能请厂长出去打电话？”办公室主任听到后，推了推旁若无人的厂长，厂长才一边大声说话一边离开了会议室。一阵尴尬过后，外商已很难集中精力谈项目了。

这段报道写得很精彩，记者的立场、观点、爱憎一清二楚。但是，记者只报道事实，即便报道事实发生时自己当时的想法，也是被作为事实来介绍的。记者没有对事实进行事后和现在时的是非议论。事情本身与正确行为准则之间的矛盾已将是非突现得一清二楚，作者如再进行是非议论，纯属画蛇添足。

① 新华社石家庄1996年4月4日电稿。

这里的叙事人是旁观者"我"，起新闻事实的见证作用。

马役军《福强玻璃店里的新主人》①采用的也是旁观叙事人，记者马役军（"我"）以旁观见证人的身份叙述了一位叫辛丽荣的姑娘的言行：

> "我干一个月，顶我哥哥干一年的。"走进"福强玻璃店"，凳子还没坐热，辛福强的妹妹辛丽荣就毫无顾忌地向我透露了这个"秘密"。
>
> 玻璃店很气派。趁她为顾客割玻璃的功夫，我左右打量：
>
> 铝合金玻璃柜台后面整齐地摆放着各色油漆和涂料，构成一个多彩的世界；柜台外面，在几摞玻璃、镜子旁边，一个铁管焊制的割玻璃案子上铺垫着厚厚的毯子；再往里，是一个新的"一头沉"的办公桌，玻璃板下压着一排电影明星剧照。一个精巧的梳妆台，镜子里是辛丽荣的侧影——披肩发，深米色西服，时髦的眼镜后面是一双敏捷的眼睛。
>
> ……

这篇报道没有《"能把资金投到这里来吗"》那么透明，记者的观点有一定的含蓄性。这是因为这篇报道主要意在破除老旧观念，锋芒性强，当时还有一些宣传报道政策上的顾忌。所以，旁观叙事人既可以见证，也可以写得含蓄、委婉。

（三）导游叙事人（不加掩饰的叙事人）与解释功用

深度报道涉及的新闻事实五花八门，各种各样，叙事人有时不加解释，读者就难以领会新闻事实及其中的含义。面对这样的事实，叙事人则不能不亲自出马解释，如一位导游员让读者能在新闻事实的迷宫之内自由出入。比如，姬乃甫的报道《留得清香在人间——话说山西平遥牛肉》②片段：

> **怪事不怪**
>
> 什么事情都有个原因。世上的的怪事看起来怪其实不见得怪。听了老人的话，牛肉越老越嫩已经不怪了，那么古时平遥的那雷师傅为什么单卖牛肉呢？
>
> 我后来找了一套平遥县志来看。其实平遥牛肉早在明代就已很有名

---

① 《中国青年报》1986年11月15日。

② 《经济参考》1984年9月9日。

了，那雷师傅大概是个改革家，只是到他手上把平遥牛肉的制作方法改得更加精致罢了。

山西地处黄河流域，是中华民族最早开发的地区之一。早在汉代，平遥的农业耕作已很发达。种田要牛耕，所以县志上说当时的老百姓常常“卖剑买牛，卖刀买犊”，牙口轻、能干活的牛谁舍得宰……

只有经过叙事人的解释，叙事人叙述的那些事实才好理解。

（四）人物叙事人与特殊效果

选择叙事人还必须考量新闻事实表达的接受效果。让新闻人物自己或跟新闻事实有密切关系的有关当事人、相关人做新闻事实的叙事人即为人物叙事人。比如，黄卓坚的《下辈子，我们还当母子——一位痛失儿子的母亲自述》报道的是广州市英语教师许美云与她从小患重病的儿子之间的故事，报道介绍这位母亲如何教育自己的孩子正确对待疾病，孩子如何与疾病抗争，一份母子情感写得十分动人。这篇报道良好的表达效果与作者选择恰当的叙事人是分不开的。可以想象，如果报道由记者转述，那么，报道的感染力与情感的真诚就不能不大打折扣。

人物叙事人的长处是：可信度高，便于表达人物的内心思想情感，议论、抒情自然，不生硬。

## 四、关于深度报道的元叙事

（一）何为元叙事

在新闻报道中，除非由当事人亲自出马，否则，离开了记者这一环，新闻事实是无法传播的。在报道中，报道者有时以“我”或“记者”的提法直接出现在报道中。如：

（1）记者带着信息的“触角”，最近专程采访了鼠肉罐头的“出生地”——临猗县三管乡。①

（2）今天，循着那被淡忘的历史，记者去重访时传祥的足迹，探寻他的生前身后。②

（3）金秋时节，我来到大寨，第一个印象是，这里山村静悄悄。③

① 徐培英：《“发鼠财”指日可待》，见《经济参考报》1985年7月6日。

② 孙德宏：《寻找时传祥》，见《工人日报》1995年5月7日。

③ 李克林：《今日大寨》，见《人民日报》1985年10月5日。

(4) 今年3月下旬，我到太原出差，在迎泽大街偶然碰上我25年前上高中时的一位同学。①

(5) 预旺堡是位于宁夏东南部的一个古老的回民城池，现在成了一方面军司令部的驻地，我在这里找到了该军的参谋部和司令员彭德怀。②

所谓元叙事是指报道者在报道中不仅报道他人，还报道自己对报道如何进行报道的规划、处理。换句话说，元叙事指的是叙事人在叙事作品中对自己如何采写的介绍，报道的是报道者本人的报道工作而不是那些关于新闻人物、新闻事实的部分。

(二) 元叙事在深度报道中的作用

报道中的“记者”或记者“我”在报道中起什么作用呢？概而言之有二：

第一，见证作用，即用来证明所报道的事实的真实性与具体出处。

第二，线索作用，即穿针引线，将互不相关的事实缀成一体。

因此，如果报道者“我”介入了故事，报道是可以采用人物视角的，比如，万福来的《黄继光献身的一刻》：

> 这正是党和祖国需要我们献出自己的时候。我向参谋长请求亲自去执行这个任务。冯玉庆同志也同时向参谋长请求参加爆破。参谋长按住我们两个的肩头严厉地说：
>
> “不行，你们是指挥员！”
>
> 这时，站在他身旁的营部通信员黄继光挺身而出：
>
> “参谋长，把任务交给我吧！”

相反，如果叙事人没介入故事，那么，最好不要选用人物视角，更不要采用元叙事去讲自己如何如何采写构思。说采取非人物视角的新闻报道不宜使用元叙事的写法，就在于新闻报道的对象一般是他人而不是报道者本人。元叙事的介入常会干扰报道者对报道对象的关注。比如，有一篇叫《素质教育助我迈向成功》的报道，介绍华中理工大学电信系1995级学生贺荔宁研制出存墨毛笔并获国家专利与上海大世界吉尼斯证书的事迹。文章报道贺

① 姬乃甫：《留得清香在人间》，见《经济参考报》1984年9月9日。

② [美] 斯诺：《西行漫记》，三联书店1979年版，第229页。

荔宁成功的因素是他父亲从小对他进行“目标式管理方式”的教育，即只规定大体目标，至于具体采用什么方法达到目标，则由孩子决定。这种教育意识能较充分地培育孩子的独立意识与创造精神。这对过去应试教育的旧观念、旧做法也是个冲击，值得报道。但这篇报道并未采用人物视角，而是采用记者的外视角。这样，当报道开头在介绍了贺荔宁的成就并形成悬念后，又接着在下面加入元叙事成分，即新闻报道的报道者“我”如何如何。这样一来，元叙事就与全文的外视角造成了冲突：

> 同样是一名大学本科生，贺荔宁究竟凭什么创造这一切？带着疑问，11月5日，我们走近了贺荔宁。
>
> 见到贺荔宁时，他正在书桌前奋笔疾书。看到我们来，他忙让座倒茶，边收拾桌面的纸笔，边解释说，他正在给银川、山西对存墨毛笔感兴趣的书法爱好者回信。弄清我们的来意后，他第一句话便是：“那点成绩没什么，我实在没什么好写的。”
>
> 果真如此吗？……

像《素质教育助我迈向成功》这篇报道，其报道的对象当然是新闻人物而不是报道者“我”本人。但是，报道者的“我”、“记者”、“笔者”如何如何的一类言说每每出现于新闻报道中，就干扰并分散了读者对被报道者的留心。这就像唱戏一样，编剧自己也跑上舞台，势必打扰观众对舞台上演员所扮演的角色的注意。美国记者阿伦森认为这是作者“硬要闯进稿子里去”，“犯了喧宾夺主的毛病”。① 美国《新闻观察家报》主笔彼得·赞恩说得好：“使用第一人称的目的不是让读者来关注我们，而是让他们去关注另一些人。”②当然，如果报道者在报道中亮明自己华中理工大学的学生记者身份，报道者就同时具有证明事实的证人身份，如同编剧穿好行头，以一个剧中人的身份登上舞台。这就是说，由于深度报道趋于人物视角，报道倒是可以兼用元叙事的方式的。

---

① 转引自沈苏儒《对外报道业务》，今日中国出版社1992年修订版，第204页。

② ［美］斯坎伦编：《美国最佳新闻作品集（1999）》，新华出版社2001年版，第10页。

# 第四节　深度报道的叙事时间

## 一、叙事时间及其范围

文字的新闻报道是时间的文本。新闻报道的写作，必须一个字一个字地去完成；新闻报道的阅读也必须一个字一个字地去接受，因此，报刊上的新闻报道是时间的、线性的。

深度报道的时间有两类：一是故事时间；一是叙事时间。所谓故事时间，指的是新闻事实发生时的自然状态。它包括事件与意见两大部分。所谓叙事时间，指的是新闻报道文本自身叙述或依次阅读所呈现出来的文字上的时间状态。一般说来，意见有叙事时间，没有故事时间。故事时间是明确的，而叙事时间则由于讲述人语速的快慢、阅读者阅读能力的强弱而呈现种种不同，因而叙事时间之长短是有弹性的。故事时间与叙事时间的不一样，说明在写作中两个时间一般是不会同步的。因此，我们要处理好这种不一致。

叙事时间包括三个方面的内容：

一是叙事时间的顺序。它关涉着深度报道怎样写才能开好头，怎样写才能形成全文的高潮，怎样才能做到行文的新颖曲折。

二是叙事时间的时距。它关涉着深度报道怎样处理好叙事节奏，如何张弛有度、主次分明，如何干净利落，没有废话。

三是叙事时间的频率。它关涉着深度报道对同一个故事时间作出不同的叙事，如何使报道公平可信。

## 二、叙事时间的顺序

### （一）叙事时间顺序的种类

1. 顺叙

顺叙是依故事时间的自然顺序先后来叙事，以数字表示时间为1、2、3、4、5。在顺叙中，叙事时间与故事时间线形方向一致。

2. 倒叙

倒叙是从故事时间的后面开始叙述，然后再从头依次叙述。它分两种情况：一是5、1、2、3、4；二是4、1、2、3、5。

倒叙的关键是找准时间的切入口。《11 岁少年命丧教室》①切入的时间点为 2002 年 3 月 22 日，即法院的一审判决书下达日。这一时间切入口不好，因为：第一，表现作者对法院的判决不满；第二，法院已经追究了学校、镇政府的责任，判学校、镇政府承担连带责任，共同赔偿原告 1 万元。因此，与诉讼标的 117 万元相比，死者父母上诉可能是嫌判决共计 38.5 万元的经济赔偿轻了，记者对判决不满理由不充分。实际上，从新闻事实蕴含的价值看，报道应该从学生命丧学校教室入手，将报道的核心放在中学生为什么投毒上。如该报道的开头为："2001 年 4 月 20 日，江西省上饶市沙溪镇向阳小学三年级学生祝学树突然死亡，而造成死亡的原因竟然是一个中学生的投毒。"

那么，如何处理由此带来的新闻由头问题呢？处理办法：第一，开头概写死者父母的悲伤。如第一句之后写："一年来，孩子的父母并未因司法介入而减轻悲伤。"第二，法院的判决与死者父母的上诉意志，可在报道的后面或结尾处交代，以免干扰报道主题。上述开头可以进行如下改写：

2001 年 4 月 20 日，江西省上饶市沙溪镇向阳小学三年级学生祝学树突然死亡。而造成死亡的原因竟然是一个中学生投毒。一年来，孩子的父母并为因司法介入而减轻悲伤。那么，是什么导致这个中学生投毒杀人呢？

3. 平叙

中国有句俗话叫"花开两朵，各表一枝"，指的就是平叙。西方新闻界常用的"双线式布局"写法，一条叙述新闻故事，一条交代背景材料的，可归入此类。

平叙是依照故事时间的顺序，在叙事时间上同时交叉叙述两个或两个以上的故事。早在元朝，高明的剧本《琵琶记》就使用过平叙，交叉叙述两件同时发生的事：一是赵五娘在家侍奉公婆；二是赵五娘的丈夫蔡伯喈在京城中状元被牛丞相招赘为婿后的荣华富贵生活。

在新闻报道中，运用平叙的作品也不少，如我国的《为了六十一个阶级兄弟》、《汉城决战的最后四十秒》，美国的新闻名篇《世界最佳急诊室》、《火星人来了》。其中，《世界最佳急诊室》平叙二事如下：一为创伤中心医

① 《长江日报》2002 年 4 月 3 日。

生的从接警到抢救伤员结束的抢救工作过程，此线包括背景材料；二为一名少妇在公路上从受伤到被送往创伤中心的过程。

新闻报道运用平叙，要善于使两条线索之间形成一定的关系，如正反、虚实，这有助于增加报道的内在含量。

4．预叙

预叙是在叙事过程的前面，将相对于此时的属于未来发生的事件提前先交代一下。在中国古代的叙事作品中，由于受宿命论等思想的影响，预叙运用得比较普遍。小说《红楼梦》第五回《贾宝玉神游太虚境，警幻仙曲演红楼梦》用十二支曲子提前先暗示了黛玉、元春等金陵十二钗未来的命运结局。如“金陵十二钗又副册”关于秦可卿的诗词：“情天情海幻情深，情既相逢必主淫；漫言不肖皆荣出，造衅开端实在宁。”正是根据这一预叙，民国以后的专家才反对高鹗在续后40回中对有关人物命运的安排。预叙的运用，是符合中国读者的传统阅读习惯的。

外国的新闻作品运用预叙较多。如斯诺《西行漫记》第二篇《去红都的道路》，报道作者本人由国统区去解放区路途的所见所闻。在此篇开头“遭白匪追逐”一节，讲述斯诺在赴苏区的路上，遇见了白匪民团，但因为红军将白匪击溃，斯诺才未在路上被白匪民团绑架。事情相当危险。①在对这个事实的叙事上，斯诺用了预叙的技法，即在全书第一篇《探寻红色中国》之四“通过红色大门”之中提前打了个招呼：“在前面等待我的是一场险遭不测的事件，以致后来谣传我被土匪绑架杀掉了。”西方叙事艺术源远流长，在其源头处的古希腊文学中最辉煌的艺术作品是两大叙事史诗《伊里亚特》、《奥德赛》。这些不能不对西方的新闻报道生发重要影响。

预叙是将一个事实分成几个部分在前后不同的地方交代，并在前面来提示后面，半掩半盖，处理得好，有助于形成悬念，推动叙事生发波澜。

比如《强暴在公安局发生以后》②报道一起警察滥用职权罪与强奸罪的案子。河南沈丘县公安局巡警大队中队长任建政深夜巡逻发现一位叫王静的女青年，把她带回县公安局并在审讯中带到一房予以强奸。其中，在王静被强奸前，报道叙述道：

王静被瘦子带到了邻近的一个带套间的办公室继续审问，此时，她

① ［美］斯诺著，董乐山译：《西行漫记》，三联书店1979年版，第39页。

② 《燕赵都市报》2001年5月13日。

尚未意识到，真正的噩梦还在后边。问着问着，瘦子已靠到王静身边，伸手去搂她的腰，王静吓得连忙躲避，瘦子一把抓住她纤细的胳膊……

这里的“她尚未意识到，真正的噩梦还在后边”即为预叙。在这些地方，预叙增加了紧张感，推动叙事生发波澜。如果搭配使用几个预叙，则可以使叙事的紧张感更为突出。如《贞操受损判赔八万元》①报道一位叫王丽的姑娘在深圳被一位澳大利亚籍华人强奸而起诉获贞操受损赔偿事件。此文在写到那位叫李伟的澳籍华人阴谋伤害王丽而邀约王丽时用了预叙：

在李伟的再三坚持下，王丽又改变了想法，因为他看到李伟文质彬彬，谈吐很有教养，看上去也很诚恳。于是答应跟他去。没想到这个决定给她带来终生的痛苦和遗憾。

当天下午5时30分，李伟带着王丽来到他的住处。两人在客厅用完晚餐后，李伟说：“澳大利亚风光世界闻名，那里有世界最美的黄金海岸，是冲浪者的天堂，在我的卧室里有很多照片，请过来看看吧。”▲王丽不疑有诈，没想到刚刚走进卧室，李伟就将房门反锁……

这里的“没想到这个决定给她带来终生的痛苦和遗憾”即为预叙。在▲处，记者如果加入第二个预叙，则可以进一步强化紧张气氛，如：“如果王丽这时候借故离开李伟的住处，那么，她本可以避免受到伤害，可惜的是，她没有看到危险正一步步逼来。”显而易见，在这些地方，预叙增加了紧张感，推动叙事生发波澜。由于预叙有特殊的叙事作用，故需要引起记者的重视。

（二）深度报道的开头

写深度报道开头要把握两大原则：主题与读者。新闻报道不同于文学作品，如果其开头吸引不了读者，那么后面再好也没人看，开头对于深度报道来说要远比结尾重要。好的开头对后面是个弥补。所以，深度报道必须先声夺人。

那么，深度报道的开头怎样才能先声夺人呢？其开头的具体要求为：

1. 用悬念、情趣吸引人

深度报道不能强迫读者阅读，所以开头必须亮相漂亮，吸引读者，使读

---

① 《燕赵都市报》2001年4月7日。

者产生比较强烈的读下去的欲望。那么，深度报道的开头怎样才算漂亮，才能吸引读者呢？答曰：有悬念，有情趣。

那么除了围绕主题表达之外，还应该怎么做，才能使深度报道的开头有悬念，有情趣呢？

（1）用足以造成紧张气氛或情趣的事实结果、事件结尾来开头。

深度报道不同于消息报道。消息报道的经典结构是倒金字塔式，除了吸引读者的注意力，还可以通过报道新闻事实概要、提供主题来让时间紧或对消息报道的事实不那么感兴趣的读者只看导语。但是，深度报道的目的则比较单纯，就是为了吸引读者，让读者产生读下去的欲望。因此，那些不大可能调动读者阅读欲望的新闻事实结果或新闻事件结尾是不适合于作深度报道的开头的。如果新闻事实具备足以吸引读者的信息，那么，报道开头就应该着重于准确、简洁地交代事实本身。如《少女报案：“表姐”涉嫌强奸罪》① 的开头：

> 4月20日，湖北省襄樊市公捕、公判了80多名犯罪分子和犯罪嫌疑人员，其中吴娟娟以涉嫌强奸罪被逮捕。
>
> 这个只有19岁的女子，在拐卖两名同乡少女去福州卖淫的途中，为了让“生米煮成熟饭”的少女忍气吞声，竟然以麻醉的方式，帮助他人多次强奸两名小老乡，其中一名少女不甘受辱，愤而报警。吴娟娟的发财梦破灭了，她和同伙刘黑子、阮大成三人在“严打”中被襄樊市公安局高新区分局一网打尽。

像这样的新闻事件本身已相当离奇、曲折，作者只要准确、简洁地将事件大概写好，就足以吸引读者。这就如同重大新闻，只要抓住硬新闻的新闻价值要点开门见山即可。所以，这个开头的成功，既有作者的主观努力，也有新闻事实的客观基础。

（2）有藏有露，开头为谜面，只将最足以吊起读者阅读胃口的部分事实放在报道的起始。

对于那些非事件性的新闻，应该考虑使用灵活的开头技巧，如《140万双袜子的命运》开头：

---

① 《长江日报》2001年4月7日。

家有一筐苹果，会过日子的人往往会把现出一点烂眼的择出来，把烂眼削尽后吃掉，以免烂眼扩大，丢得更多。俗话叫作“救一点算一点”。

发生在武汉袜厂的故事，却违背了这个“过日子”的常理。

那么，武汉袜厂为什么违背过日子的常理？又是怎样违背过日子的常理的呢？对这些，报道人在开头形成诱人的谜面之后则留给随后的报道解答。

2. 用形象、具体吸引人

抓住新闻事实的典型场景、典型环节与典型细节并以之当头，从而形象具体，用以吸引读者。如《鲁布革冲击》开头：

云贵边界。深山峡谷。黄泥河上。372 米落差。

据说，早年水力勘测人员惊喜发现此地，问及地名，当地布依族人回答：“鲁布革！”本意为“不知道”，勘测人员误作地名，标入地图。

如今，这个“不知道”，不仅全国闻名，而且为世界所知。

1981 年 6 月，国家批准建设装机 60 万千瓦的鲁布革水电站，并列为国家重点工程。

1984 年 4 月，鲁布革工程作为水电部第一个对外开放窗口，采取了一系列开放措施。此后，出现了魔术般的施工效率。

今年 7 月，李鹏副总理在全国施工工作会议上提出全面推广鲁布革经验。

“鲁布革冲击”迅速波及全国施工界。

其实，人们对它知道得仍然很少。

此文的开头描写、叙述、议论、说明兼而有之，再夹杂趣谈、知名与未名之间的矛盾、错位，故写得丰满、有趣、调侃，比较成功。

3. 用小故事开头吸引人

用有意思的小故事来开头，可以吸引读者，具体的故事总要比抽象、概括的东西更好地作用于读者的感官。比如，《华中理工大学缘何形成院士群》①报道一个学校关于院士的工作情况。那么，这些该怎么开头呢？概括地写成绩，或讲院士建设的必要性，这是常见的写法。这些写法要么抽象，

---

① 《光明日报》2000 年 2 月 28 日。

要么烂熟，难以吸引读者。此文没有用老套，而是以小故事开头：

一是1997年底，记者住华工招待所，每晚为窗外的施工噪声不绝而烦心，一问，才知学校正在建院士楼，两栋，可住八户。当时华工仅有两位院士，记者怀疑，问校党委副书记：能住满八户吗？回答说“没问题”。

二是一则笑话，讲杨叔子1997年评选为院士后，有关部门建议华中理工大学不要让杨叔子坐飞机，否则万一有闪失，该校院士又为零。而杨叔子的确有几年不敢坐飞机。

用小故事开头，生动、风趣，而且这里的小故事通人性。很多读者正是因为开头的小故事而忍不住于无形之中读完全文的。

相反，《为了建设国际一流学科——华中科技大学引进高层人才纪实》① 的开头则太一般化了：

> 近年来，华中科技大学采取超常规措施吸引国内外高层次要才。1997年以来，已有5位院士，30多名学科带头人，200多位博士以上学历的中青年学者竞相加盟。
>
> 海纳百川涌春潮。这些新引进的人才用新思维改造传统学科，用新模式发展新兴学科和边缘学科，拓展了数十个科研领域，产生了一批世界先进水平的新成果，带来了清新的学术风气，使学校焕发出勃勃生机……

这样的开头一味摆好，套话连连，让人厌烦，易产生逆反心理。

对于非事件性新闻，可以通过选择新闻现象中的某一个别事例、人物、景象开头来达到深度报道开头形象、具体、吸引人的目的。近年来，北京市的房价很高，与房价较低的河北省形成了较大的房价落差，于是有不少北京市的市民跑到北京周边的河北省的市镇购买房产。对于这一非事件性新闻，赵志国在深度报道《10万北京人“移民”河北调查》② 中以北京市民张文到河北省廊坊燕郊购房来开头：

> 走下930空调公交车，滚滚热浪扑面袭来，张文抬起手腕看了看表，37分钟，从东三环的八王坟到燕郊的这段距离让他还算满意，让

---

① 《光明日报》2000年11月26日。

② 《燕赵都市报》2005年7月25日。

这位京城白领在酷暑天气里奔波的理由只有一个，他要找一个远离都市的“栖居之地”。

燕郊，一个完全“北京化”了的移民小城，与北京仅一水之隔，开埠于春秋时期，唐宋时期曾盛极一时，清朝时则有“天子脚下，御驾行宫”之美称，如今，燕郊是河北省内首屈一指的经济技术开发区，同时也是河北吸纳北京城市移民最多的地方。

走在燕郊的街道上，随处都可以感受到北京的气息，930公交车每隔三五分钟就开过一辆，满大街都是挂京字头牌照的汽车，甚至连许多单位的电话都使用北京号码。多年来当地人谈论最多的一个话题就是燕郊的行政归属问题。关于燕郊划归北京的说法在当地大有市场，一位当地人在与记者交谈时却认为这种说法“几乎没有可能性”，因为燕郊作为河北的一面“示范性窗口”，它的地位是不可替代的。

据记者了解，这座有10万城镇人口的开发区，北京人至少有8万。这其中，一些中直单位落户燕郊是一个因素，更主要的是，近几年来，越来越多的北京人选择在燕郊买房置业。

莽萍的《动物福利考验人类道德》① 在报道我们中国人未能善待供人类食用的动物时，也是以小事例开头的：

一个九岁的孩子，看到菜市场里的鸡下的蛋特别小，就产生了好奇：这里的母鸡下的蛋为什么小得像鹌鹑蛋呢?

在父亲的鼓励下，他与其他孩子一起到菜市场和屠宰场调查，结果发现，菜市场的鸡因为经常看到同类被宰杀而紧张恐惧，因此便产出不正常的小鸡蛋。不仅如此，孩子们还发现，市场里的杀鸡场地都与活鸡笼子离得很近，笼子里的鸡能清清楚楚地看到和听到它们的同伴被怎样杀死。那些鸡甚至能够分辨出杀鸡人和路人。当杀鸡人走近鸡笼时，鸡会纷纷后退，并发出惨叫声，孩子们靠近时，鸡却没什么反应。

最让孩子们感到震撼的是，在屠宰场的宰杀池前，当一头猪被宰杀时，周围待宰的猪都背向这头猪，本能地躲避，不敢目睹，不少猪吓得全身哆嗦。动物被屠宰时的这些遭遇让孩子们感到非常不安。于是，他们在今年世界环境日发出呼吁，恳请人们善待动物，不要折磨它们，不

---

① 《中国青年报》2002年11月13日“冰点”版。

要在活的动物面前宰杀动物（《深圳商报》2002年6月5日）。

其实，这些认真的孩子们所“发现”的问题，都是我们中国人日常生活里的普通景象，只不过大人们不以为然罢了。在全国各地城市乡村的大小菜市场里，摊贩们都是这样公开宰杀活鸡活鸭活鱼的（现在也开始公开杀狗），买者也都乐于目睹自己买的鸡鸭或鱼鳖被活宰。这被认为是新鲜和可靠的。而对新鲜的追求在我们这里，已经演化为活吃活喝某些动物的血肉了。

《10万北京人“移民”河北调查》的第二、三、四段已经进入北京市民到北京市周边河北省有关市镇购房这一面上的新闻事实中，但开头使用的则是面上情况中的一则个别事例。《动物福利考验人类道德》从第四段起开始介绍面上情况，但构成报道开头的前三段讲述的是一个小孩子对菜市场里的母鸡为什么产小蛋的追问。两篇报道的开头虽然后者由小孩子的角度写小故事而使《动物福利考验人类道德》一篇开头远比前一篇生动，但双方起笔的共同点均在于用个别的易懂取代一般的概括，在吸引读者阅读的兴致上是有作用的。

4. 用非常精辟的思想见解开头吸引人

用议论开头不算最好，但也不算太坏，关键在于能抓住事实特点、要害与读者的心理有针对性地议论。其见解必须一针见血，发人深省。

2004年，针对外商对湖北省投资环境的反映，湖北省委书记俞正声亲自过问，多次批示。2004年第15届中国新闻奖获奖作品《一起典型的赖账案》① 就是这样一篇在这样的社会背景下推出的立足大局、切中时弊的批评性报道。该文在《湖北日报》一版头条推出，报道了湖北省五峰县在招商引资中存在的严重破坏投资环境的问题。全文以较为犀利的议论开头并进而引带出新闻事件：

上诉，尤其是越级上诉，大多是申诉人的一种无奈的选择。

这几年，远在德国科雷菲尔德市的库尔特·曼德拉兹先生的心中，就充满着这种无奈与愤懑。

一桩有诺在先的借款交易，原本有合同约定，有财政担保和司法公证，笃定不会有什么闪失，但就是有人“不按规则出牌”！履行还款的

① 《湖北日报》2004年6月18日。

时间过去了一年又一年，硬是一个子儿也不还。

一次次的催款无效，一次次的申诉没人答理。自感受到欺骗、愚弄的库尔特·曼德拉兹愤怒了，于今年2月给中共中央政治局委员、省委书记俞正声“上书”，恳请对此予以干预，敦促五峰县山山人造板有限公司归还9年前借贷的100万美元及54万美元利息。

精辟的议论在于新、深。首先，再好的见解被人多次引用也会陈旧，难以吸引人。其次，议论要让人能灵魂出窍，否则不用或少用。以此标准衡量，这篇报道的起点还算新颖、干练，尚差强人意。

5. 用通俗易懂吸引人

深度报道同样不是学术论文，而是大众文化的消费品，因此其开头必须通俗易懂。除了用语深入浅出之外，深度报道怎样开头才能通俗易懂呢？

(1) 要善于针对新闻事实的特点，以报道的重点与报道主题提出问题。比如，《北京名医“走穴”保定》①的开头如下：

事件：翻开4月5日的保定某报，可以看到北京专家到保定会诊的内容目不暇接，细细数来，竟有6家医疗机构举办会诊，大都称要请北京专家。据业内人士介绍，这其中有一些是打着北京医生的幌子，来骗取患者钱财的，比如一些并不需要多高技术的性病治疗，一些难治好但也治不死的白癜风病、糖尿病等，但大多数敢标出来者是哪路名医，姓甚名谁，任职何处的，一般都有两下子。这些来自北京的专家，肯定会挤掉保定医生手中的一些生意。那么，保定的医生是否欢迎？患者是否受益？管理部门允许其长期存在下去吗？

有针对性地提问题就能化繁为简，突出重点，提醒注意，对读者阅读提供了便利。

(2) 注意分段，除非必要，不要一段到底。

有人以为开头是报道的第一段，这个看法不对。开头是报道的起笔，起引出话题、切入事实的作用，因此可以一段，也可以几段，关键是看作用。由于不同媒介之间的竞争与新闻报道讲究通俗易懂，因此深度报道的开头要尽可能地多分段，以利于读者阅读理解。比如，孙德宏的《寻找时传

① 《燕赵都市报》2001年6月1日。

祥——重访精神高原》①的开头：

36年前，一个人与另一个人握了一次手。

26年前，另一个人连真名也不能说地去了；这个人后来知道后，精神便有些失常，不久便也去了。

他们死于同一场名叫“文化”的“革命”。

这一个人是个北京掏粪工人，叫时传祥。

另一个人是共和国的主席，叫刘少奇。

由于分段，报道的开头显得格外利落，诗歌般紧凑，也节省目力好读。

(3) 简短而不要套话、废话连篇。

有人写报道，不清楚读者知道什么，不知道什么，想知道什么，不想知道什么，因而报道开头套话太多，啰哩啰嗦，麻布般难缠。

(4) 叙述而不要展示。

深度报道阅读的一次性与阅读者的匆匆忙忙，决定了报道的开头节奏要快，不能拖沓，不能停在一个时间或空间的“点”上转来转去不离开。

比如，某省报2001年的深度报道《莫让“伪正版”毁了电脑软件市场》的开头：

“奥美的《暗破坏神Ⅱ》，又跳票了。”“不会吧，我在家门口的书摊上买了一套，花了58块‘银元’。”“肯定是盗版。”“瞎说，那包装盒印得精美。并附赠一本完全攻略呢……”日前，记者与好友小朱争执起来。

这样的开头让读者莫名其妙。讲了半天，读者仍不知所云。这一开头存在两点不足：一是讲了读者不熟悉的事物，如“奥美的《暗破坏神Ⅱ》”，“跳票”。二是开头只是暗示“伪正版”，而没有说明一下什么叫伪正版。这个开头用的就是展示，而不是叙述。

关于叙述与展示，古希腊的柏拉图有述。他在《理想国》中说：要讲述，而不要展示。我们可以借用古希腊荷马史诗的《伊利亚特》来说明什么是讲述与展示。在《伊里亚特》中，祭司克律塞斯的女儿被希腊大军的

① 《工人日报》1995年5月17日。

统帅阿伽门农抢走，父亲克律塞斯带礼物见阿伽门农求他放了自己的女儿。但阿伽门农怒斥克律塞斯，叫他离自己远点，否则就对他不客气。为此，克律塞斯向阿波罗祈祷。关于克律塞斯的祈祷，荷马的文字如下：

> 他这样说，老人害怕，听从他的话。老人默默地沿啸吼的岸边走去，他走了很远，便向美发的勒托的儿子、阿波罗祈祷，嘴里念念有词。①

如是内容，柏拉图在《理想国》第3卷中改写如下：

> 老人听到恐吓胆怯了，他默默无言地走开；但一出营便迫不及待向阿波罗祈祷。②

其中，荷马的写法为展示，柏拉图的写法为讲述。展示与故事之间的距离，要比讲述近，似乎事实在自己展现自己，比较详细。但展示没有讲述简练。

新闻报道的读者，其阅读环境、阅读心情、阅读期待均不如读文学作品那般从容，因此深度报道的叙事一般不要去展示，而要去讲述，去转述。

前述报道的开头可以作如下更改：

> 日前，好友小朱与我发生争执。我俩为在家门口买的一套58元的软件是不是盗版争论不休。那么，目前市场上出现的这种与正版软件不相上下的软件，到底是不是盗版的呢？

改写后的开头先总后细，并去掉冒号、引号，将直接引语改为间接引语，结果叙事简洁而明晰。

6. 混合运用吸引人

---

① ［古希腊］荷马著，罗念生等译：《伊里亚特》，人民文学出版社1994年版，第3页。

② ［法］日奈特：《叙事话语新叙事话语》，中国社会科学出版社1990年版，第110页；可参考柏拉图《理想国》，商务印书馆1986年版，第96页。

上述方法混用，别有效果。比如，《美军强扣俄军油轮的背后》①的开头：

2月19日，被美军强行扣押多日的俄罗斯油轮“伏尔加石油公司——147号”，终于在卸完货后驶离阿曼首都港口马斯喀特，获得自由。其原先装运的2.5万桶燃油由阿曼择期公开拍卖处理。

俄油轮被扣事件到此暂告一个段落，美国终于达到一箭双雕的目的：一是让俄国大丢其脸，把油卸下乖乖走人。二是遏制伊拉克，不要趁着石油涨价，走私石油赚钱，给其虚弱的经济再踹一脚。

美军强扣俄油轮一事，在这篇深度报道之前早已经在全世界闹得沸沸扬扬，因此，这则报道的开头不那么好写。但是，此文记者在报道新闻事实的同时，又以犀利的目光、调侃的语言挖掘事件的内在矛盾，并用这种矛盾所构成的“戏”或曰“戏剧冲突”来开头。这个开头叙事与意见相结合，处理得当，还是有一定的吸引力的，写得比较成功。

(三) 深度报道的波澜

新闻报道是给广大读者看的，在报业竞争激烈的今天，深度报道跟电视节目一样，必须要好看。文似看山不喜平，那么从叙事策略上看，深度报道应该怎样写才可能有波澜呢？

1. 善于抓住冲突

冲突的英文为Conflict，指的是分歧、矛盾、争斗。新闻报道有冲突，就容易出现情节、波折，容易产生悬念，为报道的生动、可读创造条件。一般报道者不注意分析事实抓取事实本身蕴含的冲突，因而写来枯燥无味。而深度报道的文字较多，篇幅较长，因此，抓取冲突，设置冲突，就有助于增强报道的可读性。

那么，如何抓取冲突、设置冲突呢？

(1) 必须分析新闻事实的内在矛盾。

冲突是矛盾的一种表现，因此必须从矛盾处来抓取矛盾。而抓冲突离不开两个条件：一是要有对立的双方；二是对立的双方要有分歧。那么，抓取冲突、设置冲突就必须分析新闻事实的特点，找到事实内在的矛盾双方，让双方的对立、阻碍、困难形成报道的紧张部分，让双方的对立、阻碍、困难

① 《光明日报》2000年2月15日。

的消除形成报道的松弛部分，从而使报道有张有弛，有紧有松，形成波澜。

比如，梁衡《一个农民养猪专家的故事》①报道山西省忻县一位叫岳安林的农民科学养猪的新闻。但是，如果只写科学养猪的方法、成就，报道就会很平淡，缺少看点。为了加强报道的可读性，梁衡精心挑选材料，写有的饲养员以干不了为由找岳安林撂挑子，向岳安林发出挑战。这样，记者就用养猪中的困难形成波澜、冲突，让看似平常的养猪事实发现戏剧冲突。

(2) 必须在诸矛盾中抓取主要矛盾为报道的冲突内核。

新闻事实往往蕴含着多种矛盾。如果各种矛盾冲突之间无主次之分，那么，报道必然眉毛胡子一把抓，很容易写得混乱、累赘。一个城市工作的开展往往是很难报道的，但王楚的《有胆识的决定》②却能写得饶有趣味。从叙事上看，其成功是离不开抓冲突的。摆在记者面前的矛盾冲突有多种：第一，武汉市九省通衢的地理位置与该市流通不畅的冲突，即条件与结果之间的冲突；第二，武汉市的落后现实与一些人甘于现状的意识，即现实与观念之间的冲突；第三，落后的现实与市领导意欲先进的愿望的冲突，即现实与意志之间的冲突；第四，武汉市委、市政府领导想敞开大门建设武汉的想法，与一些干部怕敞开大门让肥水外流忧虑之间的冲突，即观念与观念之间的冲突（或曰“观念”与“愿望”之间的冲突）。有了矛盾，就有了冲突，一方面，记者紧紧抓住矛盾冲突行文，就使得整个新闻事实起伏不定，充满了活力、张力；另一方面，《有胆识的决定》又能够紧紧抓住主要矛盾。那么，新闻事实所包含的主要矛盾是什么呢？是观念与观念的冲突。这个矛盾不解决，武汉市的前进就是空话。相形之下，2003 年 8 月上旬《人民日报》、《光明日报》对武汉市创建文明城市的深度报道则没有寻找、提炼、抓取社会矛盾与主要矛盾，报道的可读性就不能不等而下之。所以，只有抓住主要矛盾报道才能眉目清晰，主次分明，波澜起伏。

(3) 必须实事求是，不许人为制造冲突。

2. 设置冲突的前提

(1) 要分清冲突内容的类别。

矛盾冲突有三种：一是人与自然环境之间的冲突；二是人与人之间的冲突；三是人自身的内在冲突。不过，冲突的核心是人，没有人就没有冲突。

(2) 深度报道中反映的冲突以一种为上，至多三种。

---

① 《光明日报》1980 年 11 月 14 日。

② 《人民日报》1985 年 5 月 11 日。

深度报道需要处理的新闻事实往往矛盾重重，记者应条分缕析，善于化繁为简。《产科医生竟盗男婴》①中就存在着多重矛盾：

39岁的谈朝晖看起来比实际年龄大很多。已是尿毒症晚期的他异常虚弱，低着头长时间一语不发。小他一岁的妻子强海香则不停地抹着眼泪。

“我们一直把马芹当成我们的好大姐，觉得她人漂亮，心眼又好，谁知她竟长着颗狼心，害得我们家破人亡！”强海香说不下去了。

谈朝晖夫妇是安徽省南陵县奎湖镇高桥行政村老元谈村村民。他们说的“好大姐”马芹是镇卫生院的妇产科医生。

## “创意”调包为“香火”

在芜湖市区南陵县奎湖镇，王少俊是个家喻户晓的人物。他从80年代开始做金刚沙生意，有了大把的钞票，有了漂亮的楼房，但他的眉头却没有一天舒展过：妻子俞新梅一连给他生了两个女儿。

1992年11月23日，王少俊满心欢喜地盼来了第3个孩子的降生，谁知又是个女孩儿，接生医生是镇卫生院医生马芹。

就在此时，心烦意乱的王少俊忽生“灵感”，“我老婆刚生个女孩，如果这几天有人在医院生男孩，我用女孩把他换过来不就成了？”俞新梅听了丈夫的“创意”，当时两眼放光。

把小孩调包，谁又能帮这个忙呢？想来想去，也只有镇卫生院的妇产科医生马芹啦。俞新梅的姐姐俞晓凤就住在镇卫生院的斜对面，平日里与马芹的关系最好，在俞晓凤的帮助下，王少俊夫妇找到马芹，没想到马芹竟一口答应了。

## 产科医生盗男婴

1992年11月26日，也就是俞新梅生下三女儿的第4天早上，天还没亮，谈朝晖扶着大肚子的强海香来到马芹所在的镇卫生院。

见强海香进来，正在酝酿“调包”计划的马芹高兴坏了，她热情

---

① 《燕赵都市报》2001年5月12日。

地让强海香躺下，进行一番检查后说，可能是个女孩。同时，试探性地问谈朝晖："这下又生个女儿怎么办?"当听到谈朝晖"生个女儿就女儿呗"的回答后，马芹心中窃喜。她假装关心地对谈朝晖说："我有两个儿子，就想要个女儿，你们两个长得漂亮，人又好，如果生个女孩我给养着，你们还可再生一个。"

考虑到马医生人不错，家庭条件又好，谈朝晖夫妇答应了。于是，在孩子出生前，谈氏夫妇与马芹达成了一份"口头协议"：如果生的是男孩，自己抱回家；如果生的是女孩，由马芹抱养。

凭着自己多年的接生经验，马芹判断产妇分娩的时刻到了，为了顺利实施"调包"计，她不动声色地对谈朝晖说："孩子一时半会儿也生不了，你赶快回去抱床被子来。"老实巴交的谈朝晖二话没说，转身就回家拿被子了。

谈朝晖离开约10分钟后，一个活泼可爱的小生命就诞生了。

"哎哟，又是个女儿!"马芹大声喊着。由于极度虚弱，强海香一下子昏了过去。马芹趁机把男婴抱出了产房，由马芹的丈夫杨凌云将男孩抱走。

"又过了20多分钟，我被痛醒了，就问马医生怎么这样痛，她说是包衣（胎盘）还没下来。我心里一惊，这么长时间包衣咋还没下来，你把我小孩抱哪儿去啦？她说，抱到隔壁她儿子的床上啦（马芹当时家住在医院）!"事后，强海香回忆起当时的情景。

正在这时，谈朝晖回来了。马芹告诉他，强海香生了个女孩，让谈"要说话算数"，把女儿送给她。

在谈朝晖带着妻子出院时，马芹特意交待："回村后有人问起，就说生个女孩一落地就死掉啦，别讲给我了，否则追究起来，下一胎就不好生了。"

就这样，生下男孩的强海香，在丈夫回去取被子这半个小时内，被马医生完成了调包计。而被调过来的"女儿"，也是未见上一面，就让马芹给抱养了。

## 骨肉八年伤别离

第二天，谈朝晖到医院给马芹送洗过的垫被时，马芹突然变卦了，说自己是共产党员，不能带头违反计生政策，强海香刚生的孩子她不要了。

毕竟是自己的亲骨肉，谈朝晖立即表示要把孩子带回去。

“我在芜湖有个朋友，家里条件很不错，你回去与海香妹妹商量一下，要是她同意，把小家伙送到芜湖去。”马芹考虑得很“周到”。

最后，谈朝晖夫妇向马芹提出条件：孩子送芜湖可以，但要到领养孩子的人家去看看。马芹先是不同意，后见谈朝晖眼泪出来了，就说下午芜湖方面来人接小孩。

中午12点多，谈朝晖就来到了马芹家，一直等到下午四五点也未见人来，马芹就让谈朝晖去帮自己的婆婆收小卖部的摊子，仅仅过了不足半个小时，等他收完摊子回去，马芹告诉他晚来了一步，芜湖方面的人来得急，孩子刚刚被抱走。马芹许诺：等海香妹妹过满月后，我陪你们到芜湖去看孩子。

1992年12月26日，刚刚满月的强海香在丈夫陪同下，依约找到了马芹，马芹又推说已是腊月了：“干脆过罢年再说，正月没事干，我一定带你们去！”

1993年春节，强海香夫妇过得很不踏实。然而，正月十七，他们再次找到马芹，她却讲：这个小家伙老生病，瘦得不能看，现在去看怕你们心里难受。于是，推到了“春天再去看孩子吧！”

两个月后，夫妻俩又一次踏进了马芹家的大门，没想到一见面马芹就哭了：“大姐对不住你们，小家伙体质不好，老生病，已经死掉啦。”

对于马芹的话，强海香依然相信。因为她前面生的两个孩子都有吃牛奶呕吐的现象，看来马大姐说的是真的，孩子可能是死了。强海香的心中不由一阵阵难过。

8年时间一眨眼就过去了。然而，这8年对谈朝晖一家来说，简直是度日如年。为了早圆生子梦，体质本来就差的强海香先后多次流产，谈朝晖则是背井离乡，卖过茶叶，烧过砖，搞过建筑，卖过沙。1995年5月17日，谈朝晖的沙船在张家港出事，船上价值十多万元的东西连同强海香胞弟年轻的生命，全都沉没水底。

1999年下半年，谈朝晖突然出现怕冷、呕吐现象，到医院一检查，已是晚期尿毒症，仅半年多时间就花掉了5万多元。

## “后院起火”败隐情

2000年6月29日上午8点多，谈朝晖在妻子的劝说下，到镇上散心。当他走到鱼市门口时，碰到了马芹的丈夫杨凌云，刚吃过早点的杨凌云一见面就告诉谈朝晖自己头一天已经与马芹离婚了。

于是杨凌云便把当年盗婴之事捅了出来，但杨凌云隐瞒了自己曾参与盗婴的事实：“你当时生的不是女孩，是男孩，这都是马芹搞的鬼！”杨凌云还告诉谈朝晖，小男孩满月那天，他看到王少俊给了马芹一沓钱。

回家后，谈朝晖把马芹8年前盗卖儿子的经过讲给妻子听，妻子怎么也不相信：“不会的，马大姐不会干这种伤天害理的事！”

为慎重行事，强海香经过几天考虑，找到了俞新梅，问她有无此事，俞新梅哭了。

俞新梅告诉强海香：确有其事。据俞讲，调包过来的孩子毕竟不是自己亲生的，因此，无论是感情上，还是心理上，都难以对孩子亲热起来，夫妻俩为了这个孩子常常发生争吵。直到有一天王少俊把一个贵州女人带回家中，两个人闹起了离婚。

离婚后，大女儿归俞新梅，二女儿和男孩归王少俊。因为男孩尚在哺乳期，暂由俞新梅抚养。一年后，王少俊接走了孩子。据说，王少俊把孩子带到江苏省扬中县后，寄养在一户人家中，后来王与那位贵州女子结婚，贵州女不喜欢这孩子，便在小孩子两岁时，送到西安被人领养。俞新梅还把自己保存的孩子一周岁时的照片交给了强海香。

7月4日上午，谈朝晖夫妻在村党支部书记张正常的陪同下，找到了俞晓凤。俞晓凤讲，1992年农历十一月初三上午，杨凌云捧着一个纸盒子放在她家，杨讲是一个婴儿。约过了两个小时左右，杨凌云把婴儿抱走了。3天后，她才知道妹妹生的女婴换成了男婴。

气愤不已的谈朝晖夫妇无奈中向公安局报了案。7月12日，马芹因涉嫌拐骗儿童被刑事拘留。一周后，杨凌云也被“请”了进去。

## “这让我死不瞑目”

南陵县公安局接到报案后，立即派人四处打听王少俊的下落。

在搞清小男孩现在的确切地址后，2000年7月24日，南陵县公安局毛军副局长率3名刑警抵达西安，在陕西柴油机厂江舵、龚锡琴夫妇那里找到了孩子。

回来了，日思夜想了8年的亲骨肉终于回来了！

2000年8月22日，马芹和杨凌云被逮捕。今年3月26日，南陵县检察院向南陵县人民法院提起公诉。法院依法组成合议庭，于4月13日公开开庭审理了此案。

4月26日，南陵县法院以拐骗儿童罪依法判处马芹有期徒刑2年6个月；因杨凌云在缓刑考验期间，前罪和后罪实行数罪并罚，判处杨凌云有期徒刑4年。

孩子找到了，“狼医生”受到了法律的制裁，谈朝晖却要走了。

“马芹对我造成的伤害太大了，我们与儿子骨肉分离8年造成的精神损害又如何计算？马芹仅仅被判两年多，我又得不到1分钱的民事赔偿，这让我死不瞑目！”5月6日，重病在身的谈朝晖在接受采访时不停地抹着眼泪。据悉，那个被“调包”过来的俞新梅的三女儿，如今在安徽旌德县一户人家，生活得很好。

《产科医生竟盗男婴》所报道的新闻事件离奇、复杂，报道的文本本身存在3条各有特点的线索：第一，被害人谈朝晖、强海香夫妇的孩子刚刚出生，就在医院被医生马芹掉包。这一线索可产生人情味。第二，根据王少俊夫妇的要求，医生马芹将王少俊夫妇的女婴与谈朝晖夫妇的男婴在医院偷偷调换。这一线索具有社会意义，重在道德层面。第三，富人王少俊、俞新梅夫妇掉包行为。这一线索重在重男轻女意识，具有文化意义。在实际处理上，这篇报道写了上述三条线索，结果导致报道头绪繁杂，轻重不分，尤其是马芹线与谈氏夫妇线并驾齐驱使得报道重心不明。其实，不同线索蕴含着不同的意义，报道者应该去二留一：如煽情或批判重男轻女思想可以以谈朝晖夫妇为线索或以王少俊夫妇为线索；如批判道德沦丧则可以马芹为线索，挖马芹犯罪的思想根源。从新闻事实的离奇与深度报道的硬新闻要求看，比较妥当的处理是抓取医生马芹，以马芹故事为报道的中心线索，着重推敲医生马芹的知法犯法、监守自盗及其背后的时代道德走向与社会管理制度建构。

深度报道的叙事空间虽然大于消息，但毕竟不是小说、电影，过多的冲突种类、线索容易使报道笨重、庞大，影响报道的简明，增加阅读的难度。

(3) 要善于交代。

不注意交代必要的情况，就会影响事实叙述的准确、清晰、易懂。如《汽车拖着火龙奔驰》：

> 晋阳化工厂突然着火了，火光染红了半个天空，一辆着火的大型运油车冲出了工厂大门，一场生与死的较量开始了……
>
> 4月30日晚10点多钟，初夏之夜的山西临汾市南郊静谧而迷人，马路两旁一对对情侣在甜蜜的柔风中悠闲地散步，来往的车辆络绎不绝。
>
> 在地处南郊的晋阳化工厂里，放油员陈海庆正为一辆来自延安的油罐车卸油。这辆装有10吨原油的大型运油车是延安地区煤炭工业局汽车三队的。奔波了一天的司机邢西安，此时正在化工厂办公室里喝水。他太累了，早上5点从吴旗起身，到临汾走了十七个多小时。
>
> 突然"轰"地一声巨响，油罐车尾部着火了，半个天空顿时变成了血红色。"不好了！油罐车着火了。"随着一声呐喊，尚未喝完一杯水的邢西安已冲出了房子。他二话没说，立即扑向出油口，准备关住阀门。然而已经迟了。熊熊大火已包围了后半个车厢，火舌足有十几米高，人已无法靠近。油罐车的右边是个大汽油罐，左边是装了30多吨的原油池，离车50米就是化工厂的办公室，周围还有密集的村庄。邢西安来不及考虑，再有几秒钟就无法上车了。他一下子跃上燃烧着的油罐车，飞也似地驶出了化工厂的大门。

此文容易造成误读，让人以为司机邢西安是火灾肇事者。而容易造成误读的原因就是报道者未在起火前后的第二段或第三段及时介绍起火原因。同时，记者如果能在提到陈海庆放油员职业时点一下广大读者所不熟悉的放油员的安全操作问题，那还可以埋伏笔，增加报道起伏。

由于内容相对丰富，所以深度报道需要交代的要点比一般报道多。要注意交代的要点有：新闻事实或相关较重要事实的出处、来源，新闻的事实要素，读者不容易明白的概念、问题、相关的其他事实，相关人物之间的关系，事实之间的前后环节、关系等。对于未成年人、残疾人、受害人，尤其是受到犯罪分子伤害的女性要注意进行必要的保护，如对人物使用化名或"小朱"一类的简称，省略或只提供当事人"某省某市"一类粗线条的单位名称、居住地址，遮盖照片中的人物面孔。但是，对这些为保护被报道者合法权益所进行的技术处理，记者、编辑也要有简明的说明。

3. 设置悬念的方法

(1) 立足于读者与情节这两个要素来设置悬念。

电视剧赢取读者的途径较多，如可以利用剧中人物的特点或影视明星的名气来吸引受众。在琼瑶电视剧《还珠格格》、主旋律电视剧《激情燃烧的岁月》中，“小燕子”、“石光荣”的性格，女演员赵薇、吕丽萍的名气本身就是吸引受众眼球的卖点。而深度报道吸引读者靠的则是事实，是思想，故深度报道要利用好事实，就必须讲求悬念。悬念，包括情节与读者两个因素：一是记者在新闻事件发展中有意铺设后事如何的疑团，形成神秘感；二是读者由此而产生的那种急于知道的期待、关注心理。

如《老台胞寻女奇遇记》①对悬念的设置：

> 去年9月9日入夜时分，一架发自香港的班机降落在上海虹桥机场。辗转回大陆寻亲的朱老先生，急步走下舷梯。他向出口处望去，只见熙熙攘攘的接客人群中，有一块纸牌高高举起，上书“朱玉英”三个大字。“女儿来接我了！”看到这刻骨铭心45年的名字，73岁的老人鼻头一酸，他奔上前去，紧紧抱住迎面跑来的一位年过半百的女人。“爸爸！”一声亲切的呼唤，使老人激动得泣不成声。
>
> 这是一个感人的骨肉重逢的场面。然而朱老先生却不知道，他怀中抱着的，却不是他的真女儿。

那么，不是真女儿，两人为什么还以父女身份相认呢？老人的真女儿是谁呢？老人的亲生女儿为什么未到机场去迎接她的父亲呢？这样，记者针对读者的兴趣从事件过程中选取某点设置疑团，调动起广大读者急欲知道的欲望。

(2) 设置悬念要环环紧扣，此起彼伏。

深度报道有时有一个悬念，有时有几个悬念。如果只有一个悬念，那么报道者就要区分悬念的阶段性，循序渐进；如果有几个悬念，那么报道者则要将几个不同的悬念串连起来，有先有后。前述《老台胞寻女奇遇记》有几个悬念：第一，开头：不是真父女为何却以父女身份相认。这是悬念一。第二，追溯：台湾老兵寻女朱玉英，因姓名相同误寻，不是亲生女儿的朱玉

① 《新华日报》1990年3月10日。

英以女儿身份书信认台湾老人为父，但老人却要亲自来祖国大陆探女。这是解疑，起平定波澜的作用。第三，发展：假女儿知道老人的真女儿就在苏州，那么，既然老人回苏州，那还帮不帮老人找真女儿？这是悬念二，第二波起。第四，找到了台湾老兵的真女儿：那么假女儿是否将一切告诉老人？这既是解疑二，又是悬念三，第三波起。第五，高潮：找到老人的亲女儿后，老人反倒伤心起来。这是解疑三，又是悬念四，第四波起。第六，结局：假女儿认老人为干爸爸，于是老人同有二女，一亲一义。这是解疑四，全文结束。由此可见一波未平，一波又起，波澜起伏，生动自然生于其中。

然而，不论是一个悬念，还是几个悬念，均要环环相扣，此起彼伏。

(3) 报道观念性事实时，要在关键处适当设问，利用设问层层推理，有起有伏。

有的深度报道不是报道事件，而是着重报道观念性的东西。对这样的报道内容，报道者要注意层层推理，讲求高潮配置，清楚在何处应该出彩。而设问的运用，则可强调、突出要害问题，产生悬念，形成报道节奏的紧张，并引人注意。且看刘欣欣、何大新的《金牌不是名牌》①：

> 几年前还为金牌大省而洋洋自得的辽宁人，如今却受到了市场无情的嘲弄：目前，在全国各省、市、区中，辽宁产成品资金占用“三角债”全国第一……
>
> 然而，许多辽宁人尚不知道悲哀。
>
> **闪光的金牌没市场**
>
> 金银牌一直青睐着辽宁。几十年来，国家每年评比金银牌，辽宁的得数都排在前三名，目前其获奖金银牌总数已达520块之多，占全国金银牌总数近1/6。
>
> 然而，市场却不肯把她那媚人的秋波送向辽宁。
>
> 沈阳生产的沈乐满牌热水器与广东万家乐牌热水器同为国家银牌产品。论性能，“沈乐满”的安全可靠性和煤气燃烧率全国第一；看结构，“沈乐满”由500多个部件组成，属高档产品，而“万家乐”只有300多个零件，属中档货，二者的零售价又相差无几。然而，“万家乐”

---

① 《经济参考报》1991年8月24日。

去年销售30万台，“沈乐满”只有8万台。

辽宁生产的雄狮牌美发器是我国第一家引进设备生产的，质量超过香港产品，国内称雄，可是在北京、广州、上海等地那群芳斗艳的美发用品柜台前，却难见沈阳的“雄狮”。

昔日在全国显赫一时辽宁引为自豪的丹东手表、金笔、营口幸福牌钢琴、友谊牌洗衣机、沈阳的机床等，如今都坠入市场萎缩的困境。

失去市场的直接后果是产品的大量积压：今年初，在沈阳市一轻局各工厂的仓库里，积压着18万辆自行车、72万只手表、1.2万台冰箱。流动资金压死了，生产难以为继。

机械行业是辽宁的支柱产业，光国家金牌就有73块，雄居全国首位。令人难堪的是，1990年，辽宁省机械产品竟在全国夺得积压第一的“桂冠”。

有金牌无市场，金牌大省的处境着实可怜。今年1～5月，全省60%的国营企业亏损。除鞍山、本溪、盘锦三市因有鞍钢、本钢、辽河化肥厂三个“盈利大户”支撑外，沈阳、大连、抚顺、丹东、营口、锦州等11个城市的工业全部亏损。

金牌大省成了亏损大省。

## “上帝”为何不买账？

金灿灿、银闪闪，一块块奖牌货真价实，为何难博“上帝”的宠爱？

究其背后的原因，辽宁的金银奖牌有五大缺憾：

一曰：“杨贵妃”型——“养在深闺人不识”。金牌并不等于名牌。在电视广告节目中，人们看到10次“万家乐”，也难见“沈乐满”一面。前者已成为消费者倾慕的名牌，后者却鲜为人知。

二曰：“模特”型——不能成批量生产。这样的金牌于企业有何用？

三曰：“铁拐李”型——生产腿长，销售腿短，销售渠道少，网点更少。获国家味素行业第一块金牌的沈阳红梅牌味精早就名扬大江南北，而今却因销售乏术，在市场上不得不拱手称臣。

四曰：“皇帝女儿”型——价高无人攀。据介绍，辽宁省的名优产品价格普遍比外地高。功能过剩是价格高的一个重要原因。沈阳一家新型建筑材料厂生产的石棉瓦质量之好可用50年，因此荣获同行业惟一的一块银牌。可是时代进步了，现在人们用石棉瓦盖暂设房。一家建筑单位表示："能挺两年足矣，50年不坏，有什么用呢？"于是用户都去买乡镇企业生产的寿命短但价格低的产品。

五曰："老面孔"型——沈阳某大机床厂一种获得银牌的车床生产20多年，直到去年销售不出去了才大吃一惊。

曾使辽宁人引为自豪的金牌产品，如今却又给人们带来苦涩的疑惑：这样下去，金银牌产品还会闪耀出当初那迷人的光彩吗？

## 市场呼唤"制造商"

记者在大连、沈阳时，发现不少企业的金银奖牌或奖杯不少摆在销售科、展销室，而是供奉在荣誉室、贵宾会客厅。有人曾问：金牌是什么？一些辽宁人回答：是政府给的荣誉，是上级的褒奖！可一位南方厂长则说，它首先是市场的通行证！

重生产、轻流通，这是金牌大省悲哀的症结所在。

目前，辽宁省的一些领导部门最关心的自然是"产值"，每个月，不少企业都要收到以"必得产值"为首得调度令。一些地方、一些企业仍在积极扩大生产规模，然而，对其产品能否走上市场变为商品却不甚关心。辽宁的许多企业，精兵强将、优秀人才集中在生产上，销售人员过少，有的上万人大厂竟然没有开过订货会，且不知产品市场在何方。

行家说辽宁，感触最深的一点是这里的生产组织结构落后，生产结构刚性化，调整适应性差，大批量生产单一品种容易，干那些小批量、多品种的产品难上加难。沈阳的标准件厂、铸造厂、低压开关厂等企业均号称亚洲最大，人才、技术、设备、资金都占优势，可面对市场的新变化、新需求却是"磨盘身子——转不动"，拿不出适应用户需要的产品来。沈阳某大机床厂生产的普通车床大量积压，而眼看着一叠叠轴承车床、管子车床的用户订单，连连叹气：咱这"母鸡"不会下这种"蛋"。

难怪有人出言入木三分："辽宁多的是生产者，少的是制造商。"

事实最有说服力，向以豪爽著称的辽宁人在花钱做广告上显得格外小气。今年5月，在北京召开的首届中国国际广告研讨会暨展览会设置的300多个广告摊位中，多数是南方企业，其中福建省的三个市就占32个摊位。而偌大的东北三省只有三席。更使辽宁人丢面子的是，自己家门口的广告媒介也成了外地人的天下。1990年，沈阳共发布3.4万条广告，其中当地企业的只占1/3。据一位广告界权威人士介绍：沈阳市共有5400家企业，到目前，做过各种广告的只有540家，占1/10，而广东省轻工行业做过广告的企业则占总数的9/10。

难堪也罢，不服气也罢，现实无情地告诉人们：“金牌”现象是一面镜子，它从一个侧面映照出，面对新的市场格局，辽宁人无论在经济机制或思想观念上都是不适应的。

补上市场这一课已成为摆在辽宁人面前的重要课题。给人们希望的是，辽宁省许多有识之士已开始认真地思考，他们开始承认自己的不足和落后，他们开始探寻新的出路。

在《金牌不是名牌》中，记者用疑问句或肯定句的小节标题形成一个个提问：

第一，开头：金牌大省辽宁的经济问题严重，提出总问题，掀起兴波之风。

第二，闪光的金牌没市场：金牌大省成了亏损大省。（小高潮）

第三，“上帝”为何不买账：广大的消费者不买辽宁产品的原因是辽宁的获奖产品有五大缺憾。（让人冷静）

第四，市场呼唤“制造商”：辽宁多的是生产者，少的是制造商。（振聋发聩，再掀高潮）

此报道行文有波折，恰应了那句话：文似看山不喜平。

（4）要善于将冲突的双方人格化、情感化。

有的新闻报道写的是具体的人、具体的事，事实本身就充满了性格特征与情感成分，那么报道者只要抓住新闻事实本身具有的这些素质就可以了。但是，有的新闻报道报道的是政府、单位等非人格化的报道对象，或是报道某些新闻现象，那么报道者就不妨将这些非具体的报道对象通过具体的人物人格化，使这些单位、群体变成有感情的个体，使报道有血有肉，从而形成冲突双方的人格化，带动报道者本人的情感起伏。

如《有胆略的决定》紧紧抓住武汉市政府有关领导与有关人物的情感思想波动。在写市委书记、市长时，该报道云：“市委第一书记，59岁，打仗出身；市长吴官正，46岁，学自动化专业的。”一个武将，一个文臣；一个是掌舵人，一个是参谋长，寥寥几句，将一场政府改革戏剧化，形同舞台上的人物亮相。再看另一方的部分干部，一两重的棉花糖获得国家质量银奖，“么样哕，湖北佬还是厉害哟”，不理解改革的人也因此活灵活现。报道就是这样将这些一时不能理解市委、市政府改革的人们那种盲目自信的性格特征与一时得意洋洋的情感形态写得绘声绘色，言简而意赅。这些情感随物赋形，有起有伏，情感线索也因而有了波澜。

4. 要善于穿插

写深度报道不仅可以写现在，而且也可以追溯以往，纵观周边，为新闻事实形成一定的背景。而用历史、环境或分析、议论的静态之笔介入报道，可以使报道有行有止，增添报道的分量。行，即现在；止，对过去或周边进行分析、议论。

比如，《老英雄娶了一个小保姆》①报道的是湖北省孝感市京剧院家属宿舍内的一个家庭，妻子36岁，女儿不满10岁，而丈夫已经72岁，虽然丈夫无钱，无权，无名，但这一家庭却是幸福和谐的。其和谐幸福系于情感。客观地说，这篇报道在开头、语言、编辑版式上均难挑毛病，但为什么实际传播效果却难免有猎奇之嫌呢？除了思考不足之外，问题还出在报道缺乏背景上。这篇报道如果联系目前社会上有关婚姻常常附加婚姻外的金钱、权力等因素的背景，适当结合钱钟书《围城》中关于“丈夫是女人的职业，没有丈夫就等于失业”②等材料，报道就会摆脱新闻娱乐化的倾向。而报道《赵丽蓉走后》的第三段为穿插之笔。第三段写道：“赵丽蓉老人有许多干儿子，他们都亲亲热热地叫她‘妈’。老人生前，常开玩笑说：‘这么多儿子，叫妈的多，疼妈的少。’……”这些背景材料丰富了报道的内容，成为新闻事实的衬托，也使报道有张有弛，不是一根弦紧到底。可以设想一下，如果删去第三段的背景材料，那么，这篇报道的感染力是要受到影响的。

## 三、叙事时间的时距

### （一）叙事时间的不同时距

1. 省略

省略指的是记者通过上下文暗示性地报道某些新闻事实，这些新闻事实并未在字面上有所表现。

---

① 《长江日报》2000年1月17日。

② 钱钟书：《围城》，人民文学出版社1991年第2版，第46页。

2. 概要

概要又叫概叙，指的是故事时间较多于叙事时间。

3. 场景

场景指故事时间大体上相当于叙事时间。一般说来，深度报道的展示部分，有细节，有场景。

4. 停顿

指的是叙事作品对一处时间很短的事件做了超出故事时间长度的叙述。文艺作品中对停顿运用得较多。如前苏联电影《战舰波将金号》中叙述“敖德萨台阶”一段：沙皇军队对抗议者进攻的实际故事时间为3分钟，但电影的实际叙述放映时间则为5分钟。①不过，新闻报道也有停顿，如：

> 她站在10米高台的前沿，沉静自若，风度优雅，白云似在她的头顶飘浮，飞鸟掠过她的身旁。这是达卡多拉游泳场的8 000名观众一齐翘首而望，屏声敛息的一刹那。
>
> 轻舒双臂，向上高举，只见吕伟轻轻一蹬，就向空中飞去。有一瞬间，她那修长美妙的身体犹如被空气托住了，衬着蓝天白云，酷似敦煌壁画中凌空翔舞的“飞天”。
>
> 紧接着，是向前翻腾一周半，同时伴随着旋风般的空中转体3周，动作疾如流星，又潇洒自如，一秒七的时间对她似乎特别慷慨，让她从容不迫地展示身体优美的线条：从前伸的手指，一直延续到绷直的足尖。
>
> 还没等观众从眼花缭乱中反应过来，她已经又展开身体，笔直地像轻盈的箭，“哧”地插进碧波之中，几股白色的气泡拥抱了这位自天而降的仙女，四面水花悄然不惊。
>
> “妙！妙极了！”站在我们旁边的一名外国记者跳了起来，这时，整个游泳场都沸腾了，如梦初醒的观众用震耳欲聋的掌声和欢呼声来向他们喜爱的运动员表达澎湃的激情。
>
> ——樊云芳、夏浩然：《“飞天”凌空——跳水姑娘吕伟夺魁记》②

---

① 见《电影艺术》2000年第1期，第123页。

② 《光明日报》1982年11月25日。

在这篇报道中，运动员 1.7 秒的一跳，读来则远远不止瞬间。这属于停顿。

5. 故事时间与叙事时间之比

(1) 符号

TF: 故事时间

TS: 叙事时间

〉: 大于，长于

∞: 无限

<: 小于，短于

≌: 等于

(2) TF 与 TS 之比

省略：TF >∞ TS

概要：TF > TS

场景：TF ≌ TS

停顿：TF <∞ TS

(二) 深度报道的节奏

1. 讲求详略得当

深度报道的节奏有快有慢或一会快一会慢，这取决于记者叙述新闻事实时的详略处置。所谓详，是事实叙述详细一些，报道点上的情况，添加背景，交代情况，进行议论，使得文字在此处多几个旋转，故而叙事节奏放慢；反之，叙事节奏为快。

如《华中理工大学缘何形成院士群》一文有两节叙述华工如何培养院士，前一节是“超常规措施培养院士”，后一节为“四下合肥请潘垣”。在“超常规措施培养院士”一节中，报道对学校如何发现要培养院士，如何采取措施进行院士工程写得较详，而对几位教师当选院士则稍略一些；在几位当选的院士中，介绍张勇传、周济、刘广润稍详，介绍熊有伦、周昆则略。此节节奏较快，而且该节之内的几处，也因详略导致快慢有别。而“四下合肥请潘垣”一节则集中报道学校如何想方设法调入潘垣院士。此节有新闻事实，也有背景材料。一般说来，背景材料、详叙运用较多，可使报道的叙事节奏变慢。这篇报道的前后两节结构上一略一详，节奏上一快一慢。而节奏上的变化也是推动《华中理工大学缘何形成院士群》一文读来紧凑有趣的重要因素。

2. 要注意以有限写无限

有人认为新闻报道一览无余，没有回味。其实不然，新闻报道也可以用有限的文字写出文字之外的其他新闻事实。

比如，报道天津四中王培德老师倾心育人动人事迹的《王老师的小屋》①，对于王老师的动人事迹，记者只报道了王老师在一间12平米的家庭小屋里教育学生的事迹，那么，王老师在学校如何教书育人的呢？报道未置一词，但广大读者却不难由王老师的课余生活推断出王老师在学校是如何工作的。这篇报道做到了言有尽而意无穷，在叙事时间的处理上颇有点《三国演义》关羽温酒斩华雄的笔墨，值得学习。

3. 捕捉典型细节，点击推进

西方发达国家的新闻报道讲求趣味性。就特稿而言，其保证趣味性的三大法宝是“记者目击观察”、“使用人物引语”与“运用轶事”（即世人不大知道的关于某人的事迹）。如阿尔贝·扎·卡尔的《法国总统德斯坦的一天》②：

7点30分：清晨，巴黎第16区贝努维尔大街上一片寂静，不少人还沉睡在安谧的梦乡。就是那些匆匆而过的行人也不会留心看一眼站在11号门前的那位身穿制服的警察。这所住宅同毗邻的住宅没有什么不同，旁人谁也不会猜想到共和国总统就住在这里。当年戴高乐将军住在爱丽舍宫，而今，德斯坦总统却愿意住在他自己的私人住宅里。今天是5月的一个星期三。同往常一样，他准时醒来，打开收音机先听听当天的第一次简明新闻，看看有什么消息。

……

9点30分：他们两人又在“米拉”会议室里见面了；部长们围坐在铺着蓝灰色丝绒的长方桌前，墙上的镜子反射出道道金光。

今天要讨论的问题很多，总统特别关心的却是对外贸易的发展。他说：“我们应该千方百计地增加出口。法国的科技水平是很高的，并早已在国际上享有盛名。我国是世界上航空工业最发达的国家之一。在石油设备和电信技术方面，我国的工艺水平也是很高的，我们要很好地利用这些王牌。”

总统要求内阁办事要雷厉风行，他自己发表意见也言简意赅。像平

① 李蕴藻：《王老师的小屋》，见《天津日报》1983年2月18日。
② 《编译参考》1980年第10期。

时一样，他在自己面前放一个小铜钟，这还是他外祖父阿热诺·巴尔杜留给他的呢。他不时地看上一眼，他可能就是这样战胜了最大的敌人——时间。

文中“当年戴高乐将军住在爱丽舍宫”、“在自己面前放一个小铜钟，这还是他外祖父阿热诺·巴尔杜留给他的呢”等轶事的使用，相当程度地增加了报道的可读性。西方特稿的这些写法值得参考。

就深度报道而论，由于新闻事实往往不那么完整、连贯，因此，深度报道要善于捕捉典型的细节，形成叙事时间上的场景或停顿，中间再由有关话语连缀，从而使报道的节奏快慢有致。

如董月玲《黑熊改变了我的生活》①有一片段介绍一位叫葛芮的女记者到中国广东拍新闻片时的经历。该片段如下：

经国际爱护动物基金会与中国政府交涉，广东关闭了两家活熊取胆的熊场，基金会随即在广东番禺建了一个黑熊救助中心，收养这些熊。

“救助中心开张时，我去拍电视，真没想到，当时的情景让我怵目惊心，终生难忘，也改变了我的生活。”葛芮说。

被监禁了13年的黑熊，如同被解放出来的黑奴。每只熊都伤痕累累，拨开它们的毛，皮肉上都是铁棍子印，它们常年呆在铁笼子里，没有活动空间，只是神经质地摇头，身体摇来晃去，经年累月身上被铁栏杆压出一道道伤痕。每只熊肚子里插根管子，天天抽胆汁，有的还穿着铁背心。

有只熊，放进笼子里时是小熊，它长大了，但笼子还是原先那么大。结果它的锁骨根本不发育，头部抬不起来，根本没法自己吃东西，只好给它安乐死。

剩下7只熊，被送到养护区。养护区不大，只有两亩，但有水池子，有草有树。

“照理说熊是应该生活在树林里，能够呼吸到新鲜空气，喜欢在草地溜达。可这些熊，一辈子都没碰过草。

“那天，熊从笼子里出来后的情景，看得我热泪盈眶，熊爪子刚挨到草地，就吓得缩回来，伸一下，又缩回来，像被烫着似的。它们只知

---

① 《中国青年报》2000年8月30日。

道爪子应该放在笼子里，放在水泥地上。园子里也有条水泥路，是为了车能进去。结果这群黑熊，就那么沿着窄窄的水泥路，走来走去，怎么也不肯回到它们真正的栖息地——土地和草地上去。”

……

这则报道抓取典型的细节，对动物命运的细节，用白描来处理，写来节奏流畅而舒展。

## 四、叙事时间的频率

叙事时间的频率指的是在一定的时间内将新闻事实叙述的次数。

### （一）叙事时间的频率变化

叙事时间在频率上有许多变化，概而言之为：

1. 讲述一次发生过一次的事

法国学者日奈特称之为“单一叙事”。如王根礼的《买缸记》报道某农民夏收一日的买缸事件，这是最常见的叙事频率。

不过，新闻报道只有这么一种叙事时间频率则未免单调。

2. 讲述一次发生过几次的事

魏巍写的通讯《谁是最可爱的人》，由记者一次讲述了志愿军三连松骨峰战斗、马玉祥救朝鲜儿童、小战士坑道里谈苦与乐三件事。连仲等人的《酸甜苦辣——四个农业专业户“兴衰史”给人的深思》①由记者在政府要求为农民服务而不要一味指责农民意识落后的主题之下，讲了四个农民创业的坎坷经历。前述的《他们缘何愿到校外租房住》共三节讲述了五个人的五件事：第一，小 A 故事；第二，张某在电脑公司兼职事；第三，家庭富有的阿伟租房事；第四，小枫租房与爱音乐事；第五，小杭租房与玩电脑事。

3. 讲述若干次发生过若干次的事

有人介绍自己情况时会说“星期一我起得早，星期二我起得早，星期三我起得早”，这就是讲述若干次发生过若干次的事。《三国演义》中的“三顾茅庐”与此类似。张建伟的深度报道《大学毕业生成才追踪记》②由若干相对独立成篇的小报道组成，每一小报道报道一位大学毕业生的各自遭

---

① 《大连日报》1987 年 11 月 14 日。

② 《中国青年报》1985 年 12 月 13 ~ 25 日。

遇，合起来《大学毕业生成才追踪记》就属于讲述若干次发生过若干次的事。

4. 讲述几次仅仅发生过一次的事

法国学者日奈特称之为重复叙事。这种叙事时间的频率十分适合报道争论激烈的事实或是过于复杂而一时难以分辨的新闻事实。

比如《“蛇口风波”问答录》①报道的是1988年1月15日在广东省深圳市蛇口召开的一次名为“青年教育专家与蛇口青年座谈会”上的争论。对这个争论，报道让不同的人对事实进行不同的介绍、评说。再如，2001年单向前等人的《家人眼中的汪洋湖》对吉林省水利厅厅长汪洋湖报道时，让汪洋湖的家人、学生、同事、朋友分别陈述汪洋湖。

（二）讲求变化，耳目一新

如果能根据新闻事实的特点有所变化，则叙事会让人耳目一新。讲述一次发生过一次的事、讲述一次发生过几次的事、讲述若干次发生过若干次事，这三种叙事时间的频率常见，不足为奇。相比之下，讲述几次仅仅发生过一次的事的叙事方法则不应该受到冷落。此法的特点如下：

1. 适合于复杂的、能发人深省的新闻事实

讲述几次仅仅发生过一次的事的方法，对于那些比较复杂的、能发人深省的事件是合适的。比如，《“富光棍”之谜》②报道江苏省金坛县种田大户丁金关的儿子娶不上媳妇的事。丁金关有四子，除老大外，其余三个儿子却始终找不到老婆：

> 常见的是穷打光棍，而一旦“栽了梧桐树，便有凤凰来”。可颇有点名气的金坛县种田大户丁金关，四个儿子，除老大外，三个还在打光棍。这消息在不久前的一个全省性会议上传出，有些人觉得是个谜。为解开这个谜，我们两次去金坛。
>
> **乡党委书记刘保生说：“他家富，人不错。”**
>
> 第一次是9月17日下午，我们来到了丁金关所在的金坛县凉渎乡。丁金关这天正在县里参加种田大户座谈会，下午同我们一起回乡。
>
> 乡党委书记刘保生先作介绍：

---

① 《人民日报》1988年8月6日。

② 《新华日报》1985年12月28日。

"丁金关是本乡凉渎村农民。1982 年秋，承包了村农科队 50 亩搁荒低洼地和 10 余亩水面，加自己原来的 14 亩责任田，成了种粮大户。1983 年收 5.8 万斤粮；1984 年又扩大承包 5.5 亩田，收 7.1 万斤粮，多种经营收入 6 000 元。这下他家由穷变富了：现有 6 间瓦房、5 间工房，有电视机、落地风扇、录音机，还有手扶拖拉机等农业机械。特别是今年年初，他把 30 亩低洼地改成鱼池，年内有万把元收入，明年，将会更多。

"再说他那三个儿子，都端端正正，老老实实，一身力气，是种田能手。老二还会开拖拉机，会点木匠活；老三亦会木匠，会理发；老四还是漆匠，现在县城干活，可就是找不到对象……"

"唉！"一声叹息，打断了老刘的话——

**丁金关说："今年介绍了五个，都嫌田多，崩了！"**

"我家老二原与表妹订的婚，不合婚姻法，1982 年断了。但年龄拖大了。以后，牵线的不少，今年就有五个。

"第一个姑娘是相我家老四的。姑娘来后，老四才从河里摸蚌回来，一身水，两脚泥。姑娘不中意，回去捎信来说：长相老，不像 27，有 30 岁了。我说，那看户口本子，它不骗人。可后来的消息说，不是嫌长相，而是嫌田多。

"第二个姑娘相的是老二。她父亲年初帮我家挖鱼塘，看中了老二。姑娘起初同意，后来变了卦。说是要找一个舒适点的婆家。

"第三个姑娘，介绍给老二。人没来，条件先来：'不种田，进厂。'进厂就进厂。乡党委帮忙，刘书记几次在会上讲过：谁做丁金关的儿媳妇，订婚就进厂，进什么厂由她挑。可还是没成功。这姑娘说：'下班以后回去看家里这么忙，我能歇着？'还是嫌苦。

"以后，第四个、第五个也都嫌田多，结果，都谈崩了。"

老人的话完了，一片沉默。

**村妇女主任戴阿娣说："我们真担忧！"**

晚上七点多钟，风雨中找到了村妇女主任戴阿娣：

"老丁是省劳模，他儿子找不到对象，我当然急。多次牵线，都没成功，有其他原因，但主要是嫌他家田多。

"现在一些姑娘找对象，既要票子，又要面子。种田大汉，黑不溜秋，不像在乡镇企业做的，皮肤雪白，穿戴整齐，崭新的自行车一骑，嘀铃嘀铃，小两口子，'凤凰'前面走，'飞鸽'后面追，收音机吊在车把上，一路走，一路歌，那架势，帅！吸着姑娘们的心哪！

"不仅丁金关的三个儿子找不到对象，我们村还有一个专业户，磨豆腐，种蘑菇，很富，两个儿子二十六七了，也没找上。原因呢？也嫌他家做得苦。

"这引起的连锁反应可不小啊。不少做父母的，现在千方百计地让自己的儿子进乡办厂，学手艺，或做买卖，就是不学种田，这样下去，谁种田呢？我们真担忧啊！"

由于一些其他原因，我们的第一次来访仅仅到此。11 月 28 日，我们第二次到金坛。

**县委农工部副部长吕怀玉说："'富光棍'有特殊性，青年不想种田则比较普遍。"**

29 日上午，县委农工部副部长吕怀玉接待了我们，他说："丁金关儿子富打光棍，这是带有特殊性的。但种田的小伙子不容易找对象，较普遍。这种思想也是以一定的社会存在为条件的。种田的经济效益不高，劳动强度蛮大，所谓'甜头少、苦头多'，于是，就把种田跟没出息画等号。'跳出农业万丈高，什么都比种田好。'这样，许多青年不想种田。反映在婚烟问题上，在乡镇企业的女青年，百分之八九十不找种田的；种田的女青年，又大多要找在乡镇企业做工的，恋爱婚姻上形成了这种'水位差'。

"你们刚才说，团县委介绍，全县青年中种田的占 20% 左右，但这 20% 左右青年的素质如何呢？是否都安心务农呢？还是个问题。当然，随着农村产业结构的调整，大部分青年应逐步转移到其他产业上去。但是种田也需要一部分有文化、有才能的青年人，单靠老弱妇孺，怎么能实现农业现代化呢？"

**县委副书记陈胜海说："这是一种挑战，是对农业中繁重体力劳动的挑战，我们要探索新的路子。"**

原先的戴阿娣的担忧，加上现在老吕的话语，也使我们的心情抑郁起来。我们带着这个问题去请教陈胜海。这位刚从浙江农业大学毕业回来的县委副书记，却从中得出了与众不同的结论：

“丁金关儿子找不到对象，板子不应打在姑娘们身上。姑娘们的择爱标准，虽然有不尽恰当的地方，但其中也蕴含着一种对现代生活方式的追求。问题是，我们应该从这现象中得到什么？我个人感到了一种挑战，一种对农业中繁重体力劳动的挑战。我们要探索新路子，迎接挑战。

“现在鼓励土地向种田能手集中，发展大户，取得规模效益。但如果大户等于大苦，那大户也是很难形成的。所以在种田大户中，将农艺和农机结合起来，简化农事操作程序，降低农业劳动强度，加快传统农业向现代化的转变，是很迫切了。

“其实，现实中已有这样的典型。我县水北乡的种粮大户梁来方，31岁，夫妇俩带一个小孩，种了50.5亩地。我前些时候去看他，本以为他夫妇俩面黄肌瘦，累得不成人样。出乎意料，一家三口挺精神的。原来，梁来方搞了一些改革，如水稻搞了部分水直播，省去了育秧、拔秧、插秧；使用了除草剂，省去了弯腰拔草；用自己的拖拉机跟人换工插秧等。这样，他没雇一个工，也不太苦，就把这么多地种下来了，那时水稻估计能收5万多斤。

“所以，我们探索一条现代化的种田新路子，使种田不太苦，使种田的农民能够同务工的、经商的一样，享受现代文明带来的文化、精神生活。这是能够做到的。80年代的青年应该有这样的理想。当然，要做到这一点，需要吃一点苦。我们这一代农村青年，肩负着由传统农业向现代农业转变的任务，这同样是一种伟大的创业。创业维艰，但事业是豪迈的。话到最后，回到原来的题目上，我们欢迎有志气的女青年，能与丁金关的儿子结成伉俪，并肩探索、去奋斗。”

那么，富裕户的儿子为什么结不了婚呢？对于这个新闻事实，作者黄秉生等人采用了多次讲述的方法：（1）乡党委书记介绍丁家情况。（2）由种田大户、家长丁金关介绍自己儿子相对象多次不成的结果与丁金关本人的迷惑。（3）由村妇女主任戴阿娣介绍村上一些专业户家的孩子找不到媳妇的事情，报道了戴阿娣对丁金关儿子找不到老婆的焦虑与她对其间原因的分析。（4）介绍县委农工部副部长对丁金关儿子找不到媳妇的看法。（5）报道县委副书记的看法。

在这里，几种观念相互补充，发人深思，将报道逐渐推向高潮。

2. 报道的事实或认识既有所不同，又相互之间有一定的内在联系同一件事让几个不同的人来讲述，如是报道适合于见仁见智。如《因为爱他，所以离开他》①一文讲述了一男一女先婚后离之事。两个人为什么如此？记者将两个人对此事的各自讲述一并刊出，一左一右，相互对比，一事讲了两次。此事既为男女双方共同经历，两个陈述又有同有异。

## 第五节　深度报道的叙事视角

### 一、视角与叙事、思想、结构

（一）三大视角

视角，也可以叫角度，是个从摄影、摄像那里借用来的提法，指的是写作者观察事物、表现事物的立场。这个立场实际上是有思想、结构与叙事之分的。可惜一直很少有人如此看待。

1. 思想视角

思想视角是写作者处理、认识写作对象，写作材料的具体的思想立场与表达的思想立场。思想视角的不同，可以带来文章在思想立意上的不一样。比如，写数学家陈景润的事迹，徐迟认为有三个思想视角：一是揭批“四人帮”极左路线对我国科研工作的破坏；二是做成一件事，必须专心致志，善于排除干扰；三是世上无难事，只要敢登攀，不树雄心大志成不了气候。

2. 结构视角

结构视角指的是面对写作对象、写作材料，写作者选用哪部分材料并如何来结构全文。结构视角一般有正面视角与侧面视角之分，如表现女人的美丽，《诗经》中的《硕人》用的是正面结构视角，而汉乐府的《陌上桑》用的则是侧面视角。

> 硕人其颀，衣锦褧衣。齐侯之子，卫侯之妻，东宫之妹，邢侯之姨，谭公维私。
>
> 手如柔荑，肤如凝脂，领如蝤蛴，齿如瓠犀，螓首蛾眉。巧笑倩兮。美目盼兮。
>
> ——《硕人》（片段）
>
> 行者见罗敷，下担捋髭须。少年见罗敷，脱帽著绡头。耕者忘其

---

①《楚天金报》2002年3月17日。

犁，锄者忘其锄。来归相怒怨，但坐观罗敷。

——《陌上桑》（片段）

结构视角也因线索的不同而相异，如曹靖华的散文《小米的回忆》①以小米为行文的线索，由小米入手写人生，并以“小米”来缀连全文的各个材料：家乡黄河边瘠薄土地上的小米故事、沪上居住的鲁迅的小米故事、国统区重庆中共新华日报社的小米的故事。

新闻报道也不乏其例。报道典型人物，《县委书记的榜样——焦裕禄》采用的是正面视角，《光明日报》用新闻小故事报道吴天祥采用的则是侧面视角。再如同样是报道老年人的社会问题，我国蒋林的《老年人的精神世界谁来慰藉》②、郑元昌等的《农村劳力大量外出务工，农村“空巢老人”问题引发关注》③与日本记者本多胜的《死在故乡》④，结构视角也大相径庭。前者是正面看物，以面带点，是正面视角；后者是侧面看物，以点带面，是侧面视角。报道工作作风的《庄户日记》⑤，报道体育工作的《马家军的鞋》⑥ 或由“日记”，或由运动员比赛用“鞋”切入，小处入手，侧面结文，不同于那些从生产、竞赛场等正面入手的报道。

马俊仁训练的小队员曾经光着脚，在乡间的山路上奔跑。那时，马俊仁在鞍山农村的一所中学当体育教师，附近6个生产队的农家子弟在这里上学。70年代，这里的孩子大都穷得穿不起鞋，有鞋也舍不得在跑步时穿，马俊仁为了让他的乡间运动队能有一套统一的服装去参加市里的比赛，曾带着孩子们到山上拾柴禾，运到40里外，每斤卖4分钱；也曾到大河套里去筛沙子……就是这样一支运动队，后来在鞍山市的比赛中夺得总分第一名，被称为“赤脚大仙”。

曲云霞在金州农村时，曾有3次准备弃学不念。在学校运动队里训练耽误了学业，她家里又穷得买不起最简单的运动用品，无法参加训练

---

① 《人民日报》1977年3月13日。

② 新华社长春2005年8月5日稿。

③ 《湖北日报》2006年2月4日“特别关注”版。

④ 日本《朝日新闻》1966年9月15日。

⑤ 《河北日报》1999年5月28日。

⑥ 新华社沈阳1993年12月14日电稿。

和比赛。一位民办教师为此到她家反复劝说，动员她家里卖掉惟一的一头猪，为她买了一双运动鞋……如果没有这位可敬的老师，恐怕曲云霞不会离开乡间，更不会成为世界冠军。

80 年代中期，马俊仁到省队当教练时，他的队员穿的那种“小白鞋”，没有腰，没有保护层，底子又薄又硬，跑步时，沙粒很容易进人鞋里，脚也很容易被磨破、扭伤。曲云霞因为常年在煤渣路上奔跑，一个脚大拇指上就被扎了 18 处。第五届全国运动会马拉松比赛中，王莉因为脚上有伤，又穿了这样一双新鞋，整个脚掌几乎都被磨破了，血肉和袜子粘到一起，成了两个红肉团……马俊仁因此曾哭着跑回鞍山，发誓一辈子再也不搞体育了。

马家军今天仍然被鞋困扰着。中国虽然有了许多种运动鞋，但是还没有专门的马拉松鞋，普通的跑鞋在她们的铁脚板下，只能穿一个月。如果练马拉松，只能穿 10 ~ 15 天。为了给运动员买鞋和营养品，马俊仁曾经卖掉了自己养的花和狗，把工资和运动员的津贴捆在一起使用。今年七运会之前，马家军在高原强化训练 114 天，每天一个马拉松，运动员的鞋坏了，来不及补，就露着脚趾头在马路上奔跑，几乎每个人脚上都有伤。张林丽、刘莉、张丽荣的脚趾甲全都磨得感染化脓，自己一咬牙拔掉它，第二天继续练……

——张良：《马家军的鞋》（片段）

上述两大类的结构视角互有千秋，关键看谁能因地制宜。

3. 叙事视角

叙事视角关涉的是叙事人与故事之间的关系，即叙事人站在什么方位去感知故事。

叙事视角最常见的划分是三分法，将叙事视角划分为全知视角、次知视角与戏剧视角。

（二）新闻叙事与全知视角、次知视角、戏剧视角

在新闻报道中，全知视角被用得最多，也最滥，磨平了棱角与光泽。对于全知视角，需要记者们运用智慧予以创新。

在新闻报道中，次知视角有所运用。如果运用得好，则有助于新闻报道的艺术性。

在新闻报道中，一般不采用戏剧视角。

## 二、人物视角

### （一）关于次知视角的理论背景

对于新闻报道而言，所谓次知视角的运用主要表现在对人物视角的翻新上。

深度报道讲求报道新闻事实深入而新颖。不过，从叙事视角考察我国的报刊则不难发现，作为一种叙事视角，全知视角叙事有长也有短。由于全知视角无所不能，无所不晓，这就极易使叙述人感觉自己像上帝一样，这种高高在上的叙事视角对于我国整体素质正日益提高的广大国民而言，容易引起反感，使报道的效果大打折扣。因此，从文本内部传播、报道的社会传受互动考虑，除了适度地运用全知视角进行报道外，报道者还应该重视人物视角，考虑如何因事因文而适当采用人物视角来报道新闻事实，从而使深度报道在深入、详细与生动上别开生面。

所谓人物视角，指的是深度报道放弃记者或通讯员的“我”的叙事视角，而更之以介入新闻事实的某一新闻人物的目光，用这一新闻人物的立场、身份、思想、性格来感知乃至于言说所要报道的新闻事实。人物视角实际上属于次知视角的一种表征。在西方，有实录新闻一说，如《他们谁都不明白为什么被推向坟墓》①报道的即为第二次世界大战受害者里芙卡·约瑟勒芙斯卡夫人自陈的大战期间白俄罗斯境内的明斯克犹太人村被德国人屠杀的事件。

### （二）巧借、活用人物视角

深度报道可采用的人物视角很多，但能巧借、活用的则主要有如下几种类型：

1．少年视角

童言无忌，少年最突出的特点是实话实说，不吞吞吐吐，不说假话，因而以少年视角叙事常能于平凡中见出不平凡，在一片喝彩声中一针见血，这就先天地能赢得读者的普遍信任与喜爱。王根礼的《买缸记》②报道的是党在十一届三中全会后所推行的农业生产责任承包制给我国农业生产带来的巨大变化。《继母，我亲亲的娘》③报道湖北省襄樊市一女生与其继母间的动

① 《纽约时报》1961年5月8日。
② 《河南日报》1981年12月31日。
③ 《光明日报》1999年12月21日。

人故事。由于《买缸记》、《继母，我亲亲的娘》采用了少年视角，报道真诚、感人，获得了独特的表达效果。

2. 亲人视角

相对于外来的记者，父母、儿女、配偶或恋人与新闻人物之间的相知当然要深得多，“知子莫如父”、“心心相印”就是对亲人间知心的传神写照，因此，亲人视角也是值得报道优选的人物叙事视角。

艾蒲等人的《爱情的凯歌——一位边防军未婚妻的话》① 之所以新颖、别致，其中的一个重要原因就是这篇报道放弃全知视角而采用人物视角叙事。报道中的两位主角，一是广西边防军某部参谋卢源泉，一是某军医大学学员郭毅飞。报道叙事视角的承担者是后者，由女方郭毅飞讲述她对卢源泉如何由有偏见到折服、到相知相爱，讲述卢源泉身负重伤后如何为了心爱人的幸福而忍痛浇灭个人炽热的爱情之火，讲述她在卢源泉负伤后如何仍一往情深地爱着卢源泉。由于亲人视角的便利，报道不仅走进了人物真实的内心世界，而且自然、流畅，全无人为的做作痕迹。比如，在卢源泉决心以牛氓为榜样将心中的爱情之火熄灭时，亲人视角为郭毅飞直陈心迹提供了方便：

> “你以为这样做能给我带来幸福吗？恰恰相反，这样做会给我带来终身的痛苦。
>
> “你为保卫祖国的四个现代化建设，无私地献出了宝贵的鲜血和眼珠，你是我们时代的英雄，是祖国人民新一代最可爱的人！你的心灵最崇高，你的爱情最真挚，最纯洁，你就是我最理想的爱人！”

相对于记者的转述，亲人视角叙事则包含了更多的来自生活的原汁原味，便于直呈新闻人物的内心世界与具体的心理活动，写来感受精细，抒情鲜活，叙述有见证功能。

3. 熟人视角

熟人视角指的是通讯报道的新闻事实源自与新闻人物相熟的朋友、邻居、同事、同学等。历史的经验值得借鉴。秦兆阳早在20世纪50年代撰写的报道《王永淮》②值得学习。这篇运用熟人视角报道的是新中国成立初期优秀的乡村干部王永淮同志。但王永淮的故事并未由记者讲述，而是更之以

---

① 《解放军报》1979年4月12日。

② 《人民日报》1953年12月27日。

王永淮的一个乡邻，由这位乡亲在与一位欲见王永淮的外地人同路时讲了一路王永淮的故事。俗话说，人常远交近攻，不在一起共事易成朋友，成了同事由于利害关系反倒容易出现矛盾，因此，王永淮能赢得乡亲的由衷赞誉很不容易。王永淮的故事本是讲给外乡人的，但广大读者的旁听者地位却使王永淮的故事读来格外真切、细致、生动，乡亲们的从误解到理解、钦佩，王永淮的一心为公的品格和平和、爱动脑筋的思想性格都通过熟人视角得以活灵活现。我们读到的是人家的一场谈话。这种反差中的真实、生动，是记者的外视角所难以比拟的。

4．拟人视角或拟物视角

拟人视角指的是报道新闻事实时赋予无生命的讲述者以人的思想情感与讲述等行为能力。所谓的拟物视角则相反，指的是报道新闻事实时赋予某位或某几位讲述的当事人、相关人物以没有生命的有关动物、植物才有的外在行为举动。张许峰的《4000万吨钢的自述》① 一文让无生命的钢铁开口发言，采用的就是拟人视角：

**我是河北工业的骄傲**

当前最需关注的是，如何在科学发展观指导下，实现我的协调和可持续发展。

告别懵懂少年时，4 000万吨的分量，昭示着我在河北工业大家庭中的地位。

到2003年底，我的四大突破被誉为具有“历史意义”的跨越：钢产量突破4 000万吨，达到4 035万吨；销售收入突破1 000亿元，达到1 606.28亿元；利税突破200亿元，达到200.95亿元；利润突破100亿元，达到117.32亿元。

4 000万吨的身躯，我托起了全省工业销售收入总额的27.4%，增加值的37.8%，利润总额的30.25%。

我是河北工业的骄傲，无愧于燕赵工业大家庭中长子的称呼。我为河北经济快速发展作出了巨大贡献。在去年全国工业经济总量排行中，河北省跨前一步，跃居第6位，我功不可没。

在钢、生铁、钢材连续3年均居全国第一位后，去年我以净增1 375万吨钢，53.48%的增幅，占去了全国总增量的35.77%。高高的个

① 《河北日报》2004年4月14日。

头，让我“一览众山小”。

…………

5. 本人视角

本人视角观察与言说的重点则是有关新闻事实当事人“我”眼中的“我自己”的故事。“我”不仅是讲述者，还是被讲述者。

本人视角是“我”叙“我”，故自传色彩强，主体倾向浓，可信度也高，但由于叙述人“我”与被叙述人“我”过于紧密，叙事的周转空间也狭小了许多。

（三）人物视角的短长

通过对以上五种人物视角的分析，我们不难看出人物视角叙事的突出特征：叙述人角色化。这为人物视角带来如下优点：人物视角叙事现场感、真切感突出；人物的话语也是一种行为，披露的是主体体态，故主体色彩的鲜明便于自由地表达人物的心理活动；“我”往往成为叙事的线索，便于串联互不相干的故事并夹叙夹议；文本内的听话者多是特定的采访者或其他新闻人物，广大读者处于偷听者的地位，其对应的传者实际上是作者，这既有益于增强受者的自愿接受程度，又有益于文章的文似看山不喜平，为报道传播带来了折度与弹性。

人物视角也有局限。人物视角与全知视角在长短上恰恰相反：对方的优势是自己的劣势，自己的优势又是对方的劣势。人物视角必须承受某新闻人物的限制：人物没有见到的事，叙述人不能叙述；人物不会说、没有说的话，叙述人不能讲述，这就限制了叙述人观察的视域与言说的范围。不过，人物视角的这种局限可以通过视角转换来克服，比如，由甲人物视角转为乙人物视角，人物视角与全知视角的有机搭配。兹以后者为例，如刘蔚的《汉城决战的最后四十秒》①：

1986年10月5日，汉城时间14点20分（北京时间13点20分）。汉城奥林匹克体育场。

发令台上裁判员枪指蓝天，起跑器前选手们面地而蹲——相持半月之久的亚运会金牌大战就要在这之后的40秒见分晓。

4日晚上，南朝鲜同中国队以92比92金牌数持平。当地报界哗

① 《体育报》1986年10月11日。

然：“韩国成为亚洲第一体育大国”、“中国万里长城被摧毁”。

此时，中国女子4×100米已取胜，南朝鲜有把握用足球金牌来抵消它，使金牌总数保持平局。对中国队来说，出路只一条——男子4×100米接力夺得第一，拿到取胜的唯一王牌。

枪声颤栗着在体育场上空炸开，最后争夺开始了。

中国队打头阵的是苏州小伙子蔡建明。

“我是中国队最后一炮的头一发炮弹，我要是卡了壳，后边哥们就没戏了，尽管我在200米预赛、复赛均处前5名，但我还是决定放弃决赛，力保接力。”

蔡建明在第一个弯道上已追上前面的对手，进入第一接力区。这时，后面的选手也蜂拥而至，两拨选手挤作一团。

忽然一人冲出人丛，狂奔而去，他就是中国队第二棒、北京选手李丰。

“头天晚上做了一夜噩梦，总担心自己有伤的左腿不争气。来汉城前，我妈妈说：‘好好比，拿块金牌回来。’我憋足了劲儿，这可不光是还我妈的愿，这是还祖国人民的愿啊！”

李丰身后，南朝鲜选手张在根（200米冠军）正拼命追赶，企图打乱中国队的阵脚。

南朝鲜给他们的田径选手打了“强心剂”：拿一个冠军7.5万美元，并享有终身月薪600美元。

这时李丰一马当先，风驰电掣，狂奔在最前。

“我一进场就相信我们赢定了。我只管玩命跑，只要别失手把棒甩到观众席上就行。”

李丰以两米的优势完成他的使命，接棒的是广东名将余壮辉。

“这次南朝鲜想吃掉我们，所以把我们安排在第六跑道，日本第五跑道，他们自己在第四跑道，形成我们前边跑，他们后面追的局面。显然，这种安排也有利于他们赶不上我们时，让日本队来干掉我们。”

沿着跑道线，余壮辉像飞逝的流星，划向最后的直道，领先3米多。

“我们是破釜沉舟，日本队没有这种压力，但我们不能当‘舞台上的运动员’，平常比赛挺能“表演”，强手一来动真家伙就腿软。

就在胜利的曙光依稀可见时，中国第四棒选手启跑稍早，不得不减速等棒，交接成功时，还差两三步就跑出接力区了，此刻，日本选手将差距缩小到只差一步。

这时，由几十名中国田径运动员、教练员组成的啦啦队，竟然在和满场南朝鲜观众的“对抗”中占了上峰——中国队——加油——加油——郑晨。

“我是浙江金华人，“金华火腿”长盛不衰，只是我的腿今年却不争气，从8月30日右腿拉伤到参加亚运会比赛，我最长只跑过30米。来汉城前大夫才把我的腿治得听了使唤。”

离终点还有30米，郑晨放松了两步，穷追不舍的日本选手伺机要上，他在百米中赢了郑晨，日本队指望他拼掉中国队。

“我的右腿抽筋了，这会儿是关键时刻，只要能动，我就拼到底。”

郑晨奋力向前，率先冲向终点，二十五米、二十米、十五米……还差最后五米，郑晨挥起手来，胜利在握！

这一瞬间，多少人泪眼朦胧、喉头哽咽，多少人手舞足蹈、紧紧拥抱……中国队以39秒17的亚洲纪录，换得了最后一块宝贵的金牌。

94块金牌分量是一样的，但祖国人民不会忘记第94枚金牌是怎样得到的。

——这难忘的39秒17。

人物视角对深度报道的采写要求较高。从采访来看，人物视角叙事要求记者不仅要腿勤，还要以诚待人，善交朋友，能采访到人物的心里话；采访要准确、扎实、细致，材料要真实、具体、丰富，除了注重搜集日记、书信等反映新闻人物事迹、心理与言语的材料外，对新闻人物或有关当事人、知情人的采访还必须有准确、详细的记录。从写作上看，要注意选准人物视角。但是，从写作实际看，让承担人物视角的叙述人与被叙述人之间拉开一定距离的这一点，还没有引起应有的重视。其实，叙述人“我”与被叙述人之间有明显的不同甚至反差，表达效果常会更好。

要严格忠实于采访到的真实材料，力戒虚构，防止受访人的陈述言过其实有水分，防止行文与新闻人物的思想、性格、身份、社会地位、特定情境中的心理波动相冲突。以此衡之，《买缸记》的结尾就不太妥当：

> 窑厂门口很快平静了。我知道这第四趟又是白跑了，可我一点怨言也没有。因为我看到了农村大好形势，看到了更加美好的明天！

这话不大合乎少年的思想特点，反让人怀疑报道的可信性，纯属画蛇添足。

在严格恪守新闻真实性原则的大前提下，深度报道应该也必须充分运用早已为文学创作所广泛使用的人物视角叙事。梁衡说：“通讯是新闻向文学迈出的试探性的一小步，新闻与文学杂交生产的第一个品种就是通讯。”①实际上，人物视角叙事不仅为深度报道提供更多的可能性与多样性，也使文本内部的传播多元化，有助于把深度报道写巧写活。

## 第六节　深度报道的叙事层次

### 一、叙事层次的简单与复杂

叙事作品是有叙事层次的。所谓叙事层次，指的是由叙事人自身行为话语与言语话语所形成的不同的高低叙事层次。比如：

---

① 梁衡：《从消息到通讯——“第七届中国新闻奖”评后思考》，见《新闻出版报》1997年12月12日。

小王说："我刚吃了一顿饭。"

| | |
|---|---|
| 第一层 | 第二层 |
| 行为层 | 话语层 |
| 支配层 | 被支配层 |
| 引导词层 | 引语层 |

这种叙事层次，从理论上是可以无穷的，如小王说："我见到了小李，小李说：'我见到了小赵。'小赵说：'我见到了小张。'小张说：'我见到了小刘。'小刘说……"

一般说来，文学作品的小说在叙事层次上比较多变。如鲁迅的《狂人日记》：

> 某君昆仲，今隐其名，皆余昔日在中学校时良友；分隔多年，消息渐阙。目前偶闻其一大病；适归故乡，迂道往访，则仅晤一人，言病者其弟也。劳君远道来视，然已早愈，赴某地候补矣。因大笑，出示日记二册，谓可见当日病状，不妨献诸旧友。持归阅一过，知所患盖"迫害狂"之类。语颇错杂无伦次，又多荒唐之言；亦不着月日，惟黑色字体不一，知非一时所书……
>
> 一
>
> 今天晚上，很好的月光。
>
> ……

《狂人日记》的叙事层次有三层：

| 叙事人"我" | 某君 | 某君之弟（即狂人）所语之"日记" |
|---|---|---|
| 第一层 | 第二层 | 第三层 |

新闻报道一般没有这么复杂，那么新闻报道的叙事层次如何呢？

## 二、深度报道的叙事层次

### （一）单层与多层

新闻报道多为单层叙事层次。这既是新闻报道快速报道的需要，也是报道通俗易读的需要。但是，新闻报道的叙事层次只有单层，也容易造成报道形式上的简单。如果能根据实际予以适当地变化，那么，则有助于新闻报道的摇曳多姿与报道内容的生动引人，正所谓文似看山不喜平。不过，新闻报道在特别情况下虽可酌情加层，但其加层一般不要超过两层，以免报道因叠床架屋而让读者阅读费力。

（二）深度报道双层的具体做法

1. 在新闻人物的自我陈述之前加入记者的叙事话语，从而形成高低两层的叙事层次

为什么要加入记者的说明叙事层呢？原因很简单。新闻人物的自我陈述虽有生动、真实可信的长处，但是，如果记者不作必要的介绍，那么，新闻人物及其话语的来龙去脉、背景等就常常不易为广大读者在短期的阅读时间内把握。

在危难之际，男人依靠自己的体力与死神搏斗；女人要靠自己的冷静，更需要男人们的帮助。昨日，在烟台市牟平区一家医院里，大舜号幸存者中唯一的女性董颖，无限深情地向记者描述了数日前几个素昧平生的男人们用自己的生命把她从死亡线上救回来的经历。

**两粒晕船药片使我保持清醒**

我叫董颖，是黑龙江省齐齐哈尔市人，今年26岁。“大舜号”出事前，在青岛市帮人卖服装。24日那天，我和姐妹解芳想到大连玩，本来买了中午的快船票，但因风大取消了，于是临时改乘“大舜号”。

大约下午4时半，警铃第一次拉响后，我们穿上了救生衣。我在甲板上一直呆到7时半，尽管穿了棉袄、棉裤，我冻得连站都站不住了，所以又回到了客舱过道。过道里面已经挤满人了，由于船摇晃得很厉害，许多人都被撞得头破血流，80%的人在呕吐，地上一片狼藉，臭气熏天。9时左右，我也开始晕船，想吐，旁边坐着一位带着女儿的中年妇女递给我两片晕船药，吃完以后，我才慢慢清醒过来……

——《八个男人换回来的一个生命——大舜号唯一女性幸存者董颖的自述》

此报道有记者与人物（即董颖）的两个叙事层，这样新闻报道就容易

既清晰又生动。

2. 人物叙事话语层与记者叙事话语层错落化

具体说来，记者的叙事话语层与人物的叙事话语层不限于一处，可以化整为零地分别放到报道的前、中、后的不同位置。

例如，姬乃甫《留得清香在人间》①的叙事层次安排如下：

### 引　子

今年3月下旬，我到太原出差，在迎泽大街偶然碰上我25年前上高中时的一位同学。他约我晚上到他家去吃饭，当然不能推辞。

### 越老越嫩

这位老同学姓刘，是陕北人。他娶了个山西平遥女子做媳妇。他们和他老丈人一块过。老丈人原是个厨师，现已退休。我进门之后，坐下喝茶，他丈人看来十分慈祥，我们拉了许多幸福的话，从党的十一届三中全会说起，由农村的变化讲到城市的改革，然后吃饭。

主人做了满满一桌子菜，从素到荤，有凉有热，中间是一大盘子牛肉，还放了一瓶杏花村汾酒。我尊老人坐主位，我坐对面，老刘两口子两边打横坐。

举箸伊始，我先夹了块牛肉吃。这一吃却使我大为惊奇，这牛肉有股子说不出的鲜灵味，清香嫩爽，和我过去吃过的所有牛肉都不同。我尝过吉林的飞龙，四川的熊掌，黑龙江的狍子肉，可眼前这盘子牛肉却分外鲜美。

我站起先敬老人一杯，但自己却掩杯假啜，滴酒未沾，怕伤了味觉，影响我再细细品味这牛肉。

我拣了一块大点的牛肉，用门牙一咬，那肉竟像一块豆腐被我齐齐地咬出一个横断面来，肉丝也不塞牙，不禁赞叹：这肉真嫩！

“越老越嫩，这就是我们平遥牛肉。”老人笑呵呵地说。

我愣了，肉怎么越老越嫩呢？

老人见我不懂，就给我讲起他们平遥牛肉的来历。

---

① 《经济参考》1984年9月9日。

## 绝　技

清朝时候，我们平遥有位姓雷的人做牛肉最有名。他开了个牛肉铺子，杀牛做肉都有一套绝技。一头老黄牛到他手里，从宰杀到剥皮、剔骨、切块，一刻钟就得。杀牛的方法也很个别。先用一个大铁锤，乘牛不防时，当头一锤，牛立刻昏过去。随即用刀切断牛脖子上的两根主动脉，让血流尽。用这种方法屠宰，牛不受惊，被宰后肌肉松弛，加之立即剔骨切块，牛肉的纤维没有紧缩的时间，自然是鲜嫩的。

雷师傅做肉的方法更特别，根据季节的不同，把全牛分割成16块到26块，然后在肉块上划出刀花，揉进去平遥的盐，放入大缸，用当地含碱量较大的井水浸过肉，把"牛肚子"撑开往缸口一套再扎得严实。密封浸泡在缸里的肉，夏天要放半个月，春秋放1个月，冬天则至少要放3个月。

泡好的牛肉取出后，用冷水洗净，放入一个特制的筒型大铁锅里，加上含碱的井水和盐熬煮，不放任何佐料。煮肉时"水深要把肉漫到，汤沸锅心冒小泡"，而且不加锅盖，好让异味和水分蒸发出去。一锅肉一般是七八百斤，先煮8小时后再压住火温煮4小时，你想那牛肉再老也给煮嫩了。

肉出锅时汤水已完，由于未放佐料，所以肥的瘦的红白分明，久存不变味，夏天可放1周，冬天可放1月。

雷师傅卖肉也与众不同，顾客可以先尝后买。

## 怪事不怪

什么事情都有个原因，世上的怪事看起来怪，其实不见得都怪。听了老人的话，牛肉越老越嫩已经不怪了，那么古时平遥的那位雷师傅为什么要单卖老牛肉呢？

我后来找了一套平遥县志来看。其实平遥牛肉早在明代就已很有名了，那位雷师傅大概是个改革家，只是到他手上把平遥牛肉的制作方法改得更加精致罢了。

山西地处黄河流域，是中华民族最早开发的地区之一。早在汉代，平遥的农业耕作已很发达。种田要牛耕，所以县志上说当时的老百姓常常“卖剑买牛，卖刀买犊”，牙口轻、能干活的牛谁舍得宰？这就是人们常说的“老牛力尽刀尖死”的原因，所宰的牛都是老牛，人们自然要想出一套做牛肉的办法来，让牛老肉不老，使吃的人享福，卖的人赚钱。

一位考察过平遥牛肉的同志告诉我，早在本世纪30年代，平遥牛肉已誉满北京、天津这样的大都市了。当时，每逢秋冬，各地商行纷纷云集平遥，贩运牛肉。1956年在北京举办的全国食品名产展览会上，平遥牛肉被评为全国名产，曾经远销朝鲜、蒙古、新加坡、泰国、菲律宾、印度尼西亚等国家。这几年来，平遥牛肉又发展起来了，但终因牛少，市场上难以见到。老同学请我吃的平遥牛肉是他老丈人从家乡弄来的。

第一部分“引子”：写记者“我”路遇老同学，“我”应邀去老同学家中吃饭（第一层，为记者叙事话语层）。

第二部分写平遥牛肉“越老越嫩”：写“我”在老同学家吃饭时发现平遥牛肉格外的嫩（第二层，为记者叙事话语层）。

第三部分写做肉“绝技”：写老同学的丈人介绍平遥牛肉的历史（第三层，转为人物叙事话语层）。

第四部分“怪事不怪”：写记者“我”听罢老人所讲故事后对做平遥牛肉的人为什么只买老牛的追究。

3. 表里两层，阳奉阴违

典型的例子是福庚的《追老姚》①：

编辑室主任交给我一个紧急任务：采访天津乡村邮递员姚濯新同志。他向我竖起两个手指：“两天交卷。”

初春天气，一连下了几天几夜的雨，天还是虎起个脸，那么阴沉沉地，风，像许多把快刀子，使劲地割人的皮肤。我坐了汽车又坐三轮，转了差不多两个钟头，才在一个村子的拐角处找到了他的工作地点：“李七庄邮局。”一顺四间屋，靠右边正在盖楼房，门口尽是雨后的污泥，害得我一进门就滑得摔了一跤。

“有什么事，同志？”屋里闪出个矮个子，挺和气地问我。

---

① 徐占焜主编：《中国优秀通讯选》上册，新华出版社1985年版。

我正没好气，便说：“找你们局长！”

“我就是。”

“啊？”我吃了一惊，连忙掏出介绍信，说明我的来意。

他显然很高兴：“对！老姚真值得你们结结实实写一下。”但他一会又皱起了眉头：“他一早就下乡啦，怎么办？”

我愣了一下。他连忙让我进来，向我介绍了老姚的爱人。她生得很瘦小，可是个挺热情的人。她带着埋怨的口气说：“你问老姚吗？他不准啥时候回来。这个老头，整天风里来，雨里去，晚上回家也不歇着，总是读报、看书。肚里能有多少墨水？可就是那么一本正经地。我要催急了，才洗脚，吃饭，换衣服，一面换一面还哼哼个什么歌子，真不像话！”

局长向我眯缝起眼：“老姚和他老爱人可亲着哩！”

“哈哈！”连大院里的一个同志也跟着笑了。

我想，他们一准生活得挺有趣。

“同志，你看怎么办？”笑了一阵，局长又为难地看着我。

我忽然想起一个办法，就问局长：“你们有脚踏车吗？”

“你去找他吗？路可不好走啊。”

“不碍”，我有意挺挺胸脯，表示自己身体挺结实的，不在乎路好路坏。

“那也行，村里横竖都认识他，好找。大伯子、二叔子，王家婆子、李家婶子，还有系红领巾的小侄子……都熟！”

我“噗哧”一声笑了。局长一把把我拉进办公室。屋里墙上贴着姚濯新两年不出差错、每日超额完成推销报刊任务的大字报。局长得意地向上面瞟了一眼，说：“老姚可真是个好邮递员、宣传员，他把报刊看成党传播政策思想的工具，好几次报纸有积压，有些同志装没看见，老姚一翻，马上提起那个粗嗓门：这怎么行！国家损失钱不算，党的政策传播不下去，咱们邮递员是有责任的。说着他就随身带走了，一宣传，回来不留一份。”

沉默了一会，他一昂头又说：“你下乡找他面谈一下也好，瞧瞧他怎样工作吧。来，我给你画个路线……”

辞别了热情的局长，我骑自行车，鼓足了勇气驶向王南庄。路可真不好走，到处像一锅稀粥，还被大车轮子压成一道道深沟，烂泥常常陷住了车轮，一不注意，就是个“斜栽葱”。我像打醉八仙拳一样驶进了王南庄。满眼不见一个人影。好容易在一个井边碰到了这村农业合作社的饲养员，他正在打水，我满面笑容地迎了上去："劳驾，有个邮递员来这里没有？"

他把我上上下下一打量，忍住笑问："你找老姚吗？"

"对。"我自己也知道浑身是跌得不成样子了。

"我刚才还看见他下地给大伙送信送报去啦。"他一面打着水一面说。

"他还下地？"我追问了一句。

于是，他问我从哪里来的，找老姚干什么，我们就谈起来了。

"嗨，老姚还给咱们组织地头读报组哩！"他慢慢拾掇着挑起水桶，一挥手："这个老头子，工作可真行，晴天人骑车子，雨天车子骑人一脚踏车往肩膀上一扛，腰一弯，可有个架势……'喂，乡亲们！看今天的报纸呵，上级领导让咱们开大河，吃甜水，合作社的旗子到处飘，各地经验齐交流'，怎么积肥，怎么用料，怎么耕地，怎么读报……到最后大喊一声：'走啰！'真有个听头。"

…………

这篇报道有两条线索：一条为明线，即记者"我"的采访线；一条为暗线，即新闻人物"老姚"的人物线。这两条线索有主次之分，主线为"老姚"，副线为"我"。然而，与一般的报道不同的是，这里的主线不是明线而是暗线，副线"我"反而升为明线。这种错落有致的组织使该报道既简单又丰富，开创了新闻报道的一种新写法。同时，在叙事层上，副线"我"成了行为层、支配层、引导层，而"姚濯新"的工作这条线索则成为话语层、被支配层与引语层。

## 第七节　深度报道的非叙事性话语

### 一、非叙事性话语及其作用

非叙事性话语是与叙事性话语相比较而存在的。所谓非叙事性话语是叙事人在叙事文章中对所叙述事实的议论、抒情。在深度报道中，那些对新闻事实的评价性话语就是非叙事性话语。所谓虚实相映之"虚"，指的就是非叙事性话语。叙事类文章或新闻报道可以有非叙事性话语，也可以没有非叙事性话语。叙事类文章的核心是叙事，因此，离开非叙事性话语，新闻报道依然可以成立。

但是，非叙事性话语之有无，会影响新闻报道的风格甚至好坏。实际上，非叙事性话语关涉着新闻报道内容是否概括，思想是否透彻，节奏是否张弛有度，风格是热烈还是冷静，等等。对于有些新闻报道来讲，特殊的传播需要（如字数限制，简明通俗的要求）反而使非叙事性话语不可或缺。

## 二、非叙事性话语的类型

### （一）按照议论人的不同，非叙事性话语可以分为两类

1. 叙事人的非叙事性话语

这指的是记者、通讯员或承担叙事任务的有关人物在报道中的直接议论、抒情，是为直接性的非叙事性话语，深度报道应尽量少用。

对于叙事人的非叙事性话语，记者要多化议论为分析。如《动物福利》中记者莽萍对我国不少人偏好在菜市场购买活宰动物的现象，有一段非叙事性话语：“在缺乏诚信的社会里，人们只有当面看到动物被宰杀、血流出来才能相信所谓鲜活。这一点加强了人们要亲眼看到动物被宰杀的欲望。因之种种，菜市场里宰杀动物行为便‘合情合理’地发生了。至于牲畜在人们看不到的屠宰场和饲养场里怎样被屠宰，动物在大规模机械化饲养和运输过程中被怎样对待，在其他同样广泛的领域里被如何利用（比如用于实验和工作的动物），则更少有人考虑和看顾。在这样的情形下，动物的苦乐和生存需要几乎完全被忽略了。”在这里，记者的非叙事性话语变为对何因的分析，易于让读者接受。

2. 人物的非叙事性话语

严格地讲，被报道的人物的议论、抒情这一类话语，是作为叙述人的所指来介绍的，即作为新闻事实来介绍的，因此本属于叙事性话语。但这类话语中的相当部分在报道中却又起着非叙事性话语的作用，如点拨，补充，一语中的，流露情感，帮助形成作品的个性等。这实际是巧借他人之口来表达记者自己的意见，故又将之纳入非叙事性话语。是为间接性的非叙事话语，深度报道对此不妨多加青睐。

### （二）按照话语的性质，非叙事性话语也可以分成另外两类

1. 意见

意见，指的是报道者对新闻事件或有关问题的理性认识与看法。如：

李保民透露，他们当初从武汉来荆州投资办厂，是因为受有关部门

和专家提倡“少喝酒，多喝奶”的鼓舞。同时，我国鲜奶市场供不应求，而荆州城区是鲜奶生产的空白，“应该”具有良好发展空间。

但市场没有“应该”的事，宏观层面上的供不应求并不能保证每一个具体地区、每一个微观市场都会如此。在未对当地市场有效需求、居民消费水平和消费习惯进行深入调查的情况下，仓促上马只能自咽苦果。在近乎绝望中，公司5大股东已有4家先后撤资。

——《一堂生动的经济课——荆州市奶农“倒奶事件”解读之一》（片段）

上述片段中，除了叙述新闻事实或背景材料事实之外，还有记者的议论。“但市场没有‘应该’的事，宏观层面上的供不应求并不能保证每一个具体地区、每一个微观市场都会如此。在未对当地市场有效需求、居民消费水平和消费习惯进行深入调查的情况下，仓促上马只能自咽苦果。”在这些议论中，记者流露的是分析、主张，而不是情感的宣泄。此即属于“意见”的非叙事性话语。

2. 情理交融中的情感取向

情感取向指的是报道者对新闻事件或有关问题的或爱或恨或同情或惋惜的情感波澜。不过，由于情感波澜是建立在思想认识基础之上，故必然要情中寓理，理中寄情。如张建伟《命运备忘录》中的片段：

刘中天，MBA学员曾给这位老大哥起了个外号叫“老枪”。可这把“老枪”遇上他的厂长，就彻底哑了火：想调走？那不行。你踏心在这里干吧。我既然供得起你上学，就能养得起你。不信？看我养你20年！20年?！刘中天今年已经四十有二……

记者来到刘中天所在的工厂，几番求见厂长，得到的却是专人陪同游览厂区附近风景的礼遇。直到记者通过中间人再三申明：此行绝非问罪，而厂里惜才、爱才的苦心记者也完全明了，才终于得见厂长，并当场得到了一番教益：“刘中天学的东西现在是有点用不上，但我们不能放他，我们厂将来也是要发展。人家美国都知道重视这种人才，咱就不能欲穷千里目，更上一层楼吗?”……

“只争朝夕”的MBA，撞上了“欲穷千里目”的厂长，即使你有一万种“危机感”，又能感动谁？

在《命运备忘录》中，记者叙事行文笔端带情，有时叙述事实，有时交待被报道的有关单位领导的心理活动。但记者不满足于此，力聚最末，又直接跳出来对阻碍人才合理流动的现行体制揶揄挖苦，高声斥责。全文的锋芒，仅由细处的非叙事性话语就不难见出，与湖北日报社对湖北“荆州倒奶事件”的深度报道相比，呈现出迥然不同的报道风格。

## 三、如何运用非叙事性话语

### （一）掺杂使用，夹叙夹议

非叙事性话语是造成报道叙事停顿的重要原因，因此，非叙事话语的使用一方面可以让报道的叙事节奏有张有弛；但另一方面，议论如果过多又容易造成报道节奏拖沓，不合乎读者的阅读要求。所以，深度报道在运用非叙事性话语时应将非叙事性话语与叙事性话语掺杂使用，形成夹叙夹议的叙事特点。如《成都动物惨遭虐待现状调查：残忍的口福》① 的片段：

①如果说生抠鹅肠还不够残忍的话，那么流行于成都乃至四川民间的另一种吃法算得上极端残忍，这就是所谓的“鸡要吃得叫、鱼要吃得跳”。

②8月25日，有朋友请我们到他家里品尝“拿手菜”。只见他提着锋利的菜刀直接将活鸡胸部上的左右两块肉割下，然后把鸡丢在地上，飞快地跑进厨房，将鸡胸肉切成肉丁。油锅早已准备好，肉丁丢进锅里，很快炒熟。端上桌子时，那只可怜的公鸡还在院子里哀鸣！

③做鱼时，他用一条湿毛巾将鲤鱼的头部包上，直接将剥去鱼鳞的活鱼身子放进油锅，左右翻面爆煎数次，之后放进盘子、浇上汁水：“来，开吃喽！”此时的鲤鱼嘴巴还在动。看着那张大的鱼嘴，大家不敢下筷子，④问：“这样吃太残忍了吧？”⑤朋友笑说：“它们本来就是拿来吃的嘛。”

这段文字精彩、流畅，写得触目惊心，耸人魂魄，值得总结。这段文字有五块：①是写四川成都有两种吃法：“鸡要吃得叫、鱼要吃得跳”。对这种吃法，记者给出了意见：“极端残忍”。正是因为意见鲜明，所以这一句实际属于非叙事性话语。②是写“鸡要吃得叫”的具体事实情形：厨子用

① 《华西都市报》2004年9月5日。

刀直接从活鸡的胸部割肉炒菜。③是写“鱼要吃得跳”具体事实情形：厨子用湿毛巾包住鱼的头部下滚沸的油锅，活炸鲤鱼；当鱼做熟时，鱼因头部未被烹炸而尚存一丝活气。上述的②与③两处均介绍事实，属于叙事性话语。④是通过反问再次表述意见：“鸡要吃得叫、鱼要吃得跳”这样的吃法“太残忍”。这是非叙事性话语。⑤是交代厨子对自身行为丑恶性的麻木，但又寓意于事实之中，说明厨子心理残忍的严重程度，兼具叙事与议论：叙事性话语为表，非叙事性话语为骨。在这一部分的报道中，文字的感染力是离不开叙事性话语与非叙事性话语的有机搭配的。

(二) 勾心斗角，连前接后

深度报道的事实往往不完整，是由诸多事实组缀在一起的，那么，适当地使用非叙事性话语就可以使报道有关部分的前后联结成有机的整体，保证深度报道思路的畅通。

比如，张建伟《变阻力为推力——大学毕业成才追踪记之一》①的开篇部分表达两个事实：一是天津家具六厂两年内引进的大学生中只有魏培春风得意，此人现已主持全厂全面工作，人们都说他是个人才；二是在人事关系复杂的今天，人们认为青年要成才，非“大智若愚”不可。应该说，这两个事实之间有一定的内在联系，但是，若没有联结部分，这两个部分又是分裂的。为此，恐怕只有使用非叙事语言，才能将这两个部分简洁地联结起来。实际上，这篇报道是用3个字来联结前后两部分：“何以然?”“何以然”三个字，承前提出问题，启后回答问题，整篇报道由此文脉贯通。另外，非叙事性话语也有助于强化报道的宏观意识，使孤立的叙事信息在非叙事性话语内在思想信息的观照下生发意义，变得重要。

(三) 善于节制，水到渠成

深度报道毕竟以报道新闻事实为主，报道者的看法，观点应点到为止。如张建伟的《阳光下的阴影——大学毕业生成才追踪记之七》有片段概要如下：有位1982年毕业的大学生，毕业分到所在单位后一心扑在科研项目之中。她的指导老师曾告诉这位大学生说：“我全力扶助你！但你要知道，一旦失败，会有许多人看不起你!”“那，我要是成功了呢?”“那就会有许多人嫉妒你!”不久，这一年轻人第一个科研项目初步成功，第二年，她搜集数据，准备写论文，写书，但业务主管领导却调她去搞另一个项目，原项目改由该业务领导主管。在新的科研项目里，这位大学毕业生半年多后又接

---

① 《中国青年报》1985年12月13日～12月25日。

近取得成功，可那位业务领导又来了，说：“你一个人的力量比较单薄。我来帮助你!”于是新项目只好又有了业务领导的大名。写到这里，报道者忍不住喝道：“喝水的不是掘井的！摘桃的不是种树的!”叙述至此，议论蓄势不得不发，而非叙事性话语一语破的，仅点到为止。

# 中编

# 第六章　榜样如何才能力量无穷
## ——典型人物报道的写作

## 第一节　典型、新闻典型与典型人物报道

### 一、典型与报道

#### （一）典型性报道：机关报中分量最重的报道

浙江省军区副政委兼金华军分区政委范匡夫认为：人民群众“对党风有意见，在很大程度上是因为他们身边的党员在一件件具体事的处理上丢了分。如谋点小利，占点小便宜，虽上不了党纪国法的线，却凉了群众的心，给党抹了黑。因此一个党员，把自己能做到的、应该做到的事做好，就是给党挣分”。他拒绝收礼开后门，拒绝用手中的权力为亲友办私事。2001年夏季，《解放军报》采写了关于范匡夫的一组系列报道，在军内外产生强烈反响，中央军委领导多次表扬记者，范匡夫成为2001年全国重大典型。

目前，在不少机关报中，报社对采编人员业绩考核以典型性报道，尤其是典型人物报道给分级别最高。如果说一般报道是“手枪”，那么典型性报道就是“大炮”，是“原子弹”。我国为什么如此重视典型性报道？面对思想工作出现的新情况，范匡夫等典型性报道为什么会成功呢？先进典型人物如何既让人景仰，又让人可以学习呢？

我们必须认真对待典型性报道，尤其是典型人物报道。

#### （二）什么是典型？

典型一词的英文为“Model”，其本义是模型，如造一架飞机，英文为“A Model of Aeroplane”，这是因为造飞机需要造一个飞机模型。而“典型”

一词的本义，指的是在同类事物中具有规范性、代表性的个别事物。比如烧砖，要脱坯，而这必须先造一个模子才行。这个脱坯用的模子就是典型。

从引申义与专有名词看，“典型”一词后来又有了文学领域内的特定涵义，它指的是文学艺术中用艺术概括的方法所塑造的表现出的人物的某种社会特征的艺术形象。文学艺术的典型又称典型人物或典型形象，如中国的贾宝玉、林黛玉、阿Q，外国的哈姆莱特、欧也妮·葛朗台、于连、冉阿让、苔丝。

（三）什么是新闻典型？

新闻典型属于新闻传播学范畴。新闻典型不同于文学典型。它是在一定时期、一定方面、一定地区内能够在思想、政策方针或工作方法等方面，集中而鲜明地体现一般事物的本质或发展规律的个别事物。①从外延看，新闻典型又有不同的类型，主要为典型人物、典型事件、典型经验。所以，典型性报道是有人物、事件与经验之分的。

新闻典型是相对的，不能绝对化。首先，从时间上看，一个时期有一个时期的典型。1982 年天津市商业建设成就突出，建立了较多的商业网点。天津的工作经验是该市开了三次现场办公会，商业网点选择由市建委牵头，多家部门参加，大家意见统一之后发“纪要”来统一执行，同时允许各单位优先安置本单位的职工子女在所办的商业网点内就业。②天津市的这个经验引起中央重视，当时的中央领导人胡耀邦、万里、胡启立指示全国学习，不少省市还到天津取经。显而易见，一些事物今天典型，但到了明天，事过境迁，就无法用来指导面上的工作，就算不上典型。

其次，任何典型都有一定的适用范围，往往只在某方面或某个问题上具有典型意义。例如，1997 年中国新闻奖获奖作品唐小强等的《长虹启示录》③，报道了四川长虹公司的成功经验，如“独生子”策略，即企业只生产一种产品，不到处开花，这样便于将产品做大做强。但是，长虹公司的这些经验只能供其他公司借鉴。

再次，一些典型有地区性的特点。有些事件、经验在甲地是典型，但在乙地则未必成得了典型。这是因为一个地区有一个地区的特点，一个地区有一个地区在一定时期内的中心工作。比如，2000 年，《新华日报》报道了经

① 吴庚振语，见郑旷主编《当代新闻学》，长征出版社 1987 年版，第 262 页。

② 《新华社好稿选 1982 年》，新华出版社 1984 年版，第 57 页。

③ 《四川日报》1997 年 5 月 20 ~ 22 日。

朱镕基总理高度肯定的江苏省扬州市的粮食工作，时任副总理的温家宝概括为"扬州经验"并向全国推广，但东部的扬州具有西部不具备的一些优势，因此，西部地区必须结合自身情况学习而不能盲目照搬。

就实际工作而言，与20世纪60～80年代的典型性报道相比，目前典型经验报道、典型事件报道则要少得多。典型人物报道是典型性报道的最突出的代表。

## 二、典型人物报道的界说与作用

### （一）界说

典型人物报道指的是报道者对社会生活中先进而又具有普遍的社会指导意义的人物所做的深度报道。

典型人物的报道分为个人典型与集体典型两大类。个人典型有雷锋、焦裕禄、王进喜、张海迪、孔繁森、吴天祥、徐虎、李素丽、李国安、吴登云、范匡夫等，集体典型有大寨、大庆、南京路上好八连、海军大连舰艇学院①、漳州110报警服务台、济南交警队等。

从理论上讲，典型人物应有先进、中游与落后之分，或许中游人物的代表性更充分，所代表的人数更多。但从实际写作看，所谓的典型人物报道是特指的，即所报道的只是先进人物。典型人物报道在分类上的这一特点是与典型人物报道的作用息息相关的。

### （二）作用

典型人物报道的作用，指的实际是典型人物报道的社会作用。邓拓1944年4月28日在《改革我们的通讯工作和报道方法》云："典型又最富有指导性，因此报道典型又是对群众进行了最好的教育。"②邓拓的话说明典型报道的目的是树立榜样，以便让广大群众见贤思齐，整合一切可以团结的力量。中国共产党宣传工作的一个老方法是"抓两头，带中间"。正是由于教育与引导的初衷，因而典型人物报道才只包括先进人物而摈弃中间人物、落后人物。

20世纪80年代，一些新闻工作者对典型人物只写先进、不写中间人物

---

① 见《中国青年报》2000年7月25日与为时的全国各大报。

② 中国社会科学院新闻研究所编：《中国共产党新闻工作文件汇编》下册，新华出版社1980年版，第219页。

的现象一再批评。有人认为“不能写中间人物”的不成文规定应破除。①在新中国成立初期，毛泽东以为“好事例及各地的不好事例，凡典型性的，都应当公开报道”②。这些看法值得注意。但是，新闻报道还是离不开显著性，而典型人物报道的政治性强，以目前的实际操作看，尽管存在不同的认识，但它仍专属于对先进典型人物的报道。而这，也不是个别人所能左右的。

## 第二节　典型人物报道的演变与特点

### 一、典型人物报道的演变

在中国，典型人物报道是中国共产党新闻事业所特有的新闻现象。它的出现、存在与发展有多方面的原因。

（一）苏俄影响

典型人物报道与中国共产党的以俄为师息息相关。

陈力丹《典型报道之我见》一文介绍，在早期空想社会主义者的新闻报道中即有典型报道。③苏联十月革命胜利后，典型性报道成为苏联新闻宣传的特点之一。列宁《苏维埃政权的当前任务》云：“榜样的力量……第一次有可能发挥出来。”④ 他在《伟大的创举》一文肯定了《真理报》对共产主义周六义务劳动的典型报道，誉之为“模范的共产主义星期六义务劳动”⑤。第二次世界大战期间，前苏联的报纸发表了一些先进典型人物的报道供全社会学习，如记者利多夫写的《丹娘》、《普通一兵——马特洛索夫》，波列伏依写的《真正的人》报道一无腿飞行员，《维拉医生》报道一位有德国血统的女子被俘后用德语骗德军并动员一德国医生投苏，1942 年苏联《真理报》对女英雄卓娅的报道。

当然，苏俄的典型报道还不能完全等同于中国的典型报道。苏俄称他们

---

① 郑旷主编：《当代新闻学》，长征出版社 1987 年版，第 274 页。

② 中共中央文献研究室等编：《毛泽东新闻工作文选》，新华出版社 1983 年版，第 176 页。

③ 参见杜荣进主编：《中外新闻采写借鉴集成》，浙江教育出版社 1997 年版，第 498 页。

④ 杨春华等：《列宁论报刊与新闻写作》，新华出版社 1983 年版，第 504 页。

⑤ 杨春华等：《列宁论报刊与新闻写作》，新华出版社 1983 年版，第 531 页。

的典型报道为“特写”，大体相当于我国的报告文学，但允许个别细节有一点出入。苏俄的这种报道对中国共产党早期的报道有一定影响。邓拓1944年4月28日《改造我们的通讯工作和报道方法》云：“新闻通讯是文艺工作的重要形式之一。真正好的通讯也就是好的文艺。”①

（二）新中国成立前

新中国成立之前，共产党的报纸已经出现了典型报道的萌芽。陈力丹《再谈淡化“典型报道”观念》一文介绍，中国共产党的典型性报道始于延安的《解放日报》。该报曾通过典型报道号召边区人民向劳动模范吴有满学习。在20世纪40年代，中国共产党的新闻工作者已经写出了一批长久影响后世的初步具备典型性报道基本特点的新闻作品，比如，沈重的《棋盘陀上五个“神兵”》②、仓夷的《反“扫荡”中的李勇》③、穆青的《雁翎队》④等。

不过，战争年代的这些报道，报道的人物主要是在与敌人斗争中所涌现出来的英雄，新闻五要素有时不全，叙事也较为笼统，整体专业素质尚待提高。王匡的《西瓜兄弟》⑤有地点，在潍阳县李楼村；有人名，但只说是李姓兄弟两人，一叫西瓜老大，一叫西瓜老二，相当粗略。但是，该报道没有时间，新闻五要素不全。同时，报道说“记者随军路过潍阳县李楼村时，听到群众间流传的西瓜故事”，这不能不让人怀疑记者是否进行了核实。这样的报道“简单、粗糙，语焉不详”（王匡语）。⑥

（三）新中国50年

1.“文革”前十七年。

在这个时期，典型人物报道由起步到成熟并发展为一个高峰，在所有新闻报道中最具影响。

20世纪50年代的一些典型人物报道具备了后来典型性报道的一些基本特征。郑大藩《伟大的战士邱少云》⑦（1953年）、戴煌《不朽的国际主义

---

① 中国社会科学院新闻研究所编：《中国共产党新闻工作文件汇编》下册，新华出版社1980年版，第218页。

② 《晋察冀日报》1941年11月5日。

③ 新华社晋察冀1944年1月14日电稿。

④ 《解放日报》1943年8月22日。

⑤ 新华社1947年10月15日电稿。

⑥ 《王匡通讯选》，新华出版社1990年版，第158页。

⑦ 徐占焜主编：《中国优秀通讯选》上册，新华出版社1985年版。

战士》①（报道救朝鲜儿童落入冰河中牺牲的志愿军战士罗盛教）、陆灏《王崇伦的故事》②、萧殷《“孟泰仓库”》③。这些新闻报道报道了英雄崇高的思想境界，所选择的人物特点突出，发表后产生了巨大的社会效益。当然，较之于20世纪60年代，50年代的典型人物报道集中于从一两件事或某个角度去下笔写人物，规模尚较为短小。

20世纪60年代的典型人物报道开始正面、全方位地报道先进人物，大手笔，起点更高，贯穿着阶级意识，如河北日报社记者等《邢燕子发愤图强建设新农村》④、解放军报社记者《艰苦作风，代代相传——记“南京路上好八连”》⑤、玛拉沁夫《最鲜艳的花朵——记草原英雄小姊妹龙梅与玉荣》⑥、李冀等《工人阶级的光辉形象——王铁人》⑦、《县委书记的榜样——焦裕禄》⑧、敬迈等《共产主义战士欧阳海》⑨。其他有影响的典型人物报道还有关于向秀丽、麦贤德、王杰、刘文学、大寨、沙石峪等的报道。不过，这一时期影响最大的则首推甄为民等撰写的《毛主席的好战士——雷锋》⑩。

在这一时期，典型人物报道高度政治化。在60年代选择典型人物，一般说来报社是不能单独做主的，人物报道已成为国家的重要政治手段。接近“文革”时，典型人物报道开始回避写未去世的先进人物，人物日趋高大全。

2.“十年动乱”期间。

在1966年至1976年的“十年动乱”期间，祖国大陆的典型人物报道仍相当繁荣。其中影响较大的典型人物报道有对刘英俊⑪、杨水才、金训华、黄帅、张铁生、李月华等的报道。

---

① 新华社1952年2月4日电稿。
② 《人民日报》1954年2月8日。
③ 徐占焜主编：《中国优秀通讯选》上册，新华出版社1985年版。
④ 《人民日报》1960年9月2日。
⑤ 《解放军报》1963年3月30日。
⑥ 《人民日报》1964年5月19日。
⑦ 《工人日报》1966年1月3日。
⑧ 《人民日报》1966年2月7日。
⑨ 《人民日报》1964年2月7日。
⑩ 《人民日报》1963年2月7日。
⑪ 《人民日报》1966年7月14日。

"十年动乱"期间典型人物报道的思路仍同于60年代。与60年代所不同的是，"十年动乱"期间的典型人物报道多数完全不能实事求是，而仅仅根据当时的政治宣传需要来有所取舍、写作。

3. 20世纪70年代末至80年代

这一时期，虽然"四人帮"已被粉碎，但此期典型人物报道的报道思路仍有一些同前，不仅仍立足于当时的政治生活需要进行典型人物报道，而且在如何处理新闻真实性上仍然存在问题。

这十年的典型人物报道数量也不为少，大致有如下种类：

(1) 揭批"四人帮"的作品

穆青等《为了周总理的嘱托》①，报道山西省闻喜县种棉农民吴吉昌以否定"文革"。

《共产党员》杂志的《要为真理而斗争》②报道辽宁省委宣传部文艺处干部张志新在"十年动乱"期间反对极左政治路线的事迹。

(2) 拨乱反正建"四化"的作品

与共和国成立后前30年不同，在70年代末80年代初，中央推出了一批知识分子的典型人物。樊云芳等的《追求——记社会主义实干家、优秀知识分子栾茀》③，报道太原工学院副教授栾茀，为知识分子叫好。陈禹山的《为中华崛起而献身的光辉榜样——记中年光学专家蒋筑英》④报道优秀知识分子蒋筑英科研报国的事迹。邱文仲等《罗健夫》⑤，报道陕西省骊山电子公司工程师罗健夫。顾迈南《"两弹"元勋邓稼先》⑥报道我国优秀科学家邓稼先科技报国的事迹。这些都是当时产生了重大社会影响的典型人物报道。

关于其他行业有影响的典型人物报道也不少，如国涌等《赵春娥》⑦报道河南省洛阳市老集煤场职工赵春娥全心全意为人民服务的事迹；郭梅尼等《生命的支柱——张海迪之歌》⑧报道山东省高瘫女青年张海迪与疾病、

---

① 《人民日报》1987年3月14日。
② 《人民日报》1979年5月25日。
③ 《光明日报》1981年3月26日。
④ 《光明日报》1982年10月10日。
⑤ 《工人日报》1982年11月5日。
⑥ 《瞭望》1986年第25期。
⑦ 《工人日报》1982年8月4日。
⑧ 《中国青年报》1983年3月1日。

困难做斗争的动人事迹。

(3) 进行社会主义新时期建设的作品

在党的十一届三中全会之后，中国共产党的工作重心转移到经济建设，时代的巨变直接推动典型人物报道发生转变。从20世纪80年代初期开始，社会主义经济建设的杰出人物也开始陆续进入我国的典型人物报道视域之内。李峰等《乡土奇葩——记农民企业家鲁冠球》① 就是这样一篇有影响的新闻作品。该文报道了浙江省杭州万向节厂厂长鲁冠球改革创业的事迹。

总的来看，这十年的典型人物报道，以20世纪70年代末80年代初较为集中，影响也较大。但是，这些典型人物报道已经不能与60年代的雷锋报道相提并论。随着中国改革开放政策的展开，80年代末90年代初，典型人物报道相对减少，所出现的典型人物报道多是关于企业家、改革者的，如报道石家庄造纸厂厂长马胜利、浙江省海盐衬衫总厂厂长步鑫生②。但是，由于经济工作的特殊性，关于改革人物的典型人物报道也出现了明显的问题。不过，这些问题和“十年动乱”期间不一样，无法再用“阴谋新闻”一类的常规政治理念去解释。这些典型性报道要么一味肯定，只摆好而看不到人物的不足，要么当人物出现问题之后全面否定、简单了事。这种跟风式的、不负责任的报道使典型人物报道颇为尴尬。如关于步鑫生的报道，读者是不满的③，典型人物本人意见也不小。马胜利后来说：“企业效益好时新闻单位把我炒得很热，1995年我被免职后，到处是雪上加霜，一些权威的报纸到现在还是说我60岁退休，其实现在我才59岁。我躲起来，一直对新闻单位避而不谈。”④ 对步鑫生、马胜利等企业改革者的报道使我国的典型人物报道第一次暴露出自身深层的内在矛盾。然而，我国新闻界并未从步鑫生等企业家的报道中汲取到足够的教训，在随后20世纪90年代对天津大邱庄禹作敏的报道仍然说好时不留余地。当典型人物因触犯国法垮倒以后，先前的报道几乎成了谎言与真假掺半的文字。有新闻工作者认为：长期以来，我国的典型人物报道“只知捧场而不知提醒”⑤。这些典型性报道的教训相

---

① 《人民日报》1986年4月10日。

② 章墨渊等：《步鑫生的“上下内外观”》，新华社1984年4月1日电稿。

③ 高海浩：《一人沉浮，千人评说——步鑫生被免职后的种种议论》，见曹璐等《新闻专稿教程》，中国广播电视出版社1995年版，第224~229页。

④ 马胜利：《马胜利回首细说从前》，《南风窗》2004年5月3日。

⑤ 冯越：《一个人真能承包100个厂吗?》，《大连日报》1988年3月1日。

当惨重，不能不让人开始归纳、重新打量以往的习惯。

4. 20世纪90年代以来的典型人物报道。

1989年6月4日政治风波过后，党的领导人大力加强政治思想工作，在20世纪90年代中期又掀起一个典型人物报道高潮。这一时期的典型人物报道有如下特点：

(1) 数量大

推出的个人典型众多，有赵雪芳、王廷江、徐洪刚、韩素云、孔繁森、马恩华、李国安、徐虎、吴天祥、李素丽、邱娥国、王启民、邹延龄、何家庆、吴登云、秦文贵、范玉恕、陈观玉、范匡夫等人。

集体典型有济南交警大队、河北农业大学、徐州下水道四班、漳州110报警服务台等。

同时，典型人物明显分层，中央有中央的典型人物报道，省市有省市的典型人物报道。

(2) 类型全

有的是立足本职工作，热心为人民服务，如徐虎、李素丽。

有的是艰苦奋斗，无私奉献，勇于开拓，如孔繁森、李国安、马恩华。

有的是自觉维护大局，全心全意为人民服务，如王廷江、吴天祥。

有的是见义勇为，助人为乐，扶危济困，如徐洪刚、陈观玉。

其中有干部，也有群众，有工人、农民、解放军，也有医生、教师、科技人员、企业经营管理者、法律工作者。

(3) 分布广

从地域上看，几乎每个省、市、区都有，既有沿海地区，又有中西部欠发达地区。

从行业上看，涉及行业多。据有关统计，至1998年年初，典型人物报道涉及的行业部门有15个，① 其中既有生产性行业，又有服务性行业。

## 二、关于典型人物报道的存废

毫无疑义，典型人物报道的宣传效果20年来一直呈梯次下降的发展趋势，这是不争的事实。那么，我国是否真正需要典型人物报道呢？著名的新闻传播学学者陈力丹在《淡化“典型报道”观念》、《再谈淡化典型报道观念》等文章中尖锐地指出：“典型报道本来就建立在单线思维的基础上……

① 轩教：《认真做好典型宣传工作》，见《光明日报》1998年1月1日。

一旦新闻人物替代了先进人物，或先进人物作为新闻人物出现在我们的报道中，典型报道就消亡了。”①但是，人类永远向往真善美，即便以“乌鸦文化”为主导的西方大众传媒也留下了赞美舍己救人的《冰河英雄》② 等歌颂性的报道。与典型性报道的传播效果持续下降形成鲜明反差的是，除了“富豪榜”之外，“感动中国”年度人物的社会影响越来越大，甚至有的高等院校也推出“05 年感动校园十大人物。”③ 显而易见，问题的关键不在于中国需不需要典型性报道，而是我们的新闻传媒应该向社会提供怎样的典型性报道。我国的典型人物报道应该根据新闻传播规律与时代的需要有所扬弃，与时俱进，真正在人物的真实与深度上做文章。

## 三、典型人物报道的特点

### （一）非虚构性

新闻报道中的典型人物是不同于文学中的典型人物的。

文学典型讲求艺术上的集中。其典型化程度的高低是判断一部文学作品艺术价值轻重的重要指标。文学中典型人物的塑造有两种方法：一是杂揉；二是以某一模特为主。杂揉法讲求依据众多的人物原型来进行艺术的概括、提炼，从而做到文学典型的共性与个性的有机统一。对此，高尔基曾有精辟的论述。高尔基在《我怎样学习写作》一文中又说：“假如一个作家能从 20 个到 50 个，以至从几百个小店铺老板、官吏、工人中每个人的身上，把他们最有代表性的阶级特点、习惯、嗜好、姿势、信仰和谈吐等等抽取出来，再把它们综合在一个小店铺老板、官吏、工人的身上，那么这个作家就能用这种手法创造出‘典型’来——而这才是艺术。”④鲁迅对杂揉法也有一个精当的论述，他说：“人物的模特儿也一样，没有专用过一个人，往往嘴在浙江，脸在北京，衣服在山西。”⑤梁斌创作《红旗谱》正是这样。梁斌笔下的朱老忠杂揉了他家乡的三位亲友与所结识的一位革命老人。⑥而以一个模特为主法，指的是作家以一个人物原型为主进行典型人物的塑造。如杨沫

---

① 见北京《新闻学刊》1988 年第 4 期。

② 见美国《读者文摘》1982 年 11 月号。

③ 翁晓波报道，见《武汉晚报》2006 年 2 月 10 日第 8 版。

④ [苏] 高尔基：《论文学》，人民文学出版社 1978 年版，第 160 页。

⑤ 见《鲁迅全集》第 4 卷，人民文学出版社 1981 年版，第 513 页。

⑥ 梁斌：《漫谈〈红旗谱〉的创作》，见山东师范学院中文系编《中国现代作家谈创作经验》下册，山东人民出版社 1980 年版，第 721 页。

《青春之歌》塑造林道静、江华。①因此，艺术典型的集中总免不了艺术虚构。林道静有杨沫的影子但又不限于杨沫，艺术源自生活又高于生活。

然而，新闻的典型人物报道则必须完全真实。新闻典型只有真实的模特，不许添油加醋，不许张冠李戴，不许走形变样，一句话，不允许虚构。生活中的新闻人物是什么样，报道就必须是什么样。报道人只能从大量的真实材料中沙里淘金，按照报道意图、报道思想与新闻人物的本来面目选弃材料，塑造新闻人物形象。

（二）一种思想典型

新闻典型人物不同于文学典型人物。

文学的典型人物以性格为核心。所谓性格，是人的态度和行为方面较为稳定的心理特征，既包括品德、思想，又包括人的意志、气质、情感、潜意识；既有智力因素，又有非智力因素。一个人的性格的诸要素之间是有主次之分的。文学创作中的典型人物性格有如下特点：第一，人物性格是人物主体世界与客体世界互相建构的结果，有较深的文化积淀，而不一定非要有或不限于当下的时代精神。第二，文学艺术界认为，文学典型之高下，取决于人物典型是否有新意，即创作是否为文学的人物画廊上添加了新的形象，人物性格是否丰满、丰富、复杂，讲求如恩格斯所说的塑造典型环境中的典型性格，人物性格要追求个性与共性的有机统一，既有性格的丰富性，又有性格的高度概括性。

新闻典型人物则不是这样。新闻的典型人物塑造并不追求人物性格的丰满、复杂，而是追求人物是否能集中地表现某一宣传思想或时代精神。只有鲜明地表现了当下应提倡的一种思想，新闻的典型人物才有新闻价值、宣传价值。比如，雷锋，体现了20世纪60年代党所提倡的全心全意为人民服务的好思想；张海迪，体现了不向困难低头，战胜困难做对社会对人民有益的人的思想；李素丽，表现了在平凡的岗位做贡献，做好本职工作就是最好的为人民服务的思想；孔繁森，表现了党的需要就是我的志愿的坚定的党性原则；南京路上好八连，表现了拒腐蚀永不沾，永葆无产阶级思想的价值取向。那么，新闻的典型人物报道是否就不讲求生动性了呢？不是的。新闻的典型人物报道也讲求生动性，但这个生动性必须建立在报道的新闻价值与宣传价值之上。而新闻的典型人物报道的新闻价值、宣传价值则突出表现在报

① 杨沫：《谈谈〈青春之歌〉里的人物和创作过程》，见山东师范学院中文系编《中国现代作家谈创作经验》下册，山东人民出版社1980年版，第751~754页。

道时代精神上面，表现在人物所能体现、折射出来的当下的主流文化思想上面。

总之，文学典型讲求文学的审美价值，新闻典型则讲求新闻价值与宣传价值。新闻的典型人物报道对生动性、人物性格丰富性的追求都必须建立在这个基础之上，都必须服从于新闻典型的思想是否典型这个大前提。思想与政策，是判断一个人物是否属于新闻典型并进而决定是否可以报道的依据。

（三）宣传功能最突出

中国大陆的典型人物报道与西方的人物报道差异明显。西方的人物报道讲求新闻价值，追求人物的显著性、趣味性，一般属于软新闻，如维多利亚·格拉汉姆的《贵族生活：我过上了真正幸福的生活》，报道的是清朝末代皇帝溥仪的弟弟溥杰；美国合众国际社记者戴维·特里的《快乐的巨人》，报道的是中国篮球明星穆铁柱，新闻现场穿插不少趣闻轶事与引语：

当七英尺二英寸（2.20米）的中国运动员穆铁柱小步跑入体育馆时，“嗬！”观众席上发出了阵阵惊讶声。

赛前练习开始了，穆铁柱一伸手就把球塞进篮内，观众席上又爆发出“啊，啊”的赞叹声。

可是，当球赛正式开始后，第八届亚运会上这位个子最高的运动员第一次投篮不中时，观众席上就发出了“咯、咯、咯”的笑声。

这位斯文的巨人一下子红了脸，他捏紧拳头，似乎很难为情，也许还有点烦躁，他的名字就是“铁柱”。穆一直是观众们所注意的中心人物，而且确实自始至终为观众所喜爱。

穆是一位羞涩、寡言的汉子。他说他还没有结婚。当他被问到干什么工作时，他坦率地答道：“篮球。”他正式职务是中国部队的一个士兵，他的军衔是战士。他打篮球已有九年之久了。29岁的穆铁柱在中国篮球队里是年龄最大的队员之一。

一位观看过穆不久前在马尼拉举行的世界篮球锦标赛和这届亚运会比赛的裁判员说，他比以往打得泼辣一些了。

裁判员解释说：“在马尼拉，当他碰撞了对方的队员时，他马上向人家道歉，而且他确实也被推来推去。现在别人推他时，他也会用肘部顶回去或推回去了。”

新华社——中国的官方新闻机构——的一名体育记者说：“在中国，当一方的队员碰撞了另一方的队员时，总是要道歉的，如果碰倒了，还要把对方扶起来。”

这位体育记者还说：“中国队对观众的欢呼声不那么适应。因为在中国，人们并不那么容易流露他们的感情，通常只是鼓掌，偶尔还有一点喝彩声。”

但是在星期二晚上中国队以91:71胜南朝鲜队的那场争夺金牌的比赛中，穆铁柱确实流露出了一些情绪。在比赛中，他得了24分，抢到了很多篮板球，并使得南朝鲜队员不能接近球篮。一名对手试图阻挠穆投篮，打了他的眼睛。当这个巨人看来可能要坚决进行报复的时候，这个对手吓得往后退。泰国观众对南朝鲜队发出了一片嘘声，并向场地上扔鞋子、软饮料杯、甘蔗等。穆铁柱的眼睛经医生检查后，仍继续参加比赛。

据中国队员下榻的文华饭店雇员说，饭店为穆搬进了一张特殊的大床，他比其他队员消费“多一倍的食物”。他们平均身高六英尺二英寸(1.9米)，比穆铁柱足足矮了一英尺。

饭店餐厅的服务员说，穆不吃辣的加有香料的泰国食物。早餐喜欢喝四杯新鲜牛奶（他退回了炼乳），一碗煮熟的鸡蛋，再加火腿、面包和米饭。

服务员说，至于午饭——那是巨人的主餐，穆至少要吃满满的四五碗米饭、炒菜、鸡肉、猪肉和牛肉，用桔子汁送下。晚餐完全是由营养价值很高的食品组成，如香蕉、桔子、菠萝、炒菜和一碗汤。

穆初到饭店时把两张双人床拼在一起，而在中国他睡在三张军用床上。旅馆经理找到了一张特大号的床以保证这位巨人能够睡好。房间服务员也得到通知要准备两三瓶可盛一夸脱的泉水，这是穆夜晚休息前的饮料。

虽然穆是这次篮球赛身材最高的运动员，可以轻而易举地抢到篮板球，并且叉开两腿稳稳地站在场上就能从容地把球塞入篮内，但是官员和许多评论家们认为，穆很少运球，动作笨拙，对付身材较高的欧洲队和美国队时就不灵了。即使这里没有篮球迷，穆也可以使体育馆座无虚席。当六英尺高的泰国运动员跳跃着围在穆的身旁，毫无效果地企图拦球或者扰乱穆投篮时，泰国人民向这个温和的巨人热烈喝彩。

当穆被两个人夹击时，他却咧开大嘴，笑嘻嘻地拍拍身材矮小的对手的肩膀，于是人们又发出阵阵欢呼声和笑声。

而中国的典型人物报道虽然多为非事件性新闻，但一般属于硬新闻，必须具有新闻价值与宣传价值，尤其必须具备宣传价值。典型人物报道是我国主旋律文化的主要典范之一。长期以来，中国的新闻报道遵循“典型宜多，综合宜少”的工作方针。典型人物报道已经成为社会主义精神文明建设的手段，其作用：一是营造社会主义精神文明的环境；二是树立榜样，让人见贤思齐。因此，典型人物报道必须能够鲜明而集中地表现出执政党在一定时期的思想路线、政策主张，必须体现主流文化的价值取向，引导正确的舆论导向。所谓新闻的宣传化，在典型人物报道上体现得比较鲜明。穆青1990年时说：“宣传先进人物是记者的光荣职责。”①因此，进行典型人物报道时，要注意多征求当事人、党组织、当事人的同事与亲友的意见，稿件完成后，要留心请他们提意见。

同时，典型人物报道的宣传示范功能又有文化传统因素。《三字经》、《女儿经》等宣传儒家的君臣之道、孝道、妇道，常常典型带路，如孟母择邻、孔融让梨、缇萦救父、少君汲水、卧冰求鲤、彩衣娱父，因此，断定典型人物报道在我国必定消亡之说恐怕结论尚早。

## 第三节　典型人物报道的选题

典型报道在新闻报道中，尤其是机关报的报道中占据着十分重要的地位。《空军军事学术》期刊社总编辑彭东海曾经担任空军政治部宣传部宣传处处长，他说：“宣传处长和特约记者的使命是抓典型和中心工作报道。当时，空军继朱伯儒之后，14年没有推出过叫得响的重大个人典型。走马上任后，我如坐针毡。”②那么，典型人物报道应该如何进行选题呢？

### 一、精心选择

选择合适的报道人物对典型人物报道至关重要。在选择报道对象时，既要充分考虑人物的宣传价值，又要考虑社会的认同；既要可敬，又要可亲。

（一）精心选择典型人物的具体办法

1. 实事求是，起点要高。

全面掌握人物的事实材料，对人物的思想境界进行准确的评估，既不能

① 穆青：《新闻散论》，新华出版社1996年版，第461页。

② 彭东海：《军报让我走近英模》，见《解放军报》2005年12月14日。

降低、矮化人物，也不能人为拔高或降低典型人物的取舍标准。在积累材料、选择报道人物时，要将重点放在人物的先进事迹，尤其是人物的思想境界、思想活动上。《光明日报》2001年9月7日推出的关于“三个代表”的典型人物马国昌，仅仅着眼于人物自觉宣传“三个代表”，而不是人物如何身体力行地体现、贯彻“三个代表”思想的内涵，故该选题急功近利，标准偏低。

在选择典型人物时，报道者要有质疑的精神。世界是复杂的，与万物相比，人可能最为复杂。一个人的言行之间出现矛盾是正常的，存在人格分裂也不意外，人是有成长过程的。而质疑，就是考量人物与相关材料是否真实、可靠，要求通过调查能够获取足够的材料证实人物的思想品德与言行。质疑有助于强化新闻报道的真实性。“感动中国2005年度人物”的陈健风波，说明事物的复杂性与质疑在保证先进人物报道真实性中的特殊作用：

**事件回放：**

1969年8月15日，在黑龙江逊克县双河村插队的上海知青金训华，为抢救国家财产（两根电线杆），跳入洪水中不幸牺牲。在那个时代，金训华的名字和雷锋一样响亮。

2006年2月9日，在央视播出的盛大颁奖典礼上，当年和金训华一起跳入洪水的陈健当选“感动中国2005年度人物”。此前媒体报道，洪水中金训华托了陈健一把，陈健于是许下诺言，留在那片土地上为金训华守墓36年，并为此“放弃了梦想、幸福和亲情”。那一晚，陈健这个名字感动了中国。

然而，就在亿万受众的心被撩动的时候，近日，有人提出质疑——陈健为金训华守墓36年的事实是否成立？

**扫墓还是守墓？**

知青朱伟明、金训华、陈健、黄德明、金训华的妹妹金士英，于1969年5月底一起到黑龙江双河大队落户。金训华生前生后的事都是他们亲历的。2006年2月11日，朱伟明对记者称，对陈健的报道“太离谱了”。

同去的知青们称，根本不存在一个“为战友守墓36年”的故事。

“如果他真的每年都回去扫墓，我们也认可了，可问题是他没有。”1998年才离开黑龙江回到上海的黄德明说。“至少1979年我离开双河大队以前没见到他回来扫墓”，朱伟明说。

"他是最早离开的一批，报道说他最后一个离开。"朱伟明说："陈健离开双河村以后，我从来没见到他回去过，更别说去扫墓了，我那个时候管食堂，他要是回去，肯定知道。"

实际情况是，金训华死后第二年，即1970年，陈健就离开了双河村，逊克县第一批面向知青招工，他就走了。

陈健则说："从1969年下乡到现在，我没离开过逊克县吧，不是一直陪着金训华吗？"

金训华是否托了他？

金训华救陈健的细节是知青们的又一个疑问。"当时水流那么急，金训华头露了3次就不见了，怎么会来得及托他？"朱伟明说。

79岁的双河村民姚振杰当时就在现场："一个浪头打来金训华就被冲走了。我没有看到金训华托了陈健一把。"对此，当年的生产队长姜延滨也持同样的看法。

陈健觉得很冤，"我从来没这么说过。这是记者写出来的。"

**真的是为金训华留下？**

大部分知青1979年之前都回到了上海，在双河下乡的知青中，除陈健外，还有黄德明等3人。对于陈健的留守，几乎每个接受采访的知青都进行了分析："按照当时的政策，和当地人结了婚的、在当地有工作、已经不是知青户口的回城不能落户口，陈健两项都占了，不可能回城。"

凤凰卫视一位编导称："陈健也向我们表示他留在黑龙江并不全是因为金训华。"

陈健则说："我留下来就是为了陪着金训华。我要想回上海，肯定能回来。"

**如何一步步"感动中国"**

黄德明再见到陈健是在1995年知青们的第一次大聚会，起因是为金训华迁墓。上海申银万国集团原总裁阚志东也参加了那一次聚会，他说："迁墓时还没有陈健守墓的说法。"

1996年，黑龙江一家日报的记者采访了陈健。陈健称，这是他第一次向媒体说出为战友守墓一生的愿望。此后，此事开始渐渐引起广泛关注。

"去年春节前，我妻子得了尿毒症。我向黑龙江一家报纸求助，他们报道了以后，《共同关注》看到了，就跟我联系，作了报道。"

电视报道播出后，引起强烈的社会反响，也使陈健的妻子获得了治疗的机会。

**老朋友劝他“不要太过分”**

2005年8月15日，十多位上海知青又到双河村扫墓，陈健陪同前往。有知青对陈健说，你见好就收，不要太过分。

今年1月，陈健被选为“感动中国年度人物”。2月15日下午，应上海媒体邀请回到上海的陈健本来要举行黑龙江知青见面会。朱伟明等一行10人到场后质询，为什么报道不真实？最后，陈健没有出现，举办方取消了见面会。

烈士金训华的在天之灵也许不会想到，围绕着他的长眠之地竟然会有如此多的争议。①

人是世界上最复杂的生物。俗话说得好，哪个背后不被说，哪人背后不说人，因此，一个人存在争议是正常的，关键是记者进行典型人物报道必须掌握人物的基本情况，事实要真实，材料有出处，定性要准确。新时代的典型人物更要经得起证伪。

2．时代精神与价值取向。

如何才能准确地评估所遴选的人物呢？选择报道对象，要看典型人物能否体现进步的时代精神，能否反映历史前进与社会发展的价值取向。20世纪60年代选取雷锋做典型，是因为雷锋的事迹充分体现了毛泽东思想的精髓：全心全意为人民服务。20世纪90年代选取孔繁森做典型，是因为孔繁森的事迹充分体现了新时期的党性原则：坚定共产主义的理想与信念是保证我国社会主义方向的大是大非问题。中央第三代领导人一再强调党性原则的重要性。而人民群众厌恶腐败，呼唤我们的党员干部能有高度的党性原则，有能全心全意为人民服务的无私奉献情怀。

通过时代精神、价值取向选择报道对象，必须与广大人民群众的迫切需要结合起来，必须从时代精神的流失处着手。刘志《强化三种意识，改进典型报道》一文认为：“当代年轻人的创新进取意识空前高涨，中年人则更加求真务实，而老年人仍然崇尚无私奉献、廉洁奉公这类典型……有些军队先进典型脱离社会现实，高于受众实际思想水平和认可能力，其感染效果并不理想。比如艰苦奋斗、无私奉献的先进典型，军队政治教育、军事训练、

---

① 《楚天金报》2006年2月18日第11版。

后勤建设等方面的先进典型等，尽管一直是军队大力提倡的，但是对于社会主义市场经济条件下的社会青年来说，很难在思想上产生共鸣。他们甚至对这类典型持怀疑和不信任的态度，认为是军队或新闻单位有意拔高或做给人们看的。”①其实，这种典型人物报道传播效果的不理想，既因为典型性报道的受众意识不足，也在于社会价值观面临市场经济挑战后出现迷乱，反而恰恰证明加强精神文明精神建设的必要性、紧迫性，要求典型人物报道立足广大人民群众呼唤的时代精神的“缺钙”之处来选择报道对象。

另外，作为非事件性新闻，典型人物报道在选取典型人物时还要注意依托重大新闻背景，强化时效性，善于选择新闻由头。

3. 基础扎实。

典型人物在所在的地方、部门或行业要有广泛的宣传基础，要能得到广大群众发自内心的拥护。《北京日报》刘志强采写北京市丰台区长辛店乡德厚化工厂的总支书记李宝德就是这样。李宝德这个人物先由乡宣传部推荐，说明人物的宣传基础未脱离组织保障。随后的李宝德追悼会让记者受到震撼。追悼会原定参加人数为400人，结果实到人数逾千，有600多人是自发参加。记者本想采访公司的副总经理，结果一提起李宝德，这位副总经理就止不住要流泪。记者随后随机采访群众，受采访人讲起李宝德大多十分激动，有的人还哽咽不止。这些情形是这位记者多年记者生涯所未遇见的。这说明李宝德这个人物有深厚的群众基础。

4. 组织调查。

对准备推出的每一个典型人物，报道者都要动员、组织力量进行专门调查，认真听取各方面的意见，尤其是人物所在单位、部门党组织的意见，以确保典型人物的政治方向。

在选择典型人物的调查时，报道者要注意倾听不同声音，尤其是反对的声音。这样便于全面了解人物，有利于媒体明辨准备推出的典型人物的真伪、高下与特点，实际上是平衡报道策略在典型性报道中的具体运用。

5. 动人、典型。

选择报道对象，还要看典型人物的事迹是否特别动人，是否具有普遍性。只有事迹动人，才有可能打动他人，让人见贤思齐；只有人物具有普遍性，才能发挥典型人物报道的指导性。

那么，报道者对此应该如何进行自我检验呢？答案是：对于初选的人

---

① 《军事记者》2004年第1期。

物，记者可以通过自己乃至于周围的人是否受到感动与感动到什么程度来帮助检验。

(二) 新闻线索的来源

典型人物报道的新闻线索是多种多样的，但大致有如下几种做法：

1. 记者在采访中自己发现。

这种情况最多。比如焦裕禄、吴登云的报道线索就是记者自己发现的。穆青等人当年原本要去河南省林县采访红旗渠，但在路上听说了焦裕禄的事迹，感觉值得注意，于是改道去了河南兰考。记者白剑峰等人是随中组部、中宣部、卫生部组织的采访团到新疆乌恰采访时发现的吴登云。

2. 记者从某些新闻的简单报道中发现。

比如，2000 年，《湖北日报》陈新民、张小燕对救人献身的当代大学生萧栋栋的发现，是始自湖北日报报业集团的子报《楚天都市报》刊发的一则淹死人的社会新闻。当时，正值纪念五四运动 80 周年前夕，报社鉴于救人的是位在校大学生，又为此献出年轻的生命，而这样的事迹久未出现，联系到 1982 年第四军医大学在校大学生张华救人牺牲①的社会背景，于是投入力量，进行调查。

3. 由有关单位、部门或通讯员所举荐。

关于王启民的报道就是这样的。1996 年秋，大庆油田进行“第二次创业”，油田需要舆论支持找到了人民日报社。经过大庆油田对王启民事迹的介绍与《人民日报》记者赴大庆的调查，最后经过商议，双方选中当时大庆油田自己正在广泛宣传的知识分子典型王启民为《人民日报》拟推出的新闻典型。

在对各种线索进行比较、衡量之后，报道者可以初步确定新闻典型人物的人选。然后，记者进行深入采访，如果的确不错，报道者可以开始全身心地投入到采访写作之中。其过程是一察觉（发现目标并了解主要事实），二粗探（查看优点），三方向（思考社会价值），四细访（将人物与主要事实核实，看有无出入，对人物性质的认定是否准确等），五确定。

(三) 新闻典型选弃的根本标准

新闻典型能否反映时代精神，是否在当前的社会中具有普遍意义，是选择新闻典型的最重要的标准。比如，穆青等对焦裕禄的选择，看中的是人物

① 王晨等：《新一代的理想之歌——记当代优秀大学生张华》，见《光明日报》1982 年 10 月 20 日。

不惧困难而带领当地干群勇于向困难做斗争的精神。这是因为，报道采写时期，党领导下的新中国正面临着巨大的困难，国内刚刚度过三年自然灾害，国际上不仅要与美国抗争，而且又与苏联交恶。面对如是现实，一般人不能不软弱求生存。但是，毛泽东领导下的新中国铁骨铮铮，决不低头。作者穆青等从焦裕禄的身上看到的正是这种党在当下所提倡的"梅花欢喜漫天雪"的斗争精神。

## 二、准确定位

准确定位是找准典型人物的位置，确定报道主题并保证典型人物报道能在社会叫响的前提。因此，报道者必须根据实际需求与过往报道对典型人物进行准确定位。

孔繁森：有坚定的党性原则的领导干部的榜样。

徐虎：岗位作奉献，真情为他人。

李国安：实现我党我军根本宗旨的模范团长。

马恩华：社会主义企业家。

邱娥国：做群众贴心人的民警。

邹延龄：钻研军事高科技、献身国防现代化的新型军人。

这些人物的定位，行业特点突出，时代特点鲜明，既符合典型事迹的特点，又抓住了典型人物的精神实质，给人的印象较深，便于各行各业学习。

## 三、区分层次

典型人物报道有重大、重要、一般之分。孔繁森、李国安、李素丽、徐虎、吴天祥等为重大典型，萧栋栋为重要典型，由中央推向全国。其划分的依据是典型人物对党、国家和人民的贡献与人物事迹中所蕴含的时代精神、社会意义。

典型人物报道的分层有益于社会主义精神文明建设。由于人们思想的多样性与进步程度的深浅不一，区分典型人物的层次有利于人们向模范学习。一些读者之所以对先进典型表示怀疑，除了神化人物之外，也在于典型人物层次分层不够，不便于广大人民群众学习。其实，根据时代需要，我国可以将热爱环境保护、动物保护、文物保护的先进分子树为典型，层次无妨低一些。选取典型人物要立足于社会主义精神文明建设的实际。比如，《一个不可思议的生命》①报道的是一位志愿军英雄在抗美援朝战后回家乡如何

① 李大同主编：《冰点'98》，中国林业出版社 1998 年版。

拖着没有四肢的病残之躯，坚持生活自理，做有益于社会的人。在年老后，他还写了一部小说《极限人生》。这样的人物精神同样为今日所缺乏和需要。区分典型人物报道的层次性，有助于收到更好的传播效果，实现新闻宣传的长远目标与当前目标的有机统一。但当务之急是将这种典型分层落到实处。

由于典型人物报道的层次不同，对典型人物报道的处置也不能平均用力。凡是重大的典型人物，媒体要按照中央的要求，统一安排新闻宣传，除了发报道之外，还可以举行报告会、座谈会，组织一定范围内的人们去参观学习，使典型人物努力深入人心。在具体的宣传上，典型人物也要注意方式方法。

典型人物报道要处理好宣传价值与新闻价值。典型人物报道主要在于宣传价值，因此，对于典型性报道而言，报道的主题就显得格外重要。典型报道的主题提炼有两个要点：一要实事求是，人物本人及其事迹必须的确包含着相关的思想；二要有的放矢，解决好一个现实性问题。与此同时，时代、读者的变化又要求典型人物报道既要遵循宣传工作规律，又要遵循新闻工作规律，不断增强报道的新闻价值，强化报道的真实性、新鲜性与显著性、接近性、趣味性、重要性。

## 第四节　典型人物报道的主题

在提炼典型人物报道的主题上，有如下三个具体的做法：

### 一、看政治上重要的程度

这就是说，选择典型人物报道的主题要抓决策性、方向性的问题，要跳出写好人好事的画地为牢的圈子。报道者要政治挂帅，立足于是否符合党的理想、马克思主义与党在当前的政策方针的高度来选择、提炼主题思想。孔繁森响应党的召唤，服从组织决定，舍家离子，告别老母，两次进藏工作，体现了坚持党和人民利益高于一切的思想境界，是共产党人党性原则的集中表现。《领导干部的楷模——孔繁森》①就是从这一政治高度来提炼报道主题的。

① 新华社 1995 年 4 月 6 日。

## 二、看被群众关注的强度

有的人写典型报道，首先考虑报道的主题思想是否能为编辑部所接受，报纸是否会刊登。这样的问题当然应该考虑，但仅仅这样考虑问题就使自己的出发点偏低。稿件是否被采用，关键还是在于稿件自身的质量。新闻价值重要性的判断标准之一就是看关注人的数量多寡、质量高低与关注者关注程度的深浅。群众关心的焦点、热点、难点就是政治，往往问题重大。既然党和人民的利益相一致，那么典型人物报道就要立足于群众关注的焦点、热点、难点来提炼报道主题，使主题具有强烈的现实针对性。

## 三、从最迫切需要解决的社会问题入手提炼主题

### （一）提炼表现时代矛盾的思想

典型性报道不是粉饰现实的文字。时代精神本身就具有战斗性。只有直面社会矛盾，直面时代矛盾，典型人物报道才有可能具备打动人心的力量。关于徐虎的报道正是这样。不少人以为雷锋过时了，随着时代变化，雷锋已经变得可敬而不可学。段敖伦等人写的《在平凡岗位上温暖千万家》① 却不这么认为。徐虎很普通，只是一位房屋水电维修工，自己有不少家庭困难，也需要他人帮助，然而，徐虎的不平凡之处就在于他利用自己的一技之长，在长达10多年的时间里，本份工作，业余仍勤勤恳恳地为社区百姓服务。因此，雷锋、徐虎不是不可学，而在于我们肯不肯学，学雷锋学徐虎学的是他们全心全意为人民服务的精神。这篇报道从当下实际出发，解决了事关整个社会精神文明建设的大问题，文章主题重大而贴近实际，很有分量。

### （二）提炼表现激浊扬清的思想

典型人物报道的主题要新，要有时代气息与时代精神，不能死气沉沉。因此，提炼主题还要考虑典型人物报道有哪些能激浊扬清，能为广大读者解惑去疑。

邱文仲等人写《罗健夫》正是这样。记者在采访时发现，罗健夫常常谦让唾手可得的好处，将一些人人惟恐落下的好处一再却之门外：罗健夫所在的公司多次派他出国，他一让再让，去世前仅去过一次日本。有次调工资，有人为能有份而到处争吵，而罗健夫却找到领导讲：我家生活不困难，我不调！公司多次拟提拔罗健夫做部门领导，但他始终不答应，他说：这里

---

① 新华社1996年4月16日电稿。

的官够多了，从党的科研事业考虑，我不当官比当官更有利。类似的事情还有很多。记者起初以为罗健夫这样做是“不为名利，廉洁奉公”，但又总感觉这样的认识力度不够。有次采访闲聊，罗健夫的一位同事说：“老罗这也不要那也不要，实际上带有反不正之风的性质。”记者听后一激灵，立刻刨根问底，但对方却不肯再说。对党内的不正之风，老百姓意见很大，记者感到这个思想有分量。于是，记者重新采访，方方面面的调查证明罗健夫的上述行为并不是因为他想当苦行僧，而是对不正之风愤慨的具体表现，体现了一个共产党员为自觉捍卫共产主义纯洁性所做的努力。至此，记者想起离京前国家航天部部长张钧的话：“罗健夫是一个纯粹的人。”记者也真正理解部长话语的内涵，并明确了报道的主题。

（三）提炼主题思想要坚持科学精神

一些典型人物报道的主题思想在提倡一种精神的同时往往忽略了该精神的合理性。比如，《红岩绽开英雄花》报道重庆一位 15 岁的女中学生陈渝为救一位 72 岁老人被火车撞成重伤的事迹。①记者蔡侗辰的报道主题为：以 15 岁的如花一般的生命去换一位 72 岁老人的生命值不值？报道认为值，因为这体现了无私奉献的精神。长期以来，类似的典型性报道相当多，在救人、抢救公共财产等过程中，这些可爱的少年儿童却往往遭遇不幸，或是牺牲，或是致残。如《年仅十岁的烈士》② 所报道的湖北省黄梅县蔡山镇麻墩村三年级学生王敏，也是因为救落水儿童而亡。此文后来还获得了本省专业报新闻奖。

但是，这些报道也引发了一些问题：

1．是否鼓励未成年人冒险？

少年儿童在生理、心理上均未发育成熟。因此，在危险的时刻，当成年人在场时，我们是不鼓励未成年人抢险救人的。20 世纪 80 年代媒体报道好少年赖宁抢救山火时，当时的那些成年人去哪里了？60 年代关于刘文学斗地主的报道，如果刘文学机智一些，完全可以既保全个人的生命又抓住坏人。在这些典型人物报道与学校的有关教育的影响下，一些少年儿童发现他人遇险积极援救，但是，却有不少孩子因此丧生、致残。据报道，2004 年 9 月，四川省简阳市贾家镇的四个小学生去水库游泳。当其中的一个孩子遇到

① 《光明日报》1999 年 6 月 1 日。

② 《现代少年报》1998 年 9 月 28 日第 1 版。

危险，其他三个小学生一起伸手援救，结果四个孩子全部溺水而亡。①少年儿童为救人抢险所付出的代价太大了。少年儿童典型人物报道的这一缺陷已经引起有关部门的注意。新华社广州2002年3月21日电王攀报道：广东省政府近日行文，要求全省各级党政机关严禁动用老弱病残人员、孕妇、中小学生及其未经过扑火培训的闲散人员参加扑火，以避免不必要的人员伤亡。②2003年，北京市新出台的《北京市中小学生守则（试行）》删去了原来的“敢于斗争”③。可见，不分场合一味鼓励未成年人抢险是不合适的。当然，在特殊的情况下，未成年人冲上前去舍己救人，我们赞扬，但是否鼓励则值得商榷。未成年人本身就属于被保护对象，而不是保护人。20世纪60年代，草原英雄小姐妹龙梅、玉荣保护公社的羊群，必须赞扬，但我们更主张将抢救羊群或抢救老人这些危险的事情交给成年人去做。在同样危险的情况下，未成年人更易伤亡。遇见危险，少年儿童应该首先保证自己不受伤害，然后再积极、机警地向学校、家长、公安局等机构或其他成年人通报信息，请求援助。

我们应该将对少年儿童的典型报道放在其他方面，如身残志坚、勤俭向学。

2. 这样的报道思想能否真正为读者带来阅读的震撼？

《红岩绽开英雄花》的主题不新，又未深化，故难以发人深思。实际上，报道者可以挖掘新闻事实所包含的思想内涵，解决好报道思想的针对性。陈渝品德好，但是学习成绩一般，不好也不坏。那么，我们不妨这么考虑问题：目前未成年人普遍以自我为中心，自我封闭，相互封锁，他们很聪明，但又怕吃苦，没有什么鲜明的社会责任感。同时，我们的教育存在着严重的只问学习好而不问品德好的育才（才能）不育人的倾向。那么，是否可以从社会竞争需要团队精神着眼或立足于育德重于育才（才能）的立场更好一些？比如，在品德好而学习尚可的同学与学习好而待人冷漠的学生之间，我们应该肯定谁呢？这实际是一个事关时代需要什么样接班人的大是大非的方向性的问题。典型性报道有两种情况：一是指导工作；二是作用于广大读者的日常生活。像这一类针对广大少年儿童读者的典型性报道无疑属于后者。凡是意在影响广大读者日常生活的典型性报道，在主题思想的提炼上

---

① 参见四川在线2004年9月21日。

② 《长江日报》2002年3月22日。

③ 《长江日报》2003年2月24日。

应根据读者的生活、思想实际着重于对读者的思想启迪与道德熏陶。

有人认为，这样认识典型报道的针对性降低了报道的高度，使典型不典型。但是，如果典型报道的立意高得让广大读者敬而远之甚至厌之，那么，这样的报道难道不是巨大浪费吗？对典型性报道本身不也是糟蹋吗？

目前，典型人物报道不好写，写出来之后的传播效果又大打折扣。广大读者不是认为典型不好学，学不了，就是认为典型太假，谎话连篇。典型人物报道的最大缺陷就是神化典型人物，不真实，与此相关的则是典型人物缺乏普通人的人味。蒋锡夔院士说："绝对无私的人是极少的，一般人都有私心和个人的愿望。但好人不因自己私利而损害集体或他人的利益，这是对一个好人的最起码的要求。一个更好的人还会积极主动地做有利于集体和他人的事。"①正是人物的神化，才导致典型人物不好学甚至于失真。老百姓希望新闻报道能告诉他们如何生活得更好一些。而这个更好的生活除了物质的还有精神的。典型人物报道在讲求奉献与群体伦理的同时，也应该考虑谋求个人与国家价值的有机统一，考虑社会主义市场经济所要求的先进价值的新取向，从而提高典型人物报道的服务性而不仅仅是指导性。典型人物报道的出路在于将典型人物作为新闻人物来报道。

没有事实、思想的真实，就没有典型人物报道的深度。提升典型人物报道需要从观念解放入手。

## 第五节　如何写好新闻典型人物

### 一、着重写人物的精神境界

典型人物写作的核心是写人。写人的什么呢？主要是写人物的思想。画"形"不是根本。因此，报道者通过采访要摸清先进典型人物的思想特点，即必须集中把握人物的"神"。

典型人物报道写"神"，主要是指写人物的思想。如写孔繁森，报道突出了他的对党、对人民的利益高于一切，因而全心全意为人民服务、为党服务的思想境界。郭嘉等人的《我党我军宗旨的模范实践者——李国安》突出地描写解放军某部水工程团团长李国安对党、对牧民、对士兵的深情。

性格是个系统工程，典型人物报道刻画新闻人物虽然不重性格，但是，

---

① 《科技日报》2003年7月15日第8版。

在通过人物的一言一行折射人物思想境界的同时，又必须准确地把握好人物的个性而不违背人物性格的基调。比如，孔繁森在接受党组织安排自己再次赴藏的决定之后，他该如何告诉自己的妻子呢？何平等人在《领导干部的楷模——孔繁森》一文中是通过选择一家人进京旅游的事实情节来处理的。接受组织的安排后，孔繁森没有直接告诉妻儿自己工作的变动，而是携妻儿去北京天安门观光。在途中，孔繁森话里有话地告诉妻子："到了北京就等于走遍了全国。以后我无论走到哪里就像到北京一样，你和孩子别牵挂。"路上先说半截话。从北京回到山东聊城后，孔繁森才将再次赴藏工作的实情告诉妻子。像这样懂得循序渐进的作为，与孔繁森高级干部的阅历、素质、能力与稳健是息息相通的。通过人物的思想与性格有机融合，记者就写活了人物而不是将人物概念化。可见，写好性格，对写好人物的思想与写活人物同样有帮助。

## 二、写好典型人物的内心世界

### （一）必要性

首先，写好典型人物的内心世界是新闻真实的保证。当前典型人物报道存在的一个不足是典型人物不可信，不可学。河北日报社的受众调查报告显示，在对典型人物无所谓的人中，有 25.6% 的人认为先进典型不可信；31.5% 的人认为先进典型与自己有距离，学不来；22.7% 的人认为先进典型报道存在拔高现象。①这样的典型人物报道，无论是宣传价值，还是社会效果都不能不大打折扣。比如，于磊焰等人采写的《中国人的骄傲——"杂交水稻之父"袁隆平》②报道人物行为的思想动机仅有寥寥数语："靠着非凡的毅力和信念。"艾笑等人采写的《白求恩式的好医生——赵雪芳》③报道赵雪芳之所以会全心全意为人民服务时也交代得十分浅显："从当医生的第一天起，她就以白求恩大夫为楷模，立志献身于救死扶伤的崇高事业。"我们无法知道赵雪芳的如此大志是怎样来的。实际上，回避报道人物的内心世界，已经成为一些记者神化人物、进行人物造假的手段。

其次，写好典型人物的内心世界可以保证报道的生动性。典型人物的精神世界是丰富的。然而，相当多的典型人物报道不注意写好人物的内心世

① 李广增：《新闻传播学》，河北大学出版社 1997 年版，第 250 页。

② 新华社 1989 年 9 月 12 日。

③ 新华社 1994 年 4 月 19 日。

界，而是着重写人物做什么，对人物为什么这么做的深层心理动机要么缺失，要么过分简略。比如，沙志亮等人采写的《写在祖国海空的忠诚——记海军航空兵某师功勋飞行员张军生》①，报道张军生的诸多先进事迹，如拦截窜入我国领空的外国军用飞机，受命改飞新型高空高速歼击机，等等。那么，为什么这一先进人物如此有胆有识呢？报道介绍，当一次张军生驱逐入侵外军飞机而将个人生死置之度外不惧两机距离过近时，张军生的想法是："要战胜高技术装备的对手，就要有压倒一切敌人的英雄气概，何况，祖国为我插上新的翅膀，我就要以凌厉的攻势，压倒侵略者的嚣张气焰！"但报道交代人物的思想动因还过于浅近，为什么人物会有压倒入侵者气焰的英雄气概呢？报道对此没有深究。这样的人物自然难以让人置信，读者当然可以质问：人物是否有个人立功的想法呢？报道中的已有文字无法排除人物有如是动机的可能性。这些报道都未能将笔伸到先进人物的灵魂深处，写出的人物自然无法真正活起来。

相反，一些未列入典型人物的人物报道反倒将人物写得真实可信、活灵活现。比如，武汉工业大学一位委培生在自己的家乡湖北十堰见到一位可爱的小女孩：妈妈修鞋，她12岁，捡破烂，从未上过学，有癫痫病。小女孩的不幸引起这位学生的怜悯。于是，他个人筹款把这个小女孩带到武汉看病。学校认为学生要以学为主，帮助小女孩，是希望工程的事。而这位叫陈红桥的学生则认为，社会要帮的人很多，可惜却少有人挺身相助，因此自己能帮一个是一个。陈红桥为什么要帮这么一位素不相识小女孩呢？冯广博等人在《中国青年报》上刊发的《我是你哥哥》一文以为，陈红桥帮小女孩是看小女孩可怜，是向善之心。人物的这一思想虽然未必充分达到了共产主义的高层面，但也不能就说没有共产主义的因素。这样的思想与行为，是高尚的，在今天是非常珍贵的，应该弘扬。这篇报道对人物内心世界的把握符合逻辑性。

回避人物的内心世界，典型人物报道往往片面，不真实，不生动，无法学习，因此，记者要熟悉人物的心灵，"一个好记者，要善于掌握打开人们心灵宝库的钥匙"②。

### （二）写好人物内心世界的重要思路

那么，如何写好人物的内心世界呢？

---

① 《光明日报》1999年6月29日。

② 郭梅尼：《我的记者之路》，北方妇女儿童出版社1987年版，第10页。

1. 写好人物深层的思想动机。

人物的内心世界是分层次的。人物行为的动机分浅层动机与深层动机。深层动机与人物的价值观念相关。比如，勇拦入侵外军飞机，浅层为要有英雄气概，深层则可能为爱国主义，可能立功扬名，也可能兼而有之。写好人物的思想动机与新闻的真实性是息息相关的。因此，典型人物报道在写人物的思想动机时既要把握浅层的直接动机，也要把握深层的价值观念动机。

甄为民等人的《毛主席的好战士——雷锋》报道一位叫雷锋的普通士兵全心全意为人民服务的动人事迹。那么，为什么雷锋会走到哪里就好事做到哪里呢？是为了求得领导的表扬、同志们的称赞吗？是为了个人升官提干吗？不是的。报道介绍，雷锋的身世非常悲苦：父亲被日寇杀害，哥哥在资本家工厂做工惨死，妈妈在地主家做佣工受辱自尽，七岁的他就成了孤儿。他四处讨饭，仅仅因为打了一下财主家的狗，就被地主用剁猪草的刀在他左手上连砍三刀。他生不如狗。是共产党、解放军将他从苦海中解放出来，使他有饭吃、有衣穿，可以上学、进工厂，过上人的日子。因此，雷锋对共产党、毛主席有着深厚的阶级感情与朴素的报恩思想。他把党看作再生父母，将周围的战友、乡亲视为亲人。他曾说：唱支山歌给党听，我把党来比母亲。他帮战友，帮老百姓，就等于帮自己的兄弟姐妹，帮自己的伯伯姑姑。正是这种建立在一定阶级立场上的泛亲人思想，成为雷锋全心全意为人民服务并最终成为一位共产主义战士的深厚的社会基础与思想根基。

2. 注意人物思想的针对性。

典型人物报道服从于党的宣传事业，要想增强传播效果，就必须直面矛盾，不作人云亦云的文章。《品味范匡夫》① 之所以受到广泛好评，就与此相关，其片段如下：

> 一名转业干部两次三番给他送礼，见他执意不收，竟以为“政委是不想给我帮忙”；到地方检查工作，一家企业给每人送上一份精美礼品，他不要，有人便提醒：“你不拿，等于在批评大家搞腐败”；一对下岗夫妇感谢其真诚扶助，拎着礼品登门，他不接，夫妇俩误以为他是嫌礼薄，竟“扑通”一声跪下来。88 岁的老父亲拖着病体，冒着严寒从 100 公里外的老家赶到金华，提出将在异地当兵的孙子调来军分区，范匡夫没答应。老父亲含着泪水、踏着积雪走了，就是不要儿子送。外

---

① 《解放军报》2001 年 7 月。

甥想当兵，体检政审过了关，在“文化程度”一栏卡住了。范匡夫知道，这是条硬杠杠，便没打招呼。姐姐不听解释，气呼呼走了。面对父亲苍老的背影和姐姐的埋怨，范匡夫心里也很不是滋味。但范匡夫坚信自己没有错，并坚信“他们一时不理解，总有一天会理解”。

范匡夫对理解与不理解的问题作过调查，发现一个很值得思考的现象：对于旗帜鲜明地反对腐败、抵制不正之风的行为，绝大多数人是打心眼里理解和为之叫好的。广大群众真正不理解的是，有人竟然把“不论白鼠黑鼠，不被逮住的就是好鼠”奉为“经验之谈”，听了让人全身起鸡皮疙瘩！一个领导干部凭自己的能力，凭自己的真本事清清白白、堂堂正正、踏踏实实做人，有什么难的？为什么偏要把自己降格为“鼠辈”，一辈子就为了“不被逮住”，而消耗自己的智慧、尊严、生命呢？

范匡夫说：对那些搞不正之风的人，只要看透他们的真正用意，对为什么要坚决拒绝和抵制他们也就不难理解了。这比让周围的人理解更重要。比如，遇到谁要找我开个什么口子，我就这样去“理解”：人家送你钱财是看上你手里那点权。你要是不提防，轻则会坏了你的名，重则会害了你的命。仅从维护自己的尊严、珍惜自己几十年奋斗成果的角度而言，面对送上门的钱财美色，也当拒绝。

一次，有个地方领导干部问范匡夫，我也想挡住这些不正之风，但我为什么就觉得太难了呢？范匡夫给他说了这么一条体会：对不正之风不搞“内外有别”、“下不为例”，久而久之，人家知道你不是那号人了，也就懒得来碰壁了。他的妻子王志萍证实，范匡夫到金华军分区当政委后，上门送礼的人一年比一年少，现在几乎没有了。

《品味范匡夫》的这一部分，提出并回答了广大党员干部应该时刻提防也是广大群众意见最大的问题：党员干部如何清廉、不腐败。这样写，既合情合理，写真写活人物，又针对社会中的具体矛盾下笔，正气凛然，读来解气。

3. 重视在人物的自我矛盾冲突中刻画人物。

围绕典型人物所表现的矛盾冲突有三大类：一是人物与自然的矛盾，是为自然矛盾；二是人物与他人之间的矛盾，是为社会矛盾；三是人物自己与自己之间的矛盾，是为自我矛盾。过去，在战争年代或强调阶级斗争的年代，先进人物报道或典型人物报道着重于写敌我之间的矛盾。而目前，在社会主义的和平建设时期，开枪打炮、大轰大炸的你死我活的矛盾冲突很少能见，人与人之间不可调解的矛盾冲突也少多了，相比之下，人物自身的内在矛盾冲突则越来越多。一个人的进步，在相当的时候是战胜自己的弱点与不足。因此，典型人物报道要注意把握人物自身的矛盾，要通过就在自己体内的内在矛盾来刻画新闻人物。

郭梅尼等人采写的《生命的支柱——张海迪之歌》①的成功之一，就是报道集中地展示了张海迪的自我思想矛盾冲突与她战胜一个个自我内在矛盾冲突之后的思想飞跃。这篇通讯报道的是山东一位叫张海迪的女青年如何战胜自身高位截瘫的病魔从而做一个对社会有益的人的动人事迹。《生命的支柱——张海迪之歌》将张海迪的自我精神拼搏归为三个阶段。报道的开头就提出了张海迪行为背后的精神驱动力的问题：张海迪“拖着病残的身体，愉快地为人民做事，生活的力量是哪里来的？”报道告诉我们，张海迪的这种思想源于她1970年的早年乡间生活。当时，她结识了一位五六岁的十分漂亮、可爱的小男孩。但由于当时农村医疗条件的限制，这位小男孩因为患急病而未能及时治疗而夭折。这种痛苦激起了张海迪学医为他人治病的念头。这是先进人物思想斗争的第一个阶段。张海迪这时的思想虽然初具奉献意识，但还局限在浓浓的个人性情之中。但是，当她学会扎针治好了一位老大爷多年的瘫痪病后，她第一次懂得：给别人带来幸福，就是自己最大的幸福。②这是张海迪思想变化的第二个阶段。她开始自觉地将个人的幸福与他人的幸福有机结合起来。然而，当张海迪迁入县城后却因残疾而屡受歧视，被认为是对社会没有用处的废人。她得不到工作，得不到为社会作奉献的机会。为此，她十分痛苦，曾经自杀过。是苏联小说《钢铁是怎样炼成的》中的保尔鼓起了她战胜挫折的勇气和信心，决心战胜病魔学好本领为人民服务，做一个生活中的强者。这是张海迪自我思想斗争的第三个阶段。正是由于报道紧紧把握了先进典型人物自我思想矛盾冲突、发展的脉络，张海迪才被写得个性鲜明，生动活泼，成为广大青年甚至中老年人学习的榜样：既然一个残疾青年都能自强不息，战胜种种常人难以想象的困难来为社会服务，那么，我们健全的人又有什么理由怨天尤人？又有什么理由不在为社会的贡献中燃亮自己的生命烛光呢？

---

① 《中国青年报》1983年3月1日。

② 2002年10月，张海迪作客中央电视台时认为，人生的意义在于奉献，对他人有用。

毫无疑义，如果仅仅着眼于先进人物如何与人斗、与大自然斗，而单单遗漏了人物如何与自己的思想斗争，那么，我们就写不出先进典型人物的精神发展足迹，写不出先进人物平凡与非凡的有机统一，也无助于摆脱长久套在先进典型人物通讯中的神化模式。

4. 将人物的先进性与平凡性有机统一。

要想让典型人物能让人景仰，除了人物能让广大读者理解之外，还要可以学习，并非高不可攀。因此，典型人物报道既要写人物的先进性，又要写人物的平凡处。人物不先进，不值得学习；人物不平凡，又无法学习。

《把党和政府的温暖送到千家万户——记全国模范、水电修理工徐虎》①所写的徐虎既不是科学家，也不是战斗英雄，仅仅是个普通的水电修理工，工作十分平凡。然而，不平凡的是，他兢兢业业地做好本职工作，利用业余时间修灯、掏下水道，为自己辖区内的居民服务。徐虎的先进性体现为：做一般人可以做而不肯做的事。因此，向徐虎学习，就是肯不肯学，而不是能不能学的问题。

写典型人物报道，有人认为必须写出人物的共产主义闪光话语，否则就体现不了典型人物的先进性。这一看法不对头。阎星华等人的《寻找"金穗"》②报道新疆克拉玛依农行行长张培英三年多来隐姓埋名汇款资助吉林省延边市的一个孤女的事迹。张培英的这些事迹直到1995年才为人熟悉。1995年，他在一起交通事故中去世，家人从张培英口袋里发现汇款单，这才知道张培英先前所做的一切。张培英帮助孤女的动机相当简单："我捐钱只是凭良心做事"，"人人都有一颗爱心，做点事何必非知道是谁"。这样的思想与共产主义思想并不矛盾。在这些朴实无华、不无传统的思想中难道就不存在共产主义的思想要素吗？当然存在。判断一个人思想的高低，还是要看是否对人民有利，是否对国家有利，是否体现了先进的时代精神。《寻找"金穗"》虽然未必属于典型人物报道，但对于典型人物报道的写作却有启发意义。其实，每个人的心中，既有上帝，也有魔鬼，典型人物报道应帮助广大读者驱逐、消灭心中的魔鬼，帮助人们向真、向善、向美，从而有益于社会主义的精神文明建设。

（三）写好人物内心世界的具体方法

1. 在矛盾冲突中展示典型环境中的典型人物。

---

① 《中国建设报》1996年4月17日。

② 李大同主编：《冰点'98》，中国林业出版社1998年版，第204～212页。

穆青《谈谈人物通讯采写中的几个问题》一文云：“人物通讯所要再现的典型环境，主要是人物所处的特定时代的重大矛盾冲突。”①人物的环境往往通过冲突来表现。穆青等人采写的《县委书记的榜样——焦裕禄》善于通过矛盾冲突来展示典型环境中的典型人物。焦裕禄在报道中一亮相，摆在他面前的困难就十分巨大：一是兰考发生了严重的自然灾害，有内涝、风沙、盐碱，这是自然环境；二是兰考干部中普遍存在的错误思想，即在困难面前灰心丧气，失去斗志，这是社会环境；三是焦裕禄本人有病，肝病相当严重，最后他本人即死于肝病，这是自我矛盾、自我环境。穆青通过如是典型环境将焦裕禄推到风口浪尖上来充分显示他精神的伟大、行为的不平凡。

一般说来，矛盾冲突越大，先进人物遭遇的困难越严重，则越有利于展示人物的先进性与人物的生动性。比如，疾病对人物的考验，徐虎深度近视，患有高血压、脂肪肝疾病；李国安患有细胞瘤重症，面临瘫痪的威胁；焦裕禄患有肝癌绝症，并终因肝癌去世。显而易见，绝症肝癌比重病、轻病对典型人物的考验更大，更易显出英雄本色。

2. 巧妙铺设人物的典型环境。

在人物所要面对的诸环境中，社会环境具有十分重要的作用。社会环境除了国际环境、国内环境这些大环境之外，还包括人物周边的小环境。以往人们写典型人物的环境往往注重大的环境，如焦裕禄与自然灾害、孔繁森与西藏落后的生产力水平。其实，人物的环境也包括人物的家庭、同事等。比如，孔繁森家有高堂老母，老家有妻儿，这些实际上也是典型人物的环境。再如，《岗位作奉献，真情为他人》②中的李素丽，有的乘客面对查票，有意将拿票的手在李素丽的面前晃来晃去，有的乘客故意往车厢的地上吐痰，李素丽提醒对方，对方一句话不讲又向地上吐了一口。这些也是人物的环境。因此，选取周围群众的不理解、家人的困惑，其实就是刻画人物的社会环境，也能充分表现出人物的矛盾冲突。而《把党和政府的温暖送到千家万户》、《岗位作奉献，真情为他人》报道，由于忽视了对这些困难的展示，也就影响了典型人物的先进性。其实，在社会主义市场经济兴起的今天，徐虎、李素丽平凡岗位作奉献是相当不容易的。报道回避矛盾，也就使报道失去了相当的震撼力，故读来就有些平淡。

---

① 穆青：《新闻散论》，新华出版社 1996 年版，第 180 页。

② 《北京日报》1996 年 10 月 4 日。

## 三、将人物置身于一定的环境之中进行刻画

恩格斯1888年4月在致英国女作家玛·哈克奈斯的信中说："据我看来，现实主义的意思是，除细节的真实外，还要真实地再现典型环境中的典型人物。"①恩格斯的主张对典型人物报道同样适用。穆青在《谈谈人物通讯采写中的几个问题》一文中也主张通过典型环境写先进人物。

将典型人物置身于一定的环境之中去刻画有如下好处：

1. 便于展示人物的先进性。

郭沫若《满江红》云："沧海横流，方显出英雄本色。"通过一定的环境，能更好地刻画出人物的非凡之处。比如，写北京军区给水工程团团长李国安，郭嘉等的《我党我军宗旨的模范实践者——李国安》②就将英雄放到一个不平常的环境之中进行描写。这个环境是：内蒙古地处边塞，自然条件很差，极度干旱，李国安家在千里之外的北京，本人又重病在身。但越是艰险越向前，李国安的伟大之处越容易显现。

2. 便于人物刻画的生动性。

一个画家做肖像画，可以只画肖像，也可以将人物置身于一定的环境之中如让人物依托荒漠、大海、工厂、军营。后者的画法使人物完整，有纵深感、立体感。写典型人物同样如此。何平等《领导干部的楷模——孔繁森》立足于西藏的条件与孔繁森的家庭条件描绘孔繁森。西藏地域辽阔，海拔高峻，生产力水平低下，当地人民的文化、经济水平低；孔敏森本人上有高堂老母、下有子女。可以试想，如果记者将这些环境去掉孤立地写孔繁森，那么孔繁森就会被写得单薄、孤立甚至于怪异，而不可能如现在这样浓彩重墨，栩栩如生。只有将先进人物置身于典型环境之中，才能将先进人物写成活生生的典型人物。

典型人物报道要以人物为中心，以环境为辅助；环境描写要形象，要少而精，不能喧宾夺主。

## 四、要善于用人物的言行（含细节）来表现人物的思想境界

写人无外乎写人物的行为、言语与内心世界。如果只说人物如何如何

---

① 北京大学中文系编：《马克思恩格斯列宁斯大林论文艺》，人民文学出版社1980年版，第147页。

② 新华社1996年1月22日。

好，而没有事实，那么，写出的人物就既没说服力，又干枯晦涩。为了使典型人物能够使人人见贤思齐，报道不仅要写人物的外在言行，还要通过人物的言行写出人物的内心世界。

直接刻画人物的内心世界，记者要有依据。如采访人物时，人物的话语、日记、书信。而由他人转述的典型人物的内心思想话语，使用时最好有两人以上的证明。

写人物的内心思想，以通过人物的言行来折射为上。人物的言行具体、易懂，长处突出。《我党我军宗旨的模范实践者——李国安》写李国安一心为边疆军民打水。一次，当他病重住院，听到白音查干打水无果而官兵们准备回撤时，他不顾医生阻拦，让人将自己抬上吉普车，找正在北京开会的军分区司令员，提出：钻井连不能撤，边关路途遥远，撤下去再上去就难了。这些事实说明李国安一心扑在工作上，说明为了边关打出水来，为了让军队、让当地百姓有水喝，他不顾个人健康。事实胜于雄辩，典型而生动的人物言行能更好地表现出人物的思想境界。

在用事实刻画人物时，还要善于挑选典型细节。比如，李国安在长期的边关打水工作中，患上了“胶质细胞瘤”，曾因昏迷被送到301解放军总医院手术。他腰部的3块椎骨被切除了一大截，留下一条长达10厘米的无法愈合的骨槽，这样一来，李国安就存在下肢乃至于全身瘫痪的危险。1994年4月1日，他在住院3个月后坚持出院，无奈之下，医院给他围了条15厘米宽的“钢围腰”。回到内蒙古后，他坐吉普车考察八千里边防的水文情况。对此，《我党我军宗旨的模范实践者——李国安》选取如下典型的细节来刻画人物的高尚节操：

为了减缓颠簸，他让司机用背包带将自己捆在座位上。即便这样，腰部仍然一次次被磨破。烈日贴着不尽的沙砾燃烧，吉普车内闷得像蒸笼，血水和汗水一次次把军衣浸透，伤口和军衣又一次次粘在一起。

司机小马一边开车，一边流泪。两个月后，汽车穿过阿拉善沙漠200多公里的“死亡之海”，他心疼得再也开不下去了，伏在方向盘上“呜呜”地哭起来。

李国安一惊：“小马，怎么了?”

“团长，咱们还是回去吧。这样下去，你会把命赔上的。”

李国安拍拍小马的肩头：“把命搭在党的事业上，值啊！病魔不可怕，就怕咱怕它。咱不怕它，它一点也不可怕。共产党就是要活着干，死了算。”

每当夜静人深，李国安总是咬着牙用毛笔蘸上药水一点一点的往溃烂的伤口涂抹。考察途中，他用完了40盒药水，扔掉了十多条沾满脓血的短裤。

## 五、实事求是，真实可靠

新闻的生命在于真实。因此，典型人物报道必须实事求是，正确处理好以下问题：

（一）正确处理典型人物与周围群众的关系

陶铸1944年12月在《关于部队的报纸工作》中说：“要注意不要使英雄个人突出，脱离群众。”①红花也要绿叶扶，英雄的成长是有条件的，英雄不过是群众中最突出的一位。典型人物报道不能因为突出典型人物的先进性而人为地打压周围的群众，不能搞“众人皆醉我独醒”那一套。

（二）正确处理典型人物与党组织的关系

不要将典型人物写成脱离集体的苦行僧。先进个人的成长除了个人的勤奋之外，还有党组织的关爱。在个人与党组织之间，要注意实事求是，善于选取组织对先进个人成长的培育。

（三）留有余地，避免绝对

典型人物虽然有突出的事迹、先进的思想，但也仍然会存在这样或那样的不足，因此，报道典型人物不要将话讲得过满，没有回旋的余地，否则，容易在以后或许出现的局面中陷于被动。经过大众传媒大规模报道之后，典型人物往往由过去的默默无闻一跃而成为新闻人物、公众人物。报道时留有余地、避免绝对，既是对包括新闻事业在内的党的事业负责，也是对典型人物负责，还有助于减轻典型人物的社会压力。比如，在对浙江海盐衬衫总厂步鑫生的报道中，将人物介绍得好得不得了，结果当步鑫生管理的工厂垮后就让广大读者感到突兀，新闻报道与以后的现实之间出现无法调和的冲突。再如，记者对天津大邱庄禹作敏的报道更是只见其一，未见其二。随着禹作敏原先潜在的不足以及后来的所作所为，使先前记者报道与后来禹作敏的罪行之间形成鲜明的对照，记者要多狼狈有多狼狈，党的新闻事业也为此蒙羞，引发了广大读者对媒体、典型人物报道的不信任。报社、记者为自己的

---

① 中国社会科学院新闻研究所编：《中国共产党新闻工作文件汇编》下册，新华出版社1980年版，第209页。

绝对化付出了惨痛的代价。

留有余地，也意味着报道者在报道典型人物时，既要接近人物，与人物同呼吸，又要与人物保持一定的距离，独立思考。时代在变化，生活颇复杂，与人物保持一定的距离，有助于报道者冷静、客观，有助于维护新闻报道的真实性原则，有助于提升典型性报道的公信力。这也是对党和人民的新闻事业的负责任。报道典型人物，报道者既要进得去，又要出得来。

## 第六节　写作形式灵活多样

### 一、文体上可多样化（这是治标）

典型人物报道的传统文体是通讯，如报道雷锋、焦裕禄、张海迪、孔繁森、吴登云，有的则用消息、评论、图片与通讯相互配合。但是，目前人们的生活节奏快了，媒体种类多了，数千字甚至上万字的典型人物报道，能读爱读的读者是越来越少。因此，典型人物报道除了用消息、通讯之外，也可以尝试特写，采用系列报道、新闻小故事（连续），还可以用书信、日记的方式，努力化整为零，做到别开生面，润物无声。

（一）结构角度新

如《黄劳模戒烟》①仅写人物的一个片断、细节：

> 在咱们钻井处4599钻井队，副队长黄志安的烟瘾是出了名的。一天下来，没有一包半香烟准打发不了他。虽然妻子、女儿常埋怨，也只是对着“老黄牛”弹琴，他依然照抽不误。
>
> 可是当这个队挥师盐城钻探油气井时，这位局劳模却一下子与烟“绝了”。他在全队职工大会上宣布：任何人不准在井场吸烟，违者，发现一次罚款500元，同志们若发现我抽一支烟，罚款1 000元！说起来容易，可要“抛弃”打了近20年交道的“挚友”，黄志安确实下了一番狠心。从不吃零食的他，买了一盒口香糖，烟瘾犯时，便嚼一块分分心，或者把整个的心思全都扑在工作上。

这篇报道写人是采取侧面角度下笔的方式。

① 《江苏石油报》1999年12月17日。

《家人眼中的汪洋湖》①、《刘亚民的108个教案》也是从结构上出新，分别在家人、教案等小处入手成文。在对湖南省委原副书记郑培民的报道中，有关中央媒体纷纷推出大块头的报道，如新华社、人民日报社的《公仆本色》，光明日报社的《为民书记》②，但在2002年度第13届中国新闻奖评比中，获奖的却是来自地方媒体的《情切切，意绵绵——亲人眼中的郑培民》③。该报道的成功之处就是放弃了与中央新闻媒体一样的正面报道的方式，而是从被报道者妻子、儿子的角度切入郑培民的故事材料，凭借侧面结文最终得以傲视群雄。

（二）结构线索新

议论性的文章一般有文脉而没有线索。线索是贯彻在记叙类文章或有关抒情类文章内介绍事实发展过程中的脉络，作用是将文章内各种事实材料或非事实材料联结为一个有机的整体。巧用线索，有助于深度报道言简意赅，轻灵精致。比如，郭萍等的《北京有个李素丽——21路公共汽车1333号车跟车记》④获得1997年中国新闻奖特等奖。该文放弃常规的正面罗列人物先进事迹的结构处理方法，而改用以公共汽车运行线路为全文的中心线索，即按照公共汽车的运行线路，从起点到中途几个停靠站再到终点，速写李素丽在不同时间的若干个工作片段，展现典型人物的先进行为、思想与社会反应。

（一）

雨点如断线的珠子砸在雨伞上，她的脸上、胳膊上都溅上了雨水。她招呼乘客们上车。

拥挤的人群变得有序了：他们一个个在雨伞下跺脚，脱下雨衣，折好雨伞，抖去雨水，依次上车……

她就是李素丽。中等身材，30多岁，海蓝色的套装整洁可体，淡妆轻抹的脸上，闪动着一双笑眼。

（二）

汽车启动了。李素丽折起雨伞，擦去脸上的雨水，理理自己的头

---

① 《人民日报》2001年10月24日。

② 《光明日报》2002年10月14日。

③ 《湖南日报》2002年10月12日。

④ 《工人日报》1996年10月4日。

发。随即，车厢里响起了甜润的声音：

“乘客同志们，您可能来自祖国的大江南北，四面八方。不管您来自何方，我都将用热情、友好、主动的态度为您提供周到的服务。您在途中有什么困难和要求，我会尽力帮助您！”

这声音吸引了所有乘客的目光。站在她面前的几个进京打工的人下意识地整理了一下自己的衣服。

这声音，引出了车厢一番议论：

“这售票员像在宾馆里工作。”

“可不。”另一位乘客的声音，“她的仪表和声音我看特像空中小姐。”

一位乘客动情地说：“售票员给上车的人打伞，不多见了。”

“她的车我常坐，”一位乘客接过话茬，“冬天下雪，她捧着炉灰往脚踏板上撒，怕人上车时滑倒，心眼多好！”

**（三）**

车厢外，雨还在下，车厢里，显得十分拥挤。

李素丽：“乘客同志们，下面，请您准备好零钱，我将到您的身边售票……”

话音刚落，乘客们纷纷将钱递过来，你传给我，我传给她，小小车厢里，充满融洽的气氛。

一位50多岁的妇女把钱举过头顶，冲着李素丽喊：“我买两张，一张我的，一张行李。”

李素丽接过钱，还给这位妇女甜甜的一笑。

**（四）**

三里河站。

雨还在下。汽车进站。门口依然遮着那把花格雨伞。

李素丽招呼旅客们上下车：“大爷、大娘，您慢走，穿好雨衣，别淋着了……”

汽车缓缓启动。李素丽突然发现有一位大娘急匆匆地朝汽车赶来，她拿起话筒：“大娘别着急，司机和全体乘客都在等您呢！”等老人走近，李素丽走下车搀扶老人上车。

## (五)

车厢里挤满了人。

李素丽："现在车上人比较多，不知年老的旅客都有座位没有？如果有我没有看到的，请互相关照一下。"于是人们纷纷给老人让座，有六七位老人都落座了。李素丽发现有两位头发花白的老人还站着。

她挤到两位年轻人面前，细语轻声地说："请给老人让个座好吗？"

年轻人应声站起。两个老人也坐下了。

李素丽露出了欣慰的笑容。

记者顺着李素丽的耳际向前望去，司机背后的档板上，"乘客之家"4个大字赫然映入眼帘。

"社会是一面镜子，你首先对它笑，它也就会对你笑。"——李素丽

## (六)

汽车穿街走巷，商店、树林、行人不时从窗外闪过。

车公庄站。一位胖胖的女士，用手捂着右腮，样子很痛苦。她上车后便找个座位坐下，两只眼目不转睛地盯着李素丽。

这个女士刚下车不久，怎么又上来了。记者主动招呼：

"哟，您也来了。"

"我闹牙呢，专门来坐她的车。"女士指指自己的右腮，同时又向李素丽亲昵地瞥了一眼。

"坐她的车还能治牙痛？"我们颇为不解。

"可不。"女士认真地说，"这两天憋闷得慌，我一上火就牙痛，牙痛时就上她的车。听她说话，看她做事，心里特快活，一舒畅，就把痛给忘了。刚才坐了几站，感觉好多了。"这位性格外向的女士还自我介绍起来："我就在三里河菜场上班，也是做服务工作的，像她这样把服务工作做到这份儿上真不易。"

## (七)

21路，经委会站。

一位中年妇女扶着车门吃力地上了车，靠着车门不动了。李素丽转脸发现了她，立即走到靠近车门的一位乘客面前耳语几句，那位乘客点点头站起来。座位空了。

李素丽扶着那位中年妇女来到空位前，让她坐下。

原来，这是一位残疾人……

说到残疾人，记者当晚采访了李素丽另一个故事。

## （八）

普渡寺西巷11号。

这是一个典型的北京四合院。一间10多平方米的小屋。屋里除了床和桌子外没有什么像样的家具，我们就坐在了床上。小屋的主人叫张志忠。

“我们是《工人日报》记者，跟你随便聊聊。”

“是谈李大姐的事吧?”

小张还未开口，眼泪便流了下来：“每逢我上下班乘车，李大姐和司机说好，把车停在我面前，一开门我就能上车。我手脚不方便，视力也不好，她扶我上下车，帮我找座位，帮我打消残疾人的自卑感。前年我被单位辞掉了工作，心里很苦闷，我在绝望的时候，去找李大姐。见到她，我忍不住抱着她哭了。我觉得她就是我的亲姐姐，是她鼓起了我生活下去的勇气……”

泪珠从他的脸上滚落下来。

“给乘客下个台阶，我的服务就上个台阶。”——李素丽

## （九）

车厢里。人头攒动。

一位戴墨镜的乘客摸着朝售票台挤去。

她从挎包里掏出一个纸包，放在售票台上。

“同志，你……”李素丽莫名其妙。

“姑娘，我就爱听你说话。这几天，我觉得你的嗓音有点哑，这点胖大海是我专门给你买的，泡着喝吧。”

车到站，乘客被扶着下车了。原来她是盲人。

## （十）

车厢里。

一位中年妇女走到李素丽身边：“姑娘，你太累了。我看你的脸色不太好。”

李素丽莞尔一笑：“大嫂，我挺好的。”

“可要保重身体呀。”大嫂说着把一大把鲜荔枝塞进李素丽手里，说：“这是新鲜荔枝，听说吃了补身子。”

李素丽难为情了：“大嫂，这怎么行呢？”

“怎么不行！”大嫂说：“吃吧，我看着你吃。”

李素丽被逼无奈，吃了一颗。

大嫂爽朗地笑了，笑得那么开心。

（十一）

月坛车站。

一位行动蹒跚的大娘被李素丽搀扶上车。然后又给老人找座位坐下。

“姑娘，你真好。”老人拉住李素丽的手，心事重重地说：“前两天我也坐公共汽车，没座位就靠售票台站着。谁知那个售票员说：‘热的，你还歒着我，一边去！’硬把我轰走了。”

李素丽俯身宽慰说：“大娘，别往心里去，以后会好的。”

汽车在运行，几站过去了。李素丽的服务让大娘激动不已。她蓦地站起身来，大声说：“乘客同志们，你们看这个售票员的服务有多好，咱们为她鼓鼓掌吧！”

话音刚落，车厢里响起一片热烈掌声。

这掌声让李素丽愣神了，她眼含热泪连声说：“谢谢大家，谢谢大家！”

车到军博站，大娘要下车了。她走到车门口又转过身来，用颤抖的声音说：“让我们再给售票员鼓个掌吧！”

说着，她又鼓起掌来。车厢里掌声一片。

李素丽哭了。

司机也哭了。

（十二）

西直门站。

乘客从车里鱼贯而出。

“那三位同志，看看你们的票好吗？”李素丽的声音集中了所有乘客的目光，车头前一两米处立着三个小伙子，其中一个不情愿地慢慢挪过来说：“当然可以，我们有票。”可是，他翻遍了所有的衣服口袋，仍没有掏出票来。

“再好好找找。”李素丽依然面带微笑。

“没钱就别坐车，年纪轻轻的就逃票，多丢人!”车厢里，有的乘客数落起来。

“别这么说，他一准儿是丢了。”李素丽没有半点责怪的意思。

小伙子不好意思了，掏出1.5元钱递给李素丽。李素丽脸上仍带着微笑：“下车买票就不是1.5元钱了，按规定要加倍的。”

小伙子又递给李素丽1.5元。同时还留给她一句话：“冲你，以后这样的事不会发生了。”

（十三）

车在运行。

一位留着长头发的年轻人上了车，摆出一副玩世不恭的样子。

“啪”一口痰顺口而出，唾在地板上。小伙子抖着腿若无其事地看着窗外。

“同志，请你把痰蹭掉。”有人劝道。

小伙子鼻子里哼了一声，理也不理。

乘客们不满了：“真不像话!”

小伙子轻蔑地扬扬脑袋扫视一下众人，一副玩世不恭的神态，这一切李素丽看在眼里。

她走到小伙子身边，面带笑容地说：“这是公共场所，随地吐痰，污染环境，对您的健康也不利啊!”

没等李素丽把话讲完，小伙子冷冷地瞪了她一眼，示威似的又在洁净的地板上吐了一口痰。

车厢里乘客气愤了。

人们一起把目光投向李素丽。

李素丽心里“咯噔”一下子，有股怒火直冲脑门，满脸憋得通红。她理了理头发，微笑又出现在她的脸上。她转身回到售票台，从自己的挎包里取出一团卫生纸，走到小伙子跟前，俯下身子，默默地擦去地板上的两块痰迹。

此刻，车厢里静极了，没有一点声响。

人们给她闪开一条回到售票台的通道。

谴责的目光一齐射向小伙子。

小伙子低下了“高贵”的头，再也没有抬起来。

到站下车了，小伙子拿着月票特意走近售票台，低声对李素丽说：“大姐，对不起。”

“能使大家都快乐，我更快乐。”——李素丽

## (十四)

儿童医院站。

一位40多岁的男乘客上车后径直朝挂着意见本的座位走去，摘下本子便埋头写起来。

意见本上留下了这样一段文字：“从此窗口体现了北京人民的文明礼貌，希望其他车也能如此。”

“请问您贵姓?”记者走上前去问。

“我姓王，在石家庄电力部门工作。”他抬起头来并不介意地望着我们。

“怎么刚上车还没感受一下就往意见本上写呢?”我们不解地问。

“我是来北京办事主要靠公共汽车，这趟车我坐过很多次了，服务就是不一样。”他指指正在售票的李素丽，感慨地说：“就说她吧，说的话，做的事，让人心里热乎乎的。我每一次上车都想写写自己的感受，可人多，不能如愿，这回，就是冲着意见本来的。”

## (十五)

西客站。

车到终点站，乘客们从车上鱼贯而下。

李素丽搀老人、扶小孩，嘴里不停地说：“请慢点走。”“欢迎再来乘我们的车。”

人们朝她微笑，向她招手，有的依依不舍。

最后下车的是位精神矍铄的老人。他走到李素丽跟前，激动地拉住李素丽的手：“听说过你的名字，我是特意来看看的，不虚此行啊，不虚此行。”

李素丽脸上泛起红晕：“谢谢您的鼓励，我做得还很不够。”

“不，你做得很好!”老人感情真挚地说：“你在身体力行，播洒文明。现在，许多人抱怨社会风气不好，其实，良好的社会风气要靠每一个社会成员去创造，去维护。姑娘啊，你没有抱怨，而是在用行动教育

大家，感染大家，让大家都做文明人，我们应当感谢你!”

老人的话，留在了记者的采访本上。

采访本上也留下了他的期盼：“我们的社会需要她这样的人，应该好好宣传!”

（十六）

西客站。21路车队队部。

车队党支部书记梁良热情地接待了记者。

他抱来一摞意见本，还有许多表扬信：“李素丽是年初从60路调到我们车队的，8个月里我们共收到了277封表扬意见和表扬信。”

读这些信，记者感到春风拂面：

“车子一进站，我就感觉到有股莫名其妙的暖流迎面而来，烦躁的心情顿时清爽了许多，整洁的车辆给人一种欲乘之而后快的愿望。一路上乘务员小姐的服务更加春风拂面，一言一行，一颦一笑，显然是一位春天的使者。与此同时，我们乘客也仿佛走进了神圣高雅的殿堂，每个人都有了绅士的风度，礼貌待人，尊老爱幼，以身作则，有问必答，急他人所急，想他人所想，这不就是人们这些年所期盼却很难得到的人与人之间的沟通与理解吗？有幸的是我们在21路1333公交车上目睹体会了这一切，回到驻地，心情久久难以平静，感慨之余，情感的思绪迫使我坐下来记下自己的所想所感，记下这难忘的一天。

通县39760部队5分队　金伯勤

1996年4月12日”

“乘坐21路1333号车心情舒畅，真有上车如到家之感。我对这位售票员的工作态度深表钦佩。

北京西四大院胡同9号　张茂林

1996年3月”

“依依不舍下了车，我望着远去消失的汽车，感慨很多。如果说售票是平凡的工作，那么，这位售票员已把它升华了，艺术化了，她把50年代到90年代的服务方法、服务水平有机地结合起来，使乘客在享受其热情服务的同时，又得到了语言等方面的艺术享受。

乘客　烜炀

1996年2月27日”

“我从这个乘务员身上看到了北京市风气变好的希望，如果有一半的服务员能像这位乘务员一样，北京该有多好。

华北电力大学　王金兰

1996年4月26日”

（十七）

空车驶离西客站。

太阳西斜，她骑上自行车，踏上了回家的路。

笔直的大路向远处延伸，沿着这条路，她消失在人群中……

这篇报道，明暗两条线索并存，既是写李素丽的一天，又是写李素丽的平常的365天。报道既轻灵单纯，又含蓄丰富。显而易见，运用同样的材料，《北京有个李素丽》一文要比写李素丽的另一篇新闻报道《岗位作奉献，真情为他人》①的那种大而全的常规结构方法好得多。

（三）文体外观新

文体是文章基于反映客观世界、表达作者主观取向需要并建立在各种形式要素上的形式分类。典型人物报道适当化用其他文体形式可以使典型性报道让人们感到耳目一新。如《严恺》（摘要）②只列出人物的九条“档案材料”，用公文文体的外观将人物的一生光彩浓缩在文字的尺寸之间，实实在在，无任何具体描写，反让广大读者景仰，有着特殊的表达效果，其片段如下：

严恺，1912年8月10日出生，福建省闽侯县人。水利和海岸工程专家，中国科学院院士、中国工程院院士，河海大学名誉校长，水利部交通部南京水利科学研究院名誉院长，中国水利学会名誉理事长，中国海洋学会名誉理事长。

1938年严恺回国后到云南省从事农田水利建设。1943年参加治黄工作。1946年参加钱塘江工程设计，60年代协助福建省修复遭台风严重破坏的海堤。

50年代初，政务院任命严恺为塘沽新港建港委员会委员，参加塘沽新港（后改称天津新港）修复和扩建工作指导。1958年又主持国家

① 《北京日报》1996年10月4日。

② 《水利水电工程报》1999年12月17日。

重点科研项目“天津新港回淤研究”。

1975年为了协助广东省解决珠江三角洲综合治理规划问题，他提出了“关于珠江三角洲整治规划问题的报告”。

严恺长期主持长江口治理的研究工作，取得了许多重要的成果。70年代初，严恺作为技术顾问一直参加葛洲坝工程的建设工作。他还自1958年起就参加长江三峡工程规划论证工作，现被聘为中国长江三峡工程开发总公司技术委员会顾问。

## 二、报道方式多样化

典型人物报道除了采用单一式的报道外，还可以采用连续式报道、组合式报道；既可配以评论，也不妨辅以述评；还可以有家属、同事、读者来信等，将典型人物报道这道菜做得味道丰富起来。

比如，关于汪洋湖的报道，报纸既有正面报道，又有侧面报道。《家人眼中的汪洋湖》即为侧面报道。2002年10月14日、15日，新华社对湖南省委副书记郑培民进行报道，先刊发常规报道《公仆本色》(朱玉等采写)配评论，后刊载了侧面报道——郑培民的部分日记并配编者按。只要有助于将典型人物报道写到广大读者心中，形式不应该成为报道的障碍。

# 第七章 “原因”独秀竞风流

## ——解释性报道的写作

## 第一节 解释性报道的界定与作用

### 一、界定与分类

#### （一）界定

2003年6月27日，台湾的陈水扁宣布将针对“核四电厂”等问题进行岛内公民投票。在消息对此进行简略报道之后，广大读者还想弄明白陈水扁为什么此时要宣布“公投”？“公投”意味着什么？陈水扁宣布“公投”有什么国际背景？针对这些所要回答的问题，《环球时报》2003年6月30日刊载的由刘宏等人撰写的深度报道《台湾当局一意孤行》夹叙夹议地分析了个中缘由：一是给陈水扁的“台独”支持者一个交代；二是想借“公投”转移岛内对其执政能力的不满。但是，美国明确反对台湾的所谓“公投”。那么，以美国为靠山的台湾当局为什么不听美国调遣呢？报道进一步分析其原因：一是民进党和陈水扁本人不成熟，考虑问题缺乏长远目标；二是美国给台湾当局传递的信息相互矛盾。因此，在事关“统独”的大事上，美国政府应该阻止台湾的越线之举。

除了报道结尾的看法即说美国有义务阻止台湾越线存在漏洞外，整篇报道对陈水扁公开叫嚣“公投”的分析高屋建瓴，头头是道，举重若轻，是一篇站在中国人民根本利益上的及时、准确解读新闻大事的好报道。这样的报道就是解释性报道。

解释性报道（Interpretative Reporting）是一种充分运用背景材料来说明

新闻事实的来龙去脉，揭示新闻事实的原因、实质意义或预测新闻事实发展趋势的分析性的报道。

解释性报道是分析性的深度报道。它提供的不是单纯的消息来源，而是通过对各种事实来分析新闻事实背后的有关因素。比如，2001 年 9 月，台湾国民党开除李登辉的党籍，那么，为什么国民党以前不开除而选在这个时候开除李登辉的党籍呢？华燕杰《国民党清除李登辉》①报道了其中的三点因素：一是李登辉不断攻击国民党，使国民党的许多党员认为忍无可忍；二是再不处分李登辉，将会引发国民党基层党员对党主席连战与国民党中央的不满；三是此时开除李登辉对年底国民党的选情利大于弊。解释性报道的深度着重于报道新闻事实背后的复杂而深刻的致因。

解释性报道不同于一般的事件性新闻。它在报道速度上稍慢，属于慢新闻；在篇幅上较长，不属于短新闻。它报道的不是发生了什么事，而是这个新闻事实是为什么发生与如何发生，故属于非事件性新闻，而非纯新闻或事件性新闻。

解释性报道也不同于调查性报道。调查性报道重“事”，着重于报道新闻背后的新闻，即那些已经披露的新闻背后还有哪些被遮蔽、掩盖着的新闻事实，而解释性报道重“理”，着重于对新闻事实的生发、走向等进行有根有据、合情合理地分析与解释。

解释性报道还有其他一些提法。这些提法所包含的报道一般都属于解释性报道，它们有：解释性新闻、新闻分析、新闻述评、新闻综述，等等。“瞭望”、“观察与思考”一类的栏目所刊载的新闻报道常常为解释性报道。

（二）分类

按照时间要素，解释性报道可以划分为如下几类：

1. 一段时间的解释性报道。

这是对当下发生的个别新闻事实或新闻现象所进行的意在揭示深层意义的报道。如武汉市拟建地铁，那么，武汉市为什么要建地铁？为什么要现在拟兴建？打算如何兴建？围绕这样问题进行报道就是一段时间的解释性报道。解释性报道意在报道如是的深层致因。

一段时间的解释性报道是最常见的解释性报道。

2. 一个时期的解释性报道。

这种解释性报道的新闻对象是那些在一个相当的时期之间累计出现或经

① 《环球时报》2001 年 9 月 25 日。

常发生的新闻事实、新闻现象。比如，近两三年来，武汉市对汉口英美租界的外国式建筑不再拆毁，而是予以悉心修缮。那么，武汉市政府为什么会在城建上出现这样的大转弯？其社会背景怎样？这样做的意义是什么？如是解释性报道的新闻事实持续时间较长，即为一个时期。而且这样处理，会比2003年8月主流媒体采用传统思考与写法对武汉市创建文明城市进行的报道要招人喜爱。

3. 一个时代的解释性报道。

这一种解释性报道跨度大，时间长，要解释准确、清晰很不容易。它对报道者本人的基本素质提出了相当高的要求。比如，党的十一届三中全会以来，武汉市在我国经济发展中的地位是怎样的？在对外开放上起到了哪些特殊作用？武汉市的这种地位与作用是如何形成的？等等。这样的解释性报道就属于事关一个时代的解释性报道。这样的解释性报道在时间跨度上就更大了。

## 二、作用

### （一）分析原因，说明意义

解释性报道不是仅仅将新闻事实一般地报道出来了事，而是要在对基本事实报道的基础上分析报道新闻事实发生、发展的深层原因、社会影响、社会意义等。这是解释性报道最突出的作用。

### （二）提供背景，完整深刻

解释性报道具有集中、整合信息的功能，将相关事实与新闻背景聚集到一处分析事实，因而其提供的新闻信息比纯新闻要完整、深刻，可以弥补纯新闻之不足。

### （三）预测前景

解释性报道不仅可以结合过去与周边情况来分析新闻事实的成因，还可以解释新闻事实未来的可能走向。比如，2001年10月，美国轰炸阿富汗的塔利班政权，巴基斯坦的穆沙拉夫政府对美国轰炸阿富汗的配合带来了巴基斯坦政局的动荡，巴反对派呼吁巴基斯坦全国人民推翻现政权。对此，解释性报道不仅要分析为什么穆沙拉夫要配合美国，为什么反对派呼吁推翻巴基斯坦的现政权，而且还要报道穆沙拉夫未来的地位是否稳固，在未来他可能采取什么措施应对反对派，在对外政策上是否会有所调整，等等。所以，从狭义上讲，预测前景的解释性报道又被独立出来，称为预测性报道。

## 第二节 解释性报道产生的原因

解释性报道首先产生于西方，在中国内地兴起则较晚。

### 一、在西方产生、兴起的原因

#### （一）对客观报道的反动

在欧美近代资产阶级取消封建主义官报之后，西方报业发展壮大的第一个阶段是政党报纸，随后是初期商业报纸。在政党报纸阶段与商业报纸初期，各党派所属的报纸互相攻讦，甚至以低俗用语甚至于造谣来贬损对方，商业报纸为了利润不择手段，两类报纸均煽情色彩浓厚。煽情报道是对早期报纸朴素报道的反动，认为后者对读者没有吸引力。

但是，无论政党报纸还是初期商业报纸，煽情报道都难免言过其实，于是，在19世纪中叶，西方报业就进入一个客观报道时期。《纽约先驱报》的贝内特首先提出了“客观报道”主张，客观报道是对煽情报道的反动，意在纠正煽情性报纸的主观弊端，使新闻报道真实可靠。客观报道倡导“非个人化的报道”，主要特点是：（1）注重记录性，反对同情，认为记者是所报道新闻事件的观察者而不是参与者①，力求纠偏而中立；（2）将事实与言论分开。记者如要议论，则请另写评论发表。

但是，客观报道孤立、表面地报道新闻事件，使广大非专家的读者们往往无法明了错综复杂的事实真相。20世纪二三十年代，解释性报道开始兴起。先是期刊发难。《时代》周刊的鲁斯认为《时代》是新闻事件的整理者、注释者，追求公正而无法做到不偏不倚。该刊说：“不偏不倚与公正的区别是什么？一个有责任感的新闻工作者对在他看来是符合实际情况的事实进行分析时，是‘有偏向的’。他只要不是为了说明自己的观点而歪曲事实，只要不隐瞒说明一个不同观点的事实真相，他就是公正的。”② 1933年，美国报纸编辑协会通过协议，承认对新闻可以进行解释、分析。③但是，客观报道的统治地位并未因此受到根本的撼动。解释性报道的真正转机是在

① ［美］罗恩·史密斯：《新闻道德评价》，新华出版社2001年版，第318页。

② ［美］埃德温·埃默里父子：《美国新闻史》，新华出版社2001年版，第389页。

③ 李良荣：《当代西方新闻事业》，中国人民大学出版社2002年版，第210页。

20世纪五六十年代。1950年，美参议员麦卡锡关于国会共产党员发言，60年代越战和美国黑人反抗种族歧视，都引发了美国国内政局的跌宕起伏，广大读者对此一时不明就里。他们需要的新闻不仅是报道发生了什么事，而且更应该是新闻事实为什么会发生，即对事实要进行正确的解释、分析。但是，当时所谓的客观报道却以反主观为由，拒绝给广大读者提供事实真相。读者的需要与客观报道的错误、局限就使解释性报道在美国应运而生，并逐渐强大。到了20世纪60年代，解释性报道在美国正式取代客观性报道而成为一时的新闻报道时尚。

（二）与电视竞争的需要

电视的长处，使报纸无法在快速报道上与之抗衡。但是电视声像符码的直觉性、时间的一去不再性又使电视报道在具备快速、形象之长的同时，存在着浅薄的天生弱点。在思想的深度上，电视天然地不及文字。受众在看完纯新闻报道，还想知道新闻事实的来龙去脉、深刻致因、发展前景等，报纸的优势在这里能较好地发挥出来。由于有了解释性新闻，报纸不仅未被电视击垮，而且有了飞速进步。据介绍，在《纽约时报》、《华盛顿邮报》等大报之中，解释性报道已占了这些报纸整个新闻版面的70%以上。①

（三）社会责任论为解释性报道提供了理论依据

西方新闻业的传统新闻理论是自由主义报刊论。该理论认为人是聪明的，只要给人们权利，人们就会天然地知道是非曲直。英国的弥尔顿在《论出版自由》中提出了“观点的公开市场”（即自由表达）与“观点的自我修正”。同时，用言论新闻、新闻出版自由还可以反独裁。因此，言论自由、新闻出版自由是天赋人权（新闻出版自由包括自由的出版权、自由的采访权、自由的发布权）。但后来的事实证明，人并不总是那么出色，也干了不少糊涂事甚至罪恶。同时，新闻出版的自由主义也并未有效地制止住专制，相反，在自由主义报刊论的指导下，煽情性新闻到处泛滥，资本取代政府控制报刊，反倒助长了对意见自由市场的扼杀。

对自由主义报刊论形成的重大打击在1942年。是年，美国时代出版公司老板亨利·鲁斯出资20万元请芝加哥大学校长罗伯特·哈钦斯主持一项“对报刊自由的现状与前景的调查”，调查的结论却与时代出版公司出资人的初衷适得其反。该调查认为，新闻自由报刊理论损害了国家与社会公众利益，报刊屈从于广告客户的要求，使用权力服务的真正对象不是国家、公

① 李良荣：《西方新闻事业概论》，复旦大学出版社1997年版，第120页。

众，而只是报刊自己。该调查因此认为，报刊必须约束自己的行为，大众传媒要承担社会教育的职责。

这种社会责任论也帮助解释性报道大行其道。而在这之前的19世纪30年代，由于客观报道与报刊自由主义理论兴盛，解释性报道曾被视为一个肮脏的字眼，①美联社当时就不准自己的记者采写解释性报道。

美国专门进行解释性报道的著名报纸有《基督教科学箴言报》、《华尔街日报》。②

## 二、在中国涌现的原因

在中国出现解释性报道的原因也大体为以上三个方面，但因国情不同，在具体情况上还是有不小的差别的。

（一）读者阅读的需要

目前，人们获悉重要的资讯主要依靠电视而不是报纸。人们现在读报主要是为了对复杂的世界有深入的了解。当前资讯十分发达，但与以往不同的是，人们困难的不再是无信息，而是信息太多。因此，对于那些比较复杂的新闻事实，普通的读者希望能通过报纸在众多的信息中迅速找到自己所需要的新闻，这就要求新闻报道既能报道事实，又能对新闻事实进行必要的整理、解释、分析。

（二）与电视竞争的需要

中国20世纪80年代中期之前，主要盛行客观报道与宣传教育式的报道。这些报道多罗列新闻事实或用报道去传播主流文化的观点，而不是就事实分析事实。80年代中期以来，中国家庭的电视普及率迅速提高。目前，电视已经成为中国老百姓不可或缺的精神文化消费、娱乐的工具。因此，电视成为造成报刊读者流失的最重要原因。伴随中国改革开放的发展，由于电视带来的竞争与报业多元化的发展趋向，再加之西方新闻业发展史的启发，解释性报道在中国自然涌现，并日益壮大。

（三）社会教育引导的需要

在中国，新闻媒体是党的喉舌，尤其是机关报刊更肩负着宣传党的主张、引导舆论的社会重任。解释性报道在这一点上有自己的独特优势，那就

① 李良荣：《当代西方新闻事业》，中国人民大学出版社2002年版，第122页。

② ［美］埃德温·埃默里父子：《美国新闻史》，新华出版社1982年版，第497页。

是通过对重大新闻事件的解释、分析来解读党和国家的有关政策法规，为大局服务，为党的事业服务。

在中国，以上诸因素有主次之分。一般说来，电视的竞争往往居首。如果报纸不考虑如何让读者能读、爱读，那么，这样的非机关报刊在生存上就十分艰难。

## 第三节 解释性报道的特点

### 一、兼通评论、通讯与消息三方

解释性报道既报道事实，又报道对事实的进一步分析，还比较讲求报道的生动性与趣味性。与一般消息相比，解释性报道既报道事实，又报道解释。与新闻评论相比，解释性报道既报道分析，又要报道新闻事实，其所报道的意见也只是报道者本人或是接受采访的专家、权威人士等的一家之言，并不像社论、编辑部文章的观点代表着报社或背后官方、政治势力集团的主张，行文上也意在介绍而不是论证。与通讯比较起来，解释性报道则兼具事实与意见两者，双方的分量半斤八两。

比如，同样是报道陈水扁2003年6月27日的“公投”讲话，消息报道与深度报道不一样。消息报道《台当局开非核家园会议，陈水扁称任内完成“公投”》① 全文如下：

台“行政院”今日召开“非核家园会议”，陈水扁将为会议致词，他将宣示在其任期内完成“核四公投”。但据美方官员表示，推动“公投”与否是由台湾自己决定，但“公投”若引起两岸紧张或潜在后果，台湾得自己负责。

据岛内《联合报》报道，台“行政院”昨天表示，“非核家园会议”将讨论“‘核四厂’兴建的评估与检讨”议题，目前出现以台电工会为首的“拥核四派”及贡寮乡长赵国栋为主的“反核四派”。

在26日筹备会中，台“行政院”要求警政单位能协助维持会场秩序，并呼吁朝野都能理性讨论问题。

据悉，“非核家园会议”的五大议题分别是：“非核家园”的内涵

---

① 新华网2003年6月27日。

及推动机制、既有核电厂的停运转机制、如何采行再生及节约能源、核废料的处理与回馈、“核四厂”的检讨与评估等。其中，第五个议题不只牵涉拥核、反核，也牵涉“全台公民投票实施要点”举措及“公投”的举办时机，最引人关注。(晨风)

而以下是解释性报道《台湾当局一意孤行》的片断：

**陈水扁为何不给美国面子**

看到台湾“公投”势头“强劲”，美国也大感“意外”。正在美国访问的台湾“立法院”代表团4位不同党籍的成员近日证实，与他们会面的美国国务院官员表示，台湾在这件事上没有和美国商量，因此，如果引起（两岸）紧张或潜在后果，台湾得自己负责。

美国的态度已经摆明了，不管陈水扁如何装傻，他都应该听得懂。但从他27日的讲话看，仍有“霸王硬上弓”的味道。陈水扁为什么敢跟美国对着干呢？

一般来说，陈水扁虽然口口声声反对“干涉台湾内政”，但如果没有美国的支持，他绝不会如此嚣张。在美国连番“关切”后，陈水扁本应有所收敛，但有两个不确定因素可能促使他硬撑下去：

一是民进党和陈水扁本人的不成熟与缺少长远考虑的特点。从本质上说民进党属于躁动型政党，社会责任心不强，擅长炒短线。为了选举，不排除有“捞得着就捞，捞不着也没有损失”的想法。二是美国传递的信息相互矛盾。就在美国务院官员警告陈水扁的同时，却传出美国防部官员要台湾加紧军购，建立所谓“至少独立坚持两星期”的军事能力，为美国介入可能发生的台海冲突准备。另外，美国保守派智库“新美国人世纪”主任施密特在一份政策备忘录中，指责对台示警的美国官员“在中国的指令之下”，迫使台湾“制造更大的危机”。

一旦陈水扁判断美国对台湾“公投”的示警只是演戏给中国大陆看，就会进一步在“台独”上出招。因此，美国不仅决不能给台湾传递任何错误信息，更应该重视中国政府的反分裂行动。在事关“统独”的大事上，美国政府有义务阻止台湾的越线之举。

消息报道报道了新闻事实的基本情况，但未涉及陈水扁“公投”叫嚣的原因、是否行得通等深层信息。解释性报道不仅仅报道陈水扁叫嚣“公投”的事实，而且着重于在如上事实的基础上，分析报道陈水扁在美国政府明确反对后为什么还敢继续对着干的原因。

## 二、夹叙夹议，重在原因

在一般情况下，新闻六要素的重轻依次为：What 、When、Who、Where，然后再根据需要来决定是否报道 Why、How，即“原因”与“如何”。而解释性报道则相反，既然一般的新闻事实已由纯新闻承担，那么纯新闻的次要要素“原因”和“如何”反而在深度报道中升为重点，其中解释性报道着重于报道 Why。可以说，离开对事实发生原因的报道，那么，解释性报道也就无从谈起。

## 三、背景材料唱大戏

背景材料在纯新闻中为配角，大都起着补充或展示的作用，而背景材料在解释性报道中则变得相当重要。解释性报道只有充分使用背景材料，才能说明新闻事实的来龙去脉、意义、症结等，实现报道深度。因此，解释性报道的另一个突出特点为广泛而大量地运用背景材料来进行报道。

总之，解释性报道属于深度报道的一种。它介于纯新闻与调查性报道之间，比纯新闻复杂、难写，但又比调查性报道操作起来要简单一些。

# 第四节　解释性报道的写作要领

## 一、选择需要解释的新闻事实或新闻现象为报道对象

### （一）如何选择

解释性报道对于报道对象必须认真选择。有些新闻事实比较单一，透明，易于洞穿，意义往往不言自明，故写成一般消息将事实交代清楚也就够了。有的新闻事实虽然有解释的空间，但是报道价值不大，没什么普遍性，本媒体的广大读者又不感兴趣，对这样的事实我们也不必进行解释性报道。相反，只有那些广大读者感兴趣，不解释便不易让人理解，不解释便无法揭示其深刻内涵的、带有相当普遍性的、比较重要的新闻事件、新闻现象，才适合作为解释性报道的报道对象。

### （二）选择什么

具体说来，以下四类新闻事实、新闻现象比较适宜作为解释性报道：

1. 党和国家新出台的方针、政策、措施。

党和国家的有关方针、政策、措施既事关全局，规范性强，又文字简洁。因此，新闻报道不仅要报道这些方针、政策、措施的主要内容与实施范围，而且还要向广大读者报道出台的原因、意义、实际的社会因素乃至于违规的后果等。在这里，解释性报道就有了用武之地。

比如，2000 年 11 月，国家药品监督管理局紧急通知，全国范围内停售含有 PPA（苯丙醇胺）成分的感冒药。那么，国家为什么要禁售含 PPA 的感冒药？为什么以前没有禁售而要在 2000 年 11 月时禁止出售？这个新闻事件发生之后，媒体对之进行解释性报道是非常有必要的，承上启下，既传播政府行政处分的动因，又为广大读者解疑去惑，辅助民生。

2. 较为重大的突发政治、军事事件。

对这些突发的重大事件，除了及时刊发动态消息之外，还要刊发解释性报道，用以揭示事件的意义，帮助广大读者了解新闻大事的前因后果。如 2000 年 11 月中旬，秘鲁总统藤森出席在文莱的亚太峰会之后赴日访问，到日本后他突然宣布辞去秘鲁总统职务。从有关信息看，藤森竞选连任秘鲁总统时有舞弊贿选行为，他手下的情报局长在贿选时恰巧被拍录下来。此事曝光后，该情报局长跑到其他拉美国家避难，但未被允许后又回到了秘鲁。藤森怕情报局长发动政变，更换了秘鲁军队的高官。但是，既然换了人马，藤森为什么仍要出走呢？他为什么出走日本而不是其他国家呢？日本会不会把藤森交给秘鲁呢？他可以获得日本国籍吗？在藤森出走之后，秘鲁的政局将可能向什么方向发展呢？等等。对此，不进行解释性报道，广大读者必然如同雾里看花，一片茫然。

3. 重大的科研成果或科研发展。

当今的科学技术发展很快，对一些科研成果或结果如能进行解释性报道，讲清楚其作用、意义，则便于广大读者理解这些科研成果或活动。比如，关于疯牛病的报道，疯牛病为什么会在欧洲迅速蔓延？疯牛病的病因是什么？疯牛病能否被治愈？能否被控制？等等，对这些问题不解释分析，广大读者则难明就里。

4. 经济领域和其他社会生活中出现的比较重大的新情况、新问题。

这些新情况、新问题社会影响较大，又往往涉及广大群众的切身利益，因此常常需要解释分析。比如，2001 年初全国房市价格普遍上扬，那么，仅仅报道这个新闻事实还不够，广大读者还关心全国房市为什么会价格上扬，上扬是否合理，有无人为操纵因素，未来房市价格走向如何，现在购买商品房是否存在较大的经济利益空间，本市房市如何，等等，显而易见，报道者还要分析报道房市价格走高的原因与未来的走势。

（三）两种新闻线索

解释性报道的新闻线索主要来自两种：一种来自其他新闻，尤其是普通新闻；二是来自独家新闻。

作为深度报道，大多解释性报道属于反应报道，即从大量的普通新闻报道中发现进行解释性报道的对象。比如，《湖北日报》驻荆州的记者发现新闻事件后首先在2002年4月26日的《湖北日报》发表了短讯《沙市奶农见识市场残酷，5万公斤鲜牛奶倒进农田》。该报特稿部获悉这一新闻事件后以为此事意义重大，值得进一步关注，于是才随后策划、组织了系列报道《荆州市奶农“倒奶事件”解读》。

但是，也有部分解释性报道属于独家新闻，如《出租车为何自降起步价》①：

**打的可以讨价还价**

在兰州，如果是外地人，或者偶尔乘坐出租车的本地人，都是按价格表付费：桑塔纳、夏利出租车的起步价7元，面的起步价为5元。如果是本地人，就有讲究了。他拦截夏利、桑塔纳出租车时，就把五指伸开，意思是要求“起步价5元”。如果出租车司机停车，就意味着同意这个价格，否则，出租车就会开过去。

出租车两个价，有人认为：价格混乱，对于不知行情的乘客而言，不公平。但也有人认为：司机愿意降价，乘客坐车又少花了钱，这是双方都高兴的事。

**“绿桑”入市，出租车连锁降价**

兰州出租车出现两种价格，是因为绿色桑塔纳轿车入市引发的。

起初，兰州的出租车起步价只有两个档次：5元和7元。排气量在1.0以下的面的，起步价5元；排气量在1.0~2.0之间的为7元。因为夏利、富康、桑塔纳车的排气量有1.2、1.6、1.8等多个档次，购置一辆不同品牌的出租车的费用也相去甚远。比如，购置一辆夏利出租车为9万元，桑塔纳为16万元。

① 《人民日报》2002年5月20日。

让这些车辆放在同一起跑线上竞争，显然是不合理的。但因为直到2001年8月之前，桑塔纳出租车的数量有限，从总体上构不成对夏利车的威胁，所以大家还相安无事。

2001年8月，800辆崭新的桑塔纳出租车，清一色地披上"绿装"入市。因为颜色鲜亮、整齐划一，起步价又与其他出租车一样，"绿桑"在五颜六色的轿车中十分抢眼，一下成了市场骄子。对以夏利为主的低档出租车构成了严重威胁。

为了生存和竞争，夏利开始降价，在挡风玻璃上打出了"5元"的招牌。起初，"绿桑"态度非常坚决，怎么也不肯降价。但当每日的营运收入从500多元降到300多元之后，"绿桑"也抗不住了，也开始有选择地降价拉客。

**降价行为屡禁不止**

对于出租车的自行降价行为，兰州市公路运输管理部门一直采取制止态度：抓住一次罚款200元。但出租车司机在检查时把降价牌子拿掉，到了晚上和周末、节假日，照挂不误。今年3月，兰州市运输管理部门决定加大处罚力度，规定：擅自抬价、压价的，处以500元以上1000元以下的罚款，甚至扣留营运证。在政府部门的强力干预下，降价的牌子一日之间从出租车上消失了。但降价行为并没终止，"五指分开打的法"开始悄然流行。降价仍是出租车司机和乘客心照不宣的选择。

"你到哪儿买东西，都是一分价钱一分货。桑塔纳和夏利不是一种车型，你非让它们一个价儿，这公平吗?"一位夏利出租车司机认为，政府部门在价格出台前没做充分的论证和调查，出台的价格不合理，这是夏利、面的不得不降价的根本因素。

甘肃省社会科学院院长周述实教授认为：政府要学会以市场手段管理市场。定价只有符合市场规律，才会被市场认可，政府才有权威。否则，市场机制就可能被政府行为扭曲。

## 二、做好第二手资料与相关专业理论的准备工作

写解释性报道，不同于调查性报道，更不同于纯新闻。首先，解释性报道需要第二手资料。解释性报道要求报道人对新闻事件的来龙去脉有深入的了解，对问题要有较强的洞察力、分析力，要求报道者对新闻事件所进行的

分析、解释实事求是、击中要害、科学准确。因此，报道人既要注意搜集第一手材料，到生产、生活的一线去寻找活生生的材料，采访有关的当事人、见证人，又必须善于积累、利用第二手材料。进行解释性报道，报道者除了必须熟悉新闻事件或新闻现象之外，还应该掌握有关新闻事件或新闻现象来龙去脉的背景材料、有关人士对新闻事实或新闻现象的评价、相关事实的学科理论、知识等。

其次，解释性报道对报道人有较高的专业要求。既然分析解释，解释性报道对新闻事实的解释分析就应该能触及问题的要害。然而，如想解释到事实的关键，光有热情是不够的。解释性报道的报道者既应该熟悉新闻事实本身，还应该熟悉新闻事实的来龙去脉，具备相关的专业理论修养。而这些对于至多只能熟知一二个学科的记者，则不能不算是勉为其难，所以，与其他报道不同的是，解释性报道的作者可以多元化：既可以由能胜任解释性报道的记者完成，也可以由时事评论家、具体行业的专家学者独立完成或与记者合作完成。2000 年 11 月，国家药品监督管理局发布紧急通知，要求全国各个医院、药店暂时停止出售康泰克药品。对此，《长江日报》与《人民日报》分别进行了解释性报道：

### 康泰克为什么遭禁①

16 日，国家药品监督管理局紧急告诫病患者，立即停止服用所有含有 PPA（苯丙醇胺）成分的感冒药，因为服用该类药品有可能会引发中风、心律不齐、肾衰竭等严重后果。这一纸通知使康泰克、康得、感冒灵胶囊等常用感冒药，一夜之间从各医院、药店撤销。而近 10 天来，从美国发端，全球各国相继发出停用部分感冒药的紧急通知。这 PPA 是什么呢？

PPA 即苯丙醇胺，用于人体能产生类似交感神经兴奋的作用，有助于减轻或消除感冒引起的鼻粘膜充血、肿胀引起的鼻塞。与解热镇痛的阿司匹林等配合组成复方制剂，成为常用的抗感冒药品。这种药品还有降低食欲的作用，美国人亦把它作为减肥药。这种药物临床应用有可能引发血压升高，甚至心律失常，这是早为临床药理研究所证明的事实，

① 《长江日报》2000 年 11 月 21 日，作者为华中科技大学同济医学院临床药理研究所教授曾繁典。

因此我国从未将这种药物作为单一药品用于临床，仅限于以较小剂量配制成复方制剂。

医药界为保障民众用药安全，强调必须对已在临床使用的药品继续进行有效性、安全性的监测，许多发达国家在这方面早已形成完善的监测制度。早在20世纪70年代，专家就通过药品不良反应的报告途径发现，有些年轻妇女发生颅脑内出血可能与PPA有关；80年代又有30余例相似报告，支持这一观点。药品不良反应病例报告常常是发现严重不良反应的警报。美国食品和药品管理局（FDA）以此为据，于1992年建议由耶鲁大学医学院组成研究小组对PPA与出血性脑中风发病的相关性进行流行病学研究。调查研究发现，出血性脑中风的发病与服用PPA的事实有密切相关性，其中与服用含PPA减肥药的相关程度极高。FDA结合所有有关PPA上市后监测的报告内容，于2000年11月6日决定从药品市场上撤销一切含PPA的药品制剂，以保障公众用药安全。

国际上，有关药品安全性评价的科学信息是人类共享的。我国药品监督管理部门十分重视国际药品安全性研究的新进展，并结合我国情况及时作出了相关决定，这充分体现了国家对人民大众用药安全的极大关注。

在康泰克等感冒药遭禁后，不少朋友问：停用这类药品，感冒了吃什么药？其实仍然有许多可供选用的治疗感冒的药品，如阿司匹林制剂，不含PPA的对乙酰氨基酚复方制剂、中药银翘解毒片、桑菊感冒片等，对不同类型的感冒都有好的治疗效果。

从暂停使用和销售含PPA药品制剂这一事件中，我们可以获得两点重要启示：一是加深对药品作用两重性的认识，即药品具有有益的治疗作用，又可在一定条件下出现危害健康的毒性作用。即使已批准为非处方药的药品，也应当注意其潜在的危害，无论是医师处方用药或患者自行使用非处方药都要持慎重态度，避免药物滥用；二是加深我们对执行我国《药品不良反应监测管理方法》重要性的认识，无论是医师、药师、药品经营人员，还是广大药品消费者，都应留心用药的反应，对可疑不良反应应作出及时报告。只有健全药品不良反应的报告和监测制度，我们才可能及时调整临床用药，保障广大民众的用药安全。

与由医学专家独立完成的《康泰克为什么遭禁》不同的是，《为什么PPA现在才被暂停使用》一文则由新华社记者李佳路撰写。

### 为什么PPA现在才被暂停使用?①

由于使用含PPA(苯丙醇胺)药品会引起如过敏、心律失常、高血压、急性肾衰等症状的可能性,国家药品监督管理局近日下发紧急通知要求暂停使用所有含PPA的药品制剂。但是一些含PPA的药品已经上市了很长时间,为什么现在才被暂停使用呢?

记者近日带着这一问题采访了有关专家。据介绍,药品在上市前的研究上由于受到许多因素的限制,存在着局限性。一是病例少,如我国《新药审批办法》规定一期临床试验病例数量为20~30例,二期为100例,三期为300例以上;二是上市前药品的临床试验过程一般较短,观察期也相应较短;三是试验对象年龄范围窄,上市前药品不具备在特殊患者人群,如老年、儿童患者中使用的实际经验;四是用药条件控制较严,有心肝肾功能异常、妊娠、精神异常、造血系统异常的患者不参加试验;五是试验目的单纯,药品上市前研究主要考察疗效,临床试验的观察指标只限于试验所规定内容,未列入试验内容的一般不予评价。

正是由于这些原因,使得一些发生频率低于1%的不良反应需要较长时间应用才能发现或迟发的不良反应未能发现。这种情况也造成了药品在上市时间和发现不良反应并实施管理时间上存在的时滞现象。

专家指出,时滞现象是客观存在的。比如,非那西丁是于1887年上市的药品,然而据资料显示,因其造成肾损害的有2000余人,死亡的有500余人,但是发现其有不良反应并引起警觉是在1953年,证实存在不良反应是在1959年,对其实施管制是在1974年,而这时与其上市时间已经相隔了87年之久。美国药品管理部门从1980年到1998年先后从上市药品中撤销了13种药品,其中上市时间最短的是4个月,而最长的达到24年。

据介绍,由于药品在上市前研究的局限性,所以世界各国普遍开展了药品上市后的再评价工作,世界卫生组织从60年代开始推行国际药品监测合作计划,我国也于1998年加入该组织并成为其成员国。

上述两篇报道各有千秋。专家与记者互有各自的短长。一般说来,专家

① 新华社北京2000年11月22日电稿。

学者的弱点多是不熟悉新闻报道的要领，稿件易过于专业而艰深或不生动，可读性不强；记者的弱点则在于由于专业知识缺乏带来的肤浅乃至于错误。如有可能，报社应当注意开掘、培养有关专家，善于与那些既有专业理论修养又懂得报章通俗、生动的写作要求的专家们进行充分合作。

总之，报道者对第二手资料掌握得越充分，对相关理论把握得越扎实，那么，报道的解释分析就越有说服力，越强于其他报道。

### 三、将原因作为报道的重点、中心

#### （一）为什么要以原因作为解释性报道的重点、中心

解释性报道的根本目的是报道新闻事实发生的原因和将要如何，因此，Why（为什么）就成为解释性报道的核心、重点。一篇解释性报道写得是否合格，是否优秀，关键就看对于新闻事实的解释是否合理，是否有根据，是否有新意，是否有说服力。

#### （二）抓取主要矛盾来解读原因

由于需要解释、分析的新闻事件、新闻现象往往相当复杂，因此，报道者必须既抓主要矛盾，又要登高望远，兼顾方方面面，不能只从一个角度看问题。只有这样，报道才有可能准确、全面、深刻。2002 年 4 月下旬，湖北省荆州市突然出现奶农倒奶事件。在湖北荆州，为什么会出现奶农倒奶这种让人痛心的现象呢？新中国成立后，政治经济学经典教科书在阐发资本主义制度没落时经常提到的一个典型材料就是在美国出现的倒奶事件，那么，我国正在兴起的市场经济还是社会主义的吗？显然，荆州倒奶事件反映的问题十分重大而敏感。系列报道《荆州市奶农“倒奶事件”解读》①，实事求是地对奶农倒奶事件进行了全面、深入的分析。记者通过采访、调查、思考，认为主要原因在于“区域性需求不足”，没有人收购奶农们生产出来的牛奶。那么，为什么会区域性需求不足呢？记者分析：（1）荆州人经济收入较低；（2）劣质奶屡禁不止，缺乏公平竞争的市场环境；（3）奶农不熟悉市场；（4）一家一户分散经营，奶农缺乏整体意识与团队精神，小农意识突出。而鲜奶属于“易碎品”，具有极强的就地消费特点，忽视具体市场的有效需求，则必然出现产品不适应市场的情况。这组深度报道对发生在湖北省荆州市奶农倒奶事件这一异常复杂的新闻事件的分析既准确、全面，又主次分明，分寸得当，很见功力，该系列报道获得包括中国新闻奖在内的一

---

① 《湖北日报》2002 年 5 月。

系列奖项也就在情理之内了。

(三) 多采用逻辑关系结构全文

由于事实的复杂成因是解释性报道的中心与重点，因而解释性报道的行文结构一般不按事实的自然顺序组织，而是围绕新闻事实的成因、意义并采用一定的逻辑关系结构全文。一般说来，解释性报道在结构上往往不采用倒金字塔式或金字塔式，而是在开头力求形成悬念以抓住读者或依据事实概括观点、提出问题，或概要地介绍事实大要再提出问题，然后，报道围绕开头提出的问题解答、推进，条分缕析，层层剥笋，步步深入，从而将新闻事实的复杂成因推为报道的重头戏或高潮。如严华的《臭干子为何不“臭”了》①先是报道“臭干子不臭”这一新闻现象，继而报道对臭干子不臭原因（即“用化学药品泡制臭干子”）的分析，最后报道解决臭干子不臭的思路：

**臭干子不臭了**

40多岁的叶先生，从小就喜欢吃臭干子，可近来他发现“臭干子不臭了”。接到投诉后，记者去叶先生家查看了他从超市买的臭干子：和真正的臭干子相反，它的颜色不是白中带黑，而是全白，也确实没有一点臭味。

对叶先生的投拆，武昌这家超市22柜的课长助理陈先生也犯了难——说这不是臭干子吧，提供产品的武汉某豆制品厂的相关产品证书上，明白无误地写着这就是“臭干子”，而且其相关证件一应俱全；说它是吧，叶先生反驳的话句句在理：“我们以前吃的臭干子洗过后还是臭得不行，放在油锅里一炸，老远都闻得到那味道。”

而豆制品厂的解释是，怕臭干子发酵后达不到卫生要求，因此，他们缩短了“卤水”浸泡时间，泡了10分钟就送到超市里包装上柜了。

**“速成”臭干子令人惊心**

臭干子是武汉的特产，也是许多人酷爱的美食。那它到底是怎样生产的呢?

几经周折，在蔡甸区一些背街小巷里，记者找到了用传统方法常年

① 《楚天金报》2004年4月19日。

生产臭干子的作坊。这里的几名老板介绍，正宗的臭干子是将豆腐干自然发酵，通过乳酸菌的分解作用制成的。其生产过程依温度不同，产品耗时在10天至1个月左右。但现在有些不法商贩，一般采用豆浆加硫酸亚铁和硫化钠，配制成浸泡液，然后将豆腐干放在其中，硫酸亚铁使豆腐变色，硫化钠使豆腐发臭，生产这种臭干子几乎一夜可成。

武汉市商品质量监督管理站有关负责人证实了这些说法。该站高级工程师党文玲称，传统的臭干子是用豆腐脑、八角、芝麻、花椒、桂皮、白酒、食盐等原材料制作成卤液，将豆腐干浸泡在里面至发酵发臭。由于传统工艺耗时长、成本高，现在确实有些不法分子走"捷径"，非法使用硫化钠、硫酸亚铁来快速生产臭干子。

**臭干子亟须行业标准**

叶先生买的"臭干子"，是不是用非法化学药剂泡制，凭外观无法判断，需要对其进行检测才能得知。但可以肯定，不是臭干子。党文玲还肯定地说，用化学药品泡制的臭干子对人体非常有害，也是市场监管部门重点打击的对象。

虽然超市已答应全额退还叶先生的购物款，并考虑补偿他因此造成的损失，但叶先生和其他许多市民一样，仍然十分担心，因为他们不知道哪里买回的臭干子是"正宗"的。记者从权威部门获悉，臭干子目前还没一个行业标准，管理部门也称没有可行的检测手段。市场上的臭干子质量，主要靠商家"自觉"。

据介绍，采用传统工艺制成的臭干子，颜色相对较浅且不牢固，用水清洗，会有脱色现象（变成浅灰色）；而用化工原料做的臭干子，颜色漆黑牢靠，不太容易脱色。

相形之下，《北大教育学院挑战师范体系》选取的报道对象虽然没有问题，但报道的整体逻辑性有欠通畅①：

(1) 北京大学教育学院不久前挂牌。综合性大学办教育学院，标志着我国师范教育体系的重大改革，意味着由师范院校专门培养教师的

① 唐景莉报道，见《中国教育报》2000年11月23日。

中国传统师范教育体系受到挑战。

(2) 北大副校长闵维方兼任北大教育学院院长。闵维方在接受记者采访时说，教育学院的任务是开展教育科学领域重大的基础理论和应用研究，力争做出具有创造性的研究理论成果和对我国教育实践产生重要影响的应用性研究成果。同时，培养教育学、教育经济学、国际与比较教育、教育管理与教育政策分析、教育技术、人力资源开发、课程设计与现代教学理论等方面的研究生。此外，为中央政府、北京市政府等教育决策部门以及北大教育管理部门提供有关的决策支持研究和咨询服务，为教育管理人员及教师提供在职培训，并与国内外有关组织开展合作研究、教育培训与服务工作。北大教育学院的目标是力争在10年或者更短的时间内建成国际一流的教育学院。

(3) 有关人士指出，综合性大学办教育学院是国际高等教育发展的一个共同趋势。它不仅将推动教育作为一个科学研究领域的发展，也将使教育研究人才和优秀教师的培养具有更加宽广扎实的知识基础和学术水平。

(4) 由此，许多人开始思考一个问题：教师在培养学生，而教师本身该怎样培养？众所周知，中国高等教育体系是在学习苏联高等教育经验的基础上建立的。1949年建国初期，中国高等师范学校仅有12所。1949年底，中央教育部提出了改进北京师范大学和各地区大学中的师范学院或教育学院的任务，并于1951年8月召开了第一次全国师范教育工作会议。会议提出了要为“培养百万人民教师”而奋斗的目标。1952年7月颁布了《关于高等师范学校的规定（草案）》。1952年院系调整又将师范院校列为调整重点之一。1953年大规模的院系调整，重点是整顿和加强综合性大学，发展专门学院，首先是工业学院和师范学院。当时高等学校类型结构不合理，文重工轻，师范缺乏。师范院校的这种调整是为解决中小学教育的巩固提高与大发展而急需师资的问题。1953年全国院系调整后，师范院校增加到33所。师范院校与文、理、工等各科学生比重，从1950年的9.7%上升到1952年16.5%。到1957年，全国共有师范院校58所。经过多年的发展，到2000年，师范院校为220所，约占普通高校的五分之一强。

(5) 让我们从教育史上寻找一些启迪。▲从教育史上看，原来并没有专门培养教师的机构，直到100年前，当人们意识到不是什么人都能当教师，教师是一种专门的职业后，才开始由专门的学校来培养教师，这就产生了单轨制的、封闭式的培养教师的师范院校，这对提高教师的质量起了很大的作用。▲由师范院校培养出来的教师，因受过系统的、专门的训练，适应性较强，但存在着“学缘”单一、知识面不够宽等弊端。因此从二战后，不少国家取消了专门的师范院校，由综合大学的教育学院来培养。

（6）▲据上海师范大学校长杨德广介绍，二战后，美国在教师培养目标方面有过多次变化，这是由社会环境对教育、教师提出的要求决定的。在50年代，苏、美两大集团严重对立，美国急需发展高科技与苏联抗衡，当时美国对教师的要求是专家、学者型人才，这样可以培养出掌握现代科学技术的人才。但局限在师范院校内不利于培养专家、学者型人才，于是把师范院校取消，改由综合性大学培养教师。60年代，美国学生思想十分活跃，不少人反政府情绪严重，美国当局调查了现状后，对教师提出了新的要求，即培养出来的教师要能及时纠正学生中反社会的行为，而这不是专家、学者能胜任的。于是美国当局提出中小学教师应是“临床医生”式的、有教育实践能力的专家，能及时发现并解决学生的问题。到了80年代中期后，随着世界高新技术的发展，美国又发现能力型、“临床医生”型的教师不能适应社会高新技术发展的需要，于是又提出要培养复合型的教师。

（7）综合性大学办教育学院是高等教育发展的共同趋势。一些学者提出，中国师范院校应当加快改革，培养的学生应是“师才”与“通才”的统一。培养“师才”是师范院校的特色，而“通才”则是现代教育发展和社会发展对人才培养的必然要求。因此，培养适应现代社会发展和素质教育需要的高素质教师，必须实现两者的统一。

（8）如果说，几年前重点综合性大学的毕业生到中学任教，可能会引起人们的小小惊奇。到了现在，这种现象比比皆是。一位中学校长坦言：我不管毕业生是哪里毕业的，只要他有才学，会讲课，我们就要。师范院校培养出来的教师和综合性大学培养出来的教师，谁的适应性更强？谁的发展后劲更大？关心教育的人们有兴趣探求这一问题的答案。

此文紧紧围绕北京大学为什么要办教育学院行文：（1）介绍北京大学教育学院的任务、目标与政府等对学校的需求。（2）背景材料一：新中国高等师范教育体系是向苏联学习的结果。1953年中国高等教育向苏联学习的结果之一是发展专门学院，发展专门学院的重点是发展工业院校与师范院校。(3) 背景材料二：世界师范教育史。首先，世界最初没有培养教师的专门机构；其次，100 年前，人们认识到不是什么人都可以做教师的，教师实际是一种专门的职业，于是产生了专门培养教师的单轨制、封闭式的师范院校；再次，师范院校培养出来的学生存在“学缘”单一、知识面不够宽的弊端，故一些国家在二战后取消专门的师范院校，改由综合性大学的教育学院培养教师。(4) 背景材料三：美国师范教育的变化。首先，20 世纪 50 年代，美国需要专家学者型人才，而师范院校难以承担这一教育任务，故美国取消师范院校，改由综合性大学培养老师。其次，60 年代，美国需要能及时发现并解决学生问题的有实践能力的专家。再次，80 年代中后期，美国需要培养复合型的教师。(5) 介绍我国中学校长对综合性大学毕业生到学校教书的看法。但是，上述几个部分之间缺乏严密的逻辑性，没有形成逻辑性严密的关系，美国师范史与我国综合性大学办教育学院也关系不大，美国师范史似乎就是世界师范史。

具体修改：首先，弄清背景材料三“美国师范教育史”与我国综合性大学办教育学院是否有关系和有什么关系。如无，则删除，或者换成苏联高等师范教育对中国高等师范教育的影响。其次，如果美国师范史与我国综合性大学办师范学院有关系，那么，可以保留第 (6) 自然段。再次，如果美国高等师范教育代表着世界高等师范教育的先进水平，那么，(5)、(6) 两个自然段要进行一些调整：一是 (5) 段变 (6) 段，(6) 段变 (5) 段，报道的 8 个自然段调整为 (1)、(2)、(3)、(4)、(6)、(5)、(7)、(8)。二是 (5)、(6) 两个自然段顺序调整如下：先讲“让我们从教育史上寻找一些启迪”；次讲“据上海师范大学校长杨德广介绍，二战后，美国在教师培养目标方面有过多次变化……”；再综合整理原有材料，在“对提高教师的质量起了很大的作用”之后的▲处加入下一层次的中心句“世界教育史证明由师范学院培养出来的教师存在严重的不足……”

## 四、科学地使用背景材料

解释性报道在解释新闻事实原因时是不能孤立进行的。它必须将新闻事实放在新闻所产生的背景之中，报道者要考察新闻事实与周围、与历史的时空关系，写出新闻事实发生发展的来龙去脉。

运用背景材料，必须依照报道主题与新闻事实的特点进行。从材料的各个环节看，积材要多，选材要严，用材要活。调查时，材料多多益善；鉴别、选择时，要严加甄别；运用时，要灵活多样。在用材上，其具体要求如下：

1. 要根据与新闻事实成因关系的密切程度来决定背景材料的去留与多寡。

比如，《非法移民缘何涌向英国》① 一文分析报道2001年时大量的非法移民涌向英国的诸多原因。在讲到对移民而言“英国是欧洲最容易生存的国家”时，报道将英国现状与其他欧洲国家进行了对比：

> 就整体而言，英国是欧洲最容易生存的国家。英国体制一直有别于政府控制较严的欧洲大陆国家。英国几百年来流行的自由主义和个人主义传统，使政府对公民和移民的控制在欧洲最少，也最宽松。英国甚至没有严格意义的身份证制度，非法移民一旦进入英国只要投亲靠友，就会从此消失在英国社会之中。……与欧洲大陆国家比较严密的警察和巡警制度不同，英国从来不流行警察搜身或者检查证件的情况，除非当事人有严重犯罪嫌疑，同时英国的警员数量比起欧洲大陆其他国家也相当有限。……在法国，获得容留的移民必须接受强制性医疗检查，大规模的收容中心每周“提供”一到两次心理治疗，不可以打工。德国规定从1997年5月抵达的移民，在审查期间不可以进行任何形式的工作。

在这里，报道者将英国与法国、德国等欧洲大陆国家相比。这样的比较能够更好地说明非法移民涌向英国的原因。如果没有这种比较，报道对如是问题的解释就必然要大打折扣。深度报道运用背景材料并非多多益善。此处根据报道主题的需要而对材料的选取是得当的。

2. 新闻事实与背景材料要紧密结合。

具体说来，新闻依托背景，背景烘托新闻，能让背景材料说明有关新闻事实复杂成因等的来龙去脉。比如，《北大教育学院挑战师范体系》一文虽然在行文上缺乏层次，但在新闻事实与背景材料的结合上还差强人意。该文一方面报道新闻，如介绍北京大学副校长关于北京大学教育学院的任务、目标与对政府等的作用的认识，介绍中学校长对综合性大学毕业生的看法，另一方面又报道背景材料。这些背景材料包括：第一，关于世界教育史对师资培养的不同发展历程：起初，没有培养教师的专门机构；100年前，人们认识到不是什么人都可以做教师的，于是产生了专门培养教师的单轨制、封闭式的师范院校；师范院校培养出来的学生存在弊端，一些国家在二战后改由

---

① 《光明日报》2001年9月21日。

综合性大学的教育学院培养教师。第二，介绍中华人民共和国的高等师范教育体系是向苏联学习的结果。在1949年新中国成立初，中国大陆有高等师范院校12所，1953年中国高等教育向苏联学习的结果之一是发展工业院校与师范院校。

正是由于能够将新闻事实与背景材料有机结合，该报道才把北京大学办教育学院的意义解读得准确而清晰。

3. 根据深度报道思想的需要穿插使用背景材料。

在一般情况下，深度报道要用背景材料对全文进行几度切割，而不要让背景材料或新闻事实材料挤在一处，成为疙瘩。如《中国采取紧急措施拯救大熊猫》的片段：

中国政府正在采取措施，大力拯救面临饥饿威胁的大熊猫。这一灾难性的威胁是由于今年5月以来熊猫的主要食物——竹子大面积开花、枯死造成的。

目前，林业部已拨救急款60万元。预计明年的拨款将大为增加。同时，我国准备在国内外广泛开展拯救大熊猫的募捐活动。

记者从林业部获悉，最近在四川、陕西两省发现3只熊猫尸体。经检验，其中两只是饥饿致死的。

这使人们自然联想起1974～1976年在岷山一带发生的悲剧。当时也是由于竹子开花、大熊猫严重缺食，致使138头熊猫饿死。

大熊猫是我国独有的珍稀动物，目前仅存1000只左右，分布在四川、陕西、甘肃三省的45个山区县内。

这次竹子开花的范围比较广。据调查，在岷山、邛莱、大小相岭和秦岭一带约有50%～95%的竹子已经开花枯萎。

在四川省卧龙自然保护区，最近发现一些熊猫的粪便内约有一半是野草籽。

“这是一个不祥的征兆”，林业部一位负责同志对记者说。

由林业部副部长董智勇为首的全国拯救大熊猫领导小组已经成立。在四川、陕西两省也成立了类似的组织，负责指导熊猫的抢救工作。

其他紧急拯救措施包括在川、陕、甘三省，建立大约50个观察站，组织巡山队日夜巡逻，密切观察灾情并及时抢救病弱熊猫。

由于枯萎的竹子容易引起火灾，上述三省已分别制定了在熊猫活动区域防止火灾的严厉措施。

竹子开花是周期性的。这次大面积开花可能造成今后10年熊猫缺食的问题，为此，我国政府准备在熊猫产区建立15个饲养场。这一计划将列入明年国家财政预算。

在文中，画线部分为背景材料。显而易见，如果将报道的全部背景材料都置于一处，那么，报道的内在逻辑性则不严密，报道的解释效果也不能不打折扣。相形之下，《北大教育学院挑战师范体系》则缺少现实与历史的穿插，使用背景材料过于集中。这篇报道可以在背景材料中间，适当穿插有关现在中学教师存在的缺陷这样的新闻事实。

**五、夹叙夹议，多说明性的解释分析**

（一）夹叙夹议析新闻

夹叙夹议，是解释性报道的一个写作特点。解释性报道既有最新的新闻事件材料，也有背景材料，还有作者、专家等的解释、分析。如《美国军事准备紧锣密鼓》①的片段：

美国为组织这次军事打击已经做了大量的游说工作，甚至不惜与一些宿敌妥协。为了最大程度地扩大反恐怖阵营，美国政府一方面要求阿拉伯国家与支持恐怖活动的国家划清界限；另一方面，宣布不排除与伊朗等“支持恐怖组织”的国家合作，为其在阿富汗的军事行动创造有利条件。伊朗是阿富汗反塔利班联盟的支持者。美国的做法充分体现了“敌人的敌人是我们的朋友”这一外交定理。

以上画线部分为解释、说明、议论部分，其他为叙述部分。解释性报道的分析要紧密结合事实材料进行，而事实材料则要围绕对新闻的分析来进行。

《北大教育学院挑战师范体系》一文关于“美国师范教育史”一段的段落中心意义表达的不醒目。其原因在于该段落有叙述无议论，有分而无总。对此处的修改办法是，起码要在段落的第一句话内讲明段落中心思想，如：

美国师范教育发展变化的趋势是抛弃专门的师范院校，而改由综合

① 《光明日报》2001年9月21日。

性大学承担培养教师的任务。据上海师范大学校长杨德广介绍……

(二) 在解释分析之中多说明、少议论

解释性报道要将议论变为解释性的议论。显而易见，现在的读者厌恶说教，而解释性报道的目的是报道事实的原因、意义、未来走向，因此，解释性报道必须着重报道事实，而不是评价对错，发表已见。那么，解释性报道的解释分析是不是议论或说教呢？不是的。解释性报道的解释性、分析性的文字虽然表面上看近于或属于议论，但除了少数起评价是非善恶的议论作用之外，这些解释性、分析性的文字多数起的是说明的功能。这就是说，报道者在解释性报道中的解释、分析，主要是为了说明事实的真相，而不是为了论证某一看法的正确与否。因此，这些解释性、分析性的文字往往貌似议论，却实为说明。解释性报道的夹叙夹议，实际上是一边叙述，一边说明，即夹叙夹说。《北大教育学院挑战师范体系》一文的个别表达说明不足，议论有余，如“让我们从教育史上寻找一些启迪”，这样的表述不像新闻报道，倒包含了议论文的写法。所以，在解释性报道的写作中，报道者应该针对新闻事实主要进行说明性的分析、解释，而不要过多地进行议论性的分析、解释。

(三) 较多地引用权威人士的分析

解释性报道一般都要引用权威人士的分析。权威人士指专家、知情人、政府官员等。一方面，由于客观要求无限与主观能力局限之间的矛盾，解释性报道单靠记者的分析是不够的。记者的分析，深刻的往往只有少数，多数则容易平平甚至浅薄、有缺陷。另一方面，现在的读者对媒体的神秘感越来越少，更易接受专家的主张。因此，业有专攻的权威人士分析素有研究的问题往往驾轻就熟，更容易准确、深刻，更容易生发强大的说服力。好钢用在刀刃上，所以，解释性报道要善于在报道之中，尤其在关键处运用或大量运用权威人士的分析。

在具体的引用中，权威人士的分析可以有两种使用方法：第一，权威人士的解释、分析可以与具体的事实材料搭配使用。权威人士的分析为意见，具体材料为根据。第二，权威人士的分析可以与记者的解释、分析性的认识搭配使用。权威人士的解释、分析为依据，记者的认识为意见。

为了强化解释性报道引用的说服力，除非迫不得已，一般不要采用“有关人士指出”一类含糊的表述，而应该明确介绍被引用的权威人士的姓名、身份。

（四）适当使用文学的手法

相对于其他新闻报道，解释性报道的主观色彩较为浓郁，因此，适当使用一点文学手法可以使解释性报道生动易读。由于形象性是文学的根本特点，因此，那些针对非文学文本的所谓的文学手法，主要指的是有关的修辞技巧与巧用线索一类的笔法。在对文学手法的借用上，解释性报道可以适当地运用洗炼的语言，运用一些比喻、对比、拟人等文学的修辞手法，从而使新闻报道生发或老道或灵活或调侃的报道色彩。

从地形上看，张家口、石家庄与北京呈相对标准的三角形，但从张家口到石家庄却不能完全遵循“两点之间直线最近”的原则，必须通过北京。目前特快列车从张家口到石家庄需要5个多小时，而即使乘坐高速大巴，从张家口到石家庄“直线”的541公里，也需要7个小时以上。经过北京，这是最快捷的张家口到石家庄线路选择。对李真而言，这种线路就不仅仅是交通意义上的选择了。

这是李鸿谷等《秘书的权力》① 的开头。在这里，记者表面上是写河北省委原主要领导的秘书李真从家乡张家口到河北省省会石家庄的地理行走路线，实际上则暗示着李真个人的政治发迹的曲线：在家乡不得意的李真之所以后来能够成为河北省委主要领导秘书，不是因为河北省委的直接考察，而是凭借身居北京的他父亲的老战友杨伯伯的帮助。在这里，李鸿谷等人实际采用了文学创作中经常使用的笔法：双关。

## 六、报道形式上可以丰富多彩

（一）在表达方式上，叙述与议论之间在比例上可以互为进退

解释性报道可以夹叙夹议，分量相当。如《出租车为何自降起步价》②、《中国队为何再度无缘汤杯》③，主观色彩比较浓郁，议论较多。解释性报道也可以叙多于议，只在一些关键处议论。如《如何看待“小灵通”

---

① 《三联生活周刊》2002年第24期。

② 《人民日报》2002年5月20日。

③ 《光明日报》2002年5月18日。

现象》①、《一个工程师出走的反思》②，显得比较冷静、含蓄，客观色彩比较充分。

（二）在文体类型上，可以多种多样

解释性报道既可以写成新闻分析，由记者、通讯员一手包罗，也可以采用专访的形式。比如，《荆州市奶农“倒奶事件”解读》③、《台湾岛上的拼音之争》④ 采用前者的常规形式，而绍志勇等人的《印度军力膨胀为哪般——访国防大学胡思远教授》⑤则采用了专访的形式，别有一番效果，双方各有千秋。《印度军力膨胀为哪般——访国防大学胡思远教授》一文的片段如下：

问：印度国防部长费南德斯今年在印度最新的一艘战舰“布拉马普特拉号”下水时曾说：印度将调整与他“有利害关系”的海上活动区域，请问这些区域包括哪些范围？

答：前不久，印度宣布要自行建造一艘航空母舰，如果未来这艘航空母舰完工，印度航母数目将增加到三艘，到时印度海军不仅将改变东南亚地区海军力量的均衡局势，而且将使印度的有利害关系区得到进一步扩展，印度国防部长费南德斯所说的：印度将调整与他“有利害关系”的海上活动区域，而这些“有利害关系”的地区将从阿拉伯海北部扩大到南中国海海域，从阿拉伯海到南中国海都有它的战略利益。印度这些军事动作，将一个海上军事大国的地位活生生地展示在世界面前。

问：印度曾提出要建立一支具有足够威慑能力的快速反应部队，提高机动能力特别是战略空运能力，以便对周边小国实施威慑，请问印度实施的具体策略是什么？

答：长期以来，印度始终把南亚次大陆看作一个战略实体，强调次大陆的稳定与安全对于印度有着重大的利害关系，在区内防止对印度的“离心倾向”。印度提出要建立一支具有“足够威慑能力”的快速反应

① 《人民日报》2002年5月27日。
② 《光明日报》1986年6月17日
③ 《湖北日报》2002年5月14~17日。
④ 《光明日报》2000年11月14日。
⑤ 《光明日报》2000年11月15日。

部队，提高机动能力特别是战略空运能力，以便对周边小国实施威慑，使任何一个国家都不敢触犯印度的利益。对区外印度推行“南亚是南亚人的南亚”，决不允许本地区以外的国家，在印度周边任何一个小国建立军事基地，或对印度施加不利的政治影响。

自90年代开始，印度进一步加强对印度洋的控制，印度海军制定一项为期25年（1990～2015年）的持久现代化的计划，以便保持一种“强有力的军事态势”，确保有效地“慑制任何其他大国进入印度洋”。印度洋是国际经贸的生命线，也是印度海路贸易和能源供应的战略水道。在那里印度连同其海岛共有海岸线7500公里，有大的港口11个，中小港口200多个，每年通过印度洋的约6.2万艘船中一半以上进入印度港口，印度97%的对外贸易亦通过海路进行。印度洋地区石油天然气等资源十分丰富，海湾国家和中亚国家更有“世界能源的钥匙”之称，是“西方国家必争之地”，也是印度发展经济必须依靠的地方，对印度在21世纪的命运有着极其深远的影响。据印度塔塔能源研究所估算，2011年印度的石油消耗量约为1.5亿吨，而本国最多只能生产6500～7000万吨，每天需进口150万桶。

问：印度目前已是世界上第10海军大国，它所担心的海上威慑主要是指哪些国家？

答：印度所担心的海上威慑主要是针对在印度洋保持军事存在的美国；其次是其他区外大国如日本、德国、法国及中国的海军进入印度洋；最后是保持对印度洋沿岸国家的绝对优势，慑制其可能对印度进行的任何军事冒险。这种威慑，并非要战胜超级大国的海军，而是要与之相抗衡。为此，印度不断加强海军的远洋作战能力，发展航空母舰、核潜艇、新式常规潜艇、导弹驱逐舰、导弹护卫舰、远程反潜侦察机等攻击型武器装备。

印度海军目前是印度洋周边国家中最大的海上力量，舰种齐全，有一定外海和远洋作战能力，在确保国土、海岸线和领海的安全，有效控制200海里专属经济区的同时，印度将其势力向马六甲海峡到好望角之间的广阔海域拓展，力求控制霍尔木兹海峡、保克海峡和马六甲海峡等印度洋重要的海上通道，把印度洋纳入印度的势力范围。

问：当今印度最令人注目的是它的军事领域。印度前总理拉·甘地执政后，就确立了“立足南亚，面向印度洋，面向未来，争取在21世纪成为世界军事强国”的国防发展新战略，请介绍一下这方面的情况。

答：自1986年以来，印度一直是世界上最大的武器进口国，仅在80年代的10年中，印度就购买了价值180亿美元（约合3 000亿卢比）的武器、潜水艇和先进飞机及高尖电子产品。目前，印度的兵力是南亚七国兵力总和的两倍，它生产的武器占第三世界国家生产的全部武器的31%。印度前总理拉·甘地执政后，就确立了“立足南亚，面向印度洋，面向未来，争取在21世纪成为世界军事强国”的国防发展新战略。与此同时，印度历届政府都强调以21世纪初成为东南亚和印度洋地区“第一军事强国”、“世界中等军事强国”为目标的20年国防现代化计划。目前的印军在数量和质量上都有了突破性发展，有些装备的现代化程度之高，令人瞠目，其军事实力已今非昔比。60年代至70年代，印度的国防建设主要依靠前苏联援助，得到前苏联提供的10亿美元（约合110亿卢比），购置坦克数百辆、大炮几百门、导弹上千枚、军用飞机数百架。同时修建了三个米格飞机工厂，生产米格21型战斗机。另有军舰数十艘，并把孟加拉湾的维沙卡帕特南港和安达罗群岛改建成海军基地，用于海军舰只停泊、加油和维修。

1980年以来，印度在军事研究与发展上的开支预算逐年上升。印度政府在1990年制订新的五年国防开支计划时，将国防经费提升到9250亿卢比（约合910亿美元），比前五年的国防总开支增加了11.38%。印度国防经费持续增长，使其国防实力明显增加。目前，印度的国防力量已仅次于美国、独联体和中国居世界第四位。

问：我们是否可以把印度所做的一切归结为它的大国之梦？如其梦想成真，将会有什么样的局面？

答：印度的国际地位及其在全球的作用相当有限。如苏联解体之初，美国总统布什邀请一些国家首脑去讨论形势，印度被排除在外；1997年印度竞选联合国安理会非常任理事国席位失败，迄今支持印度出任安理会扩大后的常任理事国的国家屈指可数。印度K.森德吉将军预言，印度到2025年尚不能成为世界级大国。美国前总统安全事务顾问布热津斯基在《大棋局》一书中称，印度自视为潜在的重要全球角色是“过高估计了自身的长远能力”。但印度绝不会放弃其世界大国目标，而一旦实现世界大国梦想，可能对其邻国形成安全压力。

# 第八章　踏铁鞋，分迷雾，觅实情

## ——调查性报道的写作

## 第一节　调查性报道的来历与特点

### 一、读者与报纸离不开调查性报道

2003 年 1 月 8 日，新语丝网站揭露华东地区一所大学校长的论文涉嫌剽窃，但我国的主流媒体却缄口不言，市民媒体吞吞吐吐。好在《南方周末》终于站了出来。1 月 29 日，《南方周末》刊发了翟明磊等的报道《东大校长卷入剽窃风波》，通过记者的调查，比较全面、细致地介绍了南京某大学校长、中国工程院院士顾某是否卷入论文剽窃的基本情况。比如，校方承认论文有问题，但又认为顾某没有看这些论文，是顾某的博士生李某在没有征得顾某同意的情况下在论文上面同署了顾某的名字，顾某本人不知情。对此，记者提出问题：按照该大学规定，博士生报销发表论文的版面费时，导师一般凭“杂志录用通知单”签名准予报销，博士生李某两篇论文都交了版面费，作为导师的顾某怎么会不知情呢？问题是质疑的，但校方回答却支吾，云：论文版面费是从基金里出的，但校长签没签字，我们不知道。与此同时，校方有三个“躲避”：躲避让记者见校长顾某，躲避记者接触有关单据，躲避让记者见“承担所有责任的”博士生李某。通过记者的调查，这篇报道可以证实的是：南京某大学校方的说法不能成立，顾某对剽窃他人科研成果的伪论文负有不可推卸的责任。

这篇报道在遮掩中捋出败絮，大快人心！这就是调查性报道。在进入电子时代的今天，广大受众需要调查性报道，报纸更是离不开调查性报道。

## 二、西方的调查性报道

### (一) 西方的调查性报道的来龙去脉

1. 萌芽。

调查性报道始自西方。西方的调查性报道源远流长，其中以美国最为突出。西方的调查性报道源自揭丑新闻，如1690年美国的《国内外公共事件》就曾揭露法国路易十四国王不道德行为。不过，西方的调查性报道真正成气候却只有两个阶段：一是19末世纪20初；二是20世纪六七十年代。

2. 第一阶段。

在19世纪末20世纪初，美国还没有全国性的报纸而只有地区性的报纸。由于当时的报纸重新闻时效，而美国的杂志讲求趣味性并有刊载言论的传统，因此，西方第一阶段的调查性报道大多刊登在杂志上面。杂志成为当时采写刊载调查性报道的主要阵地，以至于其中的杰出报道者被称为“伟大的杂志撰稿人”①。当时发表调查性报道的具有影响力的杂志有《人人》、《世界主义者》、《角斗场》等，其中以创办于1893年的《麦克卢尔》最为著名。在第一阶段的调查性报道中，戴维·格雷厄姆·菲利普斯的《参议院的背叛》与查尔斯·爱德华·拉赛尔《一夜名盗的成长》揭露的是见不得人的政治或司法腐败，艾达·塔贝尔《美孚石油公司的崛起》与托马斯·劳森《疯狂融资》报道的是大公司在经济垄断上的处心积虑与霸气。曾任《麦克卢尔》编辑主任的林肯·斯蒂芬斯自称是美国的第一个黑幕的揭发者。②

3. 第二阶段。

调查性报道第二个高潮是20世纪的六七十年代。是时，采写刊发调查性报道的媒体主角已由杂志更为报纸。这时的报纸之所以改为主攻调查性报道，是因为在新兴起的电视面前，报纸原来的快速优势已经荡然无存，如同杂志当年面对报纸一样。因此，在第二阶段，即便像美国的《纽约时报》、《华盛顿邮报》这样的主流报纸也大力进行调查性报道。在第二阶段，调查性报道的报道水平已较第一阶段有了较大的提高，其中最著名的调查性报道当属《华盛顿邮报》罗伯特·伍德沃德与卡尔·伯恩斯坦的揭丑报道。他们披露美国政府水门事件的报道最终导致尼克松总统下台。另外，1969年

---

① 《新闻与揭丑》第Ⅱ卷，海南出版社2000年版，第4页。

② 《新闻与揭丑》第Ⅱ卷，海南出版社2000年版，第4页。

11月13日西摩·赫什在《圣路易邮报》上对美国军队在越南美莱屠杀事件的报道也轰动一时，相当有影响。1975年，一个专门向调查性报道的记者提供帮助并维护从事调查性报道记者权利的独立组织“调查性报道新闻工作者组织”在美国成立。① 美国与中国内地不一样。美国社会普遍重视文字媒体，小瞧视听符号感官平面化的声像媒体，视电视为娱乐性传媒，因此，调查性报道以在报刊刊发为主，电视在调查性报道上反倒作为很有限。

目前，调查性报道在西方引人注目。如法国《世界报外交月刊》1999年第6期刊载克里斯蒂娜·阿勃德克利姆的调查性报道《巴尔干冲突：并非如此常规的武器》一文，披露美军在对南联盟的战争中使用贫铀弹的事实真相，报道很有影响力。

客观地讲，西方的调查性报道一般是严肃的。它所揭露的对象不是个人，而是那些有能力对社会造成巨大伤害的政府机构、公司财团、社会团体、黑社会势力及其不法行为。美国学者认为，只有进行调查性报道，报界“才能尽到自己的责任”②，让人民充分了解“拥有庞大复杂的政府机构、企业和社会的国家”③。由于致力于揭丑，西方的调查性报道同样颠踬波折，承受着政府或大公司财团等的巨大压力，长期坚持并不容易。1906年，当时的美国总统西奥多·罗斯福曾借用英国小说家班扬《天路历程》中的一个人物，称从事调查性报道的记者为“扒粪者”，指责这些记者不肯扬首上看天空的绚丽多彩，非要低头专门用铲子收集垃圾，弄得自己浑身臭哄哄。但是，对于一个社会来讲，要想健康、长久运行，就离不开清扫，就要将垃圾排出体外。

西方新闻界很看重调查性报道，以为在电视大行其道的时代，调查性报道是用以拯救报纸的再生之星。究其原因：一是媒介间的竞争，具体讲是电视与报纸之间的竞争使然。二是新闻观念，西方新闻界认为，坏事是好新闻，讲究“乌鸦文化”，所以一向有以负面报道为主的传统。从2001年4月16日公布的第85届普利策新闻奖看，在14项获奖作品中，没有一项正

---

① ［美］布兰特·休斯顿等：《调查记者手册：文件、数据及技巧指南》，南方日报出版社2005年版，第1页。

② ［美］布赖恩·布鲁克斯等：《新闻写作教程》，新华出版社1986年版，第385页。

③ ［美］布赖恩·布鲁克斯等：《新闻写作教程》，新华出版社1986年版，第385页。

面报道，相对于4项中性报道，负面报道为10项，占获奖作品总数的70%以上。在26项提名奖中，负面报道为16项，占总数的60%，而属于正面报道的作品仅有两项。①三是报纸的社会责任驱动。美国主流新闻界认为新闻工作者有两个角色：一是维护公众知情权；二是监视社会，尤其是监视社会中的强势群体，因此新闻工作者必须调查、披露“政界、商界和社会其他领域内不为公众所知的事实”②。在一个社会里，总是存在公权与私权之间的矛盾，存在着不同群体之间的矛盾，而报刊恰恰具备足够的力量抵制握有政治权力、经济财力乃至于文化权力的强势者对弱势者合法合理权益的侵犯，抵制多数人群体对少数人群体的合法合理权益的侵犯。报纸的这一能力就是诉诸文字，诉诸报道。在西方，这种维护他人合理合法权益的报道主要由调查性报道来完成。由此可见，西方新闻界的调查性报道既包含经济利益，又蕴含社会利益。

（二）西方调查性报道的特点

西方的调查性报道以美国最为突出。作为调查性报道，它有三个不可或缺的要件。这三个要件也构成了西方调查性报道的三个特点：

1. 所报道的新闻必须是一些人或有关组织企图掩盖的事实真相。

西方的调查性报道不同于中国大陆的调查报告。西方的调查性报道不是表扬性的报道，如《华盛顿邮报》对美国总统尼克松“水门事件”的报道，日本《朝日新闻》对日本首相竹下登任内“里库路特”丑闻的报道，都是记者历尽千难万险才获得的事实真相并勇敢地予以披露的。“调查性报道的目的在于揭露被隐藏起来的情况”③。由于调查性报道所报道的事实并不光彩，所以，调查性报道在西方又被称为揭丑报道。

2. 调查性报道必须是新闻媒介独立进行的原创工作。

在资本主义国家，记者最大的消息来源其实是政府，日本共同社的主干原寿雄说：“见报的事实大部分已通过政府的手和眼作了第一次选择取舍。题目的设定完全在消息源——政府一边，政府在进行舆论诱导。”④因此，调查性报道要求从事调查性报道的记者不仅不能接受政府的经济资助，而且在

---

① 见《新闻大学》2001年第3期。

② ［美］罗恩·史密斯：《新闻道德评价》，新华出版社2001年版，第11页。

③ ［美］布赖恩·布鲁克斯等：《新闻写作教程》，新华出版社1986年版，第384页。

④ ［日］川嶋保良等：《大众传播视点》，地人书馆1990年版，第85页。

信息资料的获取上也必须独立进行。调查性报道这么做的目的是为了求得多些真实、理性与客观。日本学者川嶋保良认为，调查性报道要求从事“调查性报道不是依赖当局发表的材料写报道，而是记者亲自进行调查，逼近真相”①，“不是依赖警察”②。在调查性报道出现第二个高潮的20世纪六七十年代，像美国的《纽约时报》、《华盛顿邮报》都追求独立进行调查性报道。不过，调查性报道的调查是艰难的，费用是相当高昂的，时间少则一周，多则数年，如艾达·塔贝尔对美孚石油公司的系列报道，耗时5年，老板对每篇报道的投资达4000美元。③因此，真正的调查性报道往往只能由资本雄厚、很有影响的报纸来组织。

3. 调查性报道设定的问题重要，为公众普遍关心。

由于调查性报道所揭露的对象不在普通个人，而是那些有能力对社会、对他人造成巨大伤害的政府机构、公司财团、社会团体、黑社会势力及其不法行为，因此，调查性报道的问题重大，议题设置很能赢得受众的关注。在美国，衡量一个事物成效的重要标准是看其对法律的影响，而调查性报道恰恰影响到美国一些法律的变革，如《肉食检查法》（1906年）、《克莱顿反托拉斯法》（1914年）等。④因此，调查性报道在西方是高品质的新闻报道，数量虽少，却往往有远远超过一般新闻报道的比较重大的社会影响。

调查性报道不同于那些专以揭露个人隐私以希图搏得读者廉价一笑的黄色小报或格调低下的杂志，因此，它需要喜欢读传奇故事的中国读者有一定的阅读耐心。要想改造社会，必须首先认识社会，调查性报道之于社会改良还是有一定益处的。但是，西方的调查性报道毕竟为的是维护资本主义社会机器正常运转，因此我们不能幻想其中会有根本性的变革吁求与革命性的精神。

## 三、关于调查性报道的界定

### （一）界定

什么是调查性报道？西方学者认为调查性报道是“利用长期积累起来

① ［日］川嶋保良等：《大众传播视点》，地人书馆1990年版，第85页。

② ［日］川嶋保良等：《大众传播视点》，地人书馆1990年版，第85页。

③ ［美］林肯·斯蒂芬斯：《新闻与揭丑》第Ⅰ卷，海南出版社2000年版，第3页。

④ ［美］林肯·斯蒂芬斯：《新闻与揭丑》第Ⅰ卷，海南出版社2000年1版，第6页。

的足够的事实和文件，对事情的意义向群众提供一种强有力的说明”①。有的中国学者对调查性报道的认识倾向于西方的主张，如认为调查性报道“是记者通过深入调查，自己发掘出来的某些个人或集团力图掩盖的内情和问题的报道”②。如是对调查性报道的意见显然重在批评、揭丑。

但是，中国的调查性报道有自己生存发展的现实基础。中国的调查性报道是不能离开党组织的。它既要服膺于做党的喉舌，促进而不是促退党的工作，又需要党组织的支持，否则在中国寸步难行。因此，调查性报道在中国就不能仅以批评、揭丑为根本目的。中国的调查性报道还没有发展到西方的揭丑阶段，而是既有着重揭露的，也有集中调研的。前者有张建伟的《命运备忘录》、余兰生的《140万双袜子的命运》③、刘畅等的《山西繁峙矿难系列报道》④、曹勇等的《被“鸡头”改变的村庄》⑤、朱玉的《龙胆泻肝丸——清火良药还是“致病”根源》⑥、陈峰等的《被收容者孙志刚之死》⑦、郑杰等的《广东“枪手”武汉替考被抓，记者千里赴考求铁证》⑧、《南京师大音乐学院强迫女生停课给视察领导陪舞》⑨，后者有苏志会等的《菜价追踪》⑩、《北京百万流动人口探踪：他们从哪里来，来干什么?》⑪、张双武等的《中国民办高校考察报告》⑫、蔡平的《性别的挣扎》⑬、赵志国的《10万北京人“移民”河北调查》⑭、《教育迁徙：河北读高中，北京

---

① [美] 埃德温·埃默里父子：《美国新闻史》，新华出版社1982年版，第493页。

② 朱辉等：《当代办报策略与新闻采写艺术》，复旦大学出版社1996年版，第162页。

③ 《长江日报》1997年7月30日。

④ 《中国青年报》2002年6月~7月。

⑤ 《南方周末》2002年12月19日。

⑥ 新华社2003年2月24日电稿。

⑦ 《南方都市报》2003年4月25日。

⑧ 《新快报》2003年11月17日。

⑨ 武汉《新周报》2004年10月26日。

⑩ 见新华社1994年4月12日电稿。

⑪ 《瞭望》1986年第49期。

⑫ 《中国青年报》2001年11月9日~11日。

⑬ 《中国青年报》2002年7月24日。

⑭ 《燕赵都市报》2005年7月25日。

考大学》①。

那么，什么是中国的调查性报道呢？从我国的实际看，调查性报道指的是报道者通过自己比较长期而完整的亲自积累、观察与最近的调查研究，对某一或某类社会事实或社会现象所进行的深入、系统或深入详细的报道。按照中国现实发展的趋势，着重于揭露的调查性报道将会逐渐增大比重。比如，中国足球是否存在大量的打假球现象，一些媒体进行了不少报道。但直至2001年10月中国足球协会对6支甲B球队的处理为止，还没有任何媒体任何报道能够拿出有根有据的过硬材料来证明有人打假球进行金钱交换。中国足球球市是否存在打假球，就是一个非常有报道价值的调查性报道选题。正是因为有迷雾重重的黑幕揭露，对这一问题的进行调查性报道才特别有意义。有疑难才有调查的必要性，因此调查性报道还是应该有疑难为好。

实际上，我国具有西方调查性报道特点的调查性报道首先出现在非主流媒体杂志上。作家赵瑜的《马家军调查》、作家陈桂棣、吴春桃的《中国农民调查》就是这样的报道，其首发的阵地是非主流的两家文学杂志，即1998年第3期《中国作家》与2003年第6期《当代》。比如，《中国农民调查》的"采访全部是自费进行的，先后大约花了五万元，那几乎是我们所有的积蓄。我们是为作品作采访，没有想到过请任何部门支持"②。这值得报业与记者、编辑深思。新闻工作者还是要有些来自社会但又超越现实的社会理想与浪漫主义精神的。

在中国，调查性报道是大有发展前途的。被新闻界称为"中国的林肯·斯蒂芬斯"的王克勤以为："记者的荣誉在于真实地记录历史，关注历史，关注社会制度和社会存在的一些问题和弊端，用我们手中的笔，用新闻的方式来推动社会的进步，推进社会的文明。"③现阶段，一些人以权谋私，损公肥私，专横跋扈，欺压无权无势的平民百姓；还有一些人钱权勾结，胡作非为，扰乱正常的社会秩序。这些丑恶必须制止、惩处，弱势者的疾苦应该得到纾解，中国社会应该多一些公道、正义，多一些人道主义。而报纸、新闻工作者恰恰可以为此作出重要的贡献。缺少批评，缺少舆论监督，一份报纸的威信就会被极大地削弱。目前，我国的批评性报道构成调查性报道的雏形，舆论监督依赖于批评性报道乃至于成熟的批评性报道——调查性报

---

① 《北京青年报》2005年11月21日。

② 新华网 www.he.xinhuanet.com，2004.2.18。

③ 凌非编著：《中国媒体记者调查》，光明日报出版社2004年版，第203页。

道。中国的民主建设、依法治国任重道远，中国的政治改革有进无退，调查性报道虽然道路曲折，但可以相信的是，伴随中国社会的进步，调查性报道的前途是光明、广阔的。近年来，调查性报道在社会上影响越来越大，获奖作品越来越多。如《黑龙江日报》的《治病？骗钱？——发生在哈传染病医院的怪事》、《中国青年报》的《山西繁峙矿难系列报道》分获第11届、第13届中国新闻奖一等奖。通过调查性报道，新闻传媒可以行使对整个社会权力的调整、分割，维护社会真正的稳定与持续的发展。调查性报道行使的是新闻传媒对社会政治权力、经济权力与文化权力的限制与再分配。调查性报道应该维护社会公共利益，更多地体现出传媒的社会责任。

（二）种类

调查性报道可以分为以下三种：

1. 调研式的调查性报道。

首先，这一类调查性报道意在调查清楚事实的真相，既不刻意批评，也不着意表扬，而是好处说好，坏处说坏。它所涉及的问题，大都是社会上长期存在而未引起注意或亟待抓紧解决的情况，报道者采写报道的目的不是为了揭发内幕丑闻，而是立足现实，面向未来，兴利除弊，意在通过对社会问题或社会现象的深入调查、剖析，使问题得到关注，用建设性的主张求得社会共识，推动社会良性发展。比如，湖南省张家界武陵源世界自然遗产受到联合国黄牌警告后，其自然遗产保护情况如何，当地政府如何改进工作，如何将宾馆等迁出核心风景区，等等问题都需要关注。2001年10月的调查性新闻如实报道，既总结经验教训，又报道工作变化，让人看到当地与我国关于世界自然遗产保护工作的进步与希望，使受众与政府都还能接受。

其次，它往往从正面“进攻”，讲求报道调查的系统与全面。这一类报道可以是对一个新闻现象的报道，如《中国民办高校考察报告》、《教育迁徙：河北读高中，北京考大学》；也可以对一起事件的报道，如赵瑜的那篇并非意在揭丑的《马家军调查》、邓科等人的《天津“艾滋患者持针扎人”事件调查》①。但无论怎样，这一类的调查性报道都不限于从某一个单方面去报道，因而往往字数较多，篇幅较长，报道比较详细、深入，有背景，有现实，有原因，有分析、解释成分，来龙去脉一清二楚。

传统的调查报告，一般归入此类。

2. 追踪式的调查性报道。

---

① 《南方周末》2002年1月24日。

这一类的调查报告不以全面、系统取胜，而以对新闻事实的深入追踪调查见长。它往往字数较少，篇幅较短，由一点深入，至击中要害为止，写来常常短小精悍，如《武汉火锅里有多少罂粟壳》①：

武汉卓刀泉一带，大大小小的宾馆餐厅都备有火锅，且生意挺火。不过，记者时常听人说起这一带的火锅多数放有罂粟壳。记者近日也邀人“吃”了几处，发现确实如此。

圣诞前夜，在一家中等规模的火锅店里，座无虚席，老板双手抱拳：

“实在对不起，只好让你们等一会儿。”

“生意火红，一定有独到之处，我们等一会儿。”

约半小时后，我们找到空位子，火锅热气腾腾地端上来了。里面漂浮着约10来颗长椭圆形的果子，捞上来一看，淡棕色，都是裂开的空壳。记者问身边的女服务员：

“这是什么果壳啊?”

“这是‘炒果’，你多吃几次就会尝出味来的。好比抽烟，会抽烟的人才能分出烟的牌子。”

“‘炒果’是长在哪里的，能不能吃?”记者捞起一颗故意问道。

“我们也不知道，听老板说是‘炒果’，好像不能吃。”

圣诞之夜，记者路过武昌八一路。这里正在修马路，车子只能走单行道，白天行人都很少，可晚上却异常热闹，几家大大小小的餐厅灯火闪亮，门前也停有几辆高级小车。是不是也有“炒果”?

记者走进一家不太显赫的火锅店，要了火锅。没有漂浮的“炒果”。记者故意说：“老板，味道不怎么样嘛，加上炒果，就是那个壳壳。”服务小姐从里屋抓了一把丢了进去。记者吃了一会儿说：“唉，现在不错，这果子真有味，请教一下，哪儿买的，明天我也去买点在家吃火锅。”老板说是四川弄来的，不是市场上买的，是送上门来的。“这炒果到底是什么东西呢?”“炒果就是炒果嘛，我也不知道是什么，反正武汉的火锅店差不多都有。”老板回答。

“炒果”到底是什么呢? 1995年12月27日晚，记者驱车到汉口一家挺排场的火锅店再次探访，还特意带了一个“大个子”作陪，果然

① 《光明日报》1996年1月5日。

火锅里也加有“炒果”。我们迂回地与服务小姐聊了半天，也没问出进货的渠道。正要结账走人的时候，一位西装革履老板模样的青年人走过来说：“二位不用结了，算是我请客，大家交个朋友，你们刚才的话我都听见了，只求不要为难我们这个小店就行了。”

“那你得告诉我们：“炒果到底是什么？”

“炒果就是鸦片壳，学名叫罂粟壳。”老板说。

这篇报道以记者的调查追踪为叙事线索，以所谓的“炒果”究竟是什么为中心予以报道，全文以提出疑问始，以揭开事实真相终，紧凑凝炼，别具一格。

3. 揭露式的调查性报道。

这一类报道重在揭露、批评各种违法违纪、有悖社会道德等的活动与丑闻。其揭露、批评的对象主要是在社会上有一定影响的、为大众所关注的新闻事实、有关人物、有关单位与机构：既可以是党政机关，也可以是企事业单位；既可以是党和国家的高级官员、社会名流、企业家，也可以是普通干部、普通的工人农民。比如，新华社关于厦门远华案件、原江西省省长胡长清问题的报道，揭露的对象就是党政高级官员与富豪。而记者对四川省一个无照行医者在一位与自己同居的年轻女子私处上锁的“贞操锁事件”的披露，调查采写的则是普通人的不普通事。

在目前的中国，揭露式的调查性报道往往离不开党组织、报社的支持，要在恪守国家法律、党的纪律的大前提下进行。从事调查性报道的记者可以运用各种合法合理的调查手段，调查了解有关事实的内部情况、有关事实与外界的联系，并有选择地予以披露，为维护社会健康与净化社会空气做贡献。比如，《中国青年报》的记者通过自己的深入、细致的调查采写了新闻报道《西宁烈士陵园卖墓事件》①。该报道揭露了青海省西宁市烈士陵园违规滥建经营性公墓一事。此事采访难度很大。当地的省民政厅、青海宏狮集团等掩盖事实真相，刁难记者。但是，由于记者扎实的采访与报社、国家民政部等的支持，这篇报道最终得以顺利完成并面世，推动了对违规滥建公墓一事的处理。

(三) 调查性报道与工作通讯、批评性报道之间的异同

1. 调查性报道与工作通讯、批评性报道的相同点。

---

①《中国青年报》1998年9月11日、9月25日、10月22日。

三者都要经过比较深入、系统的调查了解，材料扎实，都讲求报道的理性、冷静。

2. 调查性报道与工作通讯的不同。

工作通讯是过去计划经济时代经常运用的新闻报道文体。它和传统的调查报告一样，与过去的计划经济关系密切。因此，惯性所及，工作通讯往往站在有关上级机关、上级领导的立场上去报道实际工作的进展情况、经验教训，讲求立足全局来突出报道的典型性与针对性。为各级领导与党政决策机构服务，指导工作，是工作通讯的主要社会作用。

调查性报道传播信息，视域开阔，服务社会，不具有指导性，报道内容不限于工作经验，报道立场也多不止于具体的领导机关位置。随着中国改革开放的深入、社会主义市场经济的发展与民主法制建设的健全，调查性报道在中国应运而生，并有着宽广的前景。

3. 调查性报道与批评性报道的不同。

首先，我国的调查性报道不像批评性报道那样仅仅限于揭露、批评社会上的各种坏事坏现象。调查性报道以调查为主，重在廓清复杂的、被遮蔽的事实真相，所谓的是非判断反位在其次，《马家军调查》正是这样。这篇报道意在报道马家军成功背后的经验、危机，既讲成绩，也披露不足。所以，我们不能因为作品报道了马俊仁教练的个性缺陷就断定这是一篇批评性的报道。

其次，在调查性报道之中，报道者着重于提供过硬的事实材料，通过事实材料说明事实真相，故主观的议论成分相当有限。而批评性报道虽然也要通过深入细致的调查弄清事实，但其重点在于批评，讲求用准确、有说服力的事实材料证明批评的正确性，所以，报道者的议论往往比较明显、充分。

再次，调查性报道往往比批评性报道深入细致，费时费力，有较强的独立性。前者风险大，讲求科学性；后者则相对简单，与党政机关的联系比较密切，常依据党政机关如纪委、监察部门等提供的材料或指示撰写，问题揭露的范围与深度局限较多，多不涉及制度层面。

## 四、我国调查性报道的特点

### （一）有鲜明的调研性

这是调查性报道最突出的特点。任何新闻报道都离不开调查研究，但是，与一般报道不同的是，调查性报道在调查研究上格外全面、系统、细致、深入。调查研究的科学性、艰巨性是进行调查性报道的基础。可以说，没有调查研究，就没有调查性报道；没有较之一般报道全面、深入得多的调查研究，同样没有调查性报道。

（二）有较强烈的重大性

调查性报道报道的不是那些无关痛痒的新闻事实，而是当今现实社会存在的比较重大的社会问题。这些问题往往事关国计民生，事关公共利益，与人民群众的切身利益息息相关，为广大读者所密切关注，社会影响相当大，受到党和国家的高度重视。因此，调查性报道不要看到一点东西就写，不妨多看多思再定夺。同时，调查性报道要求记者必须有社会责任感、正义感，要求记者要勇敢，敢碰硬。

（三）有较严格的科学性

从事调查性报道，报道者必须不怕吃苦，善于吃苦，能够深入调查，熟练地掌握、运用科学的调查研究方法。调查性报道不能虚张声势，不能唬人蒙人，必须建立在扎实、深入、周到而细致的调查研究基础上进行。同时，调查的证据、结论要能经得起他人的质疑，经得起时间的考验。

（四）有相当的艰巨性

调查性报道分量较重，篇幅较长，报道较细，报道者必须弄清事实的来龙去脉、深深浅浅，对事实的关键要害处更要一清二楚。因此，调查性报道的采写费时费力，风险性远较一般新闻报道要高。

调查性报道的内容常常处于潜在、保密的状态。被调查的事实真相不可能一望即知，而有关人员又十分敏感，戒备心强。有关部门、单位、人员还常常想出种种办法来设置障碍，制造混乱，遮掩事实真相。因为涉及实际利益，有关当事者还可能讲假话。报道人有时还会受到来自金钱、美女等的诱惑，受到来自外界的威胁、打击、报复，甚至于为此惹来杀身之祸。因此，调查性报道对于报道者的思想品德与实际能力往往提出较高的要求。当然，这既是挑战，又是个人成长的好机会。

## 第二节　调查性报道的调查研究

### 一、调查研究的重要性

调查研究是采写调查性报道的基础。调查性报道拼的就是事实证据，国外从事调查性报道的记者又将调查性报道称为“证据的报道”①。没有大量深入、细致与艰苦的调查研究，报道者就不可能对新闻事实有真实、准确、全面、深入的了解与认识，就不可能有调查性报道所不可或缺的丰富的报道材料，从事调查性报道就是一句空话，再好的思想、技法都派不上用场。可以说，调查研究的深浅、多寡直接左右着调查性报道的深浅、优劣，而调查研究是报道者获取“烹饪”调查性报道所必须的好“米”的必经之路。

## 二、调查研究的方针

### （一）深入系统，点面结合

采写调查性报道必须系统、深入地进行调查研究。所谓调查，指的是为了解情况而进行的考察，多半包括到现场了解情况。②因此，调查性报道对报道对象所进行的调查研究，就不能仅仅限于局部，不能杂乱无章，不能浅尝辄止，也不能充当事实中的主角，而要胸怀大局，既掌握国家政策上情，又熟悉基层下情，对一个问题、一件事情、一项经验、一次事故的发生、进展、原因、结果、影响等，进行系统而深入的调查研究。曾民等采写《红豆杉被毁真相》一文“走了云南4个地州，5个市县，行程上千里，其中仅步行就在100公里以上”。曾民说：“为了见到那棵红豆杉王，我几乎耗尽了所有的体力，把牛仔裤都爬穿了。”③而那种只解其一、不解其二的了解、采访，不能叫调查研究。比如，报道《打工妹之死》④名为调查，但报道者实际上没做什么真正的调查研究：

> 一位17岁的外来打工妹死了，死在一个酷热的夏日，死在他乡异地的武汉，死在她连续工作了16个小时的一家服装加工小作坊。
>
> 她叫刘丽，来自洪湖边的一个小村庄。刘丽在家排行老二，上有一个姐姐，下有一个妹妹和弟弟。为了生活，几年前，刘丽的父亲带着大女儿远走他乡去南方打工。刘丽小学未毕业就辍学回家，与母亲一起包

---

① 张意轩等：《调查性报道的力量与魅力》，见《中国记者》2003年第7期，第16页。

② 《现代汉语词典》，商务印书馆1978年版，第245页。

③ 谢春雷编著：《揭开真相——〈南方周末〉知名记者报道手册》，浙江人民出版社2004年版，第10页。

④ 《中国青年报》2001年8月13日。

揽了家里所有的农活。

这几年，村里像刘丽这么大的，还有许多比她小的孩子都到外面打工去了。刘丽也想出去打工，年轻人总是渴望外面的世界。今年春节，嫁到外村的刘某回来了，说在武汉办了一家服装厂，想招几个女孩做学徒，管吃管住，但只给零用钱，没有工钱。刘丽听说了说她想去，母亲觉得，虽然去了挣不到钱，但熬几年能学门手艺，也就答应了。

今年2月，刘丽与本村及邻村的8个女孩跟着刘某离开家乡来到了武汉。她们中，刘丽的年龄是最大的，其他几个女孩都只有十三四岁。

刘某的服装加工厂其实只是一间小作坊，租的是汉阳区月湖堤一幢民居的二楼，面积也就二三十平方米，里面只有几台缝纫机，一张熨衣服的案板和一把电烙铁。这个小作坊的下面是工作间，上面用木板搭建的阁楼便是打工者的住处。阁楼高不到一米，她们要上去睡觉必须爬着进去，如果坐着穿衣服，连腰都不能伸直。冬天她们住在阁楼上，天热了，便铺张席子睡在工作间的地上。

月湖堤地处江汉一桥南岸桥头，与全国闻名的汉正街小商品市场仅有一桥之隔。由于汉正街寸土寸金，大部分老板都将生产加工车间迁出汉正街。近年来，月湖堤一带逐渐发展成为汉正街的后方加工厂，其中大部分是服装加工。有人估计，在这个面积不大的地区，小作坊式的加工厂少说也有几十家。

据月湖街派出所一位姓熊的民警介绍，这些小作坊的老板大都来自洪湖、仙桃、监利等县、市，打工者大都是这些老板从老家带出来的，也有的是他们的亲戚，打工者的年龄大都很小。他说有天晚上，派出所突击清查几个小作坊，一下就清出十几名童工。几天前，也就是8月8日的晚上，他们配合区劳动局、工商局对12家个体、私营企业清查，当场就发现有6家涉嫌非法使用近10名童工。其中除一家为理发店外，其余5家均为服装加工小作坊。小作坊的老板在向派出所申请暂住人口证时，拿来的要么是假身份证，要么是打工者所在地派出所出具的证明，有的真实年龄只有十二三岁，证明上却写着16岁。据当地居民反映，这些半大的孩子常常要工作到凌晨，为了让他们不至于打瞌睡，老板竟半夜打开录音机来“提神”。

据房东介绍，刘丽她们一般是下午开始干活，常常要一直干到凌晨，有时活多，会干到天亮，上午睡一会儿，下午又接着干。因为老板一般都是上午去汉正街接活，接到活后马上赶工，第二天早晨要将做好的服装送到汉正街，再接下一批活。

7月9日中午12时，刘某从汉正街接了一批活回来。刘丽她们马上开始赶工。这天，武汉市气温高达摄氏36度，工作间里又闷又热，只有一台旧电扇“呼呼”地吹着热风。由于那天接的活多，老板担心干不完，从中午一直干到晚上，大家一直没休息，吃了晚饭后又接着干。刘丽那两天一直感冒，但因人手紧，她不能休息。她负责给衣服锁边，一件又一件衣服送到她面前，她忙得一刻也不能停。

一直到凌晨4时，这批活儿终于赶完了，刘丽摇摇晃晃地站起来，想爬上阁楼休息，却突然一头栽倒在地上。老板找来几个人将她送到附近一家诊所，医生给她用药后，见仍昏迷不醒，催促赶快转院。6点钟左右，老板让人将刘丽送到武汉市第一医院，自己却悄悄回去了。这时，刘丽的体温已达42度，每分钟心跳220次，医院立即下了病危通知书，上午9时20分，刘丽不治身亡。

听说刘丽的母亲当天下午就赶到了武汉，可是见到的却是女儿已经僵硬的尸体。可怜的母亲抱着女儿哀哀地痛哭，却没有怪罪老板，她以为这是命，她说：“不怪你，是我的伢没这个福分。”

房东听说老板给了刘家一笔安葬费，有人说只给了几千，有人说给了几万。可是不管多少钱，它都换不回一个活泼的年轻生命。

8月11日下午，笔者走进刘丽生前打工的地方。这是一幢三层的楼房，房东一家住在三楼，二楼的那间小作坊已上了锁。房东说刘丽死后，老板匆匆回来将其他几个女孩子都带走了，从这以后再没露过面，欠她的房租也没给。

离开小楼时，发现一楼拐角有一个十几平方米的房间，里面摆放着7部缝纫机，进去一看，发现里面还有一个七八平方米的小间（后来才知道那是老板住的），小间里有几张“娃娃脸”在玩牌。问他们是哪里人，说是从仙桃来的。问他们知不知道这里前不久死了一个叫刘丽的女孩，他们说才来几天，不知道这里死了人。

转身离去时，心里起了沉沉的悲哀。

在采访中记者了解到，自7月中旬以来，武汉市加大了清查“童工作坊”的力度，小作坊较集中的硚口区、汉阳区，联合劳动、工商、公安等部门对辖区内的个体、私营企业一一进行清查，对非法使用童工者依法进行处理。硚口区还将专门成立外来劳动力管理领导小组，对外来劳动力实行日常长效管理。

但愿刘丽的悲剧不再重演。

《打工妹之死》报道的是一个名叫刘丽的外地农村姑娘在武汉市的一家服装加工厂打工的不幸命运。在这家私人企业中，这个打工妹冒着酷暑连续工作16个小时后倒地昏迷死亡。但是，这篇报道落笔竟然根据所谓的“据说”报道私人企业老板已经赔偿死者家人一笔费用。对于打工妹死亡这件事，报道所接触的调查对象仅有月湖街派出所、房东、新来的打工妹。但是，刘丽死于何因？她的合法权益是否得到了维护？私人企业的老板有什么责任？是否犯法？当地公安局、派出所对此如何处理？对此，这篇报道一概付之阙如。作为调查性报道，这就很不妥当。作为调查研究，该报道正确的做法应该大致如下：第一，通过医院、病历等权威出处调查了解清楚该打工妹死亡的具体原因、处理情况。第二，调查了解当地工商局、劳动局、工会、死者家人的想法、做法。第三，调查了解这一死亡事件是否违犯刑法，如连续超负荷工作是否违法，违什么法，应该不应该报检察院立案。记者要查阅相关的法律法规。第四，如果存在违法情况，记者还要去检察院、法院采访、调查。第五，调查了解其他到武汉来的外来打工妹们的工作、生活、报酬等情况。这样，通过一位打工妹之死，报道者还可以管中窥豹，调查在汉外来打工妹的打工生存状态、心态等实际情况。可惜的是，《打工妹之死》一文没有做这些，其所谓的调查单薄、浅显，离调查性报道系统、细致、深入的采写要求还有相当大的距离，研究就更谈不上了。其所谓的“调查”走马观花，根本就不是调查。所以，进行调查性报道，报道者应根据事实特点与读者需要，进行比较艰苦的采访，设计连续、系列的问题，从而达到调查性报道所需要的调查研究的系统、深入。

采写调查性报道还要根据实际，点面结合地进行调查研究。首先，报道者要根据实际，分析新闻事实是否可作调查性的报道。如果是一个单纯事件，找个别关键部门即可采访清楚，那么，这样的新闻事实一般不适合进行调查性报道。比如，2001年，一些报纸报道湖北某女大学生将经常热吻她的父亲告到湖北省秭归县人民法院。为了了解有无此事，《楚天都市报》的记者去该县法院立案庭、审判管理局去采访，结果马到成功①，情况一目了然。如是了解简便容易，与其说是调查，倒不如说是离开了编辑部的一般采访更好，因此，这样的报道实际上并不是调查性报道。其次，调查研究要点

① 见《楚天都市报》2001年9月21日。

面结合。对我国变性人生存状况这样的新闻现象①进行调查，既要有个别情况又要有普遍情况；对组织“枪手”从广东省到武汉代人“替考”这样个别的新闻事件采访，也要注意立足于整体、宏观的高度来接触个案。调查时善于点面结合，就有助于对被调查的新闻事实或新闻现象既有个别的了解，又有概括的把握。

（二）广采博纳，注意顺序

1. 要尽可能多地获取方方面面的材料。

书到用时方恨少。在众多的新闻线索与信息之中，有价值的信息比例往往相当低，因此，一方面，撰写调查性报道的报道者在调查研究时必须多方搜集新闻线索，对采访对象要不分高低贵贱，一视同仁。进行调查性报道的记者，即使面对的是可能或者已经犯有错误甚至罪恶的人，也要放弃审判者的立场进行接触。这里的原因有三：第一，这些可能或者已经犯有错误甚至罪恶的人往往是重要的当事人，是记者欲加披露的丑行的实施者、知情者。第二，或许记者以为有错误的人可能恰恰没有违犯党的纪律，记者以为有罪的人可能并未有罪。记者在没有掌握确凿的证据之前必须抛弃“先见”，不偏不倚，以平常心进行调查，以免在追求正义的动机与名义下制造人间冤屈。第三，即便对方做了丑恶的事情，记者只有努力地理解对方，才有可能被受访者接纳，获得有关真相，掌握事实，把握当事人犯错乃至犯罪的深刻的客观因素与主观原因，为社会提供足以发人深思的教训与警醒。另一方面，记者又要善于接近关键人物，获取有效证据。在相当长的一个时期内，山西省临汾市第二人民医院在外科手术中不按国家规定使用当地中心血站的供血，而是违规采用由血头组织提供的血液。1998 年 2 月，山西省一位叫宋鹏飞的少年在该院的一次手术中因为输入这样的非正规血液而在后来被查出感染了艾滋病病毒。在对这一新闻事件进行调查的过程中，《南方周末》的记者先后比较顺利地采访了正在北京治病的受害人宋鹏飞及其父母，通过山西省卫生厅接触了临汾市第二人民医院的现任院长、分管副院长、主刀医生、血站站长与临汾市卫生局的有关领导。但是，记者两次均未能够找到临汾市第二人民医院的前院长曹诚。而临汾市第二人民医院之所以会发生由手术而导致病人感染艾滋病病毒的重大医疗事故，显然与该医院肆意破坏国家的采血、用血制度直接相关。临汾市第二人民医院院长曹诚在破坏医院的采血、用血制度中所起的作用当然是决定性的。显然，前院长曹诚是调查性报

---

① 蔡平：《性别的挣扎》，《中国青年报》2002 年 7 月 24 日。

道《艾滋病少年》① 需要采访的关键人物之一。《南方周末》的女记者寿蓓蓓机智勇敢，孤身一人最终顺利地完成了对曹诚本人的采访，② 获得了宝贵的写作材料。

2．调查研究还必须重视调查顺序。

首先，先察觉后下手。调查性报道的调查研究一般分为两个阶段，记者必须先发现值得追踪的蛛丝马迹，找到调查研究的线索，然后再进行具体的调查活动。

其次，记者调查要先易后难，循序渐进。记者要先找那些愿意合作、可能提供情况的人调查，要按材料获得的难易程度与认识事物的顺序依次进行。只有善于把握调查研究的顺序，报道者才能胸有成竹，避免事倍功半。比如，安徽省有一位被判了刑的犯人竟然阴差阳错未被关押服刑，直到7年后该犯人到派出所要求重上户口时才被发现是个未服刑的犯人。报道对此事要调查的对象有：（1）犯人；（2）法院；（3）看守所；（4）监狱；（5）公安局；（6）犯人家乡；（7）法律规定；（8）司法专家；（9）司法部门的有关领导；（10）其他知情或当事人；（11）检查院。调查研究的顺序应如下：（1）先做案头准备，了解事实大概，仔细研读国家的有关法律规定，取得采访权；（2）在几个重要的当事人和单位中，如犯人、法院、监狱、看守所、公安局、检查院，应首先调查犯人，将其中可能会做补充采访的对象放在前面进行调查；（3）其他知情人；（4）司法专家；（5）司法部门的有关领导。

（三）利用矛盾，寻找缺口

一个较复杂的问题往往涉及方方面面，因此事情不可能“铁板一块”。首先，报道者要善于利用矛盾。与当事人有矛盾的一些人值得注意，这样的人容易提供有关当事人的情况。其次，报道人要善于利用人人都想保护自己利益的心理，寻找缺口，从而揭开事实内幕。美国的学者认为，调查性报道应该采访的对象有七种：记者试图调查、了解的有疑点者的敌人、朋友、败在他手下的人、受害者、专家、警察与遭到麻烦的人。③按照敌人的对手是

① 《南方周末》1999年4月30日。

② 谢春雷编著：《揭开真相——〈南方周末〉知名记者报道手册》，浙江人民出版社2004年版，第29～35页。

③ ［美］密苏里新闻学院写作组：《新闻写作教程》，新华出版社1986年版，第400～402页。

自己朋友的惯例，那些与记者欲调查者有矛盾的人如“敌人”、“败在他手下的人”（即记者调查对象的手下败将）与“受害人”均是揭丑记者进行采访、调查可以充分利用的获取材料的对象。而对“遭到麻烦的人”，记者则要利用其自我保护的心理寻找弱点使对方开口。

记者调查前述安徽省灵璧县的犯罪分子判刑而未服刑一事的原委就是这样做的。事情经过是该犯罪分子利用工作便利挪用公款生财，将公款两万元借给他人。但是，当借款人不归还这笔公款时，犯罪人为索款而绑架了借款人的家人。这样，绑架者被判处犯了挪用公款罪、绑架罪与勒索罪。1993年，犯罪分子被判刑6年。但法院宣读完判决书之后，犯罪分子却自己回了家。当7年后，犯罪人被重新收监，犯罪人不服，认为自己刑期已过，不应再服刑。那么，当年犯罪人为什么没有被收监？责任在谁？法院、公安局、看守所、监狱、检察院互相推脱自己的责任。看守所说：接到了文件，但未见到接收人。监狱说：看到判决书，但未看到犯人。法院说：自己只管判决，判决之后由公安局负责。公安局说：自己将犯人带到了法院。检察院说：自己不知道此事，故无法检查落实情况。按照这样的相互推脱，事情的真相与责任似乎真说不清了。

但是，从将犯罪嫌疑人解送到法庭，宣判犯罪嫌疑人有罪后再押解到监狱这整个过程，国家有一套严格的规范。按照司法程序，该案司法工作顺序应为：第一步，按法院要求，由公安局从看守所将犯人提上法庭。第二步，犯罪嫌疑人被予以有罪判决之后，法院要在公安局的协助下将犯人押解到看守所。第三步，看守所收文收人签字后将罪犯送到监狱。第四步，监狱接收犯人时，也必须见文见人才签字收监。按此规定，那么，法院判决后，法院是否在公安局的协助下将犯人押到了看守所了呢？看守所在接到了文件的同时为什么没有同时接到罪犯呢？经过追查，县里再也无法自圆其说，法院与看守所为了推脱责任，互道对方私情，真相最终得以大白于天下。原来，法院为了让犯罪人能够还清欠款，允许犯人监外挣钱，故法院当初在公安局的协助下将犯人带到看守所大门口外，即让公安局的人回去；法院的人进入看守所交了文件但未交人，看守所在收文未收人的情况下也签了字。可见，法院、看守所均有责任，但前重后轻，故后来县法院院长，即原案的审判长被开除党籍、公职，原看守所所长受到行政记大过和党内警告处分。记者按照司法工作程序，最终弄清了事实真相。

（四）多提问题，多方验证

对于调查采访到的材料，报道者既不要轻易相信，也不要轻易不信。报道者要对得来的材料仔细推敲，多问几个为什么。只有获取确切证明，才能将采访调查得来的材料确定为可信。单一的消息来源为弄清事实真相的大忌。曾供职于《南方周末》的记者翟明磊提出采访的"三点定位法"：获取细节材料一要采访说话的当事人；二要采访对立面；三要采访中立方。①一般说来，如果有两个或两个以上的各自独立的消息来源能对事实予以证实，那么，该事实一般是可以相信的。

比如，《中国青年报》对青海西宁烈士陵园卖墓事件的调查。记者从人们的来电来信中了解到西宁烈士陵园正在卖墓地。实地调查后被告知，1949年9月30日前参加工作的离退休干部、省级劳模、有高级职称者，可以购买该陵园的新建公墓。烈士陵园认为自己卖墓，根据的是1994年民政部的广州会议精神，而烈士陵园原先埋葬的也不全是革命烈士，也有一些老干部。这样一来，陵园的做法看上去似乎无可厚非。但是，记者反复思考却认为，陵园卖墓是否正确，关键要看该新建的公墓是属于经营性的还是属于公益性的；如为公益性的，则不能出卖墓穴。这之后，记者到市民政局采访，局长告诉记者，该烈士陵园以公益性为主，经营性为辅，建经营性公墓只要市里批准即可。记者又从局长这里知悉，青海宏狮集团介入了公墓建设。记者再访宏狮集团，集团副总经理告诉记者，集团与陵园按4∶6分成，陵园占6成。记者因而判断，运作西宁烈士陵园建公墓卖墓地的是三方，即陵园、宏狮集团与市民政局。随后，记者再到省民政厅调查。省厅答复是：在烈士陵园内建经营性墓地的审批权，在省里而不在市里。记者再查阅文件，获悉国务院1998年5月19日转发了国家民政部关于公墓管理的意见，而1998年新文件的问世则使1994年的旧文件不再生效，即西宁市民政局他们根据1994年广州会议精神可建公墓的说法不攻自破。采访调查研究至此，西宁烈士陵园新建公墓出售的情况与出售是否符合国家规定就一目了然。

这位记者的调查虽然很不容易，但由于调查研究细致，最终弄清了问题的真相。

（五）搜集过硬材料，注意保留证据

首先，用于调查性报道的写作材料，最好能人证物证一应俱全。这样做，除了保证报道真实、准确、扎实、过硬之外，还可以有效地保护报道人。一旦有人对调查性报道挑剔、上访、诉讼等，过硬的材料就能够有效地

① 谢春雷编著：《揭开真相——〈南方周末〉知名记者报道手册》，浙江人民出版社2004年版，第122页。

阻挡对报道者的有关批评、指控。

其次，要注意收集照片、日记、书信、权威机构文件等第一手材料。最好能让受访人在他提供的材料上签字。物证重于口证，有些材料要有录音、录像。如果有关组织机构能提供证明材料的，则尽可能让权威的组织机构出面作证。

再次，过硬材料收集到手后，还必须妥善保管。有的证人出于各种目的，有时可能出尔反尔，改口不认账，或是报道见报后找记者扯皮、打官司。采写调查性报道只有作好为人所告的准备，才能防患于未然。妥善保管事实证据，是调查性报道报道人的有效自我保护方法。

### 三、调查研究的手段

#### （一）“三深入”

“三深入”，指的是深入基层、深入实际、深入群众。新华社记者穆青创造了采访调查的“三同”方法，即同吃、同住、同劳动。①这是中国共产党新闻事业的优良传统，对今日更有现实意义。赵瑜为了采写《马家军调查》，专门到辽宁省女子中长跑运动大连训练基地同教练马俊仁和运动员们共同生活了数月。这实际上是穆青“三同”的时代变体。

#### （二）蹲点调查

指记者用较长的时间在一个地点调查。这种调查适宜于比较详细、深入地了解事实。

#### （三）开调查会

这种方法尤其适合各方在场当堂澄清说法不一的事实。

#### （四）电话调查

这种调查简便易行，节约时间，节约费用。

#### （五）问卷调查

这种办法将被调查的问题数量化，是方法科学化的表现。但在使用上要注意按这种方法的科学规律来进行。

#### （六）隐性调查

记者调查采访不公开自己的身份，或公开身份而不道出真实的采访意图，这样的调查研究的手段即为隐性调查。隐性调查在调查性报道中使用比较普遍。使用隐性调查主要是为了防范有人伤害记者，防范受访者弄虚作

---

① 据穆青的秘书陈二厚，见河南电视台 2003 年 11 月 8 日节目《和穆青在一起》。

假，为了了解公开调查时所了解不到的真实情况。随着科学技术的进步，进行调查性报道的记者要善于挑选并操作可用的先进设施，如微型录音机、录像机等。

不过，采用这种方法，要依法行事，注意不要侵犯他人的隐私。

（七）委托调查

在无法由记者自己去调查但又必须立即调查的情况下，新闻单位可以委托可靠的单位或可靠的人进行调查。

委托调查有两点值得注意：一是受委托者必须可靠；二是被委托人与被委托的事没有个人的利益关系。

（八）随意调查

指的是随时随地对社会生活作的调查。这种调查随机应变，没有预定题目，没有预定调查目标。

随意调查可以开拓记者的视域与知识，并偶有重要的收获。

（九）搜集、查阅书面文字等第二手材料

档案等文字的东西有其自身的优势，如不会改口，不会为了保全自己而牺牲他人。

## 第三节 调查性报道的写作要点

### 一、选择高度关注的报道对象

所谓高度关注，指的是新闻事实、新闻现象要与我们的工作、生活联系紧密，作用比较重大，为广大读者所关注，社会影响较强。只有选择被关注程度高的新闻事实、新闻现象为报道对象，报道才容易对实际工作有较强的推动作用，对社会活动有较大的影响，对广大群众有较多的帮助，也才能为广大读者所喜闻乐见。从报道题材看，比较适合于调查性报道的事件有浙江省定海古城乱拆乱建事、四川一女孩被上贞操锁事等，新闻现象有高等学校有关权力人在学校基建、购买计算机等仪器设备的活动中吃拿回扣现象等。

### 二、调查清晰，分寸得当

（一）将所报道的有关情况调查得一清二楚

报道对象选好后，报道人必须对所报道的有关情况调查得一清二楚。需要调查得一清二楚的具体事项有：

一是对事实本身调查清楚。报道者既要调查清楚事实的大要，又要了解清楚事实的关键与不可或缺的细节，还要清楚各个事实要素、环节之间的关系。如《小心教室里的“环境杀手”》①，没有报道我国中小学教室环境污染的程度等。不报道我国中小学教室环境污染的程度，就使新闻报道对环境污染的危害、如何遏制教室环境污染等内容缺少了报道的必要性。

二是事实来源清楚，没有含混之处。

三是对不同当事人的不同说法、依据，报道者要调查准确、清楚。如《一位优秀生之死》②报道一个初中毕业生在参加中考之后不久上吊自杀。那么，这位学习优秀的学生为什么会自杀？家长说是学校逼的，因为××高中多次上门做学生的工作，让这位叫王虎的学生放弃鄂州高中已经发来的录取通知书，去他们那所教学质量一般的学校。而学校说原因在家长、孩子。记者调查到的事实是：（1）××高中的老师上门做学生、学生家长的工作共计三次，允诺免除学生全部学费；（2）王虎性格内向，懂事，父亲去世后常帮母亲做家务活；（3）有人反映，王虎自缢身亡前夜曾与母亲在就读哪一所中学的问题上发生过激烈的争吵。对此，记者处理有二：一是必须仔细核实，听取不同方面的说法，从中得出正确的事实判断与准确的意见。二是在无法核实清楚所有事实的情况下要么不报道，要么进行平衡性报道，即一方面报道多方陈述，其中包括截然不同的、相反的陈述，另一方面则暂时不下结论。

四是政策、司法依据清楚。这就是说，报道人必须对所报道的事实所关涉的党和国家的有关规定有所把握。这是报道者判断事实的重要依据。

调查性报道的写作，必须在对调查对象调查研究清楚之后才能真正进行，否则，报道者不是中途无法下笔，就是不求甚解、想当然地写报道。

调查性报道的写作必须实事求是，分寸恰当。调查性报道容易影响到各级党组织和各级政府的有关决策。因此，报道是否准确，非同小可，不可等闲视之。一些调查性报道，在正误之间结论不明，还会影响到有关当事人的荣辱得失甚至于性命。报道人必须本着对他人也对自己负责的精神写作，严格尊重事实，不先入为主，不以个人的好恶去改动、夸大或缩小事实。

（二）注意进行必要的咨询

当报道者对有关事实或问题拿不准时，建议采写人注意进行如下必要的

---

①《光明日报》2001年10月11日。

②《楚天都市报》2002年3月13日。

咨询：

1. 请专家、律师同自己一道把关。

报道的事实如果专深，记者有时是需要请专家帮忙的。记者要善于向有关专家请教。在向专家学者求教时，有如下注意事项：首先，要选有真才实学的专家。为此，报道人要了解专家的学术研究专长，研读其科研成果，重点要看专家的论文。其次，要挑选乐于助人的专家。再次，调查性报道既要依靠他人不可或缺的帮助，又要自我勤奋。报道者不能把一切都交给他人代劳。

复杂的事实，有时需要请律师帮忙。随着我国法制建设的深入，新闻工作者进行调查性报道时容易出现不明了的法律问题。如果仅仅想当然去处理，就容易侵犯他人的合法利益。新闻工作者必须在法律范围内活动，新闻报道也要合法守纪，不得侵犯他人的合法权益，比如，报道中不得违法侵犯他人的名誉权、隐私权，不得诽谤他人。在报道艾滋病病毒感染者宋鹏飞时，有关传媒之所以会披露当事人的名字，是因为少年宋鹏飞的监护人有这样的要求。为了寻求社会帮助，宋鹏飞的监护人向记者主动提出公布宋的姓名、照片与住址的要求。① 从事调查性报道的记者要熟悉与调查性报道关系比较密切的有关法律法规，如1993年8月《最高人民法院关于审理名誉权案件若干问题的解答》、2001年12月发布的《最高人民法院关于民事诉讼证据的若干规定》，如国家出台的事关妇女、儿童、残疾人的法规。

为此，在拿不准有关涉及的司法问题时，报道者千万不要因小失大，应该不忘向律师请教。有的报刊设立专门的律师，对拟刊发的深度报道进行司法审读。这一办法值得推广。

2. 请党组织、政府机构或报社把关。

新闻报道也是党的工作，因此，报道的事实要实实在在，真实过硬；结论要科学妥帖，符合事物规律。报道者遇到重大新闻或拿不准的事实时，要向有关部门党组织请教，向有关政府部门请教，尤其是向自己所在的报社请教。

在进行有关负面事实信息的判断性的表述时，记者应注意通过权威渠道核实事实。《皖北“小偷村”内幕》② 一文在报道中称安徽省枞阳县的有关

---

① 魏永征：《中国新闻传播法纲要》，上海社会科学院出版社1999年版，第285页。

② 《新民周刊》2006年2月22日。

乡村为“小偷村”：

春节前，《新民周刊》得到一条信息：皖北安庆市枞阳县，个别乡镇的几个村庄已经成为“贼窝”，人称“小偷专业村”。据说，在几个“小偷专业村”里，有浩浩荡荡的数千人从“拎包”走上了“致富路”。

专业“拎包族”据说已家族化，每年元宵之后，一家老小七八口人“总动员”，包一辆车全体上阵，从枞阳直驱江浙一带经济较发达城市。

有人这样对我们描述：“他们自南而北一路征战温州、杭州，然后直切上海、苏州，再转战无锡、张家港、南京，等到再折回枞阳时，几乎个个都是收获丰盈。”

我们得到一组数据，自2005年3月起至11月止，仅枞阳县横埠镇一地，被案发地公安机关抓获或通缉的盗窃人员共计22起26人。案发地最远已到黑龙江省的大兴安岭。

……

这是2006年1月的一个周日，从上海至枞阳为数不多的几班直达长途车挤满了返乡过年的农民工，记者坐了7小时的长途车先至合肥再换车。在打听至枞阳的班次时，得到的回答是：“噢，就是那个出小偷的地方啊!”

合肥当地的一个朋友建议我直接包车去枞阳，理由是：“长途车上人多眼杂，何况是去这么一个地方。”

记者听取了他的建议。出租车司机姓张，为采访方便，我们到合肥火车站顺带了3位刚从北京、上海返乡的枞阳农民工。

3位农民朋友不用花钱就可以坐小轿车回家，心情当然很不错，但他们并不愿意涉及“小偷村”的话题：“怎么，‘小偷村’连你们都知道了?!”

司机小张先打破僵局。他说，前阵子听说几个枞阳人在合肥租了一间房，一个多月足不出户，观察邻里动静。他们发现一个老太太的儿女都外出打工了，一天中午，一个枞阳女人换上了出家人装束，敲开了老太太的房门。她对老太太的家事自然如数家珍，老太太信以为真，按照指示把银行里养老的钱全取了出来，按照“指示”埋在一个地方“为儿女消灾”，被骗了个一干二净。

……

时值年关，横埠街面人头攒动，问起"小偷村"的事，人们沉默不语。借助白酒和香烟"开道"，记者终于搜集到一些"小偷村"的基本情况。

有人透露，横山村和原来隶属后方乡的育才村店上队就是传说中的"小偷村"。店上队"摸分"的主要是男人，他们一般去江浙一带的国企办公室、大型写字楼或机关办公室"拎包"。而横山村"摸分"的主要是"娘子军"，主要是去江浙一带的住宅区盗窃居民家中财物。

就在我们抵达横埠前几天，有人向媒体举报，称他所掌握的参与盗窃者就有上百人，叫不上名字的更有上千人。据说举报者是一名枞阳籍的老干部，他的一个侄儿参与"摸分"被抓后他才知道了家乡丑闻，觉得斯文扫地，羞怒之下向上级反映。

一个比较通行的说法是，横埠镇的盗窃问题源自1998年的长江洪灾，当时，枞阳受灾，一些横埠人就以自救名义去江浙一带推销茶叶。"推销茶叶最好是去机关办公室和写字楼，屋内有人就推销茶叶，没人就顺手牵羊了，机关单位和写字楼的人警惕性不高，常常把包和贵重物品随意丢在桌上，因此很容易得手。"

一位知情者说，久而久之，有些人就索性以推销茶叶为幌子，直接流窜盗窃了。记者了解到，横埠的小偷根本瞧不起街面上的小扒手，认为那样挣钱"既危险又没多大收成"。

有人告诉我们，"摸分"的"诀窍"一开始还遮遮掩掩，后来逐渐在横埠传开，加入者越来越多。起初，"摸分"大军一般包车长途奔袭，得手后很快转战另一个城市，往往几天工夫就能收入数万元。发财后他们纷纷购买了"工作用车"。

横埠镇派出所指导员左正好向记者证实了一些传闻。左正好说，前不久安徽省公安厅以及枞阳县相关领导的确到横埠进行过"小偷村"的调研，"是有老百姓写了举报信，反映的内容也基本属实，不过我们不太认同'小偷村'的说法"。左正好介绍，写举报信的有富有正义感的老百姓，也有因分赃不均导致内讧互相检举的"拎包族"，但没人直接向派出所举报。

"有人买车'摸分'的情况的确听到反映，买的一般是十几万元的车，后方乡有一个村就有七八辆小轿车。"左正好证实。

"我看可能有两三千人呢。"一名警察透露，"千把人"在外盗窃恐怕还只是一个保守数字。左正好对这个数字则比较谨慎，但他表示：“有反映一个村庄就有好几百人有‘摸分’嫌疑。”

1月17日，记者决定深入传说中的“贼窝”——横山村与育才村一探究竟。横埠派出所警察再三叮嘱我们注意安全：“此地民风慓悍，切记小心为妙。”我们在横埠镇上雇了一辆面包车。

……

我们很容易找到了村支书章安维的家，两层气派的洋楼、硕大的院子、高高的院墙，就在村委会大楼旁边。

章安维不在家，他的妻子正在洗衣服，我们问起村中是否有人‘摸分’，她马上否认：“没有！绝对没有！章安维也没有说起过！都是外面瞎说的，别信！”章安维的妻子说她记不清老公的手机号码，很客气地送我们出了院子。

毗邻章安维家，是另几套同样气派的小洋房，这在贫困的皖北地区颇为扎眼。可惜的是，这些洋房大多铁将军把门。我们只得拜访一些居住在瓦房中的百姓，一名正在家里生炉子取暖的女青年说：“我没看见他们‘摸分’，不能瞎说，但是大家暗地里都在传。”

……

记者：“章书记，请你以一个党员干部的身份接受采访。有举报说，店上队至少有16人在外盗窃，其中有兄弟联手的，有亲戚套亲戚的，对此你是否了解？”

章礼正：“我们育才村有两千多人口，其中店上队有70多户，300多人，40%的年轻人都在外面打工。坦率地说，一开始我们也听村民反映有人在外面‘摸分’，起初我们也不知道什么意思，后来才知道原来就是做小偷。不过，我作为一名党员干部不能说瞎话，我没有收到公安局的公函，也没有直接证据，我不能确定他们是否就是‘摸分’的人。”

记者：“打断一下，你的言下之意，至少有人有这样的嫌疑？”

章礼正：“是的，不过我估计最多只有五六个人，他们都是45岁以下，经常出去，一两个星期之后又回来。我作为村支部书记也进行过教育，叫他们不要做坏事，但人家回答说根本没有盗窃，我又没有证据，只好不了了之。”

报道中“小偷村”、“贼窝”一类的表述颇能够吸引受众的眼球，但记者如果缺乏扎实的证据则容易伤害他人的名誉。在这篇报道中，记者“小偷村”一类提法没有专事社会治安管理的公安机构的材料，也没有基层党组织、行政管理机构的依凭。显然，仅仅依靠一些可能性或转述性的说法来下结论，实在危险。安徽省枞阳县横埠镇镇长董建中认为《新民周刊》的报道把个别现象上升到一般。① 面对这样的质疑，《新民周刊》的报道显然缺乏充分的事实根据来证实报道中所指称的村庄已经成为“小偷村”、“贼窝”，因此，安徽省枞阳县有关方面要求《新民周刊》公开道歉也就理直气壮了。从报道所提供的材料看，此文至多可有“安徽省枞阳县的外出人员何以有较多的偷窃行为”一类表述。

3. 请新闻事实的当事人、见证人把关。

一般说来，记者应该让新闻事实的重要当事人、见证人对稿件的有关事实予以核实，这是弄清事实、掌握根据的重要办法。前述《新民周刊》关于“小偷村”的报道，记者也没有经过被指责的小偷们核实。安徽省枞阳县委宣传部副部长黄学艺说得好：“《新民周刊》记者没有采访一个‘小偷’当事人，凭什么主观臆断为‘小偷村’？”②对有关事实说法的核实并不因有关当事人的社会地位、身份、品德而有所去留。央视“新闻调查”节目所推崇的话有道理：“如果我们今天不给一个骗子说话的机会，将来有一天我们受到冤屈，也许就无法为自己申辩。”对于那些难以核实的说法，记者尤其应该警惕，多加质疑、反问。《青年参考》曾刊发陈杰人《女大学生卖淫现象调查》一文，但是，因为记者无法证实报道中所称的“湖北高校女生8%～10%存在卖淫现象，25%从事陪侍活动”而最后迫使《青年参考》只能在《中国青年报》上公开道歉。记者对武汉高校女大学生从事色情活动人数比例一说，也并非没有信息来源，如一位受访的自称是大学生的赵姓女子。但是，对如此难以核实的少数说法，记者以不采用为上；一定使用，则务必保持起码的中立立场。

## 三、有正有侧，相机而行

根据新闻事实与报道要求，调查性报道可以正面进行，也可以侧面

---

① 吴朝虎：《质疑〈新民周刊〉的一篇报道之反响》，见《新安晚报》2006 年 3 月 14 日。

② 吴朝虎：《质疑〈新民周刊〉的一篇报道之反响》，见《新安晚报》2006 年 3 月 14 日。

进行。

（一）正面报道

对新闻事实进行系统、全面而深入的报道时，报道的字数往往较多，篇幅较长，这样，调查性报道可以采用正面报道，即全景式的报道。

全景式的报道一般为报社推出的重点报道。其具体写法主要有以面带点与以点带面两种。

1. 以面带点。

所谓以面带点，指的是报道对某一社会问题、社会现象宏观入手，微观求证，全方位，多侧面，视野广，气魄大。

张双武等的《中国民办高校考察报告》采用的就是以面带点的正面报道方法。这篇调查性新闻报道了中国民办大学发展的历史背景、过程，中国民办大学的优势，中国民办大学当前的困难与以后的出路，等等。这种写法不是抓取哪一所民办高校来折射整个民办高校，而是在全面、系统、深入地调查了众多民办高校的方方面面的情况之后才下笔进行写作的，因此，这种全面、系统、深入的调查工作就为报道事实全局奠定了一个坚实的基础。

但是，这种写法也不是一味地从宏观着眼，它还要求报道密切结合微观进行。《中国民办高校考察报告》正是这样。为了说明事实情况，该报道又结合具体的学校、具体的人物报道全局情况。报道注意选取典型的个别材料，如杜璞落榜后进西安外事学院求学，郑州大学中文系讲师胡大白白手起家将一个高等教育自学考试辅导班办成黄河科技大学，浙江树人大学对校名的选择，等等，报道正是这样使用个别的典型材料来说明面上的情况的。点面结合使报道既有全局的广阔性，又有局部的细致生动性。这种写法殊为不易。它对写作者的采写、思考能力均提出了很高的要求。

不过，再聪明的精细也难免挂一漏万，这种写法最大的不足是耗时费力，怕报道经不起推敲，为人证伪。因此，报道者对报道对象应该有一个较长的观察、调查、积累、思考期。

2. 以点带面。

所谓以点带面，指的是报道者着重调查报道个别的新闻事实，但同时，报道者又力求通过个别的新闻事实来折射该事实所代表的一般事实的基本特点、规定、问题等。

张笑辉的《解析定州中学的三大热点》①采取的就是这样的写法。河北

① 《燕赵都市报》2000年8月20日。

省定州中学高考升学率十分高，远近闻名，但是，该校的管理也格外的严格。此文着重报道定州中学的高升学率、180条校规、三起伤亡事件之间的内在联系、内在矛盾，并企图通过定州中学这个个案来折射当下素质教育、由追求升学率而带来的中学应试教育与素质教育之间的矛盾这一普遍性的社会问题。报道写得比较全面、系统，但报道的核心是定州中学而不是普通教育工作存在的某种现象。

(二) 侧面报道

全景式写法费时费力，文字多，发表也不容易，因此，报道者不妨从特定的小问题入手，通过侧面的调查报道见出一斑，折射重大社会问题。

比如，20世纪90年代初期，罂粟壳深入中国的餐饮业，对人民群众的生活危害。那么，其状况如何？如果采用全景式的报道，报道者投入的劳动量相当大，而繁忙的记者生活又往往没那么多时间，因此，记者就仅仅围绕着武汉市火锅内漂浮的“炒果”与罂粟壳之间的关系进行调查。夏斐的这篇《武汉火锅里有多少罂粟壳》①就是这样写成的。报道采用记者吃饭追踪的侧面调查来报道武汉饮食业罂粟壳的使用情况。

是采用正面报道还是采用侧面报道，应该根据具体情况而定，比如，事实的特点、调查的难度、过去的同题报道状况、报纸的特点、报纸对报道的具体要求、报道者的时间、报道者的知识结构，等等。

## 四、化繁为简，行文有据

(一) 化繁为简，依凭逻辑

调查性报道除了有时按调查顺序成文之外，其余多按照一定的逻辑关系来结构报道的全文。但是，由于用于调查的时间较充分，因而记者掌握的材料往往会相对丰富、杂芜，写作时容易犯头绪过多、中心不突出的毛病。比如，河北省的定州中学高考升学率十分高，省内远近闻名，但该校的管理也格外严格。《解析定州中学三大热点》②着重报道定州中学的高升学率、180条校规、三起伤亡事件之间的内在联系、内在矛盾。报道共分三大部分，其具体内容如下：

第一部分：定州中学近期有三点相当突出：

(1) 2000年3月出台了180条校规。

---

① 《光明日报》1996年1月5日。

② 《燕赵都市报》2000年8月20日。

(2) 1998～1999 年学校出现了三起伤亡事故。

(3) 该校的高考升学率连年攀升，高于保定市多所中学高考上线人数的总和。

第二部分：如何看待以上三点？

记者调查之后对上述问题的回答要点如下：

1. 关于 180 条校规。

(1) 媒体认为，180 条校规是具体的，但并未落实。

(2) 家长对 180 条校规普遍认同、叫好。

(3) 广大学生认同 180 条校规。

(4) 学校认为 180 条校规很有必要，决不放弃，但校规要继续完善。

2. 关于三起伤亡事故。

(1) 被伤害的学生家长认为，定州中学对学生受伤害负有民事责任。

(2) 学校则认为，学生被伤害，学生也有责任，这件事已进行了司法处理；学校还分析了学校出现事故的三个具体原因，并拟进行改革。

3. 关于严格管理是否有悖素质教育。

(1) 学校认为，180 条校规与素质教育是相辅相成的。

(2) 记者认为，严格管理不等于素质教育，只要目前我国高考大局不变，学校对应试教育的整个大局面、大环境就无能为力，所谓的素质教育也就难以落到实处。

这篇报道抓取的时机好，恰逢高考录取正紧张进行之时。报道的选题也不错，抓住了典型的报道现象，有助于议题设置。但不足的是报道的头绪过多。此文共有三条线索：一是 180 条校规，二是学生伤亡事故，三是学校的高考升学率很高。如认真分析则不难发现：第一，学校的三起学生伤亡事故有偶然性，事故与严格管理、高考升学率之间并无必然联系，无助于报道的主题。第二，从新闻由头可知，学校的 180 条校规出台的时间是 2000 年 3 月，而学生的三起伤亡事故则发生在 1998～1999 年间。写三起学生伤亡事故有哗众取宠、招徕看客之嫌。其实，这一新闻的实质在于 180 条校规。学校出台 180 条校规的初衷毕竟是为了应试教育，为了让更多的学生考上大学，考上好大学。学校的 180 条校规在高考升学率与素质教育之间形成了一定的落差。故全文应删去三起伤亡事故，而紧紧围绕 180 条校规做文章。报道可以拿 180 条校规为中心，以素质教育与应试教育（以高考升学率为代表）为两翼，选取典型的细节材料，带动素质教育与应试教育两个问题。这样，全文就如同以 180 条校规为扁担，再让扁担的两头挑起两个筲，一个是素质教育，一个是应试教育。

(二) 化繁为简，人性带头

近年来，人性化的写法在《南方周末》等思想活跃、勇于探索的新闻传媒中相当活跃。所谓人性化的写法，指的是报道在谋篇布局的全局或局部的处理放弃大而全的套路，充分依赖具体的人物及其思想情感讲述新闻故事。在头绪较多或新闻事实距离人们日常生活较远的情况下，使用人性化的写法既有助于报道的生动活泼，也可以化繁为简，以一当十。2004 年 10 月初，南京师范大学组织音乐学院年轻、漂亮的女学生陪到校视察的领导跳舞。对于这一新闻事件，出现了两种写法：

《重庆商报》的报道由最典型的个别事例开始，然后再从头讲述：

> “那些来访干部大都是四五十岁的男人。女生们一去，就被叫过去陪着跳舞。那些女孩子虽然是舞蹈专业的，但她们大都不会跳交谊舞。但是那些男的还是半搂半抱地要教她们跳，一边跳舞一边还和她们闲聊，讲着一些什么身材好、皮肤好之类的话。有些人还追问她们的手机号码，有的还故意透露自己的身份……女生年纪大多才十七八岁，这样一群女孩子居然被和她们父亲差不多年纪的人抱在怀里跳舞，就因为那些男人都是什么干部吗？更让人难以置信的是地点就在大学校园内。”
>
> 10 月 26 日，《新周报》披露了南京师大音乐学院强迫女生停课陪到校视察的领导跳舞一事。
>
> **学院书记下任务　舞蹈女生难违命**
>
> 10 月 8 日中午，南京师大先林校区东四栋学生公寓楼门口，身材高挑的舒丽笑盈盈地站在秋日的阳光里，一脸纯真。但这位音乐学院 2003 级舞蹈编导专业班的班长与记者约见的另外 3 名女生一样，开始谁都不愿重提发生在 9 月 27 日那个“不愉快”的接待任务。
>
> 相对于班上其他女生来说，这件事更令舒丽感到沮丧——身为班长的她正是这次接待任务最直接的执行者和组织者。一切，都从接到那个“紧急通知”开始……
>
> 9 月 27 日中午，正在午休的舒丽突然接到班主任刘理老师的电话：“学院楮书记要你下午到她办公室去一趟，有重要任务布置到你们班。”
>
> 舒丽告诉记者，她当时感到有点奇怪：班主任为何不像以往直接通知我们呢？是什么重大任务需要学院领导耳提面命？

带着疑问，下午3点刚过，舒丽如约来到学院二楼书记办公室。学院党委副书记楮慧平向她分派了任务："你下午带全班女生陪上面来的领导唱唱歌、跳跳舞。"舒丽的第一感觉是这个任务很荒诞，当时她表示了异议："我不敢肯定大家能接受这样的接待任务！"

……

《新周报》的报道则直接由个别人物讲起：

舒丽是南京师范大学音乐学院2003级舞蹈编导专业班的班长。10月23日下午，她在电话中向记者提及陪舞事件，心情仍然抑郁。

9月27日，该校音乐学院2003级舞蹈编导专业全体女生，被学校"强行组织"参与了一场接待来访领导的陪侍任务，身为班长的她只好服从。这个事件后来在南师大校园掀起轩然大波……

**"紧急通知"舞蹈女生难违命**

为了解事实真相，记者到南京师范大学进行实地调查。

10月8日中午，南京师大先林校区东四栋学生公寓楼门口，记者约见了音乐学院2003级舞蹈编导专业班的班长舒丽和另外3名女生。舒丽说，一切都是从接到那个"紧急通知"开始。

9月27日中午，正在午休的舒丽突然接到班主任刘理老师的电话："学院楮书记要你下午到她办公室去一趟，有重要任务布置到你们班。"

下午3点，舒丽如约来到学院二楼书记办公室。学院党委副书记楮慧平向她分派了任务："你下午带全班女生陪上面来的领导唱唱歌、跳跳舞。"舒丽的第一感觉是这个任务很荒诞，并表示了异议："我不敢肯定大家能接受这样的接待任务！"

……

在写法上，两篇有所不同。《重庆商报》的报道从整个事件中挑选出一个最典型的个别事例倒叙并以之开篇，提纲挈领地概叙整个新闻事件之后再从头讲述整个新闻故事。而《新周报》则放弃先综合后个别的写法，而选择顺叙中穿插预叙来直接讲述新闻故事；在陪到校视察领导跳舞的众多女生中，报道紧扣班长一人来叙述新闻事件。这样一来，整个故事就不能不染上这个叫舒丽的女孩子的情绪。《新周报》有意识地调遣了人性化的写法结构报道，突出主线，从而化繁为简。

（三）交代出处，真实可靠

1. 写作时要注意交代调查材料的出处

为了调查材料的真实可靠，调查性报道一般要交代调查材料的出处，有时还要简明地交代报道人的调查研究方法、过程等。

有的材料出自相关当事人、知情人，可以采用“某某对记者说”一类的表述。

有的材料出自记者在新闻现场的亲历亲为，报道同样要交代事实出处，可以采用“记者见到”、“展现在记者面前”一类的表述。

调查性报道的采访过程相当复杂、曲折。在这样的情况下，记者就要注意详细交代事实出处，因而讲清楚调查、采访的方法、过程等调查的信息也就在所难免。《艾滋病少年》一文报道的是发生在山西省临汾市第二人民医院违规输血导致病人感染艾滋病病毒的重大医疗事故。对此，女记者寿蓓蓓在报道中比较具体地介绍了自己所掌握的各类事实的依据及其来龙去脉：

接医院通知，因拖欠药费，17岁的艾滋病病毒携带者宋鹏飞将于5月份断药，对他来说，断药几乎意味着等死。……

目前，宋家三口租住在北京丰台区的一套两居室内。

记者看到，宋鹏飞从所剩无几的药瓶中倒出4颗胶囊状的药，不仰头直着就咽了，他说：“以前每顿饭后吃11颗药，嗓子眼儿都撑大了，味道像吃粉笔。”

……宋鹏飞向记者否认曾试图自杀，而他的母亲几次看见他用头撞墙。

……据父亲宋希善介绍，1998年2月6日，宋鹏飞的腿被随手扔在沙发上的剪子尖扎了个小口儿。宋希善把孩子送到二院，医院建议动手术。

2月18日，主治医生王赵虎提出，手术前先给孩子输300毫升血，并说：“中心血库的血陈旧，也太贵，干脆让李长胜马上叫个A型血，抽点新鲜血给孩子输上更好。”

几分钟后，血头李长胜就带来一个17岁少年，宋希善问：“你这么小卖血，身体受得了吗？”少年（华红兵）回答：“经常干，没啥事。”

……

77 岁的血头李长胜感到委屈，在看守所，他隔着铁栅栏对记者说："按道理，大夫找的我，该由大夫负责，而且化验室没有做体检，我仅仅是个跑腿的，又不懂啥叫 S 病，也不知道卖血的有没有病。梅兰芳唱得好，我是打旗的。"

……

院长曹诚于事发前一个月退休，他对记者说："我已经不当院长了，不当院长有啥责任？快退休的院长不值钱了，当时的班子就是个凑合班子。"

曹诚被处以行政记大过一次。他对记者说："我确实没有认识到后果，当时沿海才有艾滋病，谁知道咱这儿还有这种病啊！这一事件不能说明其他地方不这样采血，责任不应该归在某个人身上。"

临汾市卫生局医政科科长郑佩杰称，1997 年省里曾计划统一检查一次医院交叉感染问题，结果省里没有来，卫生局也没下去，"医院有医院的领导班子，卫生局不可能深入到医院科室去查。"

1998 年 10 月，临汾市医疗事故鉴定委员会认定"二·一八"事件为"三级医疗责任事故"，这是最轻的级别。鉴定书上写道"病人术前及术中共输血 1350 毫升均由供血员齐 ×× 一人提供。后经检验齐 ×× 血液为 HIV 阳性，可能由输入齐 ×× 血液引起"。与此同时，北京地坛医院要求在 1998 年 11 月 15 日之前预付下一年的医药费用 15.2 万元，强调"该药不能中断"。

……

据临汾地区检察院检察官段太平介绍，宋鹏飞转院到北京后进行常规检查发现被感染纯属偶然，一般来讲，医院临时通过血头找血，患者手术后没有反馈，因此到底有多少人感染是个未知数。

据透露，就在宋鹏飞输血的同时，在另一张手术台上，刚刚退休的曹诚主刀为一名女患者进行大切除手术，李血头领来的另一个孩子为其输血。这个孩子与华红兵一起卖血、关押、查出携带艾滋病病毒。一位院领导说："亏得人家没追查。"

……

据李富胜的父亲介绍，他是看到乔李卫生院张贴在村里的广告后，冲着曹专家慕名求医的，手术前，曹专家对李父说需要输血，"从城里托人带一个人来，专门给你儿子输血，需要多少血能抽多少血，这样方便"，于是从二院领来一个人，给李富胜输血 800 毫升要了 800 元。

……乔李卫生院法人代表贾随保坦言，是在二院通过血头找的血源。问及为什么不去血站买血，院长霍益民说："上一级医院怎么干，下一级医院就怎么干。"

……记者在发稿时获悉，卫生部艾滋病预防与控制中心副主任邵一鸣博士以个人名义为宋鹏飞担保了5月至10月的药，他说："鸡尾酒疗法不能中断，药费应由造成他感染的医院继续支付。"

在记者寿蓓蓓的采访名单上，名字有20多位。在《艾滋病少年》这篇调查性报道中，寿蓓蓓叙述的事实，有的来自记者的目睹亲历，有的来自采访对象向自己的直陈或者转述。对于这些事实材料，事无巨细，记者无一处没有介绍来历，报道因此写得扎实、牢靠、周到、真实、可信，体现了记者良好的新闻职业素养，体现了报道者对社会管理层与广大读者负责任的敬业精神。

2. 实行平衡原则，对各方有出入的陈述均不可省去介绍。

对相互矛盾的事实或有分歧的事实，记者一定交代事实出处的各方。2005年5月，已经在外地工作的韩杨获悉，自己在河北省泊头市的老家突然收到两年前自己所报考的河北大学的硕士研究生录取通知书。这显然是一起重大事故。那么，为什么考生迟至两年才收到自己的研究生录取通知书呢？校方认为是邮局投递失误，邮局则认为责任在学校，学校根本未将韩杨的硕士研究生录取通知书交付邮政局。新华社记者吕国庆在报道这一当事各方相互指责的新闻事实时，就交代了诸方对事实的不同陈述出处：

韩杨对记者说，她首先找到了河北省泊头市邮政局，因为这封迟到的《研究生录取通知书》是该局投递员送达的。泊头市邮政局对此表示，该挂号信是由天津邮政局于5月5日发给泊头邮局的，泊头邮政局按照规定程序及时送到小韩家中。泊头市邮政局副局长许建民告诉她，从封发邮件清单上可以看出，这封号码为0638的挂号信是2005年5月5日9点55分由天津邮政局到达泊头市邮政局，泊头市邮局并没有耽搁信件。至于为何一封挂号信要走两年，信件是在何地被耽搁，目前不好确定。

……

记者近日与保定市邮政局办公室副主任刘艳取得联系，她对记者说，韩杨的录取书的情况他们已进行了调查，并做出了调查报告。根据保定市邮政局的调查，2003年8月20日手写的收寄登记簿初始登记挂号信函191件，被划销登记的邮件44件，韩杨录取通知书的0638号信函包含在被划销登记的邮件中。这就是说，当时她的录取通知书并未投递。

保定市邮政局说，当时邮政局已对挂号信函实行了微机抄登，由于河北大学分批交寄的邮件较多，故提前向支局领取了大宗挂号信条码和收寄邮件登记簿，由其自行贴条码、抄写邮件登记簿。河北大学工作人员交寄该批邮件时，收寄登记簿对没有收到的邮件进行划销。收寄登记簿共有三联，河北大学、保定邮政局、石家庄邮政局各一联，经石家庄邮政局和保定邮政局档案确认，邮局当时的确没有收到该邮件。

对于韩杨为什么后来又能收到那封邮件，保定邮政局的解释是，2005年5月2日晚20时左右，保定市邮政局工作人员处理市内各邮筒取回的平信过程中，发现平信中混有8封粘贴挂号条形码签的邮件，经汇报上级同意后，认为可能是重要信函，于是对其进行登记并按挂号信函处理，随挂号清单发给石家庄邮局，经天津最后达到了韩杨在泊头市的家。刘艳还告诉记者，韩杨的这封信贴的邮资是3.6元，执行的是2003年的资费标准，现在应为3.8元。

……

记者近日来到了河北大学研究生院招生办公室，找到了负责此项工作的徐亚清老师。

徐亚清对记者说，这封录取通知书肯定是和其他大批录取通知书一起寄出的，他认为，学校对研究生录取工作都很重视，工作都很认真，每年的研究生录取通知都会及时寄出。至于为什么2003年寄出的录取通知书直到现在才收到，他也搞不清楚，可能是邮寄环节出了问题，信件被积压。

徐亚清对记者说，据他们了解，邮局发现的8封挂号信（包括韩杨的）都是他们学校寄出的录取通知书。经调查，其中5人已通过其他渠道了解了自己被录取的情况，现已在读研究生，另一名已明确放弃就读，还有一名未能联系上。

……

韩杨对记者说，她曾向河北大学索看当年的邮寄凭证，得到的回答是，因为事情已经过了将近两年，当初的邮寄凭证已经很难找到了。

记者在认真查看了这封挂号信后还发现，这封信的投递日期非常模糊，似乎有人故意不想让别人看清。对此，保定市邮政局解释说，这封信是在今年5月2日晚20时左右发现的，在当时相关单位均已下班、找不到有关人员询问的情况下，开拆组的工作人员用开拆组的日戳代为盖销邮票。日期模糊可能是非专业人员盖戳造成的。①

3. 语言要准确、简洁、朴素而冷静。

事实胜于雄辩，准确、简洁、朴素、冷静的语言与调查性报道的重要性、严肃性、科学性相一致。调查性报道要多介绍事实，少议论，如有可能最好不议论，以避免出现替代司法机构功能的“媒体审判”越位现象。

不过，面对邪恶时，从事调查性报道的记者是容易激情难抑的。我们要求调查性报道要冷静。当然，在事实清楚、证据确凿、是非善恶分明的情况下报道适当使用人性化的语言处理也还是允许的。记者可以巧借被报道人物之口或自己站在新闻现场来叙夹议，在报道中融入情感，增强报道的感染力。如曾民等《被剥皮的红豆杉在流泪》的片段：

9月28日，一次次在雨雾弥漫的陡峭山坡上滑倒又爬起来时，记者在内心不断祈祷。

15时5分，经过7小时的艰难爬行，当这棵历尽沧桑的大树出现在记者的眼前，雨水和泪水模糊了记者的视线——她的皮已经被剥得光光的，从根到树梢，体无完肤。枝叶扔了一地，剥不到的树枝也被砍下来。

她艰难地挺立在悬崖边上，庞大的身躯上不停地渗出树液，像是血，又像是泪。

翻阅大理州云龙县的一份资料，这是中国有据可查的最大的一棵云南红豆杉，它的胸径达2.6米，六七个人才能合抱。一位对植物很了解的当地人说，红豆杉长这么大，至少要四五千年！然而，她还是被无情地毁了。

只为了她身上的四五百斤皮。

只因为她的树皮能提取世界上最昂贵的抗癌物质——紫杉醇。

当地农民刘文平在今年7月份花了4天时间才把它剥完，获利四五百元。

① 新华社2005年7月3日电稿《通知书迟到两年 女考生向谁问责》。

在这棵红豆杉王的附近，还有五六棵树龄上百年的红豆杉，她们也没能逃脱毁灭的命运，皮被剥光，树被连根砍倒，裸露的树干鲜红鲜红的，像遮天蔽日的原始森林在泣血。

经过认真的调查研究，记者有确凿的证据可以证明当地政府的有关部门与外商已经结成利益共同体。为了获取紫杉醇，政府有关部门与外商双方用利益来引诱、驱使贫困的山区农民进入深山剥光国家珍贵树木红豆杉的树皮，红豆杉树木因此大面积死亡。记者来到新闻现场，悲愤难遏，情之所至而将被剥去树皮的红豆杉拟人化，暗喻为损害的女性。这部分文字有叙述，有议论，寓情于叙，寓情于议，再杂以排比句，颇有动人心弦的感染力。

4. 要告诉读者，调查的结果意味什么。

有人主张结论应让读者从调查性报道所列举的大量事实材料之中推论出来，而不必特意告诉读者。这个看法不妥当。这是因为调查性报道属于深度报道，往往篇幅较长，头绪杂多，材料繁乱，所以，如果不在报道之内告诉读者调查结果的意义，则不利于广大读者阅读、理解报道的内容。

# 第九章　数学王国送来的新闻

## ——精确性报道写作

## 第一节　精确性报道的来历与特点

### 一、有位伟人说：只有使用了数学才是科学

2002年我在教学时频频遇见一种现象：过去大多腰悬呼机的大学生，突然间有不少人掌持手机在教室内外出入，手机的铃声与他们清脆欢乐的交谈声在校园上空飘荡。这显然是大学校园出现的新动向，传递着经济、文化、教育等诸多信号，其间探讨空间广阔，适合进行深度报道。按照常规处理，找几个同学聊一聊，再采访一下校方的管理者与教师，碰上学生家长也可以听听他们的意见。但是，在没有爆出某个大学生使用手机的新奇事的前提下，手机在大学生中到底有多大的使用范围？如果只有极个别学生使用，那么大学生使用手机现象就没什么报道价值，相反则不然，大学生使用手机人数的多少所折射出来的经济、文化、教育等信息就有报道价值。而要把这样的事实弄清，仅仅采用传统的采写方法是不够的。于是，我找来学生，设计问卷、印制问卷、设点发放和回收问卷、统计计算，形成数字材料，然后再辅之以传统采访方法获取的有关材料，撰写了深度报道《大学生买手机面面观》①。

《大学生买手机面面观》是一篇精确性报道，采写上自有特点。

① 《楚天金报》2002年9月9日。

## 二、什么是精确性报道

### （一）内涵

所谓精确性报道是主要采用与人文科学相并列的社会科学所运用的一种研究方法——“量化研究”，来较有系统地采集新闻事实数据并在此基础上进行定量描述、分析、解析的深度报道类型。数量化不等于数字化，精确性报道要有量化研究，因此，仅仅在报道中广泛地使用数字还不能够算是精确性报道。将“数字新闻”理解为“精确新闻”、“精确性报道”①是错误的。

精确性报道与精确新闻学有同有异。双方都与美国的菲利普·梅耶（Philip Meyer）及其《精确新闻学》相关，与民意调查相关，但是，前者仅仅是新闻报道，而后者则不限于新闻报道。下面援引两篇典型例文，以说明二者的区别。

**美犹太青年的“以色列疲乏症”**

本报驻特拉维夫记者　徐启生

以色列是世界上唯一的犹太人国家。但犹太人人数最多的国家却是美国。尽管犹太人口占美国总人口的比率不到2%，只有大约600万，但犹太人对美国的政治却产生着重大的影响。人们都知道，美国的犹太人院外集团在国会有极强的活动能量，他们基本上能够左右政府在以色列问题上的政策走向，这也是美国在解决巴以冲突问题上一直袒护以色列的根本原因。美国犹太社团对以色列的政治、经济、军事，乃至其生存都起着至关重要的作用。可是，随着时间的推移，美国新一代的犹太人还会像他们的父辈那样地支持以色列吗？美国一家民意调查组织最近为此做了一次民意调查。

这次调查的主要对象是在校的犹太大学生。结果表明，他们中有80%的人从不参加当地犹太人社团活动，对以色列的态度完全不同于他们的父辈。与同龄的美国非犹太人一样，他们并不特意关注遥远的以色列。调查得出的结论是：再也不能指望年轻一代的美国犹太人会给予以色列全力的支持，甚至也不能指望他们能克制对以色列的批评。

---

① 刘明华等选编：《新闻作品选读》“阅读提示”，中国人民大学出版社2003年版，第260页。

这些犹太青年在承认自己是“美国犹太人”时，首先强调自己是“美国人”，然后是“犹太人”。他们把以色列人称为“他们”，而不是“我们”，表现出他们与以色列之间关系的疏远。这虽然并不意味年轻一代的犹太人不支持以色列，但起码他们不会自觉地遵循美国犹太社团的传统方式而一味地支持以色列。这些年轻人关心和平，他们认为实现和平要比以色列的安全来得重要。在调查人员组织的有关讨论会上，这些年轻人没有一次提到以色列。只有在主持人提出了这个问题时，他们才想起讨论以色列和以色列在他们生活中的地位。

调查报告认为，年轻一代的犹太人没有像他们的祖辈那样经历过历史性的磨难，也没有看到以色列建国时期的苦难，对有关巴勒斯坦“起义”的情况也知之甚少。他们对犹太文化的认知，只是一种精神上的而不是宗教上的认同。所以，他们与美国的犹太社团和犹太宗教机构没有什么来往。他们认为，一定要他们参加犹太人社团的活动是没有什么道理的。他们在渐渐地远离犹太宗教。

美国《新呼声》杂志主编格尔森是位犹太人。她说，出版这份杂志的主要目的是让年轻的犹太学生们从不同的侧面了解犹太社团和以色列人的生活。当她来到美国一所大学时发现，这里大多数犹太学生并不参加那里的犹太社团的活动，似乎与这些社团隔绝了。他们也不想了解以色列。她把这种现象称为“以色列疲乏症”。许多学生表示，他们难以理解在以色列发生的一切。当教师告诉他们要支持以色列时，他们不仅要问为什么，还会提出许多问题。

此次调查报告指出：这些年来，美国的犹太社团在教育美国新一代犹太人的工作上是不成功的，她们未能激励他们像前辈一样富有参与精神，坚定地站在以色列一边。报告对美国犹太青年在以色列问题上所持的冷漠态度感到担忧。

该民意调查组织负责人伦茨认为，美国的犹太社团要加强教育年轻的一代，增强他们对以色列和犹太传统生活的兴趣。他提议这些组织不要只对年轻人进行说教，要多谈论有关以色列这个国家的具体情况，让他们从感性上提高对犹太民族的认同。他建议，把在《纽约时报》上整版的“我们现在直至永远站在以色列一边”的大幅广告撤下来。这种广告对这些年轻人的父辈也许能起到鼓动作用，但对年轻的一代并非如此。他们也许会问，我们“为什么要与以色列站在一起?”更糟糕的是，他们也许因此而产生逆反心理，更加疏远犹太社团，甚至完全脱离犹太社团。①

以上是一篇精确性的新闻报道。

职场战正酣　书业新卖点

**近期就业指导图书零售市场简析**

## 引言

盛夏时节，212.1万普通高校毕业生将走出校园，汇入我国73 740万（2002年末数据）的劳动大军洪流之中。一直以来，我国的就业压力始终居高不下，仅每年劳动人口新增数量就达到1 000万。在中国的众多城市都长年上演着一出永不落幕的“大戏”：各种人才招聘会、交流会一年四季此起彼伏。招聘会上永远是熙熙攘攘、热闹非凡，没工作的找工作，有了工作换工作，换了工作想升迁……职场生涯越来越成为现代人关注的焦点。面对这种热闹，我们的理性在哪里？出版业又可以做些什么？也许这对出版业是一个很好的课题和新的契机，本期开卷专题就“就业指导图书”这一细分图书市场进行大致分析。

（一）就业指导图书市场状况分析

※在整体图书市场中的销售码洋比重一直稳步上升。

※去年在图书市场整体增长放缓的背景下，该类图书市场同比增幅却达到了74.52%。

※公务员考试和选拔干部考试类图书卖得最好。

1. 就业指导图书销售比重

三年来，就业指导类图书在整个图书市场中的销售码洋比重一直稳步上升。2000年该类图书仅占整个图书市场的0.06%，而2002年就扩大到0.10%。根据开卷监测数据进行推算，该细分市场2002年的零售市场销售总码洋比2000年增加了1 000万元左右。可见就业形势的严峻、择业人数的激增和“跳槽”的频繁都直接刺激了对就业指导图书的旺盛需求。

---

① 《光明日报》2003年7月4日。

附表：就业指导类图书占整个图书零售市场的销售码洋比重

| | 2001 年 | 2002 年 | 2003 年一季度 |
|---|---|---|---|
| 占整个市场的比重 | 0.07% | 0.10% | 0.09% |
| 比重同期变化 | +0.01% | +0.03% | — |

2. 就业指导图书市场增长状况

从就业指导图书的同比增长情况来看，该细分市场正在以令人吃惊的速度增长，已经远远高于同期的整体图书市场增长速度。2001 年，就业指导图书的销售码洋比 2000 年增长了 1/3 强；2002 年，在整体图书市场增长放缓的背景下，该类图书市场同比增幅却达到了74.52%。强劲的市场增长趋势使该类图书的市场地位得以提升，也使参与其中的出版社获得了更好的发展机会。

附表：就业指导图书在零售市场同比增长与整体图书市场对比

| | 2001 年 | 2002 年 |
|---|---|---|
| 就业指导类图书 | 34.50% | 74.52% |
| 整体图书零售市场 | 18.31% | 13.10% |

3. 就业指导图书动销品种分析

就业指导图书近年来快速发展的另一个明显表现是，它的动销品种一直在增加。2001 年比上年增加了近 50 种，2002 年又比 2001 年增加了近百种，总量将近 400 种。经过两年时间，就业指导图书的品种增加了 0.5 倍以上。

就业指导图书动销品种变化情况

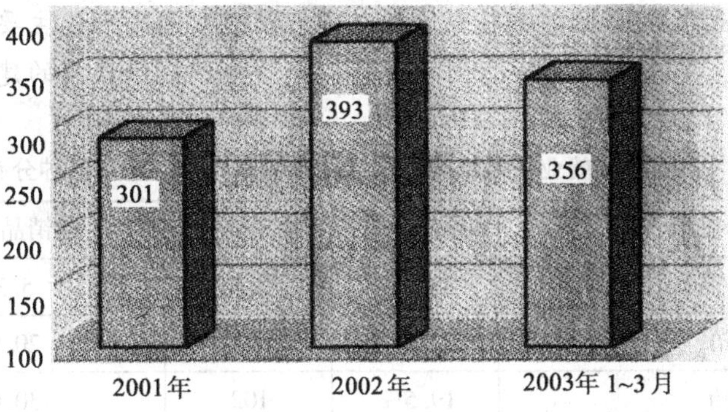

4. 就业指导图书的细分图书市场分析

虽然，就业指导面对着一个极为广泛的读者群，但是仔细分析2002年的动销图书，我们可以发现，我国现有的就业指导图书还处于一个粗分类层次。2002年动销的393种图书大致可以分为6个细分类：关于公务员考试和选拔领导干部的考试类，求职英语类，求职技巧类，职业规划类，面向大中专毕业生的就业指导类和面向下岗人群的再就业指导类。

与许多涉及考试的图书相类似，就业指导图书中的公务员考试和选拔干部考试类图书卖得最好。在6个细分类中，该类图书动销品种最少（占5.3%），但它的码洋比重却是最大（35.2%），可见该细分类的投入产出比最高。公务员考试图书的走俏与近几年来公务员考试热有直接的关系。2001年底，有6万多人报考国家公务员考试，比2000年增长了近90%。与之相反，求职技巧类品种最多（30.0%），但码洋比重不成正比，仅占19.5%。

求职英语和职业规划类在其中属于投入和产出比例较为平衡的一类：求职英语类的动销品种比重和码洋比重在就业指导类中都占了约1/5；职业规划类的动销品种比重和码洋比重在就业指导类中都占了约1/10强。

大中专毕业生就业指导和再就业指导这两类图书在品种投放和实际销售收益之间有较大落差。尤其是再就业指导类销售状况最微薄，还不到整个就业指导类的1%。说明再就业群体虽然庞大，但针对这一读者群的图书还未达到应有的消费规模。其中原因之一可能是这一群体整体图书购买力比较弱，而且他们在择业时较少会考虑求助于图书；另一方面也说明目前市场上的这类书籍并不能真正满足他们的需求。那么专门针对毕业生的就业指导书为什么也不好销呢？问题可能主要还是出在图书本身，是否能解决毕业生的困惑，并给他们提供实用的建议。

**2002年就业指导细分类图书销售码洋比重、动销品种分布**

| 细分类别 | 码洋比重 | 动销品种 | 动销品种比重 |
|---|---|---|---|
| 公务员/选拔干部考试 | 35.2% | 21 | 5.3% |
| 求职英语 | 22.2% | 82 | 20.9% |
| 求职技巧 | 19.5% | 102 | 30.0% |

续表

| 细分类别 | 码洋比重 | 动销品种 | 动销品种比重 |
|---|---|---|---|
| 职业规划 | 12.4% | 50 | 12.7% |
| 大中专毕业生就业指导 | 5.9% | 67 | 17.0% |
| 再就业指导 | 0.4% | 32 | 8.1% |
| 其他 | 2.7% | 39 | 10.0% |

5．就业指导图书零售市场的价格分析

通过对就业指导图书的平均定价和售价的分析可以看到，2001年来该类图书的平均售价一直高于平均定价，而且高出部分在迅速增加。可见在关乎个人利益和长远发展的职业方面，许多读者是舍得投资的，这一点直接表现在他们在购买此类书籍时对价格的敏感度大大降低。开卷监测数据显示，2002年该类书的前5名平均定价是26.00元，比整体平均定价16.14元高出几乎10元。

**附表：就业指导图书平均定价、售价对比分析**

| | 2001年 | 2002年 | 2003年一季度 |
|---|---|---|---|
| 平均定价 | 14.86 | 16.14 | 17.08 |
| 平均售价 | 15.65 | 19.57 | 19.61 |
| 平均售价-平均定价 | +0.79 | +3.43 | +2.53 |

（二）就业指导图书市场竞争状况分析

※全国约1/3的出版社涉足该市场。

※在未来几年内该市场仍会处于一种振荡上行的变化格局。

1．参与竞争的出版社增长较快

近几年，介入就业指导图书领域的出版社数量在不断增加：2001年、2002年新增出版社分别是17家、16家。2002年涉及该类图书出版的出版社有188家，即全国约1/3的出版社涉足了就业指导图书市场。

附表：就业指导图书的出版社数量变化情况

| | 2001 年 | 2002 年 | 2003 年一季度 |
|---|---|---|---|
| 出版社数量 | 172 家 | 188 家 | 181 家 |

2. 市场刚起步，领先者圈地未稳

开卷统计数据表明，2000 年以来，前 10 名和前 20 名出版社的累计市场份额都呈现出一种振荡变化的集中和分散形势。2001 年由于受新进出版社的冲击，前 10 名的出版社累计市场份额回落到 50% 以下，这一年市场占有率大于 1% 的出版社数量也增加到 30 家。而 2002 年，领先出版社的累计市场份额整体回升较大，前 10 名的市场份额又超过 50%，前 20 名的市场份额也达到了历史高点的 70.71%，市场占有率大于 1% 的出版社数量随之下降到 21 家。不过今年一季度的表现又呈现出较大的分散局面。

预计该市场在未来几年内仍会处于一种振荡上行的变化格局。

就业指导图书的出版社累计占有率变化对比

| | 2001 年 | 2002 年 | 2003 年一季度 |
|---|---|---|---|
| 前 10 名出版社 | 48.05% | 55.88% | 42.48% |
| 前 20 名出版社 | 64.72% | 70.71% | 61.33% |
| 占有率 >1% 的出版社 | 30 家 | 21 家 | 30 家 |

3. 品种规模未有突破，数量多寡不具决定性

2001 年来占有率前 10 名和前 20 名出版社在品种方面的发展，整体呈现小幅增长的局面。但是，领先者的品种规模尚未形成，几年来动销品种超过 10 种的出版社数量仅有两家。这两家出版社在品种和占有率方面形成了明显反差：其中一家出版社的市场占有率一直名列前茅，而另一家出版社品种较多，但占有率却始终较低。可见在就业指导图书市场中，出版社的品种多寡并不能与其实际市场占有率成正比。

附表：就业指导图书的出版社累计动销品种数变化对比

| | 2001年 | 2002年 | 2003年一季度 |
|---|---|---|---|
| 前10名出版社 | 12.29% | 13.49% | 16.29% |
| 前20名出版社 | 21.93% | 27.48% | 25.56% |
| 动销品种>10种的出版社 | 2家 | 2家 | 2家 |

4．职业规划和毕业指导最具潜力

2002年几本引进版的职业生涯规划类图书给单调了多年的就业指导图书市场带来了一抹亮色。《你的降落伞是什么颜色》一书在去年的成功销售更让人看到了这个细分市场所蕴藏的潜力和人们对职业规划图书的强烈需求。该书的实用性和可操作性以及活泼的形式都给人以耳目一新之感，故而取得了2002年该类图书销售排名第一的不俗业绩。就业指导图书是否会成为图书市场的又一个热点？遗憾的是，今年一季度的数据显示，排在榜首的仍然是公务员考试和求职英语这两类。

然而该市场要突破发展瓶颈，仅靠这两类书是无法做到的。因为，每年参加公务员考试的人数毕竟有限，而且随着公务员考试取消指定用书和考试本身越来越趋向能力测试，原来占据绝对优势的出版社还能领先多久，这个市场还有多少潜力可挖？求职英语虽然面向的人群很广，但是它的成长已经较为成熟，缺乏创新。所以在剩下的细分类中，职业生涯规划和面向大中专毕业生的就业指导类书籍是职业指导图书中最有潜力可挖的细类。

（北京开卷图书市场研究所　朱肖莉执笔）

## 数据技术及版权声明

本文中所用的分析数据来自于北京开卷图书市场研究所“全国图书零售市场观测系统”。该系统由全国77个大中城市的127家大中型零售书店（包括国有书店及民营书店）加盟，抽样书店每月的零售总码洋占到全国图书零售市场销售总码洋的14%。



①《新闻出版报》2003年7月2日第8版，有7表1图。

以上是采用社会科学的量化研究方法所进行的科学研究。

马克思曾经说："一门科学只有在成功地运用数学时，才算达到了真正完善的地步。"①与语言文字符号相比，数字符号具有准确性、通用性、可比性、简洁性的特点。而精确新闻学正是在如是背景上着重对量化新闻报道进行学理探讨，并将这种探讨扩展到媒体的市场、受众研究层面，推动关于受众的量化研究，促进新闻统计学的出现。精确性报道属于新闻叙事，精确新闻学属于科学研究，双方不可混为一谈，也不能将手段误认为是本体，把精确性报道的量化方法认做精确性报道本身。

（二）外延

依材料的来源，精确性报道可以分为两类：

一类是主动精确性报道（Active precision reporting），指报道者自己独自运用量化研究方法采集新闻事实进行新闻报道。

另一类是反应精确性报道（Reactive precision reporting），指的是报道者不是独自调查，而是利用有关社会组织、机构采用量化研究方法所获取的调查结果来进行新闻报道。如前述《美犹太青年的"以色列疲乏症"》。

从采集数据的规范性、稳定性看，反应精确性报道做得更为规范，但从报道的主动性、资金的节俭看，主动精确性报道又有优势。

## 三、精确性报道的来历

（一）西方的精确性报道

精确性报道源自西方，其发生发展大致可以分为四个阶段：

1. 萌发期（20世纪30年代~50年代）

精确性报道与数学统计的应用息息相关。20世纪30年代，美国有一批社会调查的机构专门运用现代科学的量化研究方法进行社会调查，其中以盖洛普（Gallup Poll）民意测验所最为成功。这些调查既可以为传媒进行精确性报道提供数据，又启发传媒独立进行量化的社会调查。1935年，美国《幸福》杂志社刊登了杂志社自己所做的一次意见调查结果，问卷上设计的问题有美国人抽多少香烟，想买哪一型轿车，等等。《幸福》杂志社的这次民意调查报告被视为第一次由传媒启动的精确性报道。

---

① ［德］保尔·拉法格：《摩尔和将军——回忆马克思和恩格斯》，人民出版社1982年版，第95页。

1939 年，美国《读者文摘》杂志社采用媒体实地实验方法调查了一定数量的汽车、钟表、收音机修理厂。调查统计表明这些修理厂问题严重，比如，有半数顾客的待修物品被处置不当，不是检查有错误，就是收费奇高。《读者文摘》的这份报告在美国引起较大震动，各报纷纷转载。

萌发期精确性报道的命运与美国的总统选举息息相关。1936 年是精确性报道的福年。民主党的罗斯福与共和党的兰登在这一年竞争总统宝座。与著名期刊《文学文摘》的问卷调查结果不同的是，盖洛普采用配额抽样所进行的选民调查显示，罗斯福在大选中将以 56% 的选票获胜。准确的预测使盖洛普战胜《文学文摘》，美国的新闻传媒因此纷纷改用民意调查机构的调查结果。而 1948 年是精确性报道的灾年。在 1948 年对总统大选的民意调查中，盖洛普等三大民意调查机构均显示共和党候选人杜威将赢得大选，但选举结果却恰恰相反，民主党候选人杜鲁门连任成功。1948 年对总统大选报道的一败涂地阻碍了精确性报道的顺利发展。

精确性报道要求报道者必须投入比一般报道要多得多的时间、金钱、知识，故当时投入产出比例低，再加上一些从事精确性报道的人在数据统计上能力有限，因此，精确性报道虽被肯定，但这时的传媒界对精确性报道却敬而远之。

2. 诞生期（20 世纪 60 年代）

精确性报道在 20 世纪 60 年代诞生有其深刻的社会原因。

首先，20 世纪 60 年代为精确性报道提供了科学条件。电脑研制成功在 20 世纪 40 年代，投入应用在 50～60 年代，这就使得量化研究的数据收集、计算、分析变得空前快捷而节俭。

其次，60 年代为精确性报道提供了必要的社会条件。60 年代的美国社会矛盾异常尖锐、激烈。1967 年，底特律爆发了震撼全美的黑人抗议风暴，愤怒的黑人与赶来的警察发生冲突，结果大量人员伤亡，众多黑人被捕。那么，如何向广大受众报道事实的真相呢？当时占统治地位的客观报道对此束手无策，捉襟见肘，于是，精确性报道与其他各种报道纷纷披挂上阵，各展所长。当时任白宫特派员的梅耶正主持《底特律自由报》的调查研究。对于这场黑人街头示威，梅耶采用了一种过去没有过的新办法进行报道，即依随机抽样的办法在冲突地区抽取 347 位黑人进行个别访问，向每一位受访人提出 40 个相同的问题，然后再将这些问题与对问题的回答输入电脑，用统计学的方法进行数据分析，从中找出广大黑人上街抗议的原因。梅耶采用如是量化材料撰写深度报道《回到第 12 条街》，揭示了形成底特律黑人抗议的深层社会原因，引起极大的社会反响，并于1968年获得普利策新闻奖。

梅耶的巨大成功标志着精确性报道的真正问世，并将精确性报道带入西方新闻界的主流。

3. 成长期（20世纪70年代）

20世纪70年代是精确性报道快速发展的时期，过去难得一觅的精确性报道频频出现在欧美各大新闻传媒之中。其原因主要有如下几点：

一是美国总统大选的推动。精确性报道最好的施展天地是报道民意。进入20世纪60年代，民意调查渐趋成熟，开始介入美国的总统大选。1960年，民主党候选人肯尼迪与共和党候选人尼克松均雇用了专业的民意调查机构人员参与竞选计划的安排。而在1972年、1978年的美国总统大选，众多的美国传媒纷纷进行各种民意测验，有超过三分之一的美国日报赞助过民意测验。①大选推动了精确性报道的广泛运用，使精确性报道一时成为报界"宠儿"。

二是调查性报道的失信。1964年，调查性报道获得了美国6项普利策新闻奖中的4项，一时成为美国新闻界的追逐对象。然而，进行调查性报道毕竟十分艰苦，于是一些转入调查性报道的记者开始工作马虎，常把误传、谣传当作事实使用，有的投机取巧，滥用匿名消息与"锁眼"新闻，职业道德大幅下滑。调查性报道出现的这些问题使新闻界出现了反对"不科学"报道的呼声，批评调查性报道对信息加工的简单、粗糙，精确性报道作为"科学"的代表因此受到新闻界的重视。

三是避免了对新闻来源的依赖。一般新闻报道采集新闻事实除了记者的目击，剩下的就是采访受访人，记者离开新闻来源无法进行新闻报道。记者、传媒对新闻来源这样的高度依赖，容易导致新闻来源对记者、传媒的控制与利用。而精确性报道可以避开新闻来源对记者、传媒的控制。比如，报道某地法院法官是否依法公平断案，记者若采访法院法官，得到的回答往往是自夸的、肯定性的。《费城讯问报》的记者巴列特与斯泰勒对此没有采取采访法官的方法，而是收集1034份该法院的刑事案件资料，分类统计，结果统计数字显示，该法院法官判决黑人有罪的比例远远高出判决白人有罪，从而证明该法院在司法审判上存在着种族歧视。这样，新闻事实就可以操纵在记者手里。

四是工作条件的简化。进入20世纪70年代，美国大多数文化机构装备

① 彭家发：《新闻文学点·线·面》，台北业强出版社1988年版，第274页。

了电脑，一个记者只要有一部普通电脑，有一定的量化研究知识，肯花上一两百个小时，就可以进行精确性报道。

五是梅耶与他的《精确新闻学》。曾任记者的梅耶后转入美国北卡罗来那大学任教，写成一部专著。梅耶曾经先后为该书命名为《社会科学方法在新闻报道上的应用》、《量化新闻学》等，后接受新闻学教授丹尼斯的建议，将专著命名为《精确新闻学》。此书于1973年问世之后，迅即风行全美，波及世界。20世纪80年代的一项统计表明，全美国有80%以上的报纸认为应该多刊登精确性报道，美国大多数的新闻学专业开设了精确新闻学一课。而梅耶的目的是希望将新闻传播学由"匆匆忙忙的历史"提升为"匆匆的社会科学"。

4. 普及期（20世纪80年代以来）

20世纪80年代以后，精确性报道在西方传媒中的运用日趋平常，既展示了它的魅力，又让人们看到了它的局限性。目前，西方新闻界进行深度报道仍以传统方式为主，以精确性报道为辅。

（二）中国的精确性报道

我国的精确性报道起步晚。据专家研究，中国最早出现的精确性报道是在1983年1月29日的《中国日报》。该期报纸刊载了1982年对北京市受众的调查结果。①

我国精确性报道的成长期为20世纪90年代。进入90年代，纷纷成立的一些民意调查机构，为我国传媒进行精确性报道提供了可靠的统计材料。1996年，《北京青年报》推出公共调查《1995年，北京人你过得还好吗》，并首先将类似报道命名为"精确新闻"，精确性报道名正言顺地进入传媒。目前，我国的《北京青年报》、《南方周末》、《中国青年报》、《经济日报》、《中国信息报》、《中国经营报》、《中国汽车报》等报设专栏、专版刊发精确性报道。

## 四、精确性报道的特点

（一）数量化

数量化是指精确性报道在采集新闻事实时，把事实的特征、行为、态度等转化为数字。

数字是人对事实的概括。其他新闻报道也可能使用数字，但唯有精确性

---

① 姜秀珍：《新闻统计学》，新华出版社1998年版，第11页。

报道不仅使用数字，而且以数字为基础，收集事实材料数字化，使用材料、分析事实亦数字化。因此，离开了数字，就无所谓精确性报道。

（二）客观化

精确性报道力求避免人的主观偏见，期望通过将包括意见在内的一切主观、客观的东西均数字化之后得以纠正报道者的主观偏差，报道手段比较普遍地采用自然科学的一些工具如电脑、计算器。这些就使精确性报道出现了不依个人意志为转移的倾向，显出客观、冷静的特点。

（三）平民化

一般新闻报道强调新闻事实的显著性、反常性，选择被报道人物偏向于官员、企业家、文体明星等杰出人物。而精确性报道采集的是公众意见，传播的是民意。这就使得精确性报道天然具有了平民化的特征。

（四）宏观、独立

一般新闻报道往往选择反常而孤立的新闻事件进行报道。而精确性报道则讲求归纳事实，从总体把握新闻事实，从多项观察中把握整个新闻事件。同时，通过对有关事实进行社会调查从而摆脱对新闻源的过度依赖。这些就使精确性报道宏观而独立，成为非事件性新闻。

## 第二节　精确性报道的选题与数据收集

### 一、选题

（一）三种情况

精确性报道制定选题主要有三种情况：

一是记者从有关专业调查机构提供的数据中发现新闻。比如，我国发布的全国人口统计数字本身就包含着突出的报道价值。

二是记者在实际新闻工作中发现问题，产生念头，追问追查，发现新闻事实。比如，山东省大众日报社的记者王爽、刘明霞在一次与企业负责人的接触中敏感地意识到高级技工匮乏已经成为一个我国普遍存在的社会问题，于是萌生了报道的念头。这就是2001年度中国新闻奖获奖作品《找个好钳工比找研究生还难》①的选题起始。

三是依托重大新闻并以之为新闻背景选择精确性报道的选题对象。2005

---

① 《大众日报》2001年10月11日。

年11月美国总统小布什首次以总统身份正式访华。在这之前的数月，美国的一些重要官员纷纷来中国为小布什访华做铺垫。中美关系是涉及世界稳定、发展的重要国际关系，是中国政府最为看重的对外双边国家关系，对中国百姓的生活也具有重要影响。正是依托小布什总统即将访华这一重大的新闻背景，《环球时报》才在2005年3月推出了精确性报道《中国人如何看中美关系》①。

鉴于科学调查数据工作的艰难，报道者应尽可能在专门调查机构的调查成果的基础上写精确性报道。

（二）选题确定的标准

1. 社会影响、社会意义比较重大

除了要考虑报道的深度空间之外，精确性报道在数据的收集、整理上毕竟要较一般报道要投入多得多的人力、物力，因此，如果选题的社会影响小、社会意义轻，那么就难免牛刀杀鸡，得不偿失，容易造成报道成本的浪费。

2. 与广大受众的利益比较直接、密切

精确性报道面向社会收集材料，往往可以比较全面地反映出一定范围内的民意，因此，立足于广大受众的利益确定精确性报道选题本身就是扬长避短。

3. 多选择社会性问题，少选择突发性事件

精确性报道要设计问题、发放问卷、收集材料、分类、上机统计，这些工作环节就使得一篇精确性报道需要花费比一般报道多出许多的时间，使得精确性报道时效性较差，比较适合非事件性新闻，不适合事件性新闻。因此，进行精确性报道的选题就要多选社会性的问题，少选突发性事件。

4. 立足于量化研究调查的实际条件

进行精确性报道必然要投入较多的时间、人力、金钱，对有关工作人员有一定的专业技能要求，在具体的报道中还会出现具体的要求。比如，关于大学生拥有手机的问卷抽样调查是立足武汉一地，还是面向全国？调查范围的广与狭本身就使得调查的花费、难度等差异极大。一般说来，凡属比较重大或全局性的有关民意调查，最好委托职业的专门调查机构或者双方合作完成。如果在选题阶段忽视这些实际问题，那么就容易造成具体实施时对有些困难的始料不及，报道半途而废。

---

① 《环球时报》2005年3月2日。

## 二、资料收集方法

精确性报道量化的方法主要有三大类：一为调查法；二为内容分析法；三为实验法。

（一）调查法

调查法又叫意见调查，调查的对象是人，为的是了解人们对有关事物、问题等的意见。

对于精确性报道，调查法有两种做法、三种类型：

一是自填抽样问卷。这种做法是调查人设计问卷，列出一系列可以了解受访人不同意见的问题。问卷可以由专人发放回收，也可以通过邮局传递，但问卷需要受访人自己填写。

二是实地访问。这种做法是调查人设计问题供受访人回答。这些问题可以制成问卷，也可以不要问卷。问题设计好后，派经过一定训练的访员深入到受访人所在的商场、学校、工地、写字楼等工作、生活实地，由访员向不同的受访人提出同样的问题，然后记录这些回答。访员要尽责、聪明、敏感、细心、考虑周到，言谈举止得体。为了保证实地访问正常进行，督导员要随机回访对访员进行监督检查。

为了提高效率、节约费用，实地访问也可以通过电话进行。但是，电话访问时间要得当，时间不能长，问题不能复杂。同时，使用电话时，要注意记录的可靠性。将调查委托给专业调查机构时，要防止调查机构与电信部门因分享话费而破坏调查的客观、公正。

邮寄、送发与访问三种类型各有长短。邮寄省钱省力，用邮票或邮资总付，但问卷回收率低，可能出现若干受访人相互商量如何回答问题，有的问卷也可能由另外的人填写，如公司经理让秘书代填写。访问法的问卷回收率高，对调查过程有一定的控制与了解，但费用高，需要对访员进行培训。专人送发介于邮寄与访问之间，问卷回收迅速、整齐，但调查范围往往狭窄。问卷的回收率，邮寄一般在30%～60%之间，送发为80%～90%，访问最高，有时可达100%。①

随着互联网的快速发展，目前正有越来越多的大众传媒利用网络进行问卷调查。使用互联网进行问卷调查方便、快捷、节俭，《光明日报》、《中国青年报》等传统传媒经常通过互联网进行问卷调查，如2005年底光明网的

---

① 水延凯等：《社会调查教程》，中国人民大学出版社1988年版，第224页。

关于人才问题的一项调查：

> 目前，一些单位在人才招聘中非常重视“第一学历”，即应聘者第一次接受高等教育时的学历。理由是现在的研究生水分大，不如本科生含金量高。您认为在现有学历和第一学历中，更应该重视哪一个？

| 选项 | 票数 | 比例图 |
|---|---|---|
| 现有学历 | 296 票 14.09% | |
| 第一学历 | 435 票 20.70% | |
| 因人而异 | 601 票 28.61% | |
| 说不清楚 | 769 票 36.60% | |
| | | 调查总人数：2101 |

（以上为截至 2005 年 11 月 6 日 20 点的调查数据）

（二）内容分析法

内容分析法处理的不是人，而是物，指与调查内容有关的文书，如判决书、报纸。前述美国《费城讯问报》两位记者所搜集的报道材料就是法院的 1 034 份刑事判决书。

与调查法相比，内容分析法在搜集材料、归类统计上相对容易和节省金钱。但是，有时搜集来的文书会不齐全，搜集材料时会遭遇有关权力部门的不配合。这些也会给内容分析法带来不小的困难。

（三）实验法

实验法是在精心设计与控制下对两种有关变量之间关系的检验，有实验室实验与实地实验之分。

实验法的做法容易与社会伦理冲突，精确性报道仅偶而为之。进行精确性报道所使用的多为实地实验法。实地实验在实验室以外的自然、社会等场所如街道、医院、网吧进行。朱行的《“丢失”钱包考验诚实》① 就是一则采用实地实验法进行的精确性报道：

> 美国一家著名杂志社最近做了一项试验，他们先后在美国、欧洲、

① 《环球时报》2001 年 9 月 12 日。

亚洲、加拿大、澳大利亚、新西兰和拉丁美洲的一些城市，故意在人行道上、电话亭里、办公楼旁、打折商店、教堂、停车场和饭店里“丢失”了1 100个钱包。每个钱包里装有50美元的当地钞票，另外还装有一张印有电话号码的名片，以便捡到钱包的人可以方便地找到失主。

调查结果表明，44%的钱包被人捡走后不归还。不过，各国的情况不大一样。最为诚实的国家是挪威和丹麦，“丢失”的钱包全部物归原主。从整体上讲，斯堪的纳维亚国家的诚实程度超出了世界其他国家。新西兰、韩国和日本的情况也比较好。在美国，10个“丢失”的钱包有7个物归原主，这使得美国与加拿大、澳大利亚、印度一道并列在“较为诚实”的国家名单中。但是，如果你在阿根廷和意大利的话，可得注意保管好你的钱包。如果你在墨西哥丢了钱包，十有八九是找不回来了。当然，同一个国家的不同城市区别也很大，例如，西雅图就远远好于亚特兰大。

通过在各个地方与归还钱包的人交谈，试验人员发现，虽然世界各国具有不同的文化传统，但凡是拾金不昧者，都有一些共同因素在起作用。

一是家长对孩子的言传身教。在德国的魏玛，10个“丢失”的钱包8个不见去向。可是，有一个钱包是一个8岁的小女孩在她妈妈的指点下归还的。小女孩的妈妈说：“我小的时候，家里很困难，但父母非常诚实。我一直在用同样的方式教育我的孩子。”

二是对信仰的忠诚。马来西亚一个20岁的妇女，家里很穷，但还是归还了钱包。她说：“作为一个穆斯林，我知道存在诱惑，并知道怎么去克服诱惑。”当然，不归还钱包的人也有信教的。在墨西哥，有两个看上去很虔诚的基督教徒，在捡钱包前，还做了一个十字祷告。他们认为这是天赐之物，非拿不可。

三是将心换心。有很多次，看起来很穷的人常常归还钱包，看上去很富的人捡起钱包就一去不回。一个为躲避科索沃战乱而在瑞士当餐厅招待员的阿尔巴尼亚人，在归还钱包时说：“我每天都要干很长时间的活儿，我知道要挣这么多钱必须付出怎样的劳动。”

## 三、问卷设计

从精确性报道的实际看，传媒调查使用较多的还是抽样问卷调查。那么，用以了解受访人意见的问卷应该如何设计呢？

（一）问卷设计之前

问卷设计之前要考虑的问题有：

问卷是否一次即可达到调查目的？

如果一次达不到，调查共需要几次问卷？

各次问卷之间如何分工？

问卷的信度、效度如何保证？①

（二）问卷设计

1. 问卷应包括两大部分：一是前言，二是问题本身。

前言为问卷的一般情况，应该包括的要素有：问卷的主持者，问卷的访问者，问卷的目的，受访人的遴选标准，回答问卷的用笔、时间等要求，联系方式，非匿名问卷对受访人的保密承诺，等等。

问卷调查的重点是了解有关事实、意见，而了解受访人的性别、年龄、文化程度、职业、经济收入等主要是为了进行对比研究。

如有必要，问卷可以添加结语部分，如：

> 您填完本问卷后的看法是：
>
> 1. 很有意义
> 2. 可能有些意义
> 3. 没有意义
> 4. 不清楚

为了给受访人良好印象并易于理解，前言的语气要谦虚、诚恳，问卷语言要准确而通俗，不用语义含混的措词，如将“经常”、“偶尔”明确为一个月或一个季度或一年内几次。

2. 问题类型与排列顺序

问题有两类：一类是闭合式问题，问题具体、针对性强；另一类是开放式问题，问题开阔、抽象，如“你如何认识科教兴国的意义”。设计问卷的问题时，可以先设计开放式问题，然后设计闭合式问题。

---

① 信度是测量结果的可靠程度与一致程度，如同一调查对相同人的两次填表调查数据是否会一致。效度是测量结果的接近事实的准确程度、有效程度。

在保证效度的前提下，问卷问题要简单、易答。为了便于受访人回答，精确性报道一般采用闭合式问题。同时，问卷回答时间如果超过 20 分钟，往往会引起受访人的厌倦，从而导致问卷回收率降低，故问题数量不能多。

按照中国人的思维习惯，问题排列顺序应该先易后难，先事实、行为方面的问题，后观念、态度、情感方面的问题；先一般性的问题，后特殊性，尤其是敏感性强的问题。

另外，问卷要适当使用分隔线、方格线、图片、字体、字号等视觉手段调动受访人答卷的便捷与积极性。

3. 避免两大缺陷

一是不要在提问中加入隐含答案；二是所提问题要中立，不带倾向性与诱导性。比如："您一个月读几本杂志？A. 0 本；B. 1 本；C. 2 本；D. 3 本；E. 4 本及其以上。"但是，这一表达隐含着如下语义：读杂志是必须的事。因此，可以改为："假如您阅读杂志，一个月读几本？"

问卷设计妥当之后，不妨先找几个人试做。如发现存在问题，则及时调整之后再大规模制作。

## 四、问卷的发放、整理与分析

### （一）问卷发放

问卷发放要注意代表性，注意发放对象的内在结构比例。比如，调查大学生手机情况，就要考虑不同类型的学校，考虑不同性别、年级、专业的学生在使用手机与对手机的态度可能有所差异，那么，在投放时就要控制好其间的比例。但是，掌握这些情况必须有依据。1936 年，美国《文学文摘》进行民意测验，预计共和党候选人兰登获胜，但结果却是民主党的候选人罗斯福当选总统，原因在于《文学文摘》的目标读者以中产阶级为主，故这样的情况就需要分层抽样。因此，了解我国高校学生，可以通过查阅《中国教育年鉴》，获取全国重点大学与普通大学年度的各自招生数据。

问卷发放存在两种方式：一是概率原则；二是非概率原则。不过，问卷发放一般采用概率原则。概率又称或然率、几率，表示随机事件 A 发生可能性大小的量为此事件的概率，常记为 P（A），有等距抽样、分层抽样、整群抽样等。比如，在 1 000 人的院系发放 200 份问卷，那么，发放者可以按照学生学号尾数的任意两个如 4、8 进行抽样问卷。

不过，概率原则是存在一定误差率的。万人投放的问卷越少，则误差率

越大；反之，则越小。确定误差率幅度的方法有四步法：①

(1) 在计算器上输入0.25。

(2) 除以样本群体人数。

如，群体人数为1 000人，则是0.25 / 1 000 = 0.00025

(3) 按平方根键。

如，0.00025平方根后为0.0158113。

(4) 乘以1.96。

如，0.0158113×1.96 = 0.0309901，或3.1%。

问卷发放要对调查对象进行数量控制。该公式为：

$$调查对象人数=\frac{研究对象人数}{回复率\times有效率}$$

如，研究对象为200人，回复率为50%，有效率为80%，那么，调查对象应为500人。

(二) 整理与分析

调查材料回收之后，资料收集工作就进入了整理与分析阶段。我们将收集到的材料进行甄别，剔除不合乎规范的问卷，然后将合格的资料输入电脑，采用电子制表软件如LOTUSI-2-3、微软的EXCEL等对资料进行分类归纳。如果数据相当复杂，要注意向电脑数据处理专家请教或参加有关的专门培训。如果问卷调查比较简单，那么，也可以直接用计算器处理而无需使用电脑。

## 第三节 精确性报道的动笔写作

在写作材料收集齐备之后，报道者就要迅即进入动笔写作阶段。在动笔写作时，有如下注意事项。

### 一、精确性报道的写作类型

精确性报道在写作上主要有两种可供选择的类型：

① [美] 布鲁斯·加里森等：《体育新闻报道》，华夏出版社2001年版，第293页。

一是描述型。在写作上，描述型主要是报道具体的数据事实，而不对这些数据事实进行分析。比如《美犹太青年的"以色列疲乏症"》报道的是美国一家民意调查组织关于美国青年一代犹太人，是否会像其父辈那样无条件地坚定支持以色列国的民意调查数字、调查结论。换句话说，描述型着重于报道事实，而不是用事实"说话"。

二是解释型。解释型的写法不仅报道事实的数据、结论，而且还结合其他有关材料对用量化方法调查来的事实数据、结论进行分析。

## 二、结构

精确性报道大致分为三个或四个部分：开头、介绍事实出处、提供调查数据。有的精确性报道还有第四部分：结论与解析。

（一）开头

精确性报道的开头共有两种：一是开门见山；二是间接导入。

1．开门见山

这类开头在报道的开篇处开宗明义，针对报道主题提出问题。比如，《美犹太青年的"以色列疲乏症"》的开头：

> 以色列是世界上唯一的犹太人国家。但犹太人人数最多的国家却是美国。尽管犹太人口占美国总人口的比率不到2%，只有大约600万，但犹太人对美国的政治却产生着重大的影响。人们都知道，美国的犹太人院外集团在国会有极强的活动能量，他们基本上能够左右政府在以色列问题上的政策走向，这也是美国在解决巴以冲突问题上一直袒护以色列的根本原因。美国犹太社团对以色列的政治、经济、军事，乃至其生存都起着至关重要的作用。可是，随着时间的推移，美国新一代的犹太人还会像他们的父辈那样支持以色列吗？美国一家民意调查组织最近为此做了一次民意调查。

也可以介绍数据出处，提出主题。如《关注大学生就业》①的开头：

> 北京师范大学刚刚完成的一项针对全国14个省市大学毕业生的问卷调查显示，2002年毕业生的就业率是53%，女生则超过一半没有找

① 《中国青年报》2003年7月13日。

到工作（51%）。2003年全国有212万大学生毕业，比去年增长67万，增幅达46%，就业形势严峻。在这样的背景下，大学生就业难就成了社会关注的焦点。

还可以只介绍调查自身。如《大学生并未高消费》①的开头：

前不久，我们在石家庄部分高校就大学生消费问题作了随机抽样调查。本次调查共发出问卷1 100份，收回有效问卷1 100份。被调查对象全部为并轨生，包括本、专科生，涉及5所院校8个系。其中大中城市516人，农村584人；男生549人，女生551人。调查不记名。

本次调查共分三大项：学习方面的消费、社会活动方面的消费、生活方面的消费。

为了生动、吸引人，开门见山也可以同时辅之以形象化的处理。如《大学生手机面面观》开头：

漫步大学校园，我们可以发现一个与以往不同的现象，那就是一些在读的大学生正持手机谈笑风生。手机已经走入校园。

那么，现在大学生的手机拥有率有多少？他们为什么要买手机？他们购买手机的费用来自何处？每月的话费又有多少？带着这些问题，我们近日做了一次问卷调查，在华中科技大学交通学院、网络学院、武汉大学法学院与湖北工学院发出不记名的问卷600份，收回有效问卷500份，调查对象涉及统招本科生与采用新的招生方式录取的网络教育本科生，其中问卷发放前者400份，后者200份。

问卷调查显示，大学生手机消费不容忽视。

在一针见血的同时，开头又见之有形，闻之有声。

2. 间接导入

有的社会性问题如果直接切入，可能难以引起目标读者的阅读兴趣。为了吸引读者，报道在接触问题要害之前可以先用几句话勾勒一事、一景、一

① 《光明日报》1998年11月14日。

理、一趣，如《找个好钳工比找研究生还难》① 开头：

> 人们经常抱怨国产汽车的造型、性能跟不上世界潮流，并将其归咎于技术落后。最近有权威人士分析，其实并不是我们的工程师设计不出高品质的汽车，而是工人生产不出来，因为我们缺少高级技术工人。
>
> 省统计局企业调查队近日在我省制造业的116家企业进行了一次关于产业工人技术素质现状与需求趋势的专题调查。结果显示：我省技术工人总体素质较高，但高等级技术工人紧缺，有的企业负责人发出感叹："找个好钳工比找个研究生还难！"

报道的开头没有直接讲山东省缺乏高等级技术工人，而是先从我国汽车制造业的汽车造型、性能谈起。由于汽车是广大读者看得见、摸得着的东西，谈汽车就容易引起广大读者的共鸣。这样，先谈汽车就是报道我国缺乏高等级技术工人一事主题的引子。

但是，间接导入开头的目的还是为报道主题服务的，故开头不仅要与报道主题相关，而且文字不能多，篇幅不能长，开头要导入即止，随后拱手让贤。

（二）介绍事实出处

新闻报道必须介绍新闻事实出处，这是记者取信于读者并维护新闻真实性的必要技术措施。具体到精确性报道，就是要在报道前部的恰当之处介绍自己的相关调查信息。

但是，在介绍新闻事实出处上，精确性报道又有自己的具体实际。那么，精确性报道应该如何介绍事实出处呢？

1. 区分情况

精确性报道的事实调查共有两类：一类是记者、传媒自己的调查；二是有关专门调查机构所进行的调查。专门的调查机构，尤其是权威的专门调查机构在民意调查上有稳固的组织、雄厚的资金、科学的方法、丰富的经验与良好的口碑，因此，报道对这一类的调查可以点到即止，不必详细介绍其具体的调查方法、调查手段、调查标准等具体情况。而由记者、传媒组织的民意调查，往往调查的专业技术水平一般，加之报道人对自己进行的调查情况了如指掌，故应该对有关的调查基本情况做一个言简意赅的说明。

---

① 《大众日报》2001年10月11日。

2．讲求逻辑性

介绍事实出处、介绍关于调查情况的基本信息，要按照工作程序与人们认识事物的顺序。如《中国人如何看中美关系》一文的思路清晰，逻辑性强。以下是该报道的前部与后面的报道结构大要：

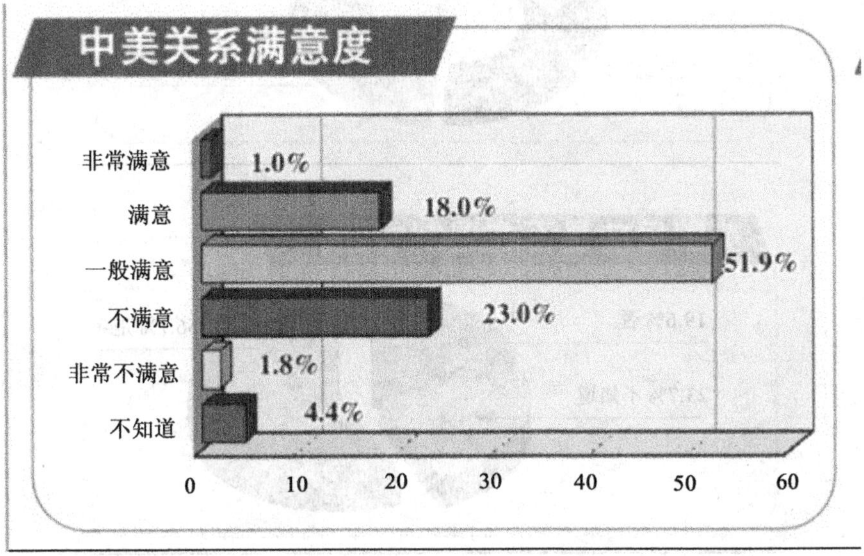


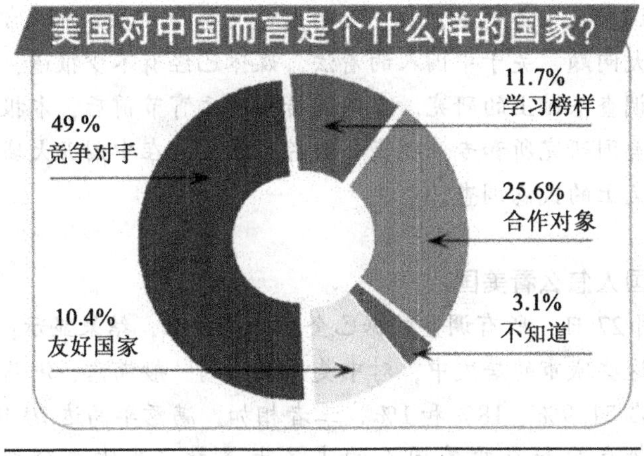

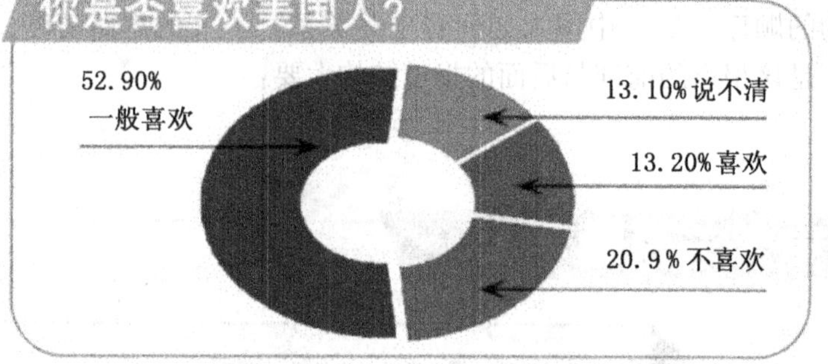


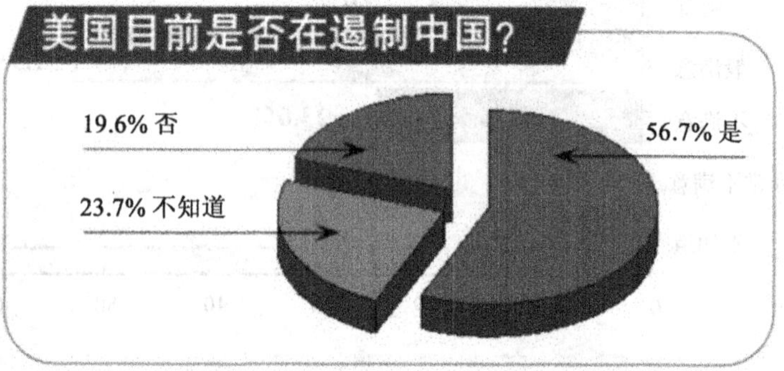


中国人如何看美国，如何看美国人和中美关系；美国人如何看中国、中国人及中美关系，是中美两国外交界和学术界都非常关心的中美关系的大问题。关于中国人的看法，媒体已经有不少报道，但往往缺乏建立在调查基础上的研究。在中国传统的元宵节前后，本报在中国社会科学院美国研究所和专业调查公司的帮助下，在中国五大城市做了一次严格意义上的民意调查。

**中国人怎么看美国**

2月27日，所有调查数据已全部统计出来，结果显示：

在这些城市的居民中，对中美关系感到一般满意、满意和非常满意的分别占51.9%、18%和1%，三者相加，满意率高达70.9%。

一般喜欢和喜欢美国人的占了大多数，其比率分别为52.9%、13.2%，两者相加为66.1%。

49.2%的被访者认为美国是中国的竞争对手，同时，将美国视为友好国家、学习榜样、合作对象的，分别占10.4%、11.7%、25.6%，三者相加也有47.7%。

比例高达56.7%的被访者认为美国确实在遏制中国。

60.5%的被访者认为未来影响中美关系的主要问题是台湾问题。

在对美国政府不满的选项中，选择“向台湾出售武器”的人最多，占37.6%；选择“发动伊拉克战争”的占31.7%；选择“与日本加强军事关系”的人占7.9%。

认为中美两国因为台湾问题在未来会或也许会发生冲突的人分别占被访者的11.9%和41.2%，两者相加超过半数，但也有四成的人认为这种可能性不大或不存在。

被访者普遍对美国不断提出中国的人权问题持否定态度，其中49.3%的被访者认为美国想以此破坏中国的稳定；10.4%认为这是丑化中国；19.1%认为是美国不了解中国的情况。三者相加高达78.8%。只有15.7%的被访者表示美国是在促进中国的民主建设。

50.7%的被访者认为中美关系近年来没什么变化，认为中美关系近年来越来越好的占27.3%。

在被访者中，认为发展中美关系加快了中国经济发展、促进了中国改革开放的人分别占61.92%和49.31%。

分别占45.0%和29.4%的被访者预期布什第二任期内中美关系将保持现状或有所改善，但也有11.7%的被访者认为会出现倒退。

一半以上的被访者认为美国文化对中国的影响好坏参半，其比例为55.7%，而认为美国文化对中国有积极作用的占22%。

在被访者中，欣赏美国科技发达的人最多，占43.7%；其次是法制健全和生活富裕，比例分别为20.9%和17.9%。

中国城市居民中，对两国经济交往持积极评价的人较多，认为两国经济交往促进了两国之间的政治交往和增进了人民友谊的被访者分别占46.18%和46.09%。

49.8%的被访者对中国市场上的美国产品没有偏见，认为只要商品质量好，服务好，哪个国家的品牌无所谓。25.5%的人对中国市场上的美国产品表示欢迎，认为那可以使两国都受益。

31.9%的被访者能够接受美国的文化产品，但是认为离自己的生活太远。另外，27.5%的人表示很欣赏美国的文化产品，认为其中有不少精品。这两部分人加在一起，对美国文化能够接受的，占了59.4%。

除此之外，还有一组重要的数据：62.7%的中国城市居民主要是通过大众传媒来了解美国的，另有20.7%的人对美国的印象主要源自美国电影，只有3.7%的人是通过和美国人直接接触获得对美印象的。

**民意调查是个良好开端**

这次《环球时报》中美关系民意调查是在北京、上海、广州、武汉、重庆五大城市进行的。人民日报社国际部副主任、前任驻美国记者丁刚，中国社会科学院美国研究所的李晓岗博士和《环球时报》有关人员一起，为调查问卷的设计倾注了大量心血。中国社科院美国所的王缉思所长也对调查问卷最终定稿提供了意见。本次调查共有22个问题，由慧聪研究中心负责执行调查。

调查采用先随机抽样，再由专业调查员入户访问的方式进行，整个调查的有效样本量为1 175人。调查公司在五城市共出动了近百名专业调查人员，每户的访问时间在半个小时左右。调查界的专家在了解了此次民意调查的全过程后，认为从调查专业的角度来看，这次民意调查具备了充分的科学性和客观性。

在仔细阅读调查结果后，丁刚认为，在中国国内，这样严肃、科学的中国人看美国和中美关系的民调还是第一次。从调查结果中可以看出，它相当客观地反映了现阶段中国老百姓对美国的总体看法。丁刚说，在美国，关于美国人对中国看法的调查很多，权威调查公司、智库、媒体都做。他印象比较深的是，从1989年开始，盖洛普、佐格比等著名的专业调查公司一直在系统地开展美国人对华意识调查，每年都做。这样就可以进行纵向比较，从中可以观察、分析出美国对华政策、中国对美政策与公众看法之间的联系和相互作用。这是非常重要的。他希望这次《环球时报》中美关系民意调查是个良好的开端，以后坚持做下去，经过若干年的连续调查，能够科学地反映出中国人对美看法的变化，反映出民意变化与政策变化之间的关系。

……

如果介绍事实出处时违背了其内在的逻辑性，那么，就会导致报道的思路壅塞。如《社会需要什么样的人才——武汉大学调查启示》①一文的

---

①《中国教育报》2000年9月19日。

开头：

从市场观点来看，大学培养的毕业生是一种特殊商品或者说特殊消费品。因而学生质量怎样，只有用人单位最清楚、最有权评价。

基于此，武汉大学进行了题为"社会究竟需要什么人才"的用人市场调查研究，在全国范围内抽查了2 000个各种类型和不同层次的用人单位。实际收回问卷1 648份，经审查合格的问卷为1 637份。被调查单位遍布除西藏、台湾、香港和澳门之外的29个省、直辖市、自治区。被调查对象包括各种类型（政府机关、企业、事业单位、群众团体等）及各种性质与规模的用人单位。

这一课题的调查研究，旨在从用人市场对大学毕业生质量的评价与反馈中，反映现有人才培养模式的优势与不足。同时，掌握了解用人市场对未来人才质量需要的状况与趋势，为改革人才培养模式提供可靠的事实依据，从而避免或尽可能减少改革的盲目性与风险性。

这一开头讲了三个意思：（1）用特别的话吸引读者：用人单位对人才最有发言权；（2）调查情况的基本信息；（3）调查的意义。这三点在语序上缺乏逻辑性，因此开头部分的第二点与第三点应该调换，并调整由此带来的局部报道不畅。

漫步大学校园，我们可以发现一个与以往不同的现象，那就是一些在读的大学生正持手机谈笑风生。手机已经走入校园。

那么，现在大学生的手机拥有率有多少？他们为什么要买手机？他们购买手机的费用来自何处？每月的话费又有多少？带着这些问题，我们近日做了一次问卷调查，共在华中科技大学交通学院、网络学院、武汉大学法学院与湖北工学院发出不记名的问卷600份，收回有效问卷500份，调查对象涉及统招本科生与采用新的招生方式录取的网络教育本科生，其中问卷发放前者400份，后者200份。

问卷调查显示，大学生手机消费不容忽视。

这一开头为什么读来格外流畅并能开启正文呢？原因是形象地介绍调查的意义以吸引住读者，然后才写调查的基本信息。同时，开头又用报道主题对全文进行承前启后。

（三）介绍调查数据

1. 安排原则

按照一定的逻辑关系安排报道层次的先后。

篇幅较长时，分成小节安排先后。

文字与图表相互配合，文为主，图为辅。适当使用图表可以化难为易，便于理解。

2. 主要图表类型

(1) 饼式

如2002年1月~9月北京六报市场份额分布：

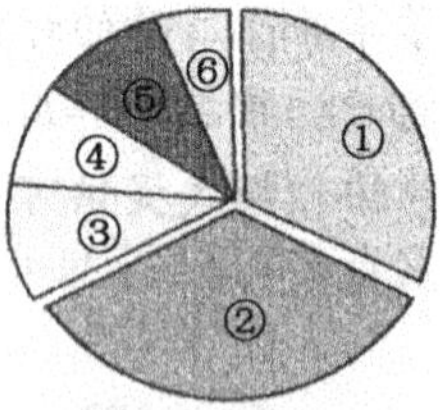


(1)《北京青年报》33.13%；
(2)《北京晚报》33.06%；
(3)《北京晨报》10.47%；
(4)《京华时报》9.44%；
(5)《精品购物指南》8.08%；
(6)《北京娱乐信报》5.83%；

饼式图一般不要多于6小块。

(2) 棒式

棒式图适宜展示时间变迁。

如2002年1~9月北京6报同比增长率：

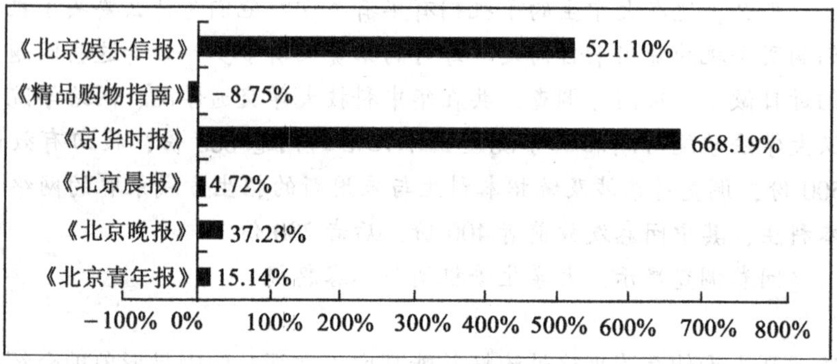


(3) 线式

如官方公布2003年4月北京市累计非典型性肺炎病例情况：

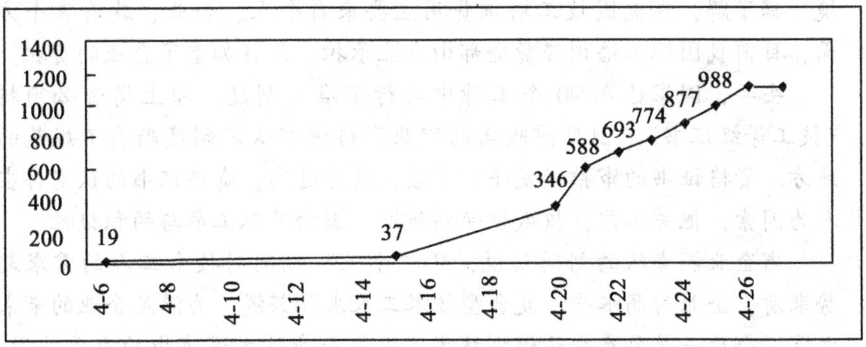


（四）解析部分

对于采用解释方法撰写精确性报道，报道在完成对有关数据的介绍之后还要进行解析。

解析部分是对依据一定的理论、材料获取的调查数据所进行的解释、剖析。这些解释、剖析往往在意见上也体现了报道的深度。

精确性报道的解析部分有两种处理方法：

一是先数据，后分析。

比如，《找个好钳工比找研究生还难》的第一节、第二节着重于描述、介绍高级技术工人紧缺的事实数据，而最后一节“培训经费与资格认证是大问题”则结合企业教育经费、外国技工教育、省企业调查队刘同星的讲话等材料，对前述调查事实数据所蕴含的新闻价值进行开掘，提出解决问题的具体方法。

**培训经费与资格认证是大问题**

要培养高素质的技术工人，首先必须在企业内部形成有利于技术工人发展的小环境，如采取抽调技工进行不间断的学习、培训，从工资、福利等待遇上向技工倾斜等措施。但省企调队在这次调查中发现，有两点应引起有关部门的重视。

企业培训经费紧张是目前大多数企业共同反映的问题。当前“企业教育经费”按职工工资的1%提取，专款专用，而大多数企业没有按规定提取，即使提取了也远远不能满足培训的需要。企业自己培训缺乏相应的师资、设备，到外面培训费用又太高，企业技术工人培训陷入困境。据了解，在美国技工培训费用主要来自个人、企业、政府3个方面，目前我国职工培训经费全部由企业承担，无疑加重了企业的负担。

去年，国家已在90个工种中实行了准入制度，即上岗者必须持“技工等级证书”。但目前我省的职业资格证书认定制度尚有不规范的地方。资格证书的审核换发手续繁琐，收费过高；资格证书的认定存在人为因素，把关不严，权威性受到质疑，影响了职工参与的积极性。

省企业调查队的刘同星说，从“十五”期间对技术工人的需求趋势来看，企业对高水平、复合型技术工人求贤若渴。为满足企业的未来之需，今后一是要充分认识到技术工人在企业技术进步中的重要作用，营造良好环境留住人才；二是理顺培训体系，加大培训力度，提高企业技术工人的整体素质；三是进一步规范技术工人职业资格证书认定制度，精简认定程序，降低认定费用，调动广大技术工人学技术、用技术的积极性。

在介绍事实，分析事实时，一要注意合理使用背景材料，善于进行历时性的对比或空间性的对比。二要边介绍数据边穿插分析，不单设解析部分的报道结构层次。

比如，《社会需要什么样的人才》一文的局部：

**对高校人才培养模式提出挑战**

纵观用人单位对当代大学毕业生22项质量指标评价，当代大学生相对优势因素有爱国热情、进取精神、道德水准、专业水平、工作能力、知识结构、适应能力、政治态度（百分制得分65分以上）；相对不足因素有计算机使用能力、处理人际关系能力、身体素质、文明修养、合作精神、敬业精神、语言表达能力、学术视野、外语水平（60～65分）；绝对不足因素有心理素质、创新能力、写作能力、科研能力、自知之明（60分以下）。评价最高项为爱国热情，最低项是自知之明。

从调查数据分析，高校现有人才培养模式的优点与不足都十分明显，因此不能一谈改革就对现有人才培养模式一概否定，也不能因为现有人才培养模式有优点而拒绝改革。

现有人才培养模式存在不足体现在：

调查分析，“敬业精神”是用人单位最为看好的人才素质，占90.1%。

其一，在处理“成才”教育与“做人”教育的关系上有失偏颇。由于强调大学教育是一种“成才”教育，因而往往忽视了教育学生如何为人处事的“做人”教育。

其二，在能力培养方面未能与时代的发展完全合拍。虽然现有人才培养模式并未忽视人才能力的培养，但当用人市场对人才能力的需求已由过去的一般能力要求，发展到呼唤以“创新能力”为核心的特殊要求，现在的人才培养模式显然未能及时跟上时代发展的步伐。

其三，忽视对“大学精神”或“科学精神”的培育。大学传授给学生的不只是知识和能力，更重要的是培养学生追求真理、追求科学的大学精神。在这种精神的熏陶下形成大学毕业生独特的精神境界，“敬业精神”和“学术视野”是大学精神的具体内容。而用人市场对毕业生“敬业精神”（62.6分）与“学术视野”（61.4分）的不满意，正说明现有人才培养模式在这方面存在缺陷。“合作精神”、“政治素质”、“身体健康”、“吃苦耐劳”和“心理素质”依次为用人单价所看重。敬业精神意味着对自己工作的热爱、投入和执著，员工的敬业精神是一个单位生存与发展的基本条件。但用人单位对人才“敬业精神”过于看重，实际上隐含着用人单位对当代大学生敬业精神的困惑与忧虑。用人单位对当代大学毕业生最不满意的10项内容中，除“自知之明”（19.1%）摆在第一，其次就是“敬业精神”（13%）。

“分析和解决问题的能力”是调查中用人单位对11项人才能力第一看重的，占68.7%，其次是“独立工作能力”，再就是“实践动手能力”。可见，用人单位最看重的是“实干”，因为单位用人必须在创造效益竞争中取胜。“组织管理能力”、“人际交往能力”、“科研能力”等其他能力也显得重要，但几乎最终都要通过这3种能力表现出实际效果，或者说其他能力都是为这3种能力服务的。当然，不同的用人单位在人才的能力偏好上是存在差别的，例如作为管理人才使用时，用人单位更加重视人才的组织管理能力；科研单位用人时会更加重视人才的创新能力和科研能力。

学习成绩是反映一个学生智商、学习态度乃至身心状况的一项基本指标，用人单位对大学毕业生各种条件重视程度显示，除了考虑专业对口外，紧接着就考虑“学习成绩”了，之后考虑的是“学习期间实践经验”和“学习期间发表的科研成果”。这就是说，在用人单位心目中，学习成绩比实践经验更重要，而实践经验又比发表科研成果更重要一些。可见，即使在今天这个强调能力和创新的社会里，学习成绩仍然是一项无法替代的主要指标。“是否名牌”这一条件排在第5位，表明用人单位似乎并不太看重是否名校毕业，却又显示名校在用人单位心目中还是有分量的，在用人单位心目中，“中共党员”的分量重于“学生干部”，因为入党条件比当学生干部更严格。

第一段、第二段属于报道的描述部分，随后各段既有介绍事实数据的描述，又有对事实数据的分析。

“用数字解读新闻事实在一定程度上还是表面化的读解，对于业者而言，更重要的是要让受众学会读解数字后面的深涵。”①数字是精确性报道的手段，写作时切不可仅仅满足于码放数字。惟有既报道数字，又能提出深刻问题，报道数字背后的规律、原理，精确性报道才有深度。

---

① 肖明、丁迈：《精确新闻学》，中国广播电视出版社2002年版，曹璐“序言”。

# 下编

# 第十章　且看今日幼苗，怎样成为明天的栋梁

——记者的成长与成才

## 第一节　记者工作的性质与任务

### 一、记者工作的性质

#### (一) 何谓记者？

记者，是一种职业。“记者”有广义与狭义的两种内涵。

广义的“记者”，指所有的从事新闻业务的新闻工作者，历史上曾称之为“报人”。现在，由于有了后起媒体广播、电视，“报人”一词已无法概括报纸、广播、电视、新闻期刊诸传媒的新闻业务人员，故用“记者”一词概之。2000年11月，我国第一个记者节中的所谓“记者”，就是在这个层面内使用的。这个“记者”包括报社、广播电台、电视台、新闻期刊的外勤记者、内勤记者。所谓内勤记者指的是编辑、通联人员、主编、主笔等。这些内勤记者有时也外出采写，可以一律用“新闻记者”自称。在美国，广义的记者名为 News Paperman，英国则为 Journalist。

狭义的记者，指的是专跑外勤的新闻工作者，即新闻单位内部仅仅从事新闻采写的工作人员。历史上曾把狭义的“记者”这些新闻工作者称为访员、访事人，这是相对内勤工作人员而言。在西方，这种外勤记者被称之为 Reporter。

（二）记者工作的性质

概而言之，记者工作的性质是为了达到一定的目的而传播新闻信息、典型人物、典型经验的文化宣传教育工作。

细而言之，记者工作的性质如下：

1. 记者的工作是调查研究

有人认为，记者是做传播工作的，不过是把资讯从一地传到他地，不需要调查研究。这样的看法是错误的。首先，记者要想传播讯息，就必须能够准确、完整地获得与把握信息。其次，现实生活是复杂的，获得准确、完整的新闻事实并不是件易事。再次，记者要对人民负责，对党负责。因此，离开了调查研究，一个人就不可能做好记者工作。陆定一的《宣传好整党是当前新闻工作的一项重要任务》云："调查研究是新闻工作者的基本功"，①要求"记者，做老老实实的人，做具有科学态度的人，肯下功夫做调查研究的人"。② 可见，记者是采写新闻事实并进行报道的专业调查研究人员。

当然，与其他工作部门相比，记者的调查研究又有自己的特点，比如速战速决、范围广泛、一般不做总结性的调查等。

2. 记者工作是联系上下两头的纽带

记者的工作联系上下两头。所谓"上头"，指的是党和政府；所谓"下头"，指的是人民群众。联系两头，指的是记者既把群众的各种情况传达给领导决策层，又把党与政府的方针政策、工作任务等迅速地传播给广大的人民群众。记者的工作就是不断地从群众中来，到群众中去，从而使上情下传，下情上达，渠道畅通。所以，好的记者又应该是社会活动家。

3. 记者工作仍是党的宣传工作的一个组成部分

在社会主义中国，记者的工作不全是宣传工作，党的宣传工作也不都由新闻工作去落实、完成。但就社会主义国家的记者工作而言，有着鲜明的政治性和政策性。记者面对丰富复杂的生活，报道什么，不报道什么，怎么报道，都不能不从政治上考虑，不能不把新闻价值与宣传价值结合起来。

在社会主义国家，记者不是"无冕之王"，而是党和人民的工具，因此，记者在工作中要坚持政治上的四项基本原则，在业务活动中要有组织，守纪律。

---

① 见《陆定一新闻文选》，新华出版社 1987 年版，第 87 页。

② 见《新闻业务》1985 年第 1 期，第 4 页。

## 二、记者工作的任务

概而言之，记者工作的任务同整个新闻工作的任务是一致的，即用大量的事实和言论，把党和政府的主张，把人民群众的意见和活动，准确、及时地传播到全社会。

细而言之，记者工作的任务有三项：

（一）采写新闻

这是记者的第一任务。

除了在内参部工作的记者之外，一般记者最主要的工作是为公开出版的报纸写新闻报道，而写内参稿则是他们次要的工作。

（二）反映情况

首先，反映情况有利于记者自己写报道。只有掌握大量的情况并予以归纳，记者的报道才有目的性、针对性，所以有的老记者说：我们要两手抓，一手抓情况，一手抓报道。

其次，反映情况有利于党的事业。记者在了解实际生活情况时，常会发现一些对党、政府及有关部门有重要参考作用的情况，其中有正面的，也有反面的。其中有些情况往往不宜通过公开报道或其他渠道上达。在这样的情况下，记者就有责任写内参稿，甚至积极向上级反映有关情况。

再次，反映情况有利于新闻单位。记者把自己所掌握的实际生活情况经常而及时地向编辑部汇报，便于编辑部“耳聪目明”，开阔思路，从而形成更好的报道思想，制定出更有现实针对性的报道计划。

（三）群众工作

社会主义的新闻媒体要密切与广大群众的联系，从而实现全党办报，群众办报。为此，新闻记者在完成自己的采、写、编、评、摄的工作同时，还要善于联系群众，做好群众工作。

群众工作的内容包括两大方面：

第一，帮助、引导广大群众。记者要向人民群众如实介绍国内外形势与本地的情况，宣传、解释党的有关方针、政策。当群众或受访对象遇到困难时，记者要急人所急，忧人所忧，在尽可能的条件下帮助群众与受访对象解决一些合理合法的实际问题与思想问题。

第二，联系、培养通讯员。通讯员实际上是业余的记者。他们人在基层，在获取基层信息和了解基层社会上有自己独特的优势，因此，众多的通讯员有助于报社将社会中的新闻信息及时地聚集并报道出来。

职业记者也离不开通讯员。首先，社会主义新闻事业是全党的事业，毛泽东《对晋绥日报编辑人员的谈话》说："我们办报纸也要靠大家来办，靠全体人民群众来办，靠全党来办，而不能只靠少数人关起门来办。"其次，报社的职业记者毕竟有限，通讯员有助于记者成为"富记者"，报社成为"富报社"。因此，新闻记者对待通讯员切忌采取"实用主义"的态度。

## 第二节　记者的类型与成才的标准

按特长、个性来划分，记者可分为四种类型：杂家公关型记者、文学作家型记者、专家学者型记者、思想政治家型记者。

### 一、记者的类型

（一）杂家公关型记者

这种记者的特点是头脑灵活，反应灵敏，眼观六路，耳听八方，哪里有新闻就立即奔向哪里，能较快地完成报道任务。杂家公关型的记者兴趣广，知识面宽，遇事都懂一点，但又往往不精深；性格上多开朗、乐观，善于为人处世，社会活动能力强。

目前的多数记者仍属这一类。

（二）文学作家型记者

这种记者文学修养比较深厚，有敏锐的社会感触能力与丰富的想像力，感情饱满，文笔优美。经过长期的生活积累与写作磨练，文学作家型的记者在完成报道的同时，还有能力在文学创作上有所作为，最终成为作家或准作家，在新闻与文学中两栖。在传统的记者之中，这类记者个人事业成功程度相当高，如穆青、萧乾、徐迟、刘白羽、梁衡、张建伟。这与中国传统文学源远流长、枝繁叶茂相关，也与苏联的影响分不开。苏联的爱伦堡、波列伏依集"作家和记者的品质"于一身，并"有机地结合起来"①，既是著名记者，又是优秀作家。

文学作家型记者的文人气息比较浓郁。

（三）专家学者型记者

这种记者虽然长期从事新闻报道，但对某一行业或某一学科相当熟悉，

---

① ［苏］格·萨加尔编：《苏联名记者写作经验谈》，新华出版社 1983 年版，第 144 页。

既有相当深入的专业研究能力，又对该专业或学科有一定的发言权。他们的理论思维能力较强，报道具有一定的专业深度。这种记者有邓拓、艾丰等人。

这种记者目前较少。

(四) 思想政治家型记者

这类记者高瞻远瞩，思路开阔，精通政治，善于把握好舆论导向，能有力地引导和说服大众，在受众中有比较高的威望。学界认为李普曼、梁厚甫、法拉奇、范长江为这种类型的记者。

能够自觉而充分地践行"政治家办报"的记者趋于此类。

## 二、社会对记者类型的要求

(一) 新闻单位需要各种各样的记者

从供需关系看，目前我国社会对四类记者的需求是不一样的。有专家认为，中国大陆奇缺的新闻人才是：(1) 评论人才、专栏作家；(2) 外语熟练的新闻记者；(3) 在国际上有影响的报道人才；(4) 复合型专家，即既精通新闻业务又是某一专业的专家学者；(5) 在第一线采访特别能干的人才。①

从新闻工作的现状看，公关杂家型的记者仍然有需求。报社需要年轻能跑的记者。

报社对文学作家型记者同样有相当的需求。首先，新闻报道需要可读性。其次，获大奖的报道、优秀的报道对写作水平要求比较高。再次，一些通讯形神兼备，文学色彩浓郁。最后，副刊需要文学作家型的记者编辑，再加上历史的惯性，报社也离不开文学作家性的记者。比如，《下辈子，我们还当母子》、《你是所有志愿军的女儿》与《领导干部的楷模——孔繁森》等，写作水平比较高，行文细腻，情感充沛，显而易见，这些报道的记者如果没有相当的文学修养是很难胜任的。

另外，一些记者的作品被选入我国中小学的《语文》课本，如梁衡、郭梅尼、穆青的有关文章。这既是记者个人的光荣，也是报社的荣耀。当然，这类记者要处理好文艺创作与新闻写作之间的关系。

至于专家学者型记者、思想政治家型记者，新闻单位的需求相当突出。

① 刘溯：《新闻职称改革问题及趋势》，见《当代传播》2001年第3期，第19页。

（二）新闻单位的需求有重点

1. 需求有别

目前，中国社会对上述四类记者的需求是不一样的。一方面，中国社会已经进入了一个稳定的发展阶段，启蒙阶段基本过去，当下行重于思；另一方面，上述四类记者的社会培养、社会储备相差悬殊，因此，中国大陆的新闻单位对专家学者型记者最为青睐，思想政治家型记者居次，杂家公关型记者、文学作家型记者则相对过剩。

2. 对公关杂家型记者的需求

公关杂家型记者在现在的生存空间是有限的。公关杂家型记者在过去吃香而现在社会需求有限的原因是：第一，过去的生产力、科学技术没有现在发达。第二，过去的记者不同于现在而更多具有干部性质，做的基本是宣传工作。第三，过去记者的科学文化水平低，总体素质差，进行深度报道困难大，而现在记者的科学文化水平高多了。一般性的新闻，绝大多数记者都可以做，难的则是报道要有专业深度，要有可读性。第四，过去，报社的记者少，报道分工粗；现在，报社记者多，报道分工细。西方大报的记者数量多，如《纽约时报》有记者、编辑 1 000 多人，分工细，其中跑“政府条线”的记者 40 多人。由于相当专业化，该报每天约有 60% 的人没有东西写而要进行调查研究。①第五，读者的阅读口味有变化。生活视野的开拓，生活质量的提高，文化程度的提升，兴趣爱好的多样，这些都使广大读者很不喜欢那些并不比他们高明多少的记者向他们讲复杂的事实。

从记者的事业成长看，终身为杂家公关型记者对个人往往是不利的。随着年龄的增大，记者跑新闻必然日渐吃力，业务上的大成功往往只能更多地凭借遭遇重大新闻的偶然性、被动性。面对如是局面，杂家公关型记者要努力做到人无我有，人有我优，如有可能，不妨杂中有专。这样的话，较之专家学者型记者，可以使自己长于杂家公关；较之其他杂家公关型记者，可以使自己又具备一定的专业深度。总之，杂家公关型记者必须正确抉择，才能有大的生存空间。

3. 对专家学者型记者、政治思想型记者的需求

相形之下，专家学者型记者、政治思想家型记者，尤其是专家学者型记者为当下的报社所急需。首先，由于电视的威胁，报纸要想生存、发展壮大，就不能不走独家新闻、深度报道之路。其次，由于社会主义市场经济的

① 见《新闻知识》2001 年第 2 期，第 5 页。

兴起，大众传媒开始向小众化的方向发展，即报纸趋向于办给特定的族群看，意在满足特定族群的需要。再次，随着我国人民文化水平的迅速提高，广大读者对新闻报道科学性的要求也提升很多。第四，伴随我国记者文化水平的提高，记者有了更多的主观条件进行专业化的报道。事实证明，合格乃至于优秀的深度报道，大多由思想政治家型记者、专家学者型记者甚至于学养深厚的专家完成。

然而，目前新闻人才的供需不平衡。一方面是新闻传播学专业的大学毕业生供过于求，就业一年难于一年；另一方面则是新闻传媒需要的人才索求困难。2003 年，北京《青年参考报》公开招聘文字记者、文字编辑，要求应聘者"有对新闻事件的突破与把握能力；有较强的分析和整合资讯的能力"。①因此，过去长期以来所形成的以大量培养、供应杂家公关型记者的高等教育局面，已远远不能适应形势发展需要，不能满足报社对人才结构的需求。

但是，专家学者型记者与政治思想家型记者的培养颇不容易。专家学者型记者对相关专业要有比较深厚的修养、积淀，能对相关专业问题或现象比较迅速地作出有相当专业深度的判断、分析。专家学者型记者的培养是综合性的、多学科的，又需要实践锻炼，学校教育仅为其一。

由于专家学者型的记者必须具备扎实的专业理论修养，因此，其来源主要有两种渠道：一是报社直接面向社会招聘，将专家学者罗致帐下；二是吸纳双专业（新闻传播学专业与另外一专业）的毕业生或新闻传播学之外的某需求专业的毕业生进入报社，委以重担，并期之以年，在工作中成长。政治思想型的记者与文学作家型记者的培养也只有此路。

4. 对文学作家型记者的需求

面对我国新闻业发展变化的如是局面，文学作家型记者也要进行必要的调整。在中国传统文化与党的文化建设事业中，文学长期以来一直占据着主导地位，因此，我国在培养文学作家型记者上有一套较为成熟的方法，文学作家型记者的历史积累数量也较多。文学作家型记者可以调整的思路是，在扬长避短的前提下，既有文学艺术，又不止于文学艺术。具体讲则是：首先，开拓生活视野，关注、报道广阔而复杂的当代生活。其次，开拓专业与思想视野，不将个人的知识、思想仅仅限于文学艺术的学科，而是立足于国家、人类的立场或文化、科学、政治、经济的具体的思想体系、学科体系思

① 见《中国青年报》2003 年 8 月 8 日第 8 版。

考问题，增强批判意识。再次，改进知识结构比例，将文学素质与报道的可读性相结合。目前，经济报道的一大困境是如何增强新闻的可读性与亲和力。美国《财富》双周刊注意捕捉商业的戏剧化与人性化，要求记者不仅说得确切，还要说得好。该杂志创始人以为："我可以教诗人学会计，却没法教会计师写文章。"①因此，对文学作家型记者而言，走文学作家型记者与政治思想型记者或与专家学者型记者（如经济新闻）相结合的道路则不失为上策之一。比如，将经济、新闻与文学诸专业素质融会于一身可谓人才绝配，是当今一将难求的对象。

### 三、记者成才的标准

成才，指的是个人成长为社会的人才。那么，什么是人才呢？按《辞海》的解释看，人才指的是"有才识学问的人；德才兼备的人"。②从实际情况看，成才不同于成材，成材指的是"成为有用的人"，③而"人才是具有劳动能力的人中的高智商、高情商的智力劳动者"，"当今时代，人才主要指具有创新能力的高素质的智力劳动者"。④成才固然属于成材，但成材却未必能够成才，因为成材是对人成长的基本要求，即要求人要成长合格，而成才指的则是一个人成材成长到优秀的程度。

当然，这也说明，一个人的成才需要两个标准来判别：一是主体的素质成才；二是社会标准。随着时代发展，一个人成长为人才既有稳定性的因素，也有随时代的变化而生发的非稳定因素，即刘勰在《文心雕龙·时序》中所云："时运交移，质文代变……与世推移。"在个人成长的过程中，稳定性因素指良好的道德品质、勇敢、坚忍、正义感等。而自然科学知识、英语能力等智力性因素则是由于时代变化而出现的新要求。人才的标准是稳定性与非稳定性要求的有机统一。从人的成才来看，有通才与专才之分。通才指的是适应面比较宽的人才，其知识结构往往多元化。专才则指的是只对一个很小的领域精通的人才。但是，随着科学研究的日益深入，门门通、门门

---

① 21世纪经济报道：《理解传媒的7个步骤》，南方日报出版社2004年版，第159页。

② 见《辞海》三卷本，上海辞书出版社1989年版，第749页。

③ 《现代汉语词典》，商务印书馆1978年版，第134页。

④ 邓光东：《论出版业发展与人才资源开发》，见《出版发行研究》2002年第3期，第16页。

精则日益难以实现了，更多的人才还是专才。但具体到记者，优秀的记者往往是复合型人才。

从成才的程度看，人才有大小之分。有的是栋梁之才，有的则是帅才，有的成为大家。从个人的成长期望与学校的期望看，当然是希望多出更多高层次的人才。

## 第三节　记者成长、成才的客观条件

记者的成长乃至成才是脱离不了社会现实的。记者成长乃至成才的客观条件有时代因素、地域因素、单位因素、教育因素等。

### 一、时代因素

时代对记者成才的影响是深远的。一个时代有一个时代的特点。时代为一个新闻工作者提供特定的时空舞台，新闻工作者是无法脱离时代而成才的。穆青成长的时代是中国共产党从夺取政权到巩固、建设政权的阶段，因此，穆青必须努力学习毛泽东思想，必须深入到工农兵当中去学英雄，写英雄。到了新世纪，如果我们还用老的思路、方法写典型报道，那么，即便报道的水平超过了穆青，也达不到穆青的事业高度。跨世纪时期的一些典型人物报道，其水平可能不低于甚至高于穆青，但论其社会影响却根本不可与穆青当年的报道同日而语，原因就在于时代变了而自己却变得不到位。同样，张建伟的成功也有时代的因素。一个时代有一个时代的报道吁求。是改革开放的时代，为张建伟的深度报道与历史报告文学的成功，创造了不可或缺的社会条件。

### 二、地域因素

一个地方有一个地方的风土人情、风俗习惯乃至于思考问题的个性。这些就构成一个新闻工作者不可忽视的工作生活环境中的重要因素。比如，广东深圳的社会思想比较解放，只问成功，不问出身，那里的人不注重一个人过去的背景，看重的是其当下的所作所为，这对于既有原则性又闯劲十足的记者则较为有利。再比如，江苏苏州是吴方言区的核心，历史积淀深厚，地方文化色彩十分浓郁，因此，一个外地人尤其是北方人在苏州当记者，如不能过好语言文化关，就很难打开工作局面。又比如，北京顶尖级的新闻单位众多，首都的信息交流远较他地灵通，这些对一个人的成长与成才有明显的优势。

## 三、单位因素

单位是一个人成长的小环境，对一个人成长的作用则更直接。从新闻工作来看，有影响的传媒对人的影响一般说来利多弊少。比如，陈锡添之出名，与他当时在深圳特区报业工作是密不可分的。1992 年 1 月 18 日，陈锡添突然接到市委宣传部的通知。市委宣传部告诉他：明天，邓小平同志到深圳，市委决定派他为唯一的文字记者全程跟随采访。陈锡添后来据此得天独厚的采访条件写出了报道《东方风来满眼春——小平在深圳纪实》。此文经新华社于 1992 年 3 月 26 日发往全世界。这里，既有陈锡添的个人努力，也有陈锡添的幸运之处。在《深圳特区报》，陈锡添的政治思想、业务能力出众。没有竞争力，组织就不会看中陈锡添。但是，如果陈锡添不是在深圳，而是在广东省的韶关、肇庆、湛江、佛山等报社，那么，陈锡添纵然水平再高也没有机会发力。所以，陈锡添说："作为一名新闻工作者，自己是幸运的。"①

如果一个人长期在一家县级报或小企业事业单位的报社工作，获国家新闻奖的机会就少得多。当然，地位显赫的大媒体要求往往高，上手的机会有时可能不如小报。在小报工作，采、写、编、评等一起上阵的机会往往多一些。因此，通过基层报纸锻炼，一步步由小报到大报也是一条好路子，而且是一个人足迹更为踏实的成才之路。不可一概论之。

## 四、教育因素

随着时代的变化，教育因素对于一个人的成长所起的作用越来越突出了。目前，不少新闻单位明确规定，非本科生不能当记者、编辑，一些高级报社还将用人的目标瞄准研究生。只要毕业生可用，不少新闻单位宁要非新闻学专业的研究生。

同时，一个人所学习的学校对其所发挥的作用也会较之过去更为明显。由于市场经济更重品牌，因此，从名牌大学名牌院系出来的毕业生将会越来越多地受到用人单位的欢迎。

---

① 《新闻出版报》2000 年 11 月 8 日。

## 第四节 记者成长、成才的主观条件

对于记者成长与成才而言，客观条件是重要的，但更重要的则是记者个人。是金子，放到哪里都发光，考量一个人，一个记者，靠的还是他的工作，他的成绩。因此，我们更应该考虑主观因素。一个记者成才的主观因素有政治道德修养、理论文化修养、作风修养等。

### 一、政治道德修养

这是一个人成长、成才过程中的方向性问题。

如果一个人政治上不成熟，那么他就不怎么适合从事新闻工作。即使从事了新闻工作，也往往会不顺利，甚至可能出现重大错误直至被清除出新闻工作者队伍。如果一个人道德上不健康，那么所采写编发的稿子对社会与读者就容易产生危害，就容易走上邪路。邓小平1983年10月在《党在组织战线和思想战线上的迫切任务》中说："思想战线上的战士，都应当是人类灵魂的工程师。"①新闻工作者只有具备良好的政治头脑与道德素质，才可能有社会责任感，做好记者工作。

穆青说到新闻记者的素质时认为：对一个人最重要的是做一个正直的人，做一个优秀的共产党员，其次才谈得上做个好记者。②

### 二、理论文化修养

从事新闻工作，既要有热情，又要有能力。这个能力就包括理论文化修养。

理论文化的学习，指的是系统地学习与记者工作相关的理论与其他科学文化理论知识。

首先，学习马克思主义的有关经典著作，学习党、政府的有关政策、方针。其次，学习与自己工作相关的社会科学乃至于自然科学理论。据卿成的《新闻报道中法律常识错误举隅》介绍，有篇叫《我市打掉一流氓犯罪团

---

① 《邓小平文选》第3卷，人民出版社1993年版，第40页。

② 《穆青：人民是新闻的创造者》，见《新闻出版报》2000年11月8日第版，原文未加引号。

伙》司法报道说："公安机关接到小区居民的报案后，立即派出公安人员对此案展开侦察。"其中的"侦察"一语不妥。"侦察"是军事用语，指的是军事上为了弄清有关作战情况而进行的活动，正确的措词应为"侦查"。再如，某报《亲情诚可贵，法律重如山，钟法官送嫂进拘留所》报道：某市法院的一位法官在审理一起案子时，不为亲情所动，同审判组的其他干警一道，依法将他的嫂子家的房屋予以查封，后又将违法撕毁法院封条的嫂子送进拘留所。但是，按照《民事诉讼法》第45条规定，该法官作为当事人的亲属，必须主动申请回避，不应参与到这一案件之中，该报社的正面报道是不当的。①再次，记者还要努力学习新闻传播学、新闻业务的理论知识，在岗位上勤奋练兵。

### 三、作风修养

记者要想写好报道，离不开深入基层深入实际去获取大量丰富、生动的材料，否则，报道难写；即使写了出来，报道也难有分量；弄不好，还会失实。因此，从事记者工作，就要求记者能吃苦，不叫累，不怕危险，在新闻事实出现的时候能在新闻现场，在关键的时候敢于冲上去。

郭梅尼是共和国的著名记者，以采写人物通讯著称，代表作有报道身残志坚的女青年张海迪的《生命的支柱》；有的作品被选入我国中学语文教材。郭梅尼认为："深入实际依然是写好稿子的法宝。我希望在记者队伍中，倡导深入实际之风，树立以深入实际为荣的观念，反对不深入采访，靠摘抄材料、合理想象写稿子的不正之风。"②她是这样说的，也是这样做的。

目前，我国记者队伍的一个突出问题就是一部分记者怕吃苦，工作得过且过。为了促使记者的顺利成长，报社可对记者的采访作风做些硬性规定。齐鲁晚报社实施"五个一"工程：（1）总编辑、副总编辑、编委每人联系一个部门；（2）每个年轻记者深入一条街道；（3）每个记者、编辑走访联系一户困难家庭；（4）每个记者结交一个报贩；（5）每人定期写一篇调查报告或体验新闻。③

---

① 见《新闻世界》2000年第5期，第36页。

②《郭梅尼：做个深入实际的好记者》，见《新闻出版报》2000年11月8日。

③《新闻知识》2001年第9期，第29页。

### 四、非智力因素

记者的成长与成才，还有智力之外的非智力因素。作为一个好记者，应该爱岗敬业，业务心强，有追求，有毅力，善于审时度势，勇于创新。范长江、穆青、张建伟、郭梅尼等记者的成功，非智力因素起了相当大的作用。

## 第五节　影响青年人成长、成才的几个重点

### 一、记者要有德

影响一个人成长、成才的因素相当多，但却有主次，作用并不相同。其中如下因素当格外注意。

记者采写新闻，撰写评论，对社会产生广泛而持久的影响。这些影响对不同的人会有不同的作用。这样，记者免不了受到这样或那样的压力，承受这样或那样的诱惑。因此，记者必须有事业心，忠于职守，品德当头。古今中外，莫不如此。只有品德高，新闻工作者才能坚持真理，有勇气如实报道；只有具备社会责任感，新闻工作者才能坚持正义，发出时代的进步呐喊。2002 年 6 月，山西省繁峙县一家金矿发生特大爆炸事故，38 名矿工遇难。然而，赶赴新闻现场的新华社等新闻单位的 11 名记者却在采访该事故过程中收受了当地有关负责人及非法矿主贿送的现金、金元宝①之后，对事故隐匿不报，犹如捕鼠的猫在接受老鼠的贿赂之后不再捕鼠。这些渎职的记者用党和人民赋予他们的报道权与非法矿主进行交换，放弃了新闻记者的起码职责，也放弃了一个人应有的良知。从目前的实际看，记者面临的更大困难，不是权力的干扰，而是诱惑：权力的诱惑，金钱的诱惑，美女的诱惑。被央视选入 2003 年度中国记者风云榜的《中华经济时报》记者王克勤认为：记者内心应该像诗人，记者的写作应该像史学家，记者的作风应该像战士。② 记者还要有平常心。郭梅尼说得好："我不图万贯家财，也不图高官厚禄，只想积累生活，成为一个富有的记者。"③ 踏千山，跨万水，深入采

---

① 见《11 名记者在采访山西繁峙矿难中违纪被查处》，见新华社 2003 年 9 月 26 日电稿。

② 凌非编著：《中国媒体记者调查》，光明日报出版社 2004 年版，第 191 页。

③ 郭梅尼：《我的记者之路》，北方妇女儿童出版社 1987 年版，第 15 页。

访，尊重事实，用心思考，报道时代，歌颂真善美，批判假恶丑。在一个喧闹而浮躁的社会，一个人安下心来干事而不盲从是不容易的。

## 二、记者要有过硬的作品

作家丁玲曾说："一个作家，如果一辈子能写出哪怕是一本好的，有用的书，也是好的。"①这就成了后来丁玲的"一本书主义"，即一个作家的地位要靠自己的作品说话，哪怕其他比较差，但只要有一篇特别出色，那这篇最好的个人作品将决定他在文学史上的地位。

"一本书主义"对于新闻工作者而言，也是有道理的。一个记者在求量并完成本职工作的时候，还要重视质。前苏联著名记者鲍·波列伏依在《我的记者生涯》中说："一个新闻工作者……的生命就不是以年计算，也不是以十年计算，而是以通讯报道来计算的……那些最有意义的作品，就成为他一生的里程碑。"是作品的量与质，尤其是作品的质量以及由此生发的社会影响力决定着一个记者是否成才，成才到了一个怎样的程度。

记者作品的质量既有内容因素，也有形式因素，但万变不离其宗，这个质量与作品的个性息息相通，互为表里。穆青的成功靠的是典型人物报道，代表作是《县委书记的榜样——焦裕禄》；郭梅尼的成功靠的也是典型人物报道，代表作是《生命的支柱》；郭玲春的成功靠的是会议报道，是导语写作，代表作是《金山同志追掉会在京举行》；范敬宜的成功靠的是消息，代表作是《两家子公社，夜无电话声，早无堵门人》②；张建伟、胡舒立的成功均靠调查性报道，代表作分别是《命运备忘录》与《庄家吕梁》。记者应该在每年、每月里拿出一定的精力努力去完成一两篇有分量的新闻作品，不断提升自己报道水平，向事业的顶峰攀登。

如果有余力，记者也可以在新闻报道之外拿出其他方面的作品。比如，《中国青年报》的张建伟以深度报道起家，后又向报告文学拓展，除了写有《命运备忘录》等很有影响的深度报道外，还写有《温故戊戌年》、《大清王朝的最后一次变革》、《中国院士》等引发轰动的报告文学，并因此成为2003年走红银屏的电视剧《走向共和》的编剧之一。显而易见，张建伟达到了一般记者达不到的事业高度，是不可多得的人才。

---

① 袁良骏编：《丁玲研究资料》，天津人民出版社1982年版，第184页。

② 《辽宁日报》1982年3月15日。

### 三、多逐学，少逐术

2000年11月24日晚中央电视台一套节目《读书时间》节目播放卞毓方谈科普创作。卞毓方认为，科普创作只是一个二传手，是将科学知识、科学精神传递给广大读者，不过，对科普最有发言权的是处于科学发明、科学发现源头的科学家。科普作家仅仅是一个二传手。但就科普创作而言，要科学家与科普作家两翼齐飞。其实，进行新闻报道的记者编辑同样处于二传手的中介位置上。论深度，记者或许永远也赶不上专家，但记者也有优势，这就是专家们所不能直接掌握的大众媒体、受众与信息灵通。

但是，时代的变化要求记者要有所专业化。有所专业化有助于记者写出好稿子，帮助记者适应新的时代对记者提出的高标准。那么，真正决定记者稿子好坏的因素是什么呢？当前，从报社方看，取胜的法宝主要是独家新闻与解释性报道、调查性报道、典型性报道、精确性报道等深度报道。从作者方看，则是深入系统的调查采访、扎实过硬的材料、深刻而独到的眼光与博大、温情的人间情怀，这些对于一篇文章的分量要比具体的写法重要得多，正如我国南宋诗人陆游《示子遹》所云："汝果欲学诗，功夫在诗外。"因此，记者要重视学，要打好基础固"本"，而不能仅仅着眼于术。

那么，如何重视学呢？答曰，从专业学习着手。记者、编辑，其实只是个职业，新闻传播学专业的学生应走复合型人才的成才之路。这有两条路可行：一是大学期间，修双学士；二是考研时考其他专业。其他专业将会为你的深度报道提供新的学科视角。一般说，想从事经济、法律、教育一类报道的人，可修相关的经济学、法律学、教育学专业的学习，走专家学者型记者之路。如胡舒立1978年考入大学新闻系，1982年进入《工人日报》国内部，1992年转任《中华工商时报》国际部主任。1994年，她在美国斯坦福大学用一年的时间研读发展经济学。经济学的专业学习为胡舒立后来主持《财经》周刊并刊发一系列有影响、有深度的金融领域的深度报道如《庄家吕梁》① 奠定了扎实的专业基础。如想走思想家型或作家型记者的人，则以再修哲学、文学专业为宜，因为哲学、文学尤其是文学关注的是人的价值、人的灵魂。该专业的学问对提高一个人的思考能力、批判能力是大有好处的。

---

① 《财经》周刊总第35期，2001年2月5日。

# 附文之一

## 作品 1

### 沙市奶农见识市场残酷
### 5 万公斤鲜牛奶倒进农田
### 谁来助农走“有效供给”之路

本报讯　记者刘畅报道：沙市城郊奶农见识了市场的残酷。由于少人收购，他们不得不将 5 万多公斤鲜奶倒进农田。

25 日，记者接到沙市窑湾农场奶农打来的求助电话，反映他们养的奶牛每天产奶 1 000 多公斤，由于少人收购，一半牛奶只能倒进农田作肥料。

记者赶到现场。空气中弥散着一股刺鼻的酸腐味，奶农们正把一桶桶豆腐脑似的变质牛奶倒进田里。一位满脸愁容的奶农告诉记者，鲜奶仅能保存 3 天，由于收购的人少，3 个月来他们已倒掉 5 万多公斤，实在可惜。为减少损失，他们只好克扣奶牛的“口粮”，许多牛饿得皮包骨头。

窑湾奶农是去年 9 月开始养奶牛的。当时，牛奶市场价格高达每公斤 2 元，还供不应求。附近的一家乳品企业也鼓励他们多养奶牛，并口头承诺收购。他们引进黑白花和俄罗斯奶牛，每头单价高达 1 万多元，加上饲料、人工和冰柜等配套设备，大户投入十万多元，小户也投了两三万元。他们非常后悔当初没和那家乳品公司签订购销合同。

当时鼓励农民养牛的力能达公司也有苦衷。经理助理杨妙林告诉记者，去年市场行情十分看好，他们就鼓励农民多养奶牛，一来农民可以增加收入，二来也可多给公司提供鲜奶原料。但今年以来，大量私人作坊生产的假冒伪劣奶制品涌入市场，加上向周边学生供奶的计划搁浅，市场对鲜奶的需求大幅下降，他们也无法兑现当初的承诺。

奶农们说，他们曾推车沿街叫卖，但收效甚微，也曾想过组织人员将牛奶送到武汉、宜昌等地，可租一辆冷冻罐装车来回成本至少要 3 000 多元，实在难以承受。按现在的情形，今年至少还得倒掉 10 万公斤牛奶。

采访中，不少干部和奶农表达了同样的担忧：加入世贸组织，市场变化系数更多，农产品竞争更加激烈。如何帮助农民走“有效供给”之路，是当前亟待破解的难题。

（原载于《湖北日报》2002 年 4 月 26 日）

## 作品 2

# 一堂生动的经济课

## ——荆州市奶农“倒奶事件”解读之一

《湖北日报》记者：王溥　松杰　刘畅　济东

发生在荆州市沙市农场的奶农“倒奶事件”，令许多人“不曾想到”：资本主义国家陷入经济危机时，农场主为了保持高额利润，将牛奶倒进大海的残酷情景，会在社会主义市场经济中出现！

虽然奶农和农场主倒奶的原因大相径庭，但对奶农及千千万万市场主体来说，“倒奶事件”无疑是一堂生动的经济课，一堂深刻的投资风险教育课。

### 5 万公斤原奶被倒

倒奶始发于 2 月 5 日，农历 2001 年腊月二十四，中国人传统的小年。

这天，荆州市力能达乳业有限公司称，由于沙市市区五所学校终止购奶，公司原奶需求量减少，对奶农家的牛奶不可能像以前一样照单全收。

事发突然，奶农们措手不及。一些人认为，这可能是暂时的。但事实很快证明这种判断是天真的，事态向奶农最不情愿的方向发展。

2 月、3 月、4 月，奶农们苦苦期盼的市场反弹始终没有出现。无奈中，奶农们只好将一批批变质的原奶倒进农田。

“大户”之一的范后奎透露，截至 4 月底，奶农们倒掉的原奶已达 5 万多公斤，最多的一张姓农户倒掉了 5 000 多公斤，最少的也在 1 000 公斤以上。按每公斤 1.3 元的生产成本计算，奶农们的直接损失超过 7 万元。

苗献营说，照此下去，不仅当初致富的愿望会落空，而且不少家庭将背上沉重的债务。据了解，不少奶农借债引进每头单价高达 1 万多元的黑白花和俄罗斯奶牛，投资最多的达十多万元，少的也在两三万元，一些外来户还得负担一笔价格不菲的房屋、场地租赁费。

“没办法，这就是市场经济的残酷。”范后奎的眼中充满了矛盾和无奈。

## 牛奶多得喝不完吗？

是什么原因逼使奶农把大量原奶倒进农田？

牛奶多得喝不完吗？不是。

奶农们漫天要价吗？不是。

经数天采访，记者发现个中原因较为复杂，但主要是因为没有人收购，即区域性需求不足。

经济学家认为，一种商品的需求数量由许多因素决定，其中主要包括该商品的价格、消费者的收入水平、相关商品的价格、消费者的偏好和消费者对该商品的价格预期等。这些因素对荆州鲜奶市场的需求均产生了不同程度的影响。

4 月 30 日，记者在荆州中路、长港路几家早餐店随机访问发现，荆州城区一份净含量 195 克的鲜奶售价为 1 元钱，而同等分量的豆奶售价仅为鲜奶价格的一半。店主们反映，豆奶普遍比鲜奶受欢迎，每家店面每天豆奶销量约为鲜奶的 5 倍。

消费者为何如此在意 5 角钱的价差呢？店主们回答说，荆州人的收入水平较低，而且尚未养成喝牛奶的习惯。2001 年，省统计局的一项调查表明，荆州市人均收入在全省排位居后，与十堰、武汉、宜昌等地相差明显。与收入水平相对应，上述三市也是目前湖北乳业市场最发达的地区。

力能达公司总经理李保民介绍，1999 年 4 月，力能达乳业有限公司的成立标志着荆州鲜奶供应“盲点时代”的结束。遗憾的是，历经 3 年培育，荆州鲜奶市场发育仍然相当缓慢，被奶农们视为“东家”的力能达称开工至今没有盈利，是“过河的泥菩萨”，奶农们的处境可想而知。

## “多喝奶”惹的祸么？

李保民透露，他们当初从武汉来荆州投资办厂，是因为受有关部门和专家提倡“少喝酒，多喝奶”的鼓舞。同时，我国鲜奶市场供不应求，而荆州城区是鲜奶生产的空白，“应该”具有良好的发展空间。

但市场没有“应该”的事，宏观层面上的供不应求并不能保证每一个具体地区、每一个微观市场都会如此。在未对当地市场有效需求、居民消费水平和消费习惯进行深入调查的情况下，仓促上马的力能达只能自咽苦果。在近乎绝望中，公司5大股东已有4家先后撤资。

殃及的还有“吊死”在力能达这棵树上的12户奶农。

2000年，在力能达有关人士的默许和支持下，范后奎、张全龙、李相久等3户率先进行“产业结构调整”，购回10余头奶牛，几乎不费吹灰之力就赚得瓮满钵满。2001年9月，认为“养奶牛可以轻松赚大钱”的奶农们纷纷跟进，奶牛总量由此前的10余头快速发展到70多头，仅侯某家一次便购回20余头。

奶农们的想法犹如黄粱一梦。李保民说，力能达和奶农之间虽有互惠互利关系，但算不上真正的利益共同体。迄今力能达仅对范后奎、张全龙、李相久三家的原奶有过口头收购承诺，奶农们大量添置奶牛纯属个人行为，力能达对倒奶深表痛心，但无能为力。

## 共同的学费

提起市场，人们常用风云变幻来形容，仿佛在某个角落有股神秘的力量指导着市场的运行。亚当·斯密将这股神秘的力量称之为“看不见的手”。迄今距离我国提出建立社会主义市场经济体制目标已10个年头，但许多人并未真正认识“看不见的手”，领教市场的残酷本性。

力能达和奶农们都表示，他们明白倒奶与姓“资”姓“社”没有必然联系。在需求不足的情况下，产品出现过剩是市场经济的共性之一，不能怨天，也不能尤人，关键看自己的见识。

李保民和范后奎等人还认为，市场犹如一个黑洞，对其运行来不得半点主观判断，容不得丝毫非理性预测。在作出一项投资决定的时候，应该多长一个心眼，多掌握一些市场信息。

武汉大学乔洪武教授说，力能达和奶农们交这笔学费并不冤枉，倒奶教训将令他们在漫长的未来之路上受益匪浅。但这笔学费具有“公共性”，千千万万的市场主体应从“倒奶事件”中受到启迪。

（原载于《湖北日报》2002年5月14日“特别关注”版）

## 作品 3

# 亟待研究的“有效供给”
## ——荆州市奶农“倒奶事件”解读之二

《湖北日报》记者：王溥　松杰　刘畅　济东

对于亟待与市场接轨的小农生产者而言，仅仅具有对市场残酷性的认识还不够。

众所周知，深受数十年物资短缺困扰，我们的“拿手好戏”是在供给不足条件下，通过计划手段调节市场需求。在建立社会主义市场经济体制过程中出现的供大于求，需求不足的情况，我们的思想准备显然不足。

买方市场的出现，导致奶农及耕农们在思考与市场对接时必须多一层次，即不仅要满足于生产出产品，而且要研究提供有效商品。

### 产品——商品：一字之间的鸿沟

马克思主义经典作家认为，产品仅仅具有使用价值，只有通过市场交换并且交换成功，产品才能成为商品。

根据这一理论，沙市奶农们生产的原奶只能算作产品，而不能称为商品，因为倒掉的原奶根本就没有进入市场交换环节。

从采访情况看，原奶不能成为商品，既有市场内在原因，也有不得不提的外部影响。

据了解，目前荆州鲜奶市场日销量约为1万份（约合2吨），按城区60万人口计算，人均日消费鲜奶量不足0.01公斤，仅为全省平均水平的1/70。在这块小小的“蛋糕”中，力能达约占市场份额的25%。沙市农场奶农们现有乳牛70多头，日产原奶1.4吨左右，大大超过力能达现有收购能力和吸收能力。而且，像喜旺、光明等品牌的鲜奶，其原奶基本上从外地收购，进一步加剧了荆州原奶市场供大于求的格局。

此前原奶为何能转化为商品呢？力能达公司副总经理肖从良透露，近年来荆州市场上各种假冒伪劣品牌的鲜奶屡禁不止，2001年上半年混迹于市场的鲜奶品牌就有十几种，正规企业被逼得节节败退。当年9月，在消费者和正规厂商的呼吁下，荆州市有关部门对当地鲜奶市场开展专项治理，力能达的日销量由3 000～4 000份快速飚升至7 000～8 000份，原奶收购量急剧增加。也就在此时，奶农们大量购置奶牛。但力能达好景不长，今年春节前后，因各种杂牌鲜奶死灰复燃，公司销量跌回整顿前的水平。

一位知情人士透露，因为不便公开的原因，今年2月初，沙市市区五所学校将学生课间餐由牛奶改为豆奶，令原本风雨飘摇的力能达雪上加霜，奶农们的“靠山”因此走向崩溃边缘。

产品与商品仅一字之差，两者间的距离却是如此遥远。华中科技大学蒋天文博士说，两者含义迥然不同，其背后实质上是农民由自给自足式的耕农向立足于市场的商农身份的变革。中国农民在这条路上付出了高昂的成本，看来真正走到头，还需时日。

## 商品——有效商品：一道新课题

前路未畅，又遇新的“拦路虎”。

即便产品变成了商品，也并不意味着一定就适应市场要求。在市场交换过程中，还有交换价格问题。只有所提供的商品是有效供给的商品，才能卖得好价钱，生产者才有利可图。

“倒奶事件”表明，“有效供给”是更待深入研究的新课题，特别是在各地大张旗鼓调整产业结构的关键时期。

资料显示，1996年下半年，我国开始步入买方时代，主要农产品出现供大于求，部分地区甚至发生种田亏本、养猪赔钱等伤农事件。为扭转这一状况，各地农民在政府引导下轰轰烈烈进行产业结构调整，提供有效商品，沙市奶农们开始养牛，正是循着产业结构调整的思路进行的。

一位养牛大户称，他们之所以弃田养牛，靠的是两张“王牌”：一张是与力能达公司仅一墙之隔，具有近水楼台之便；一张是有关部门大力倡导喝奶，而湖北奶源严重不足，想必应该能赚钱。

事实表明，与力能达一墙之隔并不能保证他们就能及时获悉力能达的完整经营信息。譬如说，力能达自始至终都在亏本，奶农们就一无所知；力能达的真正吸收能力，奶农们更是无从知晓。在二者间的买卖关系中，奶农始终处于被动、附属地位。

目前湖北奶源不足确属实情。九三学社湖北省委员会在一份议案中提出，2000年我省牛奶产量56 433吨，人均大约1公斤，在全国居第26位。

如果达到北京市的水平，仅武汉市就要增加3.71万头奶牛。现在湖北的奶源，只能满足加工能力的1/3。但沙市奶农们忽视了一个至关重要的因素，即鲜奶属于“易碎品”，具有极强的就地消费特点。

中南财经政法大学王年咏博士认为，奶农们弃田养牛，进行产业结构调整，主要立足于需求方面。实际上，需求和供给是市场的两个环节，缺一不可，需求多是就整体状况而言，而供给则主要涉及微观层面。在供大于求的背景下，政府进行宏观调整主要是刺激和培育需求，但具体生产者则应重点研究供给，以生产对路产品。

## 有效契约：有效供给的保障

在与奶农们的交流中，记者发现，他们对有效供给的道理已有初步认识。但因受综合素质、信息收集渠道等方面的影响，要使一家一户分散式经营的奶农们实现有效供给，实在勉为其难，也不现实。

华中科技大学陈洪波博士分析，在自身力不能及的条件下，奶农们可借助其他手段达到有效供给的目的。他认为，与吸货能力强、诚信度高的大企业签订供销合同是一条比较切合实际的有效途径。

湖北安琪生物集团喜旺食品有限公司副总经理许勇介绍，2000年至今，“喜旺”的销售量以年均40%的速度递增。为确保奶源供应，公司借助“公司+农户”方式，向奶农提供贷款260多万元，在当阳市前坪等地建立了多处生产基地。“喜旺”定期派专家为养牛户提供技术服务，并不定期将相关市场信息及时反馈给农户。为保证奶农利益，公司与奶农签订了为期20年的购销合同，明文规定以不低于1.80元/公斤的最低保护价敞开收购原奶，如市场价格上涨，其收购价格随行就市。据了解，目前受“喜旺”“保护”的奶牛已超过3 000头，近千家农户深受其益，“喜旺”也免去了奶源不足的后顾之忧。

许勇表示，“喜旺”愿意将这一“双赢”模式嫁接到荆州。

（原载于《湖北日报》2002年5月15日“特别关注”版）

## 作品 4

# 冲破小农经济的“樊篱”
## ——荆州市奶农“倒奶事件”解读之三

《湖北日报》记者：王溥　松杰　刘畅　济东

### 意想不到的尴尬

5月1日，两辆牛奶冷罐车缓缓驶入沙市农场，奶农们一下子拥了上来，多日笼罩在他们心头的阴霾终于散开了——通过本报牵线搭桥，宜昌市喜旺奶制品公司决定收购奶农们“多余”的牛奶。

随车而来的喜旺公司副总经理许勇也很高兴，公司正准备大力进军荆州鲜奶市场，沙市农场可以就近提供新鲜牛奶，既能节约运费，又能保持牛奶的新鲜度。他甚至已经开始考虑下一步帮助奶农提高生产规模，优化鲜奶质量的具体方案了。

然而许勇和奶农们的好情绪很快就被争论声打断了。喜旺公司的化验员对牛奶进行了仔细检验，最终收走了其中的500多公斤，剩余的200多公斤因生化指标不达标而未能被收购。“我们一直都是这样保存的，为什么你们要求如此苛刻？”被拒收的奶农急得满脸通红，“一天一夜的辛苦难道又只能换来一场空？”

“牛奶的保存只能在0摄氏度到4摄氏度之间，可你们把牛奶贮藏在冰柜中，温度达到零下10多摄氏度，冷冻后的奶蛋白质极易变性，达不到公司制定的鲜奶生化指标。”“喜旺”的高级畜牧师十分遗憾地告诉农民。

在收购过程中，喜旺公司还遭遇了意想不到的尴尬。公司希望农民们每天派一名代表到奶厂现场检验质量，可农民们却始终选不出一名代表，被推选者都以家中事务繁忙为由推脱了，在定价上，各家各户也是意见不一，无法达成一致。

喜旺公司副总经理许勇告诉记者，公司只能是对单一主体进行交易和核算，农民们如果不能有效组织，形成协会，在今后的牛奶收购中将会遇到很多实际问题，最终受害的还是农民自己。

## 眼泪感动不了市场

望着缓缓开走的冷罐车，一位奶农流下了眼泪。这并不是奶农们第一次流泪。早在半年前，当力能达公司拒收原奶时，奶农们就见识了市场的残酷性，他们说：“该公司不仅违背承诺，而且趁火打劫，压级压价，直到5月才结清了1月份的奶款，2月、3月、4月的奶款至今尚无着落。”

“如果大家齐心协力，有组织地和公司交涉，结果也许不会这样。”曾想牵头组织协会的大户范后奎在碰了一鼻子灰后，无奈地告诉记者。这位曾经做过生意，搞过运输的能人如今心灰意冷，准备将奶牛卖掉另谋出路。

“奶农难以组织的原因在于一些人仅仅考虑个人利益，缺乏整体意识和团队精神，这正是小农经济意识的集中表现。”湖北农学院农业经济学教授曾令香认为。“在市场交换中，总是力量占优势的群体具有更强的话语权。沙市奶农由于力量分散，势单力薄，只能是以弱势群体的姿态出现，受制于人。”

“小农经济方式不仅在销售环节令农民被动，在生产环节也难以适应大工业化的生产要求。”喜旺公司负责人告诉记者，在宜昌，90%以上的奶农已加入养殖协会。他们按照龙头企业的要求，统一饲料、统一防疫，最后以统一价格销售，奶农实际上已成为“标准化养殖车间”的工人，而沙市奶农今年的防疫工作至今未到位，牛奶质量也参差不齐，无法实施标准化控制。

陕西省不久前发生的“粉红女士”事件对小农意识的后果作了注解：陕西省有大面积“粉红女士”苹果种植，可是面对国外大量订单，却无法交出符合标准的苹果。原因是以个体为单位的果农在生产上普遍粗放操作，为图方便把很多工序都暗自省掉了。同时，他们还按自己过去的经验，擅自打农药等等。

这样的例子不胜枚举，但殊途同归：最终利益受损的还是农民自己。

## 为“粗汉子”配上电脑

一位访美学者描述了美国农民的生产情景。

受访的农场主是一个典型的“单干户”，家庭农场基本上由他一人经营。从撒药到施肥，一人胜任。试问：一个人管理这么大的农场，需要全套的现代化设备，哪一件设备最重要？

这位农民回答说："电脑。"

现代化农业使美国农民早就告别了"锄禾日当午，汗滴禾下土"的岁月，像耕地、锄草、播种、收割等体力劳动，全由机器代劳。农夫如同白领，坐在电脑前，上网了解各种农产品和各种生产原料的价格、市场走向、股市及农业投资动态，由此换算出自己的投入和产出、利润率和未来生产战略。同时，他还通过电脑了解农业科技动态，设计改善自己农场的方案，并且和各种销售商、农业组织以及代表自己利益的议员取得联系。简单地说，美国的农夫与其是个种地的粗汉子，不如说是领导一个中小企业的总裁（CEO）。

我国加入世贸组织以后，分散经营的农民将遭遇这样的竞争对手。这是一场土造鸟枪与隐形飞机间的较量。中国农民只有组织起来，形成合力，千百只小舢板集合在一起，才能抗拒市场大潮的狂风大浪。

专家们认为，随着市场经济改革的深入，当代农民的身份正在发生深刻嬗变，即由传统农民向现代农民过渡。一方面，他们对"整合"的要求越来越强烈；另一方面，他们的思维方式又还是传统的小农经济方式。因此，各级政府在加强宣传、教育的同时，应从实际出发，关键是寻找最适合农民的组织合作方式。组织合作的关系可以是紧密型，也可以是松散型。

记者发现，部分先行一步的农民已开始进行有益的探索。在松滋市沙道观，农民以土地使用权入股，和金藤葡萄公司组成股份合作制公司。公司负责资金、技术指导、销售，农民只管生产，吸引了上千户农民入股。在外向型农业大省山东，每年都有大量的蔬菜出口日本、韩国。该省农民按季节组织起大葱合作社、丝瓜合作社，旺季时按协议大家统一协作，淡季时则各奔东西，效果非常理想。通过协会运作，去年出口的农产品达20多亿元人民币。

（原载于《湖北日报》2002年5月16日"特别关注"版）

## 作品 5

# 面对无序市场的困惑
## ——荆州市奶农“倒奶事件”解读之四

《湖北日报》记者：济东　刘畅　松杰　王溥

“倒奶事件除了让人们深切地感受到市场的残酷以外，还折射出许多令人思考的问题，其中，规范有序的市场环境对企业的发展至关重要。”采访中，不论是奶农还是乳品企业负责人都生出这样的感受。

奶农倒奶，直接原因是力能达公司生产经营不景气，原料需求量减少，但这一结果又是因为荆州奶制品市场太乱、杂牌奶太多造成的。

作为荆州市第一家，也是最大的鲜奶加工企业、荆州鲜奶生产的“领跑者”，力能达公司为什么每况愈下？谈起原因，公司总经理李保民有些激动：“企业的产品必须接受市场检验，优胜劣汰，适者生存，这是市场经济的法则。但是当市场本身不规范、产品和企业不能公平竞争时，这一法则也就失去意义了！”

李保民分析说，力能达公司之所以走下坡路，有荆州城区居民缺乏鲜奶消费习惯的因素，有外地奶制品企业（如宜昌的喜旺公司、武汉的友芝友公司）冲击本地市场等因素。“但这两条我们都不怕，鲜奶消费习惯可以培养，而且这几年已大见成效；与外地企业同台竞争，我们也不怕。我们最怕的是混乱的奶制品市场。可以说，我们是被本地的‘水货’牛奶打败的。”

力能达公司的竞争对手——宜昌喜旺公司副总经理许勇也持同样看法。许勇说，喜旺公司准备将鲜奶打进荆州时，曾经对当地市场做过一个调查，结果表明，荆州城区人均鲜奶消费量仅有宜昌的1/8，市场潜力很大。当他们的产品进入荆州后，却被充斥大街小巷的假冒伪劣鲜奶打得措手不及。这些“水货奶”大多由个体户或地下作坊生产，由于在生产中偷工减料，以劣充优，逃避税费，因此成本低廉，批发给各早点摊、饮料摊时价格低得令人咋舌，销售这些奶制品的利润比正牌货大得多。因此，在城区数以千计的饮食摊点上，正规奶制品反而成了“稀罕货”。在这种情况下，喜旺公司在荆州的销售策略被迫从以市场零售为主转向发展居民区订户为主。

为了证实这一点，记者花了两天时间对荆州城区的鲜奶市场做了一番调查，发现两家企业负责人所言属实。在荆州市工商局，记者了解到，全市登记注册的奶制品企业仅有力能达乳业公司和都来喝乳业公司两家。而记者走访了数十家早点、饮料摊点，基本看不到“力能达”、“都来喝”以及外来的“喜旺”、“友芝友”等正牌产品，而“天乐鲜牛奶”、“华华热牛奶”、“蓬村”、“天旺”等十几种牌子的奶制品随处可见。它们大多没有标明生产厂家，没有产品质量标识，有的甚至没有生产日期。

一位早点摊主说，正规牌子的奶制品确实是好，但每份进价在八角钱以上，卖价为一元钱左右，赚头不大；而一份“杂牌”奶制品进价只需三四角钱，零卖一元钱，可赚六七毛钱的差价，因此大家都不愿进正牌货，消费者在摊点上也难买到正规厂家生产的优质鲜奶制品。

“黑户”企业和个体小作坊的假冒伪劣产品大行其道，而正规厂家的优质产品却节节败退，与其说是市场竞争带来的结果，不如说是不规范的市场造成的悲哀。

据李保民介绍，去年9月，荆州市有关部门曾对市内乳制品市场进行了一次整顿，端掉了城郊三家用工业奶粉生产假冒鲜牛奶的窝点，一些根本不具备生产和卫生条件的地下作坊也被取缔，奶制品市场秩序明显好转。力能达公司的生产、销量立竿见影地好转起来：市场整顿前，他们日销售鲜奶不足4 000份，整顿后，日产销量很快翻了一番，高时过万份。但好景不长，春节一过，各家地下作坊又改头换面，重整旗鼓，如“雨后春笋”般冒了出来，公司的鲜奶销售很快也退回到整顿前的水平。

“我们开拓了荆州的鲜奶市场，但受益的却是那些地下作坊。”这是让李保民们最感困惑的。在记者采访中，有关部门对此也表示无奈：工商部门的同志说，打击市场上的假冒伪劣奶制品，他们做了不少工作，但市场整顿是个综合性的工程，单靠一个部门难以施展；卫生防疫部门的同志说，他们负责对奶制品卫生、质量状况进行定期监测，发现一起查处一起，但他们管理的范围很广，难以集中力量对付那些地下作坊……

李保民说，对奶制品市场进行整顿、规范，营造一种公平竞争的市场环境，既可以保护奶农和乳制品企业的利益，也有利于倡导健康饮食方式，提高市民生活质量，同时更可以增加就业和税收，可谓有百利而无一害。他呼吁当地政府将此事纳入议事日程，为奶业市场营造一片晴空。

（原载于《湖北日报》2002年5月17日“特别关注”版）

## 作者写作谈

# 从无心插柳到有意栽花

刘　畅

2002 年 4 月至 5 月，《湖北日报》组织策划的“沙市奶农倒奶事件”系列报道，在社会各界产生巨大的反响，先后获得《湖北日报》“头条新闻竞赛”和“中南六省党报好新闻竞赛”一等奖。此报道在编辑部的统一指导下，部站结合，成功运用策划引导新闻事件的发展，解读新闻背后的社会意义，为新闻人物指明解困方向。作为“倒奶事件”报道的全程参与者，我从中感受到新闻策划的动人魅力。

去年 4 月 24 日，我到政府某部门采访。在该单位的电话记载单上，看到一条求助信息：我们是沙市窑湾农场的奶农，牛奶销售遇到困难，随着天气变热，大量的牛奶被迫白白倒掉，能否帮我们呼吁一下，寻找买主。我顾不得多想，迅速赶往位于沙市东郊的窑湾农场。

推开农场大门，一股刺鼻的酸腐味扑面而来，奶农们正把一桶桶豆腐脑似的变质牛奶倒进田里。一位满脸愁容的奶农告诉记者，由于相邻的力能达公司未能按原来的口头协议收购，3 个月来他们已经倒掉 5 万多公斤牛奶。而仅仅半年以前，他们的牛奶还供不应求。我随即采访了一墙之隔的力能达公司，当初鼓励农民养牛的这家公司也是一言难尽。去年市场行情看好，他们鼓励农民多养奶牛，但今年以来，私人作坊生产的假冒伪劣奶制品大量涌现，冲击了鲜奶市场，他们已无法兑现当初的承诺。

“倒奶事件”原生态地展示了我国农民在市场经济中的种种遭遇，正是一个展现策划作用的极好素材。

在编辑部的指导下，我们抓住助农民走有效供给之路这个“新闻核”，从当初的“无心插柳”到开始有意识地引导新闻事件的发展，透过表象抓本质，将其背后蕴藏的社会意义和经济规律如剥笋般层层展现给读者。

我们迅速与窑湾所在的上级主管沙市农场和荆州开发区取得联系，他们正在四处找寻头天的报纸，并表示要采取一些措施，帮助奶农缓解燃眉之急。第二天，天降滂沱大雨，工作人员仍深入奶牛基地现场办公。记者写了

第一篇后续报道：《“倒牛奶”在荆州区引起强烈反响，荆州开发区表示要为奶农排忧解难》。

随着报纸的传播，沙市倒奶事件越来越引起社会关注，一些厂家和农场纷纷打电话询问事件的发展。宜昌的喜旺集团表示愿意按市场价格收购奶源，但由于考虑到本家本户的利益得失，奶农们相互推诿，明明是帮助他们解困的大好事，却因选不出谈判代表而面临夭折。喜旺公司副总经理许勇遗憾地说，农民们如果不能组织协会，在今后的牛奶收购中将会遇到很多实际问题。许勇还告诉记者，宜昌 90% 的奶农都加入了协会，按照企业的要求，统一饲料、统一防疫，奶农实际上已成为“标准化养殖车间”的工人。

能不能组织沙市奶农去宜昌参观？这既能提高沙市奶农的见识，又能为企业计划在沙市建牛奶基地的设想扫清障碍。记者的想法得到许勇的赞同。

5 月 14 日，喜旺公司邀请的四位奶农代表搭乘公司的专车直奔宜昌。喜旺的母公司安琪集团的老总向奶农介绍了公司向沙市农场提供技术、信息等服务的具体计划。在公司的安排下，四位代表参观了宜昌奶制品市场以及前坪、土门等标准化奶牛养殖基地，大开眼界，表示要好好学习宜昌经验，组织协会与喜旺公司合作。

倒奶事件虽然得到了圆满解决，但新闻报道并未就此划上句号。5 万公斤牛奶为何被倒？其背后是什么规律在起作用？谈判为何举步维艰？有效供给之路该如何走？如何营造有序的市场环境？这些问题都值得深入研究。

《湖北日报》又先后推出了《一堂生动的经济课》、《亟待研究的“有效供给”》、《冲破小农经济的“樊篱”》、《面对无序市场的困惑》等四篇报道，从不同角度对荆州奶农的“倒奶事件”进行解读，提出了“倒奶事件并非资本主义经济规律而是市场经济规律运行下的典型案例”、“有效供给是农村产业结构调整的重要方向”、“小农意识仍是中国农民走向市场经济的拦路虎”等观点，继而带动了社会各界对这些话题的热烈讨论与关注，把倒奶事件的意义导向了更高的层面——即普遍的指导意义，提出了一个新的课题：我国建立和完善社会主义市场经济体制，要采取切实有效的措施，帮助各类市场主体走有效供给之路，避免社会财富的损失。该组报道的主题，就这样得以升华。

（原载于《新闻前哨》2003 年第 5 期）

## 编辑部工作谈 1

# 重大题材出新出彩

《湖北日报》特稿部：周　芳

《湖北日报》历来重视重大题材报道。2000 年，报社改版、扩容、套彩，将 B2 版辟为“特别关注”深度报道新闻版，重大题材报道更是有力度，有深度，出彩出新，涌现了许多佳作。

### 一、报道领域更广

扩大报道领域，加大宣传的思想容量和信息容量，是本报改革的初衷。为此，“特别关注”竖起了“顺风耳”，睁大着“千里眼”，报道领域从政治经济文化到天文地理人文，从动态事件到非动态的现象，从区域到全国乃至全球，从过去到现在到将来，无所不及。

1999 年 11 月，我国首次发射航天飞船成功，记者了解到：在南大西洋上跟踪、监测飞船的“远望三号”测量船，在飞船飞行的最后一圈，把握最后战机，将飞船着陆前的修改数据及时输入到飞船，才使飞船准确着陆，总装备部授予其集体二等功。而“远三”测量船，上至政委、参谋长，下到关键岗位的操作者都是我省子弟兵。掌握到这一信息，记者在“远三”返回基地的次日，采访了凯旋的子弟兵，将《跟踪“神舟”》的经过写了出来。

还有马当沉船打捞。抗战初期，国民党当局为阻挡日军进犯，先后下令在长江江阴、马当等段设置沉船阻塞线。60 多年来，这些沉船睡卧江底，成为长江航运中最大的安全隐患。为确保长江航道畅通，充分发挥“黄金水道”的作用，长江救助打捞局对马当沉船进行打捞，历时两年、耗资 2 600多万元，沉船全部出水上岸。为此，记者来到马当，采访当年沉船的目击老人，采访参加打捞的工程人员，将那段腥风血雨的历史再现于世人面前。

近四年时间，“特别关注”版关注的重大题材，有气势恢宏的三峡工程报道，有及时充分的抗击“非典”报道，有生动热烈的贯彻学习十六大报告的报道，也有客观准确的南水北调工程报道，还有反邪教“法轮功”、反腐倡廉等方面的报道，颗颗如亮丽的珍珠，凝聚着智慧的光芒。

## 二、稿件来源更多

“特别关注”版的稿件有各市州县通讯员写的稿件，有本报特稿部记者、其他业务部门记者采写的稿件，也有新华社“新华视点”稿件和中央电视台“焦点访谈”、“新闻调查”栏目稿件，还有与兄弟省市区党报交流的特稿，琳琅满目，包罗万象，更充分地满足了广大读者的阅读需求。

如反邪教“法轮功”的报道，“特别关注”版有记者与通讯员合写的《谁拽出了“3 608 只喇叭”案》，介绍武汉警方侦破“法轮功”利用“定时广播装置”宣扬邪教案的经过，当然更多的是选用新华社和中央电视台的稿件，既有很强的时效性，政策把握又具权威性。如2001 年12 月至2002年1 月，“特别关注”版陆续刊登《邪教“法轮功”又欠血债》、《杀心起于“真善忍”》、《人间悲剧不能重演》、《谎言难遮罪恶》等稿件，对邪教“法轮功”的本质与危害进行了有力的揭露与抨击，紧密配合了党和政府的中心工作。

还有慕、马大案。这是发生在辽宁沈阳的特大腐败案，读者十分想知晓内幕与详情。为此，“特别关注”版在大案“曝光”后的第一时间，就选用新华社的稿件，辟出一个版的篇幅，刊登了《激浊扬清惩腐蠹——慕绥新、马向东等人严重违纪违法案例剖析与警示》，既满足了广大读者的探究心理，也对广大党员干部进行了一次深刻的反腐倡廉教育。

除此之外，“特别关注”版还加强了与《浙江日报》、《文汇报》、《解放日报》、《大众日报》、《云南日报》等外省党报的特稿交流，党报间互通有无，既保证了信息的丰富性与可靠性，又拓展了报道空间，降低了组稿成本，可谓一举多得。

## 三、表现形式更新

重大题材报道因其主题的重大、问题的复杂，报道容易陷入程式化，给读者“我灌输、你接受”的印象。为此，“特别关注”版力求推陈出新，创新报道内容与报道形式，越是重大题材，“特别关注”版越注重从读者角度选题，尽可能用群众乐于接受的方式激发读者的参与意识，做到报纸与读者互动，增强新闻报道的贴近性和服务性。

如“周芳问三峡”，以一问一答的形式，回答读者关注的关于战争、地震、防洪、环保等三峡工程中的热点问题，文字清新细腻，融科普性与可读性于一体，少了重大新闻题材的刻板，多了人文气息和亲切感，带给了人们很多知识，受到广大读者好评。

三峡工程报道，既是世界关注的焦点，更是媒体新闻报道竞争的焦点。作为三峡工程所在地的省委机关报，如何在竞争中脱颖而出，出奇制胜呢？

本报总编辑办公会、总编辑扩大会反复研究发现，从1953年毛泽东视察长江三峡至今，本集团关注、报道三峡工程已整整50年，记者队伍经历了老、中、青三代人，年纪最大的76岁，最年轻的26岁，正好相隔半个世纪。何不让三代记者代表共同采访三峡，以此为载体，回顾三峡工程所走过的风风雨雨和《湖北日报》半个世纪中对三峡工程的全面报道呢？

6月17日，“特别关注”通版刊登《见证三峡五十年——湖北日报报业集团三代记者采访三峡》特别报道，中国记协主席邵华泽先生为报道题词。不少读者评价说，这既是《湖北日报》的光荣，也是湖北省作为三峡工程所在地的光荣，它以厚重的历史感取胜，将报业集团关注、报道三峡工程50年的过程勾勒出来了，体现出报业集团的“大气魄、大策划、大手笔”。

随后，“特别关注”版又推出“明珠耀中华——图说三峡”、“跨越大三峡”等专版、专栏，以大规模、多体裁、多角度、连续性报道形成强烈的冲击，给读者呈现出重大题材报道应有的立体感和时代纵深感。

专家说：进入收获期的三峡工程举世瞩目，与之相匹配，《湖北日报》舍得花版面，令人振奋，令人自豪！“特别关注”版的报道堪称“五好”，好策划、好文字、好图片、好版面、好印制，真正可堪图文并茂，两翼齐飞，显示了大报风采，体现了大家气派！

**编辑部工作谈2**

# 热点问题　冷静引导

《湖北日报》特稿部：周　芳

## 一

社会纷繁复杂，热点层出不穷。

热点是一种新闻资源，是重要的新闻点。能否在第一时间捕捉到热点，主动及时地报道热点，是对记者新闻敏感和反应能力的一种考验。对于省委机关报来说，除了新闻敏感和反应能力外，能不能从全局和党与人民利益的高度来判断、评价、选择并分析热点，从而决定哪些该热，值得大做文章，形成舆论强势；哪些该冷，只能“冷处理”，决不能盲目炒作，这是对党报工作者党性观念和大局意识更严峻的考验。热点引导得好坏，直接关系到党的事业和人民的利益，也关系到党报在群众中的形象和威信。

改革开放以来，《湖北日报》一直比较注重对“热点”的关注，上世纪90年代后期，就在重要版面辟有“热点访谈”栏目。2000年改版、扩容后，更是将“热点”作为“特别关注”版的重点“关注”对象，并从省委机关报的职责和使命出发，进行了一些新的探索与尝试。

## 二

人们常说，新闻是“易碎品”，但闪烁思维与理性光辉的作品必能经得起时光的打磨，留在读者心中。人们关注热点报道，不光是因为热点事实重要、显赫，还因为热点大多是各种矛盾关系错综复杂的聚合体，其中很多内容还没有被人们所认识和掌握，需要新闻报道通过理性的烛照，释疑解惑，开启智慧，帮助读者更深刻地认识客观世界。

去年4月25日，记者从一份热线电话记录中得知“沙市农场奶农倒奶”线索，当即赶赴现场。“空气中弥散着一股刺鼻的酸腐味，奶农们正把一桶桶豆腐脑似的变质牛奶倒进田里。”记者了解到，“鲜奶仅能保存3天，由于收购的人少，3个月来他们已倒掉5万多公斤”。

联想起资本主义经济危机中的倒奶现象，一时间，沙市“奶农倒奶”事件成为社会普遍关注的热点。

症结何在？

记者遍访当地政府官员、当初鼓励农民养牛的公司和众多奶农，又借经济学家的眼光深入剖析“倒奶事件”背后的深层次原因，先在B1版刊发消息《沙市奶农见识市场残酷　5万公斤鲜牛奶倒进农田》，继而又在“特别关注”版连续刊发《一堂生动的经济课》、《亟待研究的“有效供给”》、《冲破小农经济的“樊篱”》、《面对无序市场的困惑》等深度报道，深刻揭示了市场残酷的一面，提醒各市场主体和决策者，在进入市场时要牢固树立市场观念，走好有效供给之路，同时发挥本报信息优势牵线搭桥，帮助奶农解决燃眉之急。不少关注此事的农民兄弟和政府官员称，这组报道给自己上了一堂生动的市场课。在今年中国新闻奖评选中，这条消息因其包含的深刻思想和冷静分析荣获中国新闻奖二等奖。

还有今年2月28日，荆州市活力28集团从德国美洁时公司提前收回转让达7年之久的“活力28”商标使用权，“特别关注”版刊发《知名品牌在合资中悄然消失》、《迟到的觉醒》、《走出品牌经营的误区》、《擎起民族品牌的大旗》等深度报道，这些报道提醒人们，品牌竞争的时代已经来临，树立品牌经济意识迫在眉睫，使读者深深感受到理性的力量。

## 三

任何“热点”都是在特定环境、背景下生成的，其报道能产生一定的轰动效应，但这种效应可以具有很强的建设性，也可能极具破坏性。作为党报记者，必须牢记自己肩负的责任，冷静对待“热点”，审时度势，权衡利弊，用墨有别，才能“恰到好处、恰如其分”。

为此，“特别关注”版对正面热点常常浓墨重彩，充分释放热点事件的能量，放大蕴藏其间的积极因素。如2000年，武汉积极筹建中国“光谷”。在编辑部的策划下，记者不惜笔墨，用大量报道介绍别具魅力的激光知识，报道武汉集聚的特殊人才和已经打下的良好基础，描绘武汉光谷的美好前景和将给武汉、湖北带来的巨大效益，为武汉的“追光行动”鼓与呼。尤其在《谁能领跑追光行动》中，记者把武汉“光谷”放在全国大背景中来审视，冷静客观地报道“武汉·中国光谷”的科学定位和发展态势，有横向比照，有纵向剖析，有多角度透视，既把握了度，又扩大了读者的视野。

还有学习、贯彻十六大精神，“特别关注”版以丰富多彩的报道让热点更热，充分挖掘十六大报告的新精神和新内涵，先后推出《现实与畅想》、《百姓谈小康》两个专栏，从“新型工业化、全面小康、重要战略机遇期”等十六大报告中的新名词谈起，以老百姓的衣食住行为切入点，刊发报道20多篇，既有党报的宏观视野，又有和普通百姓息息相关的话题，受到读者关注。

对中性热点，即热点事实本身既有有利因素，又有不利因素的，“特别关注”致力于引导，趋利避害。

2001年5月，河南省某地农村五名艾滋病人来到武汉大学中南医院，在江城掀起不小波澜，不少读者向本报新闻热线投诉，说中南医院不是艾滋病对口治疗单位，一旦病人用过的医疗器械及废弃物流向社会，造成疫情扩散，后果不堪设想。面对需要关爱的艾滋病人和社会上的担忧，记者以冷静的笔触，客观表达各方观点，并提出“互相理解”、“互相尊重”、“互不侵犯”，赢得了读者称赞。

对负面热点，“特别关注”的则采取“冷”处理，促进热点冷下来，减少其破坏性。如天门原市委书记张二江违法违纪案，曾是社会和媒体关注的热点。有的媒体为寻求“卖点”，大肆报道其私生活，有的甚至捕风捉影。“特别关注”没有炒作，而只是根据省纪委提供的材料，冷静分析其走向堕落的根源，给世人以思考和警示。

当然，回眸“特别关注”热点报道，有成功，有喜悦，但也有不足和遗憾。应该承认，在过去的热点报道中，我们的嗅觉还不够灵敏，反应还不够敏捷，我们还缺少特别引人关注的“一级关注”稿件，一些报道缺乏深层思考和理性的魅力，正面热点的报道有时比较苍白，有些分析还显得幼稚甚至片面，等等。在未来的日子里，我们将弥补不足，努力把热点引导做得更好。

# 附文之二

## 作品

### 命运备忘录
### ——38 名工商管理硕士(MBA)的境遇剖析

张建伟　蒋　峥　陆小娅　郭蓝燕　高　峻　宁光强

1984 年 4 月，中美两国政府达成协议：为中华人民共和国培养高级工商管理硕士（MBA）。7 月，招生在全国铺开。9 月，440 名精通外语、有三年实践经验的青年人才被选拔出来，获准应试。10 月，440 人再次被严格的考试筛选，仅留下 40 人步入 MBA 学业的起跑线上。两年后，1986 年 9 月，39 人完成学业，赴美学习，被誉为“中国经济管理黄埔一期”学员。同年 12 月，荣膺 MBA 学位的 38 人归国，投入中国的改革大潮……

然而，1987 年 9 月，中国青年报社接收到 MBA 的呼救信号。

呼救者声声叹息：

——我们，38 名高级工商管理硕士，虽年纪轻轻，却无用武之地，报国无门，苦恼不堪。

——为培养我们，国家耗资百万，我们历尽艰辛。然而，培养与使用完全脱节。

——我们怀疑，国家耗费巨资办这种“国家级人才培训项目”是为了什么？

——我们不明白，我们干嘛要进行这种劳而无功的努力？

痛苦的呼救震撼了报社，六名记者紧急出动，行程十几省，奔波万里路，朝一个个呼救点追踪而去……

### MBA：中国的呼唤

1984 年 4 月 27 日，美国总统里根在人民大会堂发表演说：

“我很高兴地宣布，两国已一致同意成立一个新的特别训练班，毕业生将获得工商管理硕士学位。这一学位将由纽约州立大学授予。”

早些时候，邓小平同志访美期间，也曾表示，希望美国能为中国的现代化事业培养一批高级管理人才。

在两位叱咤风云的人物的关注下，这个“特别训练班”中美合作培养MBA计划终于付诸实施。

MBA——工商管理硕士（Master of Business Administration），是现代西方经济的宠儿。

MBA学位，是西方近百年管理经验的结晶。在美国，每五个硕士生中就有一个攻读MBA。哈佛大学的MBA，被称为比“博士还值得骄傲的学位”，拿到这个学位，立即会被大公司聘为经理人员，年薪高达6万美元，决无失业的危险。今天，正是30岁左右、具有MBA学位的人掌管了半个美国经济，为西方世界的繁荣作出了巨大的贡献。

中国也需要MBA。

据1982年调查：我国县团级以上企业领导中，懂得管理的不到1/3，而具有科学管理知识的人只占15.2%。

据一次简单的考试摸底测定：我国工商贸等七个行业的520名厂长、经理，企业管理知识平均及格率只有60%，即使有大学学历的企业领导，也有20%不及格。许多人对“网络技术”、“价值工程”等现代化管理观念闻所未闻。

在赶超世界先进水平的改革征途上，我国政府远见卓识，把中国的青年英才推上世界经济舞台，去获取西方最先进的管理经验，实是中华民族刻不容缓的事情。

MBA因此被列为国家级人才培训项目。

为了MBA，国家经委每年拿出全国人才培训费用的一半投入学员受业的大连培训中心。

为了MBA，学员所在单位将为各自的学员提供2万元左右的学杂费。

中国需要MBA，这是毋庸置疑的事实！

为了MBA，中国投入了巨大的财力；为了中国，MBA理应产出三倍的效益！

## MBA：命运之剑

当我们六名记者分头与38名MBA毕业生会面时他们已毕业10个月。

10个月中，他们大多数人一事无成。

对MBA来说，10个月是什么概念？

我们听到了现代世界发出的警告：

面对变动不定的现代世界，经过工商管理硕士训练的现代管理人才，他们的知识只在17个月内完全有效。17个月后，他们必须补充新的知识，学习并掌握新的外事经济案例，才能重新适应残酷竞争的世界经济。

10个月已经过去，浪费已成现实。

然而，这还不是我们最为沉痛的感觉。

在与38名MBA毕业生会面的前后，我们还分头访问了他们的单位领导。

没有一位领导认为他们不重视这批人才，相反他们提出了一套又一套的重视人才的理论。

一边是重视，一边是浪费。

我们对MBA命运的反思就从这里开始。

## 命运之一：难以摆脱的怪圈

一切信息都表明，MBA毕业生回国后将被委以重任。

《美国基督教科学箴言报》这样评论："他们将置身于中国现代化的先锋行列。他们承担了将西方经济学及管理学理论融入中国改革的使命……他们经过两年的学习而得到MBA学位，他们将处于引导中国工业及政府部门前进的路上。"

在准备返回的几天内，美国一些工商界的首脑人物闻讯赶来，在百忙中分头设宴款待他们，以期同他们拉上关系。

一个形象的比喻诞生了：中国的首届MBA毕业生不仅要成为祖国改革事业的先锋，还应成为管理革命中的"母鸡"，孵化出中国20世纪90年代管理革命的春潮。

然而，一接触现实，他们便立刻明白：这一切不过是虚化的幻念。

在国家经委袁宝华副主任接见他们的第二天，MBA学员王川山就乘上北去的列车。这时，是12月28日。30日，他兴致勃勃地回到原单位——辽宁省机械研究院，敲敲院长办公室的门，没人。

他每天来研究院。直到2月份，院长才找他谈话："院里的意见，你先回室里工作，以后院里有什么用得上你，我们再安排。"

他的心彻底地凉了。攻读MBA学位前，他是搞设计的。攻读MBA之后，他又转回了设计室。他感到一种命运的嘲弄。

同王川山一样，盛维民回单位后，也转回了他的原岗位，搞课题研究。面对来采访的记者，他长叹一声：

“这是我自己的选择。所里倒是为我安排了新岗位：搞规划和专业人员的职称评定。可我学的是MBA呀！我想，一个人有效的职业生涯不过二三十年，我再这样晃下去，连过去的专业都丢了，还不如先回去搞技术。管理，以后有机会再说。人还是该现实点，不能好高骛远。”于是，他痛下决心，回到三年前他离开的那个研究室，拣起已经荒疏了的科研课题。

几乎所有的MBA毕业生都经历了这种命运的落差。没有人打击他们，也没有人迫害他们，只是没有人理睬他们的MBA——中华人民共和国以巨大的财力及人才投入才获得的高级工商管理经验和科学理论。

改革进行了九年，许多单位对知识及人才浪费的现状仍如此麻木。他们对记者说，他们没有浪费人才。但对什么叫浪费人才，他们并不知道。

人才浪费的质量指标有三个：（一）被无效率地使用；（二）与人才所掌握的知识相比较，正从事不太有价值的活动；（三）闲置。

38名MBA毕业生在回国后的10个月中，多数人处于前两种状态，少数人被闲置。

人才浪费的数量指标只有一个：经过特殊培训的人才倘有20%的知识领域与所从事的职业不搭界，即属于浪费。

据38名硕士对自己知识应用比率的乐观估算，他们在10个月中勉强应用上的知识大约有30%，处于浪费状态中的占大头。

我们同他们的领导进行过上百次的对话，他们告诉我们一大堆重视人才的理论，但没有一位领导从这个角度向我们解释人才浪费的根源。

我们有一大堆重视人才的理论，惟独缺乏人才使用效率！

## 命运之二："欲穷千里目"——只争朝夕

刘中天，MBA学员曾给这位老大哥起了个外号叫“老枪”。可这把“老枪”遇上了他的厂长，就彻底哑了火：想调走？那不行。你踏心在这里干吧。我既然供得起你上学，就能养得起你。不信？看我养你20年！

20年?！刘中天今年已四十有二……

正是为了把尚有热乎气的现代化管理知识及时应用到国家经济建设上，

他根据原单位几乎没有涉外经营的实际情况，自己联系单位准备调动。他必须只争朝夕。

“谁说用不上？上回毛里塔尼亚外宾来，我看那个翻译就不行。下回再来外宾，你上！”

厂长有厂长的道理。

记者来到刘中天所在的工厂，几番求见厂长，得到的却是专人陪同游览厂区附近风景的礼遇。直到记者通过中间人再三申明：此行绝非问罪，而厂里惜才、爱才的苦心记者也完全明了。几番周折后终于得见厂长，并当场得到了一番教益：“刘中天学的东西现在是有点用不上，但我们不能放他，我们厂将来也是要发展的。人家美国都知道重视这种人才，咱就不能欲穷千里目，更上一层楼吗？”

“只争朝夕”的MBA，撞上了“欲穷千里目”的厂长，即使你有一万种“危机感”，又能感动谁？

我们在采访中发现，MBA的这种危机感感动了美国人。

8月底，布法罗管理学院院长阿罗托博士来到北京。听中国弟子们谈完回国几个月后的情况，阿罗托说：“听了同学们的发言我非常感动。我发现，你们并不是想找一个薪水高、待遇优厚的工作，而是想找到一个能发挥作用的地方，找到为你们的国家作贡献的机会。但是，这样的机会却很难找到，我感到十分难以理解。”

一些急性子的美国人甚至行动起来，千方百计地找我们的领导人，为MBA毕业生摆脱困境而四处奔走。

然而，我们的人却并不着急。38名MBA毕业生中，所有的人都给有关部门写过信，希望帮助他们摆脱困境，希望中国（中国这么大）的某个地方能用上他们千辛万苦学来的知识。

所有的“呼救信”都如石沉大海，其中一位毕业生急中生智，写了一份广告，想通过报纸把自己卖给“识货”人。终于没有发出。接受记者采访时，他把广告拿出来，苦笑着说，他没有发出，是怕外国人看了笑话。

中国，你已经拥有一大批只争朝夕的人才，然而，你还没有建立起一个只争朝夕的体制。

这是中国人才悲剧的根源。

## 命运之三：燕窝鱼翅金饭碗

天津新港船厂的厂长非常诚恳地对记者说："谁家有个金饭碗不会用?我不会总拿金饭碗盛白开水。有了燕窝鱼翅，我也拿它装。"

王海涛怀揣高级工商管理硕士的文凭回到了对金饭碗、白开水以及燕窝鱼翅之关系颇有研究，曾以改革而名噪一时的新港船厂。

他被"对口"到经营科，给常驻外国专家当生活翻译，兼管杂务。厂长这样解释："现在厂里有困难，他也得帮帮厂里，当阵子翻译。互相理解嘛。"

大约这样理解了几个月后，王海涛成为本厂与英国某公司洽谈造冷藏船生意的谈判队伍中的正式口语译员，谈判之余，他还要兼管其他专家的杂务事宜。

那天，王海涛拿着电传给外国专家送去，那位老外把脚跷在桌上，高兴地哼了一句："啊哈，我亲爱的邮递员来啦!"他生气，可还没话说。

可是，当"老外"听说他是MBA，吃惊地瞪大了眼睛："小伙子，这可不是你该干的工作呀!"

不该干也得干。只是干了几个月之后，他突然接到一个通知，他不必再参加谈判了，换一个人来顶他的翻译位置。

他不知道换的是什么人，但他确切地知道：谈判已进入确定什么人去英国进行考察的阶段。

他心存疑虑，又不敢问。否则，有争出国机会的嫌疑。

他不懂，当金饭碗能盛燕窝鱼翅的时候，为什么也要换成白开水。

在采访与写作期间，我们看到听到又有许多引进团出国了，许多人为自己引进了冰箱、彩电，却为国家引进了一堆废钢烂铁。而我们的MBA毕业生，是有能力、有智慧、有诚心为国家避免损失的人才，却只有看着这一切、听着这一切暗暗垂泪的权利。

在领导决策领域，甚至在引进技术、使用人才这样的决策领域，歪门邪道、任人唯亲比科学、比知识、比人才往往更有力量。

## 命运之四：MBA无球跑动

张小军早有先见之明，他知道在他原来工作的年营业额不过200万元的地区邮电局里，他的MBA知识很难用上多少。一回国，他就开始联系调动，目标是正在筹建中的安徽省国际信托投资公司。

“请看，这是我的MBA学位证书，这是我所学过的专业课程，这是我的学习成绩单。”

平时挺蔫的张小军，毛遂自荐时却衣冠楚楚，镇静大方，侃侃而谈。

国际金融、投资评价、管理战略…… 副总经理不由得对这个没有来头的小伙子另眼相看了：“好，我们非常乐意接收你!”

谁知，当单位“同意调出”的公函送到上级机关时，却当即被签署了如下意见：“如愿付2万元培训费，同意调出。”

张小军不是不知道，他读MBA，单位是吐了“血”的，学费加上赴美机票，共花了一万多。要不是上级机关“赞助”了3 000多元，他也看不见美国的月亮了。可是，他执著地认为，钱是国家花的，我人也是国家的，为什么不能换个地方为国家创造更大的效益呢！

于是，张小军怀着美好的愿望和坚定的决心，一次又一次从巢湖市奔赴省城合肥，企图说服上级领导。

然而这一次，他又没能见到负责人事的副局长。接待他的一位政治部负责人说：“你挑吧，除了局机关，你调到本系统在合肥的任何单位都行。比方说，去学校教书，或者到科研所搞情报，这样，你两地分居也解决了。”

对于如此慷慨的恩赐，张小军真该感激涕零，然而他却苦笑了。谈了半天，这位负责人还没弄懂MBA是怎么回事。

张小军不知道，就在他往返奔波，为向领导解释MBA而大费口舌之时，国际信托投资公司已经挂出了“全满”的牌子。

在巢湖，他变成了一个“多余的人”。过去的工作有人顶了，单身宿舍也有人住了。除了偶尔为别人顶个班，他不知道自己该干点什么，他陷入了“在职失业”的困境。

在职失业——单位不放。中国有多少人才在这普普通通的八个字中被窒息了富有创造力的生命？

38名MBA毕业生中，多数人表达了流动的意愿，但“单位不放”四个字成为流动意愿的牢笼。

我们如果只有把人管死的规章，而不建立把人搞活的法律，无论何等伟大的改革，都不能使人才获得最后的解放！

## 命运之五：权力最有力量

在38名MBA毕业生中，有两个人流动了，而且十分轻巧，一路绿灯。这两个人一个叫陈宪星，一个叫李觉非。

陈宪星原所在的大连重型机器厂是我国重点企业之一，厂长开明，重视人才。听说陈要调走，自然不放。

陈要去的是一家合资企业，中美合办的，听说陈是MBA，如获至宝，抓住不放。当然，也考核了一番。陈有MBA，并不怕考，一考就中，美方首脑当即任命陈为质量部经理，准备让他飞往国外去施展他的MBA“武功”。

然而，陈的单位有充分理由不允许陈流动。对此，美方也无可奈何。

真巧，恰在这时，一位国务委员来到大连，在一次宴会上，那位美方经理向他反映了这件事。这位国务委员当即对大连市市长讲，合资企业需要人才，应该支持一下。不久，市长打电话给大连重型机器厂厂长，请他们考虑放人。厂长们开了个会，决定执行市长指示。

陈宪星就这样流动了。

事情就这样简单。

李觉非的流动稍稍复杂了一点，但也毫不费力。

年初，李觉非揣着MBA文凭回国，第一次踏进为他付了三年工资、三年学费和赴美机票的一家中型企业。这是他原来所在单位的一个下属厂，因为单位掏不起钱，才千方百计把他“下放”了的。厂子不愿收，局长保证：“李觉非回来至少给你们干五年。”

现在，李觉非果然前来报到了。厂长大喜。“欢迎，欢迎。你看把你安排在哪儿合适？体改办？生产计划科？……”

其实，李觉非早已打定主意了，哪儿也不合适，一句话：调离。

厂长办公会开过了，决定：只要李觉非交回培训费，就可调离。

然而这一次，在“权”这个更大的法宝面前，“钱”这个法宝失灵了。李觉非一分钱未掏，照样取走了自己的人事关系。工厂的一万多元人才投资，不过打了个水漂儿。这一切，据他的同学说，是因为他有某种靠山。

现在，李觉非已经离家南下，去深圳一家进出口公司大展宏图了。

对陈、李的流动方式，MBA研究生班的美方一位负责人极感兴趣。

这位美方负责人从陈、李的流动受到启发，对记者说，看来，只要求助于合资企业，让外国人找你们的“大头”，就可以走出困境。

记者问：在美国，人才流动也通过这种方式才行得通吗？

对此，这位谨慎的美国人没有多讲。他只是让一位服务员为记者沏了一杯中国茶，而他本人喝起美国的麦氏咖啡。

记者对这杯“麦氏咖啡”进行了研究。

西方各国人才市场的运行，都是以“单位择优用人，人才自主择业”的双选机制为基础，以用人单位和人才个体间择优汰劣的竞争机制为主导的。在这种双选竞争机制下，用人单位可以招聘自己所需人才；也可以解聘自己不需要的人才；人才可以根据自己的意愿决定就任或辞职，双方以合同互相制约。这一切，有“雇佣机会均等法案”为普遍的法律依据，不必由“谁的官大谁说了算”；也不必由“谁是哪个单位的便哪个单位说了算”。

写到这里，我们忽然醒悟到：我国的人才浪费是一种结构性浪费。

官僚主义、任人唯亲造成的人才浪费是可恶的。但仅靠思想教育并不能根除它们，只有一种合理的机制才能根除它们予以生存的土壤。当双选竞争的人才市场形成的时候，官僚主义者即使想浪费人才也无处用力。

喝了洋墨水、拿了高等文凭的人也并非一定是人才。但仅靠单位的制约并不能改造他们。只有在双选竞争机制下，用人单位可以择优汰劣的时候，任何庸才都遮不住他的假面。

## 命运之六：古城之间一条路

从古城太原出发，朝古城西安奔跑。六七百公里的路，李保存跑过多少回，他自己也记不清。

他跑什么？

作为山西太原汾西机器厂经营处生产部的负责人，本厂对他是重视和满意的。他的主要任务是搞对外进出口贸易，工作较对口。所学高级工商管理知识，在中国极度短缺对外经济谈判人才的情况下，正大有用武之地。

在他毕业回厂以前，企业产品也多次参加广交会，但由于缺乏熟悉西方商业贸易的人和不懂外语也不了解外商心理，从来没有拿回过一分钱的收获。今年四月，李保存杀向广州，一下子谈成了两个项目。对此，企业领导大加褒扬。

然而，在与外商谈判中，谙熟谈判业务的李保存却不过是个“中介”，握有权力的西安船舶分公司的中方谈判人不仅英语很差，而且对谈判的基本常识也知之甚少。为此，李保存心力交瘁，在如兵家交战的贸易谈判桌上，他既要权衡本厂利益在外贸中的得失，还得将此化为有权力的中方代表听得懂的意思，谦虚谨慎地告诉他，再通过他的嘴把自己的意向说出来，并翻译给外商。同时，李保存还得把外商的意向翻译过来。如此往复无穷，形同苦役。

尽管如此，意向书还是签订了。李保存还是高兴的。到7月，他接到了有签约权的西安船舶分公司的来函，告知广交会上与巴基斯坦商人谈成的2.5万只洗涤定时器的合同书已寄到中国，并有一附件。

李保存读信后，立刻明白了。他必须再次赶赴西安，继续充当翻译。

他知道，这是在浪费自己的精力。但他还知道，这并不怪厂长，因为，即使他本人就是厂长，也会这样被驱使、被浪费，因为厂长也没有外向合同的签约权。

另一位MBA毕业生连李保存这种可供驱使的幸福都没有。毕业10个月，他无所事事，只被人当了一次评职称的砝码。

回国后，他被塞进那个人浮于事的科室中当科员。大家都不干事，人们不屑于同这个喝“洋墨水”的MBA人物竞争。有时，人们也问一句：“喂，你学的那玩意是干嘛的？怎么没见你露一手？”

他只有一个竞争对手，在评职称的时候。

他的对手是那个白头发的科长。他知道自己竞争不过科长，因为他没长出白头发。

“看他们敢不评我高级职称？”科长在造舆论。

“我的能力还不够强吗？全厂唯一的研究生都在我的领导下！”

白头发于是胜利了。

MBA学位终于被派上了用场。

竞争，竞争，这是中国改革者多么偏爱的字眼。但只有竞争的观念，没有竞争的机制，人才永不会在最适点上生存。

## 命运之七：传统之树现代果

在38名MBA毕业生中，有两位据说是命运最好的人，一个叫陈学忠，已经当上副厂长；另一个叫余长斌，毕业后干了几个月的车间工长，9月初被任命为分厂调度股负责人。

可能因为当上了副厂长，陈学忠对记者讲话很谨慎。但谈起MBA学业，仍很兴奋。他说，这种学习，很好，很科学，很开眼界。他推崇美国教学法，不讲书，讲体会，讲方法；美国教授学识渊博，又多在大公司兼职，那案例教学自然深刻而实用。他比喻说，真像吃橄榄，吃时苦涩，回味无穷。

但问及这样有用而伟大的知识他这个厂长用上了多少时，他便谨慎起来。他说，国情不同，观念不同，所有制不同，自然，知识用起来也不同。但他肯定，一定能用上。

余长斌也说不准他的MBA知识什么时候能用上。但他说他的境遇非常好，因为领导非常好，非常开明。采访领导时，领导也说余长斌非常好，非常肯干，举个例子，他虽然学了MBA，但到车间当工长，毫无怨言，“工人身上多少油，他的身上也多少油”。

在38名MBA毕业生中，这两位境遇最好的人最使我们迷惑：无疑，他们的MBA知识也处于浪费中，但他们都活得如鱼得水一般，为什么？

余长斌的一段话提醒了我们。他说，一个合格的企业家，身上蹭的油有多少，并不能表明你管理水平的高低，相反，有时还会标出负值。“咱们中国传统的东西就是强。要讲在现有企业里应用MBA那套管理，咱的企业素质和工人的文化素质、心理状态都还跟不上。但只要改革开放不变，只要领导继续这么开明，我的MBA知识就不会瞎！”

我们终于明白了他所期待的避免人才浪费的出路，那就是——等待。等待中国的传统人都变成现代人。

现在，我们终于有机会向大家介绍各单位领导津津乐道的“重视人才”理论了，这些理论如此博大精深，已成为中国人才环境的传统之树。

这些理论是：（一）种子论。人才好比种子，群众才是土地。人才能不能发挥作用，得看群众是不是满意他。（二）台阶论。是人才也得一步一步地爬台阶，科员、工长、段长、主任、副手、助理、厂长……三五年一个台阶，50来岁，委以重任，年龄正好。这时，各个台阶上的人对他才都有好印象，他工作起来才如鱼得水。（三）储备论。MBA知识用不上怕什么，先储备起来嘛。知识不怕多，总会用得上。艺不压身嘛！

用不着分析，也用不着说明，这套理论正在中国大地上被最广泛地实践着，它们是如此的正确、如此的合乎规范，以至于无论我们的人才被浪费到何种程度，也不会有人怀疑这种理论的正确性！

MBA，这个被移植到中国的现代之果，正被挂在这种无比正确、合乎规范的传统之树上。

大树已经苍老，但还活着。

果实正在腐烂，只留给人们它鲜活时的记忆。

## MBA——SOS

11 月中旬，我们六名记者在疲于奔命般地采访之后，再次聚会京都。

我们的结论是一致的——

我们可以像过去那样，抨击浪费人才的官僚主义者。然而，政治体制不进行改革，官僚主义不会被彻底埋葬。MBA 在中国的命运已提醒我们：中国人才的危机不是什么别的危机，恰恰是以人治为特征的旧政治体制危机的投影。

我们也可以像过去那样，抨击旧观念，呼唤新观念。然而，我们终于醒悟，中国的人才浪费不是观念性浪费，而是结构性浪费，不突破旧的人才结构机制的森严壁垒，任何新的观念都难以发挥作用。MBA 在中国的命运提醒我们：全方位、立体化的人才流动市场不诞生，“让拔尖人才脱颖而出的环境”就不会最终形成。

因此，我们决定：不再做这种徒劳的努力，只留下一篇 MBA 在中国的命运备忘录。备忘录的扉页注上两组字母：MBA——SOS。

SOS，是国际上通用的遇难者呼救信号。

曾有母子二人海上遇难，漂浮到沙滩。正是夜间，无论怎样地呼喊，四际无人，难以获救。母亲脱下衣服，把幼小的后代紧紧裹起，拥在怀中，又饿又冷，挨到天明。天空出现了飞机，她张开双臂，拼命地呼喊。飞行员听不到。她累了，她快死了。她倒在了沙滩上，再也爬不起来。她可以死，但必须救出自己的后代。她拼出最后的力气，在沙滩上爬行，用沉重的、奄奄一息的躯体在沙滩上划出三个硕大的字母——SOS。又一架飞机出现在天空，SOS 被飞行员发现。她们终于获救了。

MBA——SOS！

（原载于《中国青年报》1987 年 12 月 2 日）

## 作者写作谈

# 谈深度报道《命运备忘录》①

张建伟

1987年9月，《中国青年报》忽然接到一封“呼救”信，信内述说了一个不可思议的故事。

三年前，1984年4月，中美两国政府达成协议：美国为中华人民共和国培养高级工商管理硕士（MBA）。经层层考试筛选，40人入学。至1986年9月完成学业，是为中华人民共和国首批MBA毕业生。为此，国家耗资百万。不可思议的是，荣膺MBA学位而回国的38位学员，在整整一年的时间内，没有一人从事与MBA有关的工作，全部处于知识与人才的浪费中。他们觉得，这就好像“活人被处死”一样难受。

来信者是38位MBA学员之一，他希望《中国青年报》过问此事。

毫无疑问，这是一个重大新闻线索。《中国青年报》决定：派出六名记者，对分布全国各地的38名MBA和他们的单位、家属，以及大学中外双方教师，进行全覆盖采访。

六名记者是：张建伟、蒋峥、陆小娅、郭蓝燕、高峻、宁光强。六人分工不同，我负责的一路，有11名MBA，并要采访大连工学院——MBA学员的母校。到11月中旬，六名记者会聚大连，开始集中采访资料，并研讨写作提纲。谁也未曾想到，我们在大连被“困”住了。

大家弄来的采访资料很详实，每个人都写了提纲，并在讨论会之后，要求每个人都写一篇报道。但最后写出来的东西，每一个人都不满意，作者本人也不满意。

怎么办呢？回到北京，稿件交给总编辑们审阅。这批稿件足有3～4万字，稿纸叠起来有两块砖头那么厚。他们每个人都认真地阅读了，阅读后个个摇头，沉默不语。

难道这次《中国青年报》有史以来最大规模的报道行动，就这样胎死腹中了吗？有人建议把稿件拿给学校教育部主任李大同，请他看看有没有什

① 题目为本书著者所加。

是关于他回天津答谢天津观众的报道。之后，有关郭德纲的报道便大面积降临，在短短不到3个月的时间里，媒体对他的报道就已超过百篇。郭德纲，在这一时期成了一个文化现象。

媒体之所以对郭德纲如此厚爱，完全是出于对相声这门传统艺术的厚爱，相声在最近20年间的表现的确让许许多多喜爱这门艺术的人失望、厌恶。而郭德纲只不过是亲手擦去了蒙在相声上面的灰尘，重新恢复了相声的原貌，让喜爱相声的人又找回了相声带给人的亲切感。在这一点，人们是感谢郭德纲的。

采访郭德纲，话题是从他那个《论相声50年之现状》开始的。当记者问他为什么会写这么一个破坏行规的段子时，郭德纲深深地长叹一声："唉——"这一声叹息，叹出了他的无奈、愤怒、失望，声音显得那么沉重。

郭德纲自小就喜欢相声，说了10多年相声，把基本功打得很扎实，而且他不仅能说相声，评书、戏曲等旁通的曲艺形式他都能拿得起来。在天津，他就像一个远离尘世习武练功的青年，在把自己练得差不多之后，感觉自己该出山了。1988年，郭德纲只身一人来到北京，当时他在全总文工团。但由于冻结了人事关系调动，他只好又回到天津。回到天津后，他左思右想，如果在天津呆着，娶妻生子，也能活一辈子。但转念一想，不行。"可是到老了就会后悔，80岁了，带着孙子，看着电视，你瞧见里面这个说相声的了吗？当初还不如你爷爷呢。孩子会问我，你早干嘛去了？所以为了活一辈子不后悔，哪怕磕个头破血流也要再来一次北京。当时也想，要是自己不行会怎么办？我想我会说相声、说评书、写东西、唱大鼓、唱戏，能会七八十出，有这些我死不了。"郭德纲谈到他为什么再来北京的时候说。

于是，郭德纲再次到北京。没想到的是，他的这一步迈得艰辛，"到北京之后四处碰壁，人情冷暖世态炎凉，谁会无故接纳你呢，这个圈儿本身就是名利场、是非地"。

郭德纲回忆道："正好蒲黄榆那地方有个小评剧团，剧场能坐四五十人，舞台也就俩席梦思床那么大，我去了，答应一个月给我1000块钱。唱了俩月，一分钱没给。这时候你要不唱，这钱就拿不回来了。当时住在大兴黄村，骑个破自行车，车带上有个眼儿，舍不得补，这一趟打三回气也能坚持到。后来没法骑了，就坐公共汽车。终于有一天，散了夜戏之后没有公交车了，只能往回走。路过西红门，当时没有高速路，都是大桥，上面走车，底下漆黑一片，桥上面走大车，我只能走旁边的马路牙子，不到30厘米宽。站在桥上往下看，应了那句话了：残星点点，斜月高悬，眼泪哗哗的。那会儿真是坚持不住了。当时我就想，郭德纲你记住了，今天的一切是你永远的资本，你必须要成功。我这个人耳朵根子硬，多少次身临险境，多少次一点辙都没有，我都咬牙挺过来了。所以到今天，我说除了我自己谁也害不了我。”

郭德纲的这段忆苦思甜的故事跟很多人讲过，就是这段艰苦生活，彻底打碎了他一鸣惊人的梦想。“当时进北京的时候是急功近利，要当大腕儿，我也想当大腕儿，我也想一场挣多少钱，发财。只不过来了之后，现实把我敲醒了。”为此，他当时还写了一首诗：“数载浮游客燕京，遥望桑梓衣未荣。苦海难寻慈悲岸，穷穴埋没大英雄。”

郭德纲发现，想成腕儿不是说你苦练几年就有人认你的。当他逐步接近相声这个圈子的时候，才发现，很多说相声的人跟他并不一样，一代代继承下来的相声传统，在今天已经变了味道。让他不明白的是，为什么自己天天练基本功，底子打得那么好，却没有人认可；而那些喜欢钻营的，连20个段子都说不出来的人却能大行其道？他不平衡，凭什么会这样？当他清醒过来，才一点点看出相声界的怪现状。看清了这些，他就不想成腕儿了。但他不能容忍别人糟蹋他喜欢的这门艺术。

如果了解了郭德纲的经历，大概就不难明白他为什么会向那些假冒伪劣相声开炮了。“唉，怪就怪在相声是一个让人开心的表演形式，但是别人开不了心，他自己也很尴尬。”郭德纲说，“人必须要混，演员嘛，干什么吆喝什么。演员要爱这行，看你拿相声当什么，相声对有些人来说是游戏，对有些人来说是工作，对有些人来说是手艺，对我来说就是命。我从小就喜欢这个，为它付出了很多。所以说这么多年过来，到现在，无一日能离开相声，太爱这行了。人需要敬业，爱这个，才能把它搞好。而且还不能急功近利，它是慢工出巧活。”

郭德纲的直言不讳自然会遭到一些既得利益者的攻击，因为他破坏了行规。尤其是曲艺界，江湖规矩比较多，说白了，即便相声在今天成了一种光明正大的曲艺形式，但是过去的一些江湖规矩仍然在起作用，你郭德纲的所作所为显然是在砸别人饭碗。“我领教过江湖规矩。这些年遇到的坎坷和障碍太多了。比如我们正在朝阳区某个剧场演出，有人打电话过来：‘我们是西城区政协的，命令你们停止演出。’当然他的这个办法很弱智，西城政协的怎么管得了朝阳区的剧场呢？这种小儿科的事情他们也干得出来。他也能买动某协会的秘书长之类的人，到我们的剧场说，‘我们准备把这里包下来搞什么贸易会’，来阻止你演出。甚至他们找到剧场，拉拢演员，不要跟他一起干，没有出息没有用。这样的事情每周都有个三五回的。这个你让我说，说不过来，太多了，从来没顺过。”但是倔强的郭德纲不信这个邪，愣是给扛过来了。

停顿了一下，郭德纲又说：“很多人混到这个行业，他们有很多办法，他们按照他们的理解去表演相声，而且他们也运作得很成功，无论他们在台上的表现还是台下的手段，都是值得‘大书特书’的。这方面我做不来，这跟个人秉性也是有关系的。这得让我骂人，不骂人不行。”他又停了一下，“骂累了，不愿意当祥林嫂”。

“我看他们很可笑，他们不说相声可笑，说相声更可笑。”说到这个行业深不可测的行规，郭德纲说：“我没有破坏江湖规矩，只是当初人们成批破坏的时候没有人提出来。比如说有一帮人开车在一条大路上走，这时候来了批人把司机打跑了，然后把车开到麦田里了，在里面开了30年，我只不过又把车开回到大路上而已。”

现在很多说相声的演员在二三十岁之前从事的是别的工作，比如厨子、木匠、瓦匠、电工……后来混不下去了就去说相声了，很多笑星也是这么来的。郭德纲说：“凡是专业不好的，他都要在别处瞎琢磨，他在人际关系上想办法，这点你不可能不服。他脑子有限，他光琢磨相声就琢磨不了别的，他琢磨不了相声就能干别的。为什么相声不好听？就是这个原因。”如果真有人把现在的一些相声演员在30岁之前从事的职业列出一个单子，你大概就知道相声为什么不景气了。一门最需要基本功的行业，这些人都没有练过就说相声了。

凡是去过郭德纲天桥乐茶园听相声的人，都会开心得乐个没完，甚至，这种开心的笑声都是久违的。这个场面会让人想起当年侯宝林或刘宝瑞说相声的情景。一个会说相声的人，一站在台上，他身上散发出的那股气场就能感染周围人，而这个气场必须靠多年的修炼才能出来，郭德纲做到了，而他所做的一切，本来就是一个相声演员分内的事情。其实观众对相声演员的要求，不过就是能把他们逗开心而已。

最近20年，人们的确听不到好相声了，这一方面和说相声的人素质有关；另一方面跟相声走进电视有关。郭德纲说：“我们的传统节目有1 000多种，由于种种原因，目前能在台上表演的也不过十几种了，这个比例就说明快完了。我们从解放前的老段子当中就能听出来，很有生命力，到现在还有人爱听。而新相声，能让人永远记住的，我伸出10个手指头都数不上来。比如说有人写个《植树造林就是好》，这东西记不住，太有时效性，而且没有完全按照相声的规律去创作。这50年，一方面是作品数量在下降；另一方面是演员素质在下降，可是他们还要撑着中国相声界的这面旗帜，难免出现比例不协调和尴尬，这是相声怪的所在。简单地说就是好作品没有了，好演员少了。”

还有一个问题是，相声这门艺术，靠的是师傅带徒弟，但是，在新中国成立后，由于种种原因，不让说相声的带徒弟了，至少这种传帮带的形式不让正规化了，这多少影响到相声的传承。“文革”10年，耽误了一批人，所以在20世纪90年代，断代和电视相声的“繁荣”时间相吻合，导致相声成了一个最早不能让人发笑的幽默艺术。

按照郭德纲的性格，他目睹相声的怪现状，是咽不下这口气。至今他在接受媒体采访的时候都在说，他没有想振兴相声，能把相声界震动一下就行了，他只是想继承相声的传统。而继承相声传统的唯一出路就是让相声回到剧场。

一次偶然的机会，郭德纲在剧场里说了一次相声，才发现问题的症结所在。“好多人说，电视相声没法看，相声算完了。观众说什么的都有。观众心里不是滋味，我坐在那里看了会儿，也不是滋味儿。我们自己都不爱看。偶然有机会到茶馆里说，发现观众很喜欢听啊。谁说不能说传统节目？我们一试，发现不是啊。可为什么他们这么说呢？那不是我对就是他们对，不是我错就是他们错。我想了想，观众还是认的。你得给人家，你不给人家，还瞪着眼睛说什么啊。”这次经历让郭德纲有信心把相声带回剧场。

从另一方面来看，电视相声正逐步让相声失去它传统的魅力，电视可以传播相声，但是不能传承相声。“从10年前发现这个行业不学无术的人太多，那时候我们想把相声带回剧场。首先相声就应该在剧场演，相声不在剧场演，指望相声在电视上大红大紫本身就是个错误。电视是快餐，它不能炖出佛跳墙来。相声在电视上伸不开腰，我们一个节目四五十分钟，电视台哪个栏目能给我四五十分钟啊？而且电视要求快，我们为了适应电视，要剪裁一下，40分钟的节目，要求三分半搞定，这本身都是违反艺术规律的。当然这种事情也不是不能做，最起码它普及一下还是有好处的，但是你单指着它活下去就是演员的不对了。电视是可以抬人的，但以后走的路是你自己的问题。不怨观众，不怨社会，不怨网络，不怨外来文化的侵入，都不怨，就怨你自己。”

郭德纲看清了这一点，便招兵买马，搭起班子，“相声回剧场还是很舒服的，很火，好多节目都伸得开腰。于是从1996年开始，正式招兵买马，开始在剧场里说相声。这条路一走就是10年，当初我不知道今天会这么火爆，当初也不是为了什么，说坚持下来会怎么怎么样，就是一条道跑到黑，小车不倒自管推。刚回剧场，那时候没人，台下一个人的时候都有过。那时候，有人看就好，也有火爆时候，五六十人，可了不得了。不像现在，场场爆满。剧场里面坐600人，外面还有200人在等着"。

郭德纲很怀念当初的剧场，"30人、50人坐在下面听你说相声是件很享受的事情，那时候我的初衷就是没指着说相声挣钱，就是想尽一个相声演员的良心和责任。我能多拉拢一个观众是一个，能多抢救一块活儿就是一块，当时就抱着这目的。能走到今天说明我们的道路是选对了，说明这10年来我们的工夫没有白下"。但是，郭德纲每次在说相声的时候都要强调自己是"非著名相声演员"，一方面他要把自己和那些混在电视上的"著名相声演员"区分开，以此来表明自己的立场；另一方面他希望观众能通过这个标签明白，他骨子里是瞧不起那些"著名相声演员"的。在郭德纲看来，他佩服的人是那些真正认真学过相声的人，"不光是大师艺术家们我佩服，正式学过相声的人我都佩服，不管他水平高低，都有值得我学习的地方"。

郭德纲倒是什么本事都有，在剧场里说相声，名气慢慢大了，就有影视圈里的人找到他，让他写点剧本什么的，这时他才发现："嘀，这圈太好混了，瞪眼说瞎话，好歹写点东西就给钱。我现在不平衡的就是，写剧本一集给你好几万，我在相声上费这么大劲，没有这么大收获。"不过，他把从这方面挣到的钱都投到相声里面了。他说："在进剧场初期，请演员来说相声，卖多少门票人家不管，但是人家的钱一分不能少，所以开始一个月赔八九千跟玩似的。所以相声对我来说不是我挣钱的工具。我从小学的相声，是相声教会了我一切，我怀一种感恩报恩的心态去说相声。我没指望相声挣钱，只是到最近不赔钱了。"

郭德纲在逐步恢复相声的魅力，其实相声这门艺术，最大的魅力就是能让人听了发笑。他常说，都是说话，凭什么人家愿意花钱听你说话呢？这就是相声的魅力所在。相声的表现手法有很多，但是都有规律，这些规律一旦被听众了解了，它的可笑性就可能会减弱。尤其是，现在人们在审美上和过去不一样，能引人发笑的点也随之改变。现在很多人都喜欢台湾的相声演员说的相声，很关键的一点是台湾相声把传统相声和戏剧表演结合在一起，同时在制造笑料方面手法也与传统相声不同。相比之下，大陆的相声在革新方面就很缓慢。即便是郭德纲，他现在力所能及的也不过是恢复相声原貌。毕竟这几十年相声被糟蹋得有点不成样子了。

所以，谈到如何让观众笑出来，他说："首先你不能轻视观众，现在观众知识面广，如果你跟不上，还不如台下的人懂得多，你怎么能把他提得住呢？演员对观众来说要有神秘感，你必须要提得住他。他花钱听你说话，这就要求你必须有比他高的地方，所以就需要研究里面的奥妙。可是有些演员天赋摆在那里，天生就不是干这个的。不过中国地大物博，干什么都好干，今天去山西榆次，演一段，拿3万块钱，这地方这辈子都可以不来了。明天去内蒙古，我到死中国都转不过来，我够了。所以他就不用去考虑这些奥秘了。为什么说剧场相声没人敢干呢，难就难在这儿，它要求演员会得多。这周说20段相声，下周这20段就不能说了。一个演员会的少，你干不了的，过去更是如此。"

在电视上说相声也是一次性的，其实无法跟观众产生真正的互动，有时间的限制，导演的限制，遇上不懂相声的编导，后期再给掐掉几段，这样的相声自然没有在剧场里锻炼人。在剧场里，观众就在几米远地方，随时可以互动交流，这需要演员随时即兴发挥，才能体现出相声的特点。而几十年来，相声从广播到电视，人们听到的都是录音重复，对相声的魅力缺少了一个了解方式。郭德纲说："每次说相声，都不一样，都是临场编的。如果观众没反应，是抻得太长，那就紧上去。如果这儿还能加东西，那就撕开，有时候到现场我能把节目给改了。有一回说《文章会》，说康有为来学校谈论诗词歌赋，后来出丑的故事。现在你再说康有为来学校就不现实了，我就改成金庸，但那天我说着说着就发现它跟往常不太一样，该有的包袱都不乐，再一看，台下半堂的观众都是民工。我们不是小看民工，相对而言这个节目不适合他们，于是我马上就改了，金庸来我们学校干嘛来了？来猜谜语来了。你们大家一块猜，看能不能猜着。后半段就是打灯谜、智力测验了，大家乐得很开心。所以这需要演员应变能力很强，这种事情几乎每天都有。总之，一定要让观众开心。"

只有每次都不一样，观众才能爱看，才会有回头客，不过在郭德纲看来，这些其实也不难，"包袱分好多种，有的就是一次性的，就今天让你乐一次；有的能说半年，有的是能用一辈子的。我写东西从来不写甲说乙说，主要把'梁子'写出来，基本上一遍就完了。只要你熟练掌握这种技巧了，这东西不是很难。2003年我参赛的《你好北京》拿了一个组委会最高特别奖，写这个作品只用了1小时。今年我徒弟参赛，《我要幸福》是一个半小时。难者不会，会者不难。把理论的东西抛开，它本身没什么，它有一个规律，哪儿到哪儿是垫话，哪儿到哪儿是瓢把儿，怎么入进来、入正活儿，哪儿贴着底，哪儿催上去，我们有个公式，你会了就行了。中国语言够得成包袱和笑料的这些技巧，被100多年来无数相声前辈们都挖掘出来了。只要你说的是中国话，你说的是搞笑、包袱的地方，都在这里边，一二三四我都摆好了。到如今你说的无论是多新的笑话，我也可以告诉你这个包袱我们传统相声里面一九二几年就有。你比方说，话到节骨眼上多一个字观众就不乐，少一个字也不乐。有时差一个'嗯'、'啊'都不乐，神奇到这种程度。亲爹这么说乐，亲儿子这么说就不乐了；我今天剃这么一头穿大褂说这句话你就乐，明儿留一分头你就不乐，多神奇啊"。

而郭德纲能让人发笑还有另一个"秘诀"，"老实说，我看什么都可乐，看谁都可乐，为什么？这是基本功，从小就要练这个，瞧什么都可乐。这些东西不定什么时候在台上就会遇到。说刻意去学什么？没有"。

谈到发展相声，郭德纲觉得，不管相声怎么发展，传统是不能丢的。他说："相声不能断了它的脉！说这个人身上很脏，头发很长，躺在破泥堆里边，你要想救他，你把他扶起来，换件衣服、剪个头发、洗个澡，里里外外捯饬好了他就能活了。要是看他哪儿有毛病就割掉哪儿的话，他就死啦。救一个东西就不能断脉。拿相声来说，我们的相声，老年人也爱听，白领年轻人他也能听，包括附庸风雅的某些人也能接受，只要分寸拿捏好就行。"

据记者观察，在天桥乐茶园听郭德纲相声的人中很多都是年轻人，可见，相声的确是一门老少咸宜的艺术，甚至，在媒体炒作下，听郭德纲相声已经成了时尚。对此，郭德纲说："相声的观众不分年轻不年轻，因为它的功能是使人开心。谁不需要开心啊，什么工作的人什么年龄的人都需要开心，关键是你能不能让他开心和高兴。我的节目首先来说，最注重娱乐性。想当年清朝末年相声是干嘛使的，不是为了讽刺人，不是为了教育人，不是为了歌颂谁，什么都不为，就是为了活命。说相声的人是为了活命，观众是为了找乐。我们的节目更注重就是一个娱乐性，就是让人开心。如果说从我的节目中你感悟到什么是你自己的事，与我无关，我没有强加给你。观众很累，这个那个缺房的缺钱的缺德的缺什么的都有，你上这儿来，他花20块钱上课来了？胡说八道啊。演员不要拿自己当圣人和教师，知道自己是干嘛的，这点很重要。我就让你高兴，就让你快乐。"

郭德纲只是做了一件一个相声演员该做的事情，因为他热爱相声，把相声当成命来看。"我就让你高兴，就让你快乐"，这是一个相声工作者最朴素的想法。但是，从很多对郭德纲描述的文字看，人们对他的朴素想法心存感激，这种感激多是因为人们已经很久没有从相声中感到欢乐了。有篇报道曾经这样描述："这个场景发生在今年的10月5日。为了纪念相声开山祖师'穷不怕'176年诞辰，郭德纲和他的德云社组织了相声专场纪念演出。这天郭德纲表演的相声是《论相声50年之现状》，在嬉笑怒骂间，他痛陈了相声界目前的一些内幕和私弊。令他意外的是，这个段子赢得的竟然是台下相声爱好者的眼泪，然后才是全场如雷的掌声。"

人们感激的是郭德纲对相声不良风气的拨乱反正，他对相声感恩，人们对他感激。感恩与感激之间，郭德纲就成了一个因感情投入而被放大的媒体现象了。

（原载于《三联生活周刊》2006年第4期，总第370期）